Maria und Winand Reitz

Eifel

mit Mosel, Luxemburger Schweiz und Hohem Venn

70 ausgewählte Touren

ROTHER
BERGVERLAG

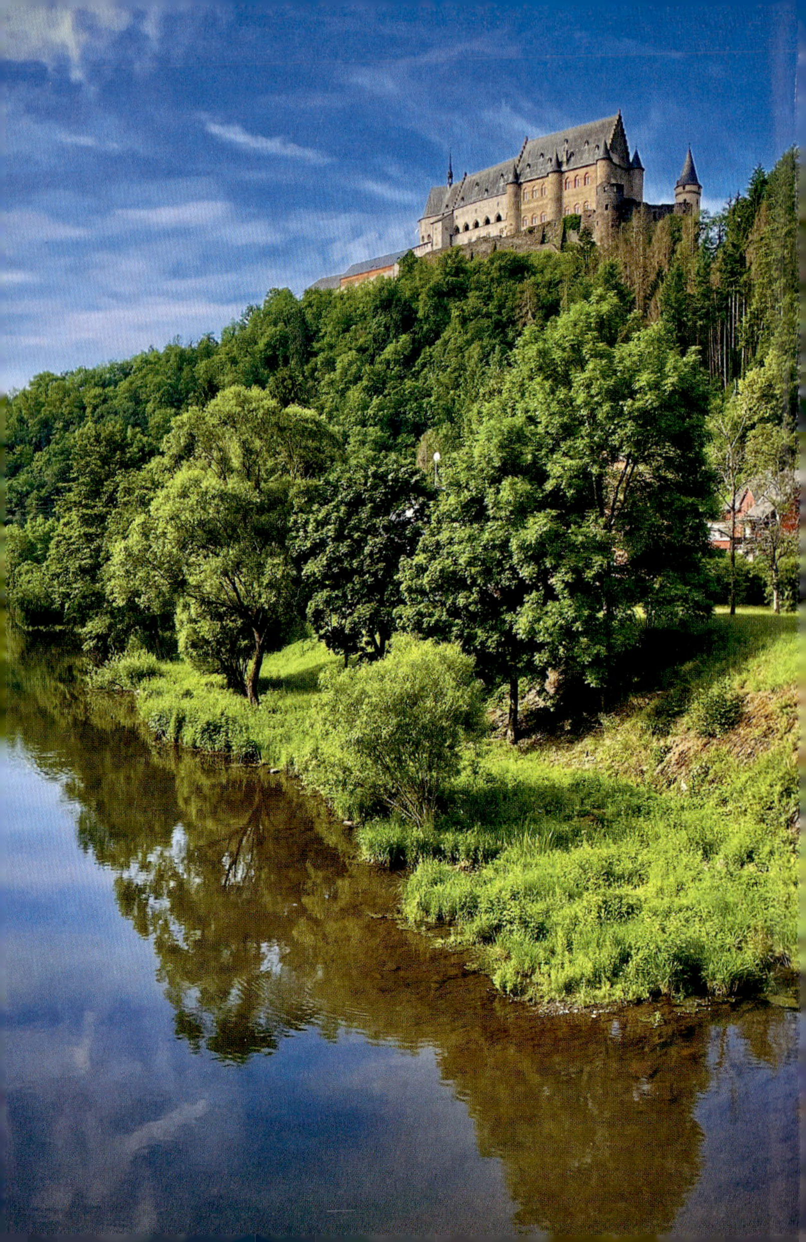

VORWORT

Die beiden Bundesländer Rheinland-Pfalz und Nordrhein-Westfalen teilen sich mit der Eifel eine Mittelgebirgslandschaft, die sehr viel zu bieten hat. Den größten Beitrag zu ihrer Entstehung leisteten Vulkane, von denen rund 300 bis vor etwa 13.000 Jahren ausbrachen und deren Lava- und Ascheströme die charakteristischen Basaltkegel, Maare und Tuffformationen bildeten. Dies vermittelt eindrucksvoll das Vulkanpark-Infozentrum Rauschermühle in Plaidt, dessen Besuch unbedingt empfehlenswert ist. Der größte Anziehungspunkt ist allerdings der Nationalpark Eifel mit dem Forum Vogelsang, wo man seit der Umwandlung des ehemaligen Truppenübungsplatzes zum Nationalparkareal ohne große Einschränkungen nach Herzenslust wandern kann.

Dies gilt gleichermaßen für das liebliche Moseltal mit seinen zahlreichen Kulturdenkmälern oder für das Ahrtal mit dem beliebten Rotweinwanderweg, an dem die sehenswerte Dokumentationsstätte Regierungsbunker an die Zeit des Kalten Krieges erinnert. Wer viel weiter zurückblicken will, findet Fluchtburgen und in Museen Relikte, die uns Neandertaler und Kelten hinterlassen haben. Danach waren es die Römer, die mit den Städten Köln, Koblenz, Trier und Aachen die Eifel förmlich einrahmten. Neben Straßen sorgten sie auch für die Trinkwasserversorgung, von der wir heute auf dem Römerkanal-Wanderweg noch gut erhaltene Überreste der Leitung nach Köln und ein Aquädukt bei Vussem bewundern können.

Grenzüberschreitendes Wandervergnügen durch Moorlandschaft findet man im Deutsch-Belgischen Naturpark Hohes Venn, durch Schluchten und Bachtäler im Deutsch-Luxemburgischen Naturpark, auch bekannt als Müllerthal oder Kleine Luxemburger Schweiz. Die Region Müllerthal und das Ferschweiler Plateau in der Südeifel mit der bekannten Teufelsschlucht sind ein Wanderparadies und bieten traumhafte Felskulissen sowie einzigartige Naturschönheiten. Letztendlich sind alle Teile der Eifel über ein dichtes Straßennetz gut erreichbar, aber trotzdem findet man abseits der Straßen vielerorts nach wie vor Ruhe und Einsamkeit.

Ganz herzlich möchten wir uns beim Lektorat und dem Kartografen bedanken, die mit ihrer professionellen Arbeit zur Realisierung dieses Wanderführers beigetragen haben.

Cochem im Frühjahr 2024 — Maria und Winand Reitz

Das luxemburgische Vianden mit seinem imposanten Schloss liegt malerisch im Ourtal, das an die rheinland-pfälzische Hocheifel angrenzt.

INHALTSVERZEICHNIS

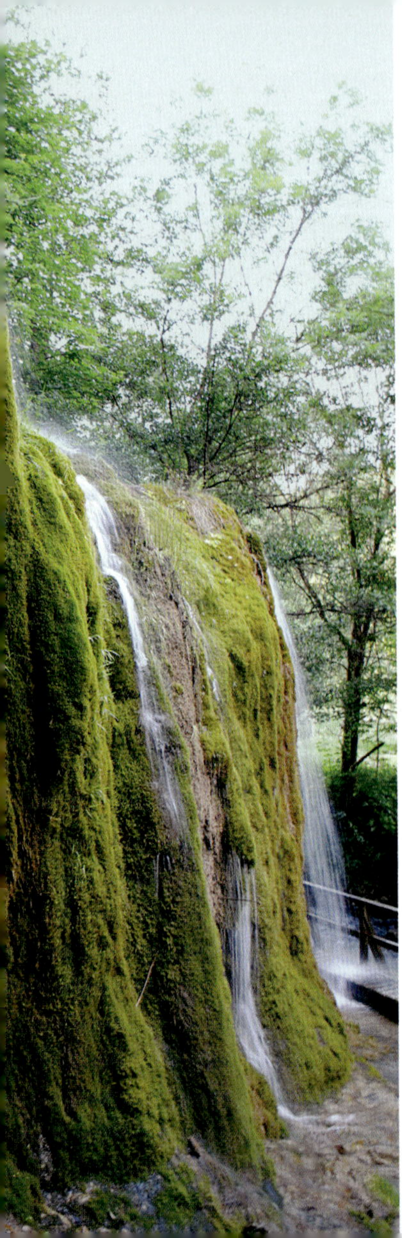

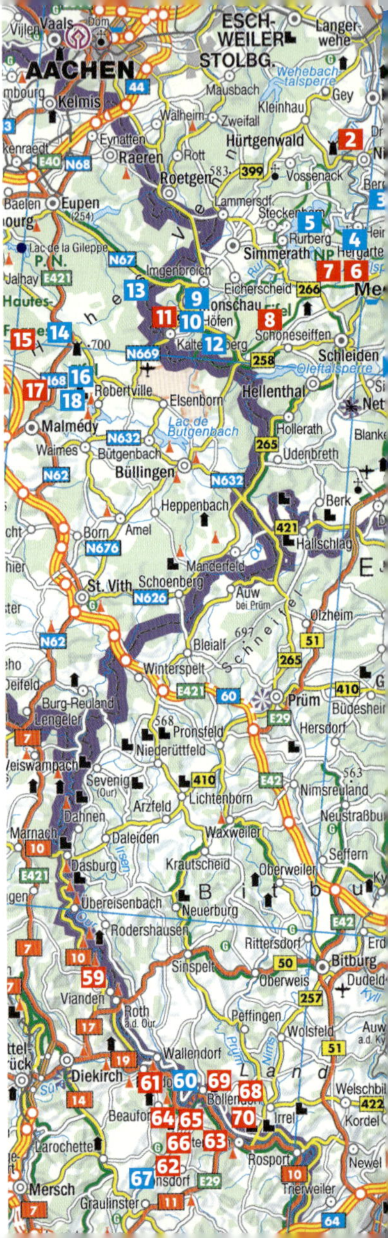

Vaals
AACHEN
ESCH-WEILER
STOLBG.
Langerwehe
Wehebachtalsperre
Mausbach
Kleinhau
Gey
Kelmis
Walheim
Zweifall
Hürtgenwald
Eynatten
Raeren
Rott
Roetgen
Vossenack
Eupen
Lammersdf.
Steckenborn
Rurberg
Simmerath
Hergarten
Lac de la Gileppe
Imgenbroich
Eicherscheid
Monschau
Höfen
Schöneseiffen
Kalterherberg
Schleiden
Oleftalsperre
Hellenthal
Robertville
Elsenborn
Malmédy
Lac de Bütgenbach
Hollerath
Waimes
Bütgenbach
Udenbreth
Büllingen
Heppenbach
Berk
Born
Amel
Hallschlag
Manderfeld
St. Vith
Schoenberg
Auw bei Prüm
Olzheim
Bleialf
Schneifel
Winterspelt
Prüm
Büdesheim
Burg-Reuland
Lengeler
Pronsfeld
Hersdorf
Niederüttfeld
Weiswampach
Sevenig (Our)
Lichtenborn
Nimsreuland
Arzfeld
Neustraßburg
Dahnen
Marnach
Daleiden
Waxweiler
Seffern
Dasburg
Krautscheid
Oberweiler
Übereisenbach
Neuerburg
Rodershausen
Rittersdorf
Bitburg
Sinspelt
Oberweis
Vianden
Roth a.d. Our
Peffingen
Wolsfeld
Wallendorf
Diekirch
Bollendorf
Welschbillig
Beaufort
Irrel
Kordel
Larochette
Rosport
Newel
Mersch
Graulinster
Trierweiler

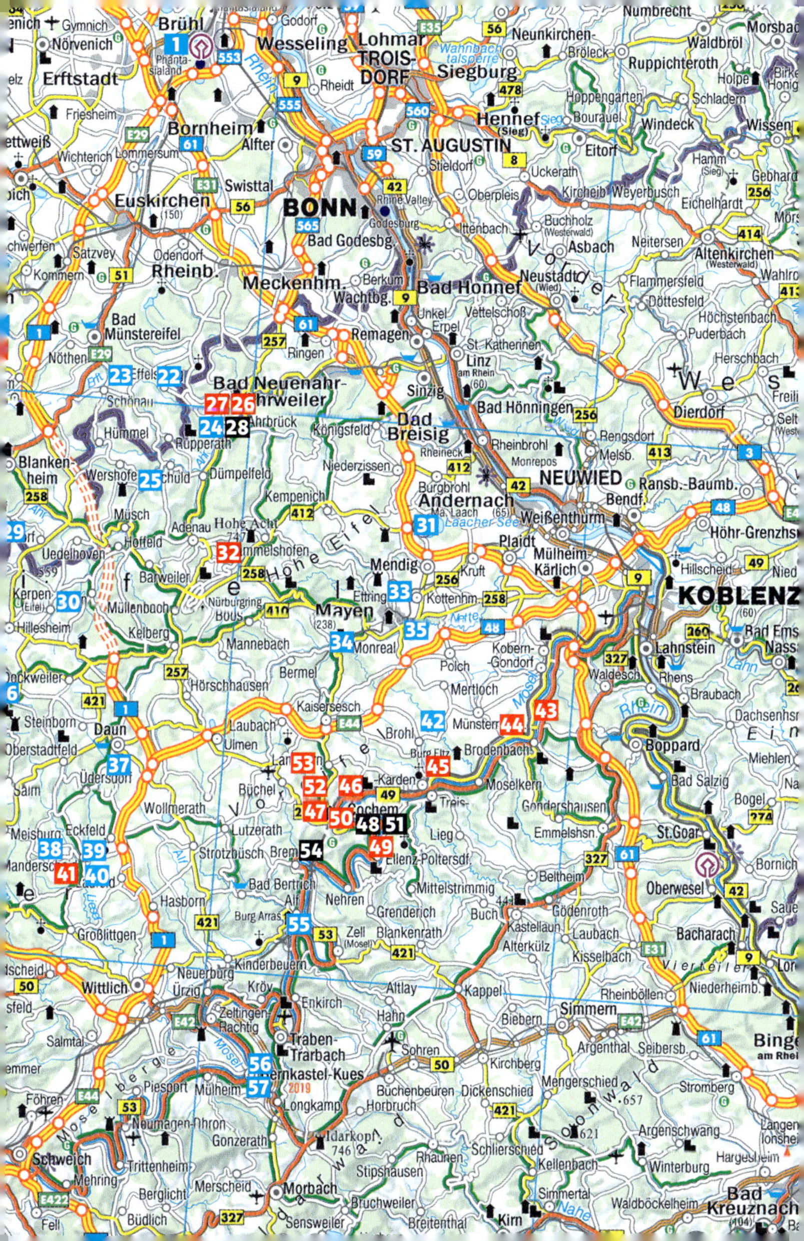

TOP-TOUREN

Das Herz der Rureifel
Von Nideggen geht es fast immer über Naturpfade und Wege durch Wald mit vielen traumhaften Ausblicken zum Hindenburg-Felsentor *(Tour 2, 6.00 h).*

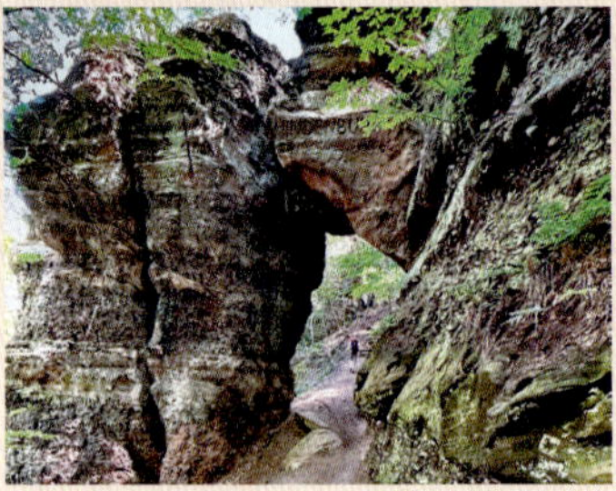

Im Brackvenn
Von Mützenich wandern wir über Pfade und Holzstege durch eine der ursprünglichsten Landschaften im Hohen Venn *(Tour 13, 3.40 h).*

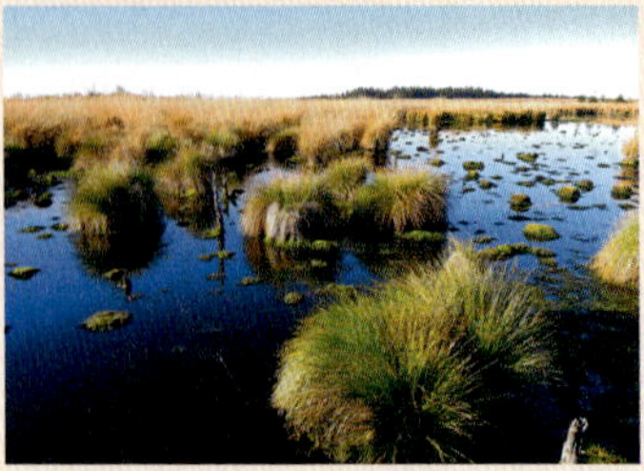

Zauberhafte Landschaften im Naturpark Hohes Venn-Eifel
Entlang der Hoëgne mit ihren zahlreichen Kaskaden – eines der schönsten Bachtäler Belgiens *(Tour 15, 5.50 h).*

Vom Teufelsloch zur Teufelsley
Auf felsigem Pfad über dem Ahrtal zu grandiosen Ausblicken von Teufelsloch, Hornberg und Schrock und von der Teufelsley *(Tour 28, 6.00 h).*

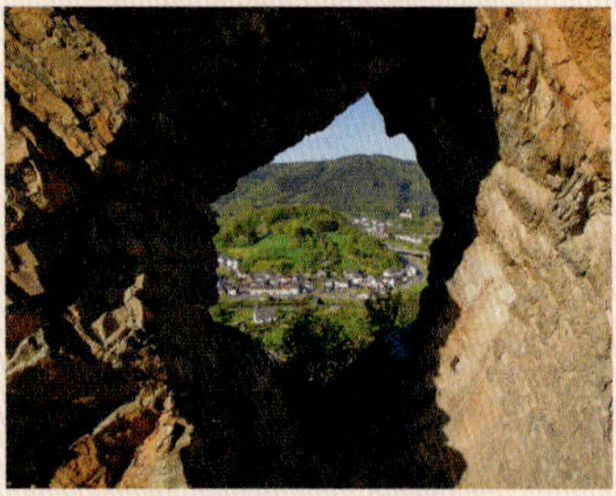

Durch das Naturschutzgebiet Nettetal und die Trimbser Schweiz
Herrlicher Traumpfad der Osteifel in einer tollen Landschaft, sehr abwechslungsreich, sehr gepflegt und gut beschildert *(Tour 35, 3.40 h).*

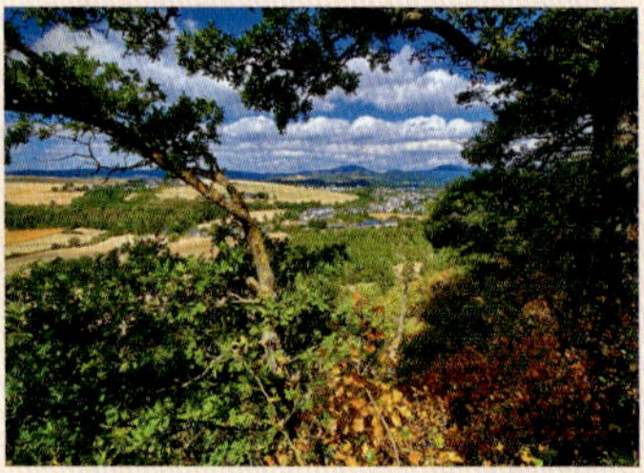

Lieserpfad und Windsborn
Über den wohl schönsten Streckenabschnitt des Lieserpfades zur urwüchsigen Wolfsschlucht und zum Windsborn-Kratersee *(Tour 41, 5.30 h).*

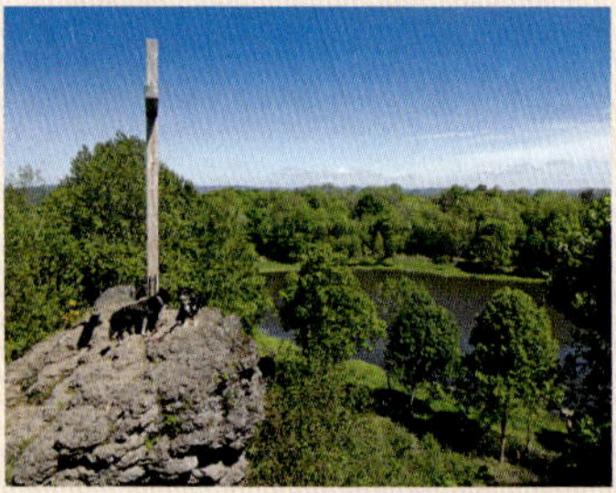

Conder Wetterfahne und Brauselay
Steile Anstiege zu tollen Aussichtspunkten wie der Wetterfahne und der Brauselay *(Tour 50, 2.30 h)*.

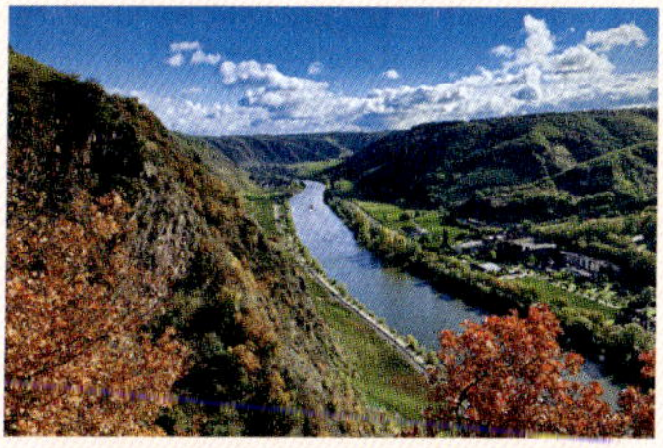

Der steilste Weinberg Europas
Ein alpin anmutender Steig führt durch den Calmont, den abenteuerlich gelegenen steilen Weinberg, mit einigen herrlichen Ausblicken auf die Mosel *(Tour 54, 3.30 h)*.

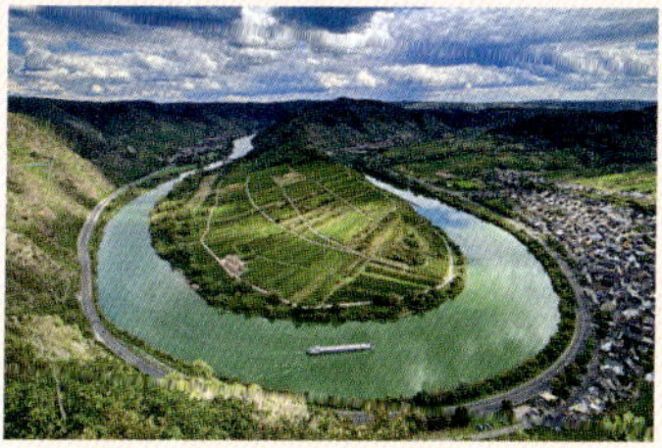

Die Bollendorfer Schweiz
An bemoosten Felsen entlang auf Pfaden durch die »Grüne Hölle« in der Sauerschweiz – der Klassiker in der Südeifel *(Tour 60, 3.00 h)*.

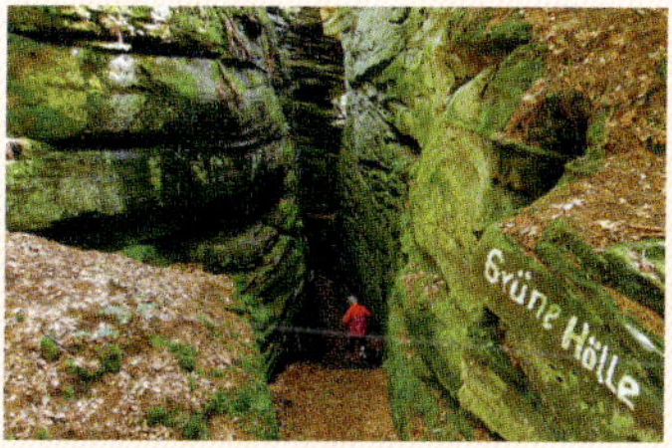

Die Kleine Luxemburger Schweiz
Eine Tour, die dem Auge alles bietet: vorbei am mittelalterlichen Schloss Beaufort durch wildromantische Bachtäler und bizarre Felsen zur Räuberhöhle und zur moosbewachsenen Roitzbachschlucht *(Tour 64, 7.15 h)*.

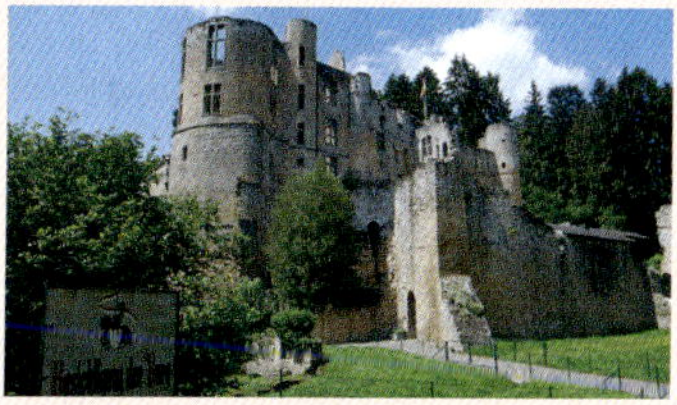

Roitzbach- und Wanterbaachschlucht
Durch eine außergewöhnliche Felsenlandschaft zur Räuberhöhle und Totenkammer *(Tour 65, 2.50 h)*.

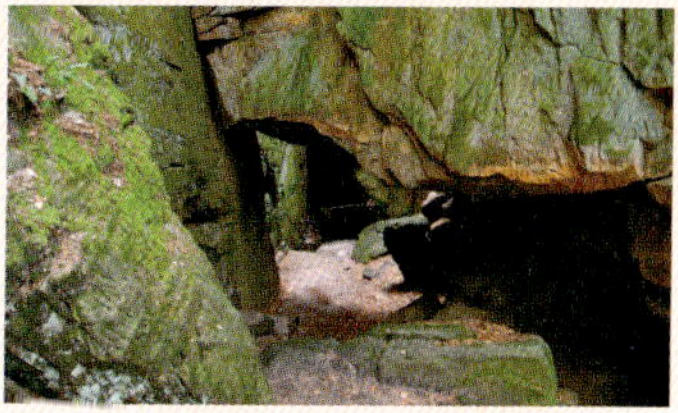

Wanderkino am Ferschweiler Plateau
Auf der Tour voll traumhafter Naturschönheiten geht es durch Felsentore und enge Schluchten zur Teufelsschlucht *(Tour 68, 3.20 h)*.

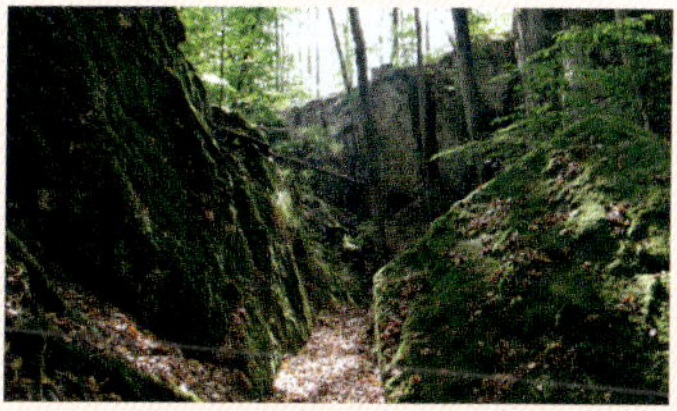

WICHTIGE HINWEISE FÜR UNTERWEGS

Tourenplanung/-auswahl

Die 70 Tourenvorschläge des vorliegenden Wanderführers »Eifel« umfassen neben den Streckenbeschreibungen jeweils einen Kartenausschnitt im Maßstab 1:50.000 (mit Ausnahme der Touren 18, 42, 50, 51, 57 und 65: 1:25.000) mit darin rot eingezeichneter Route sowie ein Höhendiagramm, welches die Streckenlänge mit Gehzeit sowie die Position wichtiger Anhaltspunkte darstellt. Letzteren sind in den Tourenbeschreibungen, -kärtchen und Höhenprofilen (GPS-)Wegpunkte mit Ziffern zugeordnet (siehe S. 14).

Die Lage der einzelnen Touren in der Wanderregion kann man der Übersichtskarte auf Seite 6/7 entnehmen. Der eigentlichen Wegbeschreibung vorangestellt sind neben einer Kurzcharakteristik auch Informationen zu Ausgangspunkt (inklusive GPS-Koordinaten), Anfahrt mit Auto und mit öffentlichen Verkehrsmitteln (sofern Verbindung vorhanden und für Wanderer sinnvoll), Anforderungen und Einkehrmöglichkeiten sowie ggf. mögliche Varianten und wichtige Hinweise (wie Öffnungszeiten u. Ä.).

Anforderungen

Grundsätzlich sind die meisten der hier beschriebenen Touren problemlos zu begehen. Trotzdem verlangen einige eine gewisse Trittsicherheit, Schwindelfreiheit und Ausdauer. Um die jeweiligen Anforderungen besser einschätzen und vergleichen zu können, sind die Nummern der einzelnen Touren farblich gekennzeichnet. Unterschieden werden dabei folgende Schwierigkeitsgrade:

SCHWIERIGKEITSKATEGORIEN

■ = Leicht

Wanderungen, die keine allzu großen Anforderungen an die Kondition stellen. Auch für Kinder und Senioren geeignet, mit einer Gesamtgehzeit bis 4 Stunden.

■ = Mittel

Längere Wanderungen, die eine gewisse Kondition sowie etwas Trittsicherheit und Schwindelfreiheit erfordern und Gehzeiten über 4 Stunden in Anspruch nehmen.

■ = Schwierig

Wanderungen auf schmalen Pfaden mit ausgesetzten Abschnitten, die Trittsicherheit und Schwindelfreiheit und zum Teil die Zuhilfenahme der Hände erfordern (im Buch Tour 28 beim Auf- und Abstieg zur Teufelsley, Touren 48 und 51 auf dem Breva Wein & Weg sowie Tour 54 auf dem Calmont-Klettersteig).

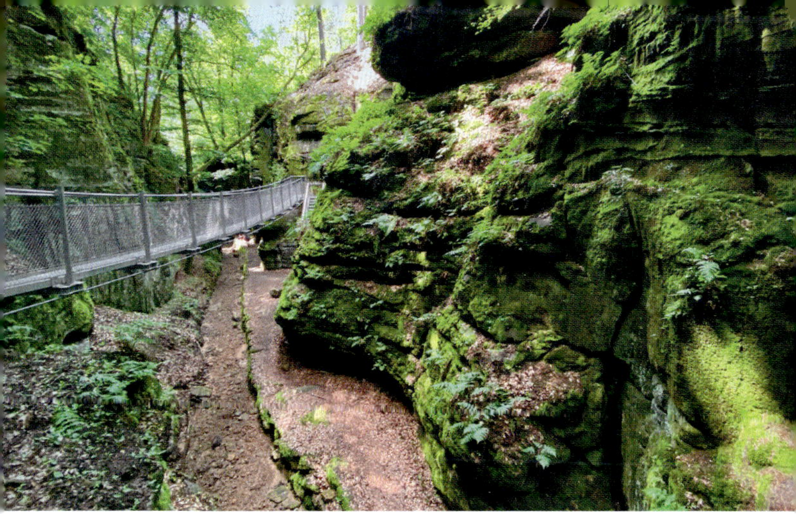

Schwindelfreiheit ist hier von Vorteil: die spektakuläre Hängebrücke durch das Felslabyrinth der Roitzbachschlucht (Touren 64/65).

Wege/Orientierung

Generell sind die Wald- und Wirtschaftswege in der Eifel in gutem Zustand. Bei Forstarbeiten, in den Wintermonaten und nach Schlechtwetterperioden kann sich die Begehbarkeit allerdings ändern. Die Orientierung fällt leicht, da die Wege in der Regel durchweg gut mit Markierungen und Hinweistafeln (Abkürzung »Ww.« im Text) ausgestattet sind. Der Eifelverein und die Gemeinden sind ständig bemüht, diese in Ordnung zu halten. Gelegentlich fällt jedoch eine Markierung der Witterung zum Opfer.
Hier helfen aber die Tourenkärtchen mit eingezeichnetem Routenverlauf und Wegpunkten weiter.

Gehzeiten/Höhenunterschiede

Bei den im Tourenkopf und im Diagramm angegebenen Gehzeiten handelt es sich um Richtwerte für durchschnittlich trainierte Wandernde. Angesetzt wird eine Gehgeschwindigkeit von etwa 4 km/h auf ebenen Wegen oder Abstiegen und etwa 3 km/h auf Anstiegen. Konditionsstarke Geher werden diese Zeiten sicher unterbieten, Familien mit Kindern sollten aber ein wenig mehr Zeit einplanen. Zudem beeinflussen Jahreszeit, Wetter und andere Faktoren die insgesamt benötigte Zeit. Rastzeiten sind nicht mit eingerechnet.
Bei den angegebenen Höhenunterschieden handelt es sich um die Summe aller Höhendifferenzen der Anstiege im Tourenverlauf inklusive Gegensteigungen.

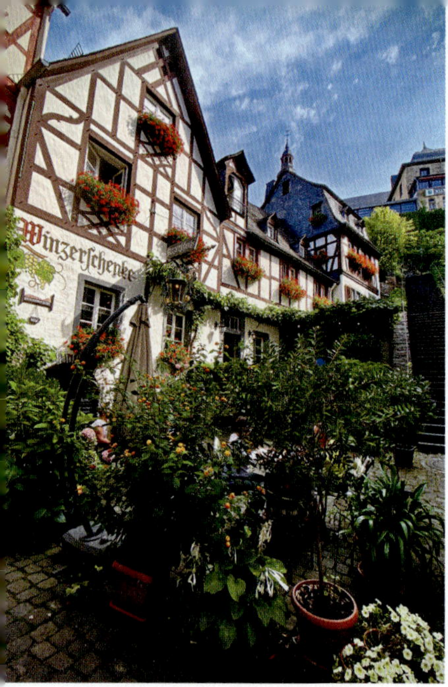

Einkehr

Die Einkehrmöglichkeiten unterwegs sind bei den Kurzinformationen der jeweiligen Touren aufgeführt, ggf. mit Öffnungszeiten und/oder Website; ein Symbol im Tourenkopf verweist zudem auf vorhandene Gasthäuser, Restaurants, Cafés u. Ä. am Wegesrand. Die Situation von Gastronomiebetrieben v. a. in ländlichen Regionen kann sich jedoch als Folge von Inflation, Kostensteigerungen, Arbeitskräftemangel etc. nach Redaktionsschluss verändert haben. Deshalb empfiehlt es sich, telefonisch bzw. auf verlässlichen Websites aktuelle Informationen einzuholen, ob und wann die Einkehrmöglichkeit geöffnet hat.

Am Fuß der Klostertreppe von Beilstein lädt die gemütliche Winzerschenke zur Einkehr (Tour 49).

SYMBOLE

Symbole im Tourenkopf

- mit Bahn/Bus erreichbar
- Einkehrmöglichkeit
- für Kinder geeignet

Symbole im Höhenprofil

- Ort mit Einkehrmöglichkeit
- Einkehrmöglichkeit
- Schutzhütte, Unterstand
- Parkplatz
- Bushaltestelle
- Bahnhof / S-Bahn-Haltestelle
- Gipfel
- Aussichtsplatz
- Rast-, Picknickplatz
- Campingplatz
- Kirche, Kapelle, Kloster
- Burg, Schloss, Ruine
- Aussichtsturm
- Denkmal, Monument
- Wegkreuz, Bildstock
- historische, archäologische Stätte
- Höhle, (Bergwerks-)Grube
- Wassermühle
- Brücke, Steg
- Wasserfall
- Quelle, Teich

Ausrüstung/Wandersaison

Selbst bei kürzeren Wanderungen sollte auf entsprechendes Schuhwerk geachtet werden, bequeme Wander- oder Leichtbergschuhe mit griffiger Sohle sind von Vorteil, denn je schwächer man wird, umso mehr Unterstützung brauchen die Bänder Ihrer Füße. Zusätzliche Entlastung können bei Bedarf auch (Teleskop-)Wanderstöcke bieten. In den Rucksack gehören selbstverständlich auch Proviant, eine Getränkeflasche sowie ein Regenschutz.

Mit der Witterung angepasster Ausrüstung ist der Großteil der Eifelregion ein Ganzjahres-Wandergebiet.

Wandern mit Kindern

Touren, die sich auch für Kinder eignen, sind mit einem Symbol im Tourenkopf gekennzeichnet. Diese Wanderungen sind relativ einfach, nicht allzu lang und bieten vor allem Abwechslung sowie Erkundungs- und Spielmöglichkeiten unterwegs. Die Einschätzung der Kondition und Motivation der Sprösslinge liegt aber letztendlich bei den Eltern.

Karten

Eine sinnvolle Ergänzung zu den Karten der jeweiligen Touren im vorliegenden Wanderführer sind die Wanderkarten im Maßstab 1:25.000 des Eifelvereins (eifelverein.de) bzw. des Landesamts für Vermessung und Geobasisinformation Rheinland-Pfalz (lvermgeo.rlp.de), die auch online bestellt werden können.

Auf dem Aussichtsplateau Eugenienstein über dem Rurtal bei Nideggen (Tour 2).

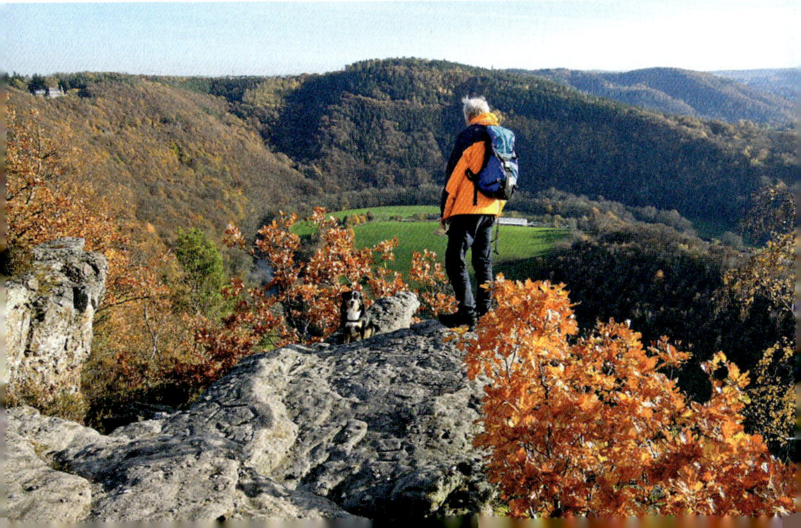

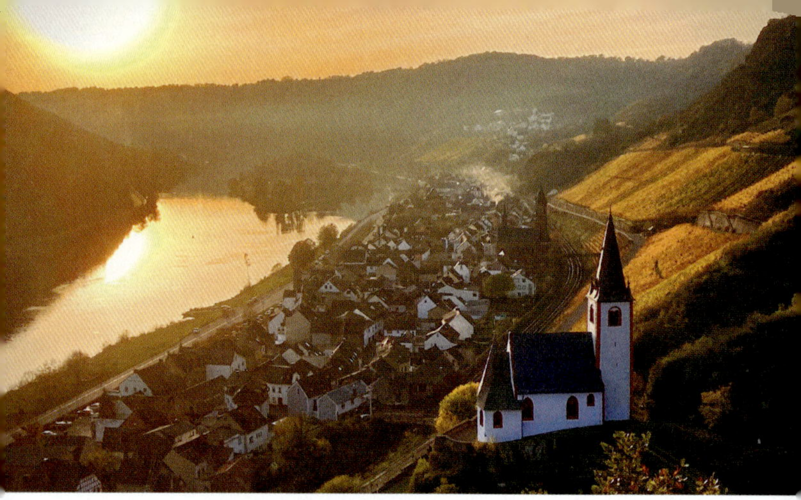

Sonnenuntergang an der Rabenlay bei schönstem Spätherbstwetter mit Blick auf die St.-Johannes-Kirche und den Moselort Hatzenport (Tour 44).

Global Positioning System (GPS)

Auch bei Wandernden erfreut sich die Verwendung von GPS-Geräten bzw. von Navigations- oder Wanderapps auf dem Smartphone zunehmender Beliebtheit. Diesem Trend trägt dieser Wanderführer Rechnung: In den jeweiligen Tourenbeschreibungen, -kärtchen und (soweit darstellbar) auch in den Höhenprofilen sind wichtigen Orientierungspunkten laufende Nummern zugeordnet, welche GPS-Wegpunkte markieren, die entsprechend in den zur Verfügung gestellten Tracks enthalten sind (siehe unten).

GPS-TRACKS UND KOORDINATEN DER AUSGANGSPUNKTE

Auf **gps.rother.de** stehen zu diesem Wanderführer GPS-Tracks und die Koordinaten der Ausgangspunkte zum kostenlosen Download bereit. Dieser QR-Code führt direkt zum Download.
12. Auflage, Passwort: **422312wme**
Die GPS-Tracks können in die **Rother App** importiert werden. In der App kann man unterwegs stets sehen, wo man gerade ist und wo es langgeht. **Anleitungen dazu: rother.de/gps**
Trotz sorgfältiger Prüfung können wir Fehler und zwischenzeitliche Veränderungen nicht ausschließen. Verlassen Sie sich für die Orientierung niemals einzig und allein auf die GPS-Daten, sondern beurteilen Sie die Verhältnisse vor Ort.

Der Umwelt zuliebe ...

Auch beim Wandern hinterlassen wir einen ökologischen Fußabdruck, aber im Einklang mit der Natur unterwegs zu sein, ist gar nicht so schwer!

VORBEREITUNG UND ANFAHRT

- Sich vorab informieren, worauf in Bezug auf Natur und Umwelt in der jeweiligen Wanderregion besonders zu achten ist.
- Soweit möglich mit Bahn und Bus anreisen, Wander- und Rufbusse nutzen.
- Ist eine Anfahrt mit dem Auto nötig, Fahrgemeinschaften bilden.
- Bei weiten Anfahrten Mehrtagestouren planen oder von einem Quartier vor Ort aus mehrere Touren absolvieren.
- Flugreisen möglichst reduzieren und durch Beiträge zu Klimaschutzprojekten kompensieren.

KLEIDUNG UND AUSRÜSTUNG

- Beim Kauf von Outdoor-Kleidung auf umweltfreundliche und faire Herstellung achten und Kleidungsstücke möglichst viele Jahre nutzen.
- Ausrüstung kann man eventuell auch gebraucht kaufen oder ausleihen.
- Reparieren statt neu kaufen.

VERPFLEGUNG

- Beim Einkauf Bio-Ware, regionale und saisonale Erzeugnisse bevorzugen.
- Hütten und Gasthäuser auswählen, die regionale Produkte verwenden.
- Auf Einwegflaschen und Plastikverpackungen verzichten, stattdessen wiederverwendbare Trinkflaschen und Brotzeitboxen benutzen.

ÜBERNACHTUNG

- Bei lokalen Anbietern buchen, damit Menschen vor Ort profitieren.
- Auf Hütten und in anderen Unterkünften Strom und Wasser sparen.

UNTERWEGS

- Wege benutzen und Abkürzer vermeiden.
- Sperrungen von Wegen und Schutzgebieten respektieren.
- Keine Blumen pflücken und keine Pflanzen entnehmen.
- Waldbrandgefahr beachten.
- Müll wieder mit nach Hause nehmen und dort entsorgen.
- Toilettengänge in freier Natur möglichst vermeiden.
- Lärm vermeiden.
- Hunde an die Leine nehmen.

ROTHER BERGVERLAG

WANDERN IN DER EIFELREGION

Geografische Abgrenzung der Eifel

Der Mittelgebirgszug der Eifel ist Teil des Rheinischen Schiefergebirges und erstreckt sich zwischen den Ardennen im Westen, dem Hunsrück im Süden sowie Westerwald und Bergischem Land im Osten. Im Osten verbindet das Ahrtal die Eifel mit dem Rheintal, im Südosten wird sie vom Moseltal begrenzt. Die höchste Erhebung ist die Hohe Acht (747 m) in der Hocheifel.

Klima der Eifel

Die zumindest nach Westen hin geschützte Lage spielt für die Witterungsbedingungen in der Eifelregion eine wesentliche Rolle. Bei Westwind laden die Wolken fast alle atlantischen Niederschläge in den Ardennen ab und ziehen dann über die Eifel hinweg in Richtung Bergisches Land und Sauerland, sodass nach Osten hin die Niederschläge abnehmen. Hinzu kommt noch eine regionale Differenzierung mit deutlich milderem Klima in der Südeifel sowie in den Flusstälern der östlichen Randgebiete, an Ahr und Mosel.

Nationalpark Eifel/Naturpark Hohes Venn-Eifel

Rund um das ehemalige Militärgebiet Vogelsang wurde 2004 der Nationalpark Eifel im westlichen Deutschland eingerichtet. Auf rund 110 km^2 stehen hier diverse Lebensräume von naturnahen Laubwäldern über artenreiche Wiesen bis zu Mooren und Feuchtheiden samt ihrer typischen Pflanzen- und Tierwelt unter Schutz. Infos: nationalpark-eifel.de.

Heimbach, überragt von Burg Hengebach: Der Luftkurort an der Rur ist ein Tor zum Nationalpark Eifel (Tour 4).

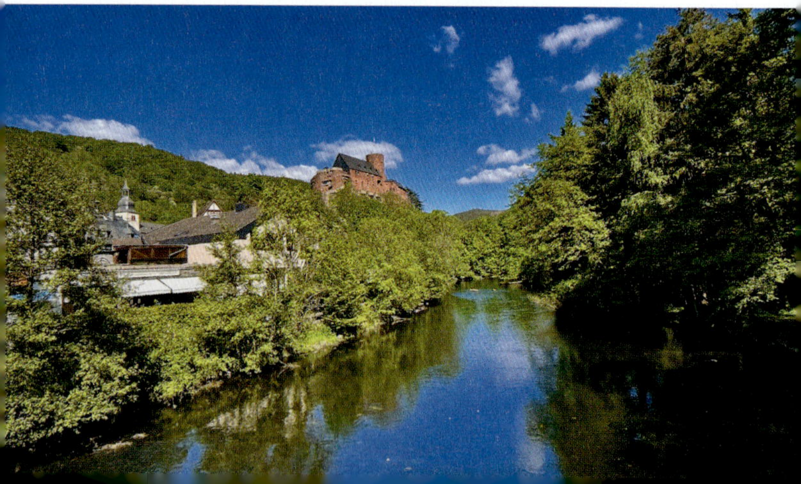

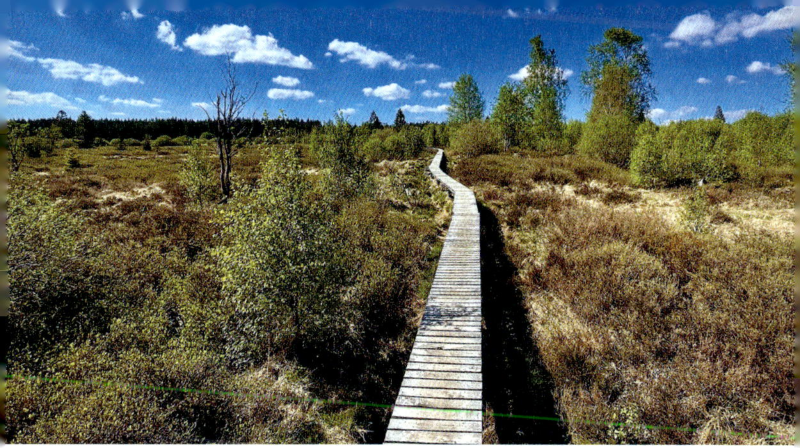

Auf langem Holzplankensteg durchs Fagne du Fraineu im Hohen Venn (Tour 17).

Der Nationalpark liegt im Naturpark Hohes Venn-Eifel, in dem auf 2700 km² zwischen Ostbelgien, Nordrhein-Westfalen und Rheinland-Pfalz vielfältige Natur- und Kulturlandschaften geschützt bzw. gepflegt werden: vom belgischen Venn-Hochmoor über die Hügellandschaft der Kalkeifel und die bewaldeten Rücken der Hocheifel bis zu den Ausläufern der Vulkaneifel. Infos: naturpark-eifel.de.

Wanderregion Hohes Venn

Zwischen Malmedy, Eupen, Roetgen und Monschau erstreckt sich auf einem Plateau das Hohe Venn, eines der letzten Hochmoore Europas. Es steht seit 1957 unter Schutz und ist eine besonders urwüchsige Landschaft im Naturpark Hohes Venn-Eifel. Infos: ostbelgien.eu.

- **Fichtenwald im Hohen Venn:** Während des 19. Jahrhunderts wurde im Hohen Venn mit allen Mitteln die nicht heimische Fichte angepflanzt. Auf den feuchten Torfböden musste jedoch ein ausgedehntes Netz von Drainagegräben angelegt werden, damit die Nadelbäume überhaupt gedeihen konnten. Diese Entwässerungsgräben führten zur allmählichen Austrocknung des Hochmoores. Inzwischen stellte man fest, dass Fichtenwälder auf Torfböden angesichts der hohen Investitionen unrentabel sind. Deshalb werden sie Zug um Zug per Kahlschlag geerntet und die Freiflächen durch natürlich vorkommende, standortgerechte Baumarten neu bepflanzt. Wegen des stellenweise hohe Bestandes an Rotwild müssen die Laubhölzer (z. B. Buchen) im Wachstum vor Wildverbiss durch Zäune geschützt werden. In den eingezäunten Arealen entwickeln sich die Bäume je nach Feuchtigkeitsgehalt der Böden. Diese Laubwälder sollen später auch als Saatgutbestände dienen und sich außerhalb der Zäune ausbreiten.

■ **Wasser im Hohen Venn:** Wasser ist das alles bestimmende Element im Hohen Venn. Es fallen große Mengen an Regen und Schnee auf die Hochebene mit ihren sanft gewölbten, kaum erkennbaren Erhebungen und flachen Tälern. Die hohen Niederschlagsmengen ließen seit der Eiszeit die europaweit bedeutendsten Hochmoore entstehen. Charakteristisch für diese Regenmoore ist ihre meterdicke Torfschicht. Das Niederschlagswasser wird vom Torfboden wie von einem Schwamm aufgesogen. Was er nicht aufnehmen kann, fließt über Bäche ab und speist die Talsperren. Wie bei allen Vennbächen ist das kristallklare Wasser vom Torf bräunlich gefärbt, sauer und mineralienarm. Fische kommen in diesem Gewässer natürlicherweise nicht vor. Stattdessen fällt ein bräunlich-weißer Schaum auf der Wasseroberfläche auf. Dieser stammt keinesfalls aus menschlicher Verschmutzung, sondern entsteht völlig natürlich durch die großmolekularen Abbaustoffe aus dem Torf, die sich lose an Lehmpartikel anlagern und die typischen, manchmal hoch aufgetürmten schmutzigweißen Schaumkronen bilden.

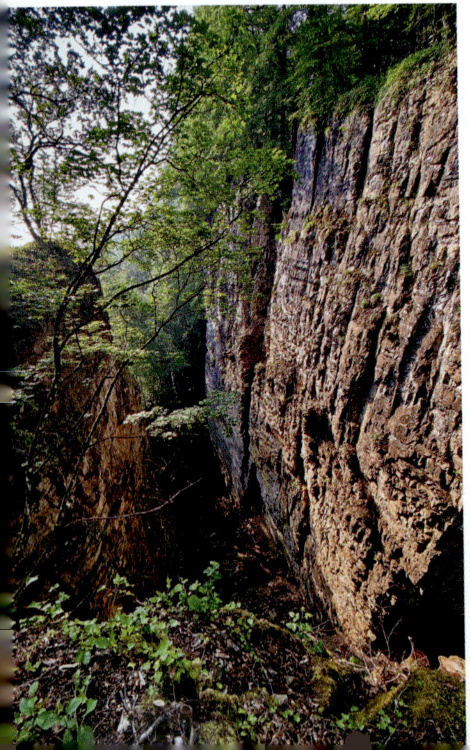

Wanderregion Kleine Luxemburger Schweiz

Die Region Kleine Luxemburger Schweiz / Müllerthal bezeichnet eine Gegend im Nordosten des Großherzogtums Luxemburg, u. a. mit den Ortschaften Echternach, Berdorf, Grundhof, Consdorf, Beaufort und Müllerthal. Ihren Namen verdankt sie den Sandsteinfelsen, welche durch Fließgewässer freigelegt wurden und die bei Wanderern und Kletterern sehr beliebt sind.

Die Region wird durchquert vom Mullerthal Trail, der in gewöhnlichen Jahren von rund 160.000 Wanderern besucht wird und seit 2014 mit dem Prädikat »Leading Quality Trails – Best of Europe« ausgezeichnet ist. Zudem ist die Region Kleine Luxemburger Schweiz /

Gorges du Loup: die wilde Wolfsschlucht in der Kleinen Luxemburger Schweiz (Tour 63).

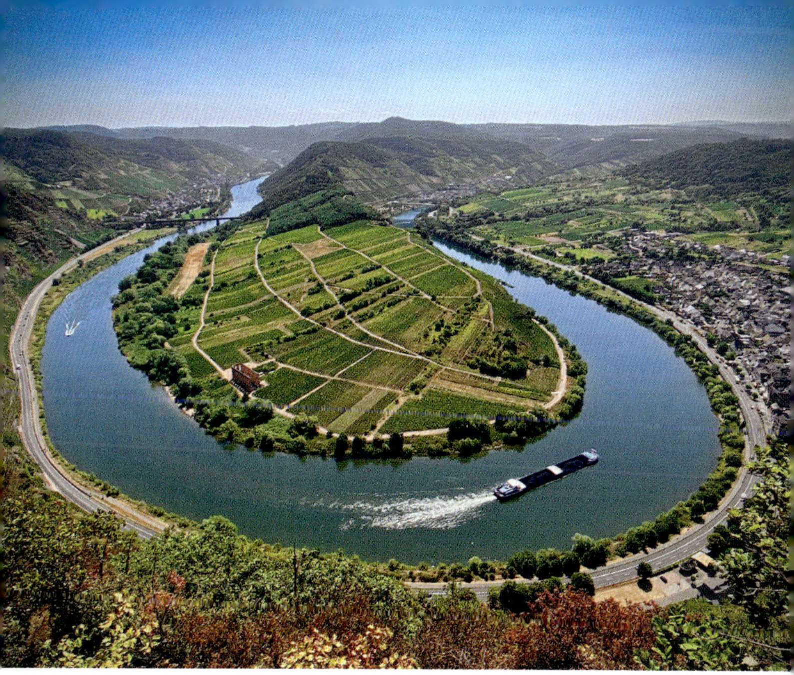

Panorama über die berühmte Moselschleife bei Bremm vom gleichnamigen Aussichtspunkt (Tour 54).

Mullerthal Teil des grenzüberschreitenden NaturWanderPark delux mit Premium-Wanderwegen durch faszinierende Fels- und Bachlandschaften. Seit 2020 gibt es im Mullerthal ein neues Highlight: Eine 67 m lange stählerne Hängebrücke, die mehrmals den Roitzbach überquert und die vier Brücken und Treppen ersetzt, die bei einer Flutkatastrophe 2018 talabwärts weggerissen wurden. Die Kleine Luxemburger Schweiz ist Teil des Deutsch-Luxemburgischen Naturparks. Infos: mullerthal.lu, naturwanderpark.eu.

Wanderregion Moseltal

Der in Frankreich Moselle genannte Fluss entspringt in den Vogesen, schlängelt sich vorbei am Hunsrück und an der Eifel und mündet schließlich nach 544 km Fließstrecke bei Koblenz in den Rhein. Die Mosel ist dessen größter deutscher Nebenfluss. Das Moseltal gilt als eine der eindrucksvollsten Flusslandschaften Europas und ist geprägt vom Weinbau, viele Menschen leben vom Ertrag der Reben sowie von der touristischen Vermarktung der einmalig schönen Region. Der Fluss ist eine wichtige Wasserstraße sowohl für den Personen- als auch für den Güterverkehr. Infos: visitmosel.de.

- **Weinbau an der Mosel:** Schon die Römer nutzten die besonderen klimatischen und geologischen Verhältnisse der Flusslandschaft und bauten Wein in großem Stil an. Im Bereich der deutschen Mosel erstrecken sich die Weinanbauflächen von der französischen Grenze bis hin zur Einmündung bei Koblenz. Knapp 5000 Winzer gibt es in der Moselregion auf deutscher Seite. Die Hauptrebsorte der Mosel ist die Rieslingtraube, sie nimmt etwa 60 Prozent der Anbaufläche ein. Die Steillagen sind in diesem Zusammenhang eine ganz besondere Herausforderung. Der Calmont ist mit einer Höhe von 378 Metern und einer Neigung von 76 Prozent der steilste Weinberg Europas. In den Steillagen ist die Arbeit mit Maschinen kaum oder gar nicht möglich. Dieser Arbeitsaufwand findet auch im Preis des Weines seinen Niederschlag. Heute zählen die Moselrieslinge zu den besten und edelsten Tropfen weltweit.

Wanderregion Ahrtal

Die Ahr entspringt unter einem Fachwerkhaus in Blankenheim einer Karstquelle, schlängelt sich 89 km durch das Tal und mündet dann bei Sinzig/Kripp in den Rhein. Der besondere Reiz liegt in der landschaftlichen Vielfalt: An der Mittelahr ist das Tal schluchtartig, die Felsen sind tief eingeschnitten. An der östlichen Flussseite mit ihren jahrhundertealten, steilen Weinbergterrassen, schroffen Felsgraten und hoch aufsteigenden Wäldern wird bevorzugt Weinbau betrieben. Hier verläuft über 35 km der Rotweinwanderweg. Infos: ahrtal.de.

DIE FLUT AN DER AHR 2021

Nach extremen Starkregenfällen verursachte am 14. und 15. Juli 2021 eine Flutkatastrophe verheerende Schäden vor allem im Ahrtal sowie im Kreis Euskirchen, in der Südeifel und im Raum Trier. Im Ahrtal verloren 135 Menschen ihr Leben, rund 17.000 Menschen ihr gesamtes Hab und Gut, insgesamt waren etwa 10.000 Unternehmen von der Flut betroffen. Über 9000 Gebäude und über 100 Brücken wurden zerstört oder stark beschädigt, die Verkehrsinfrastruktur war massiv betroffen: Straßen wurden unterspült und weggeschwemmt, rund 60 km Schienen zerstört. Auch das Wanderwegenetz wurde stark in Mitleidenschaft gezogen, weshalb in diesem Wanderführer ein paar Touren aus der 11. Auflage entfallen bzw. gründlich überarbeitet werden mussten. Besonders von der Flut betroffene Ahrtal-Orte und ihre Umgebung in diesem Wanderführer sind Altenahr, Ahrbrück, Bad Neuenahr-Ahrweiler, Dernau, Mayschoß, Rech und Schuld.

Der Wiederaufbau schreitet voran, doch in den am schwersten betroffenen Ortschaften wird er noch Jahre in Anspruch nehmen. Aktuelle Informationen, was im Ahrtal wieder möglich ist, kann man bei Ahrtal-Tourismus Bad Neuenahr-Ahrweiler (siehe Seite 25) einholen und auch online abrufen unter ahrtal.de/fuer-dich-da.

- **Weinbau an der Ahr:** Die sonnenverwöhnten Hänge oberhalb des Ahrtals entlang des Rotweinwanderweges gehören zu einem der kleinsten und nördlichsten Weinanbaugebiete Deutschlands. Die Ahr gilt als »Rotweinparadies«, ist sie doch das größte zusammenhängende Rotweinanbaugebiet Deutschlands: Auf etwa 530 ha Anbaufläche werden über 80 Prozent rote Rebsorten gezogen. Die Spitzenweine können an den Steilhängen nur mit großen Mühen erzeugt werden. Doch die Weinqualität belohnt die beschwerliche Arbeit. An der Ahr ist auch die älteste eingetragene Winzergenossenschaft der Welt zu Hause: 1868 gegründet, zählt die Winzergenossenschaft Mayschoß-Altenahr zu den renommiertesten in Deutschland.

Aussicht vom Hornberg auf Altenahr und den Ortsteil Altenburg (Tour 28).

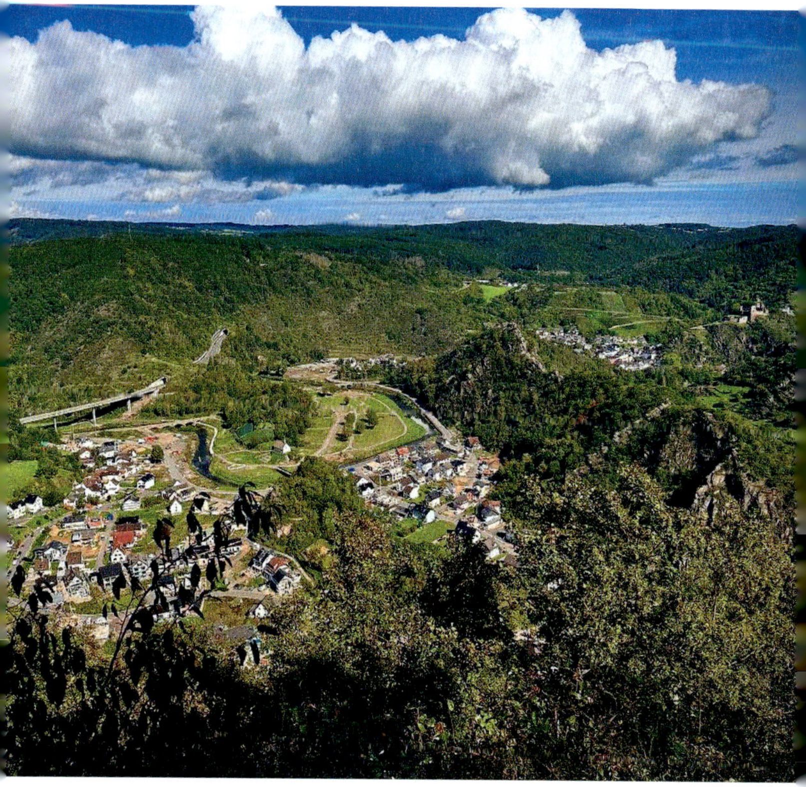

INFORMATIONEN UND ADRESSEN

Anreise und Verkehrsmittel

Ein dichtes Straßennetz verbindet die Großräume Aachen, Köln-Bonn, Koblenz und Trier mit der Eifel und sorgt für problemlose Anfahrten. Wichtige Autobahnzubringer sind von Süddeutschland aus über Koblenz die A 48, von Westen/Ruhrgebiet aus über Aachen die A 44 und von Norddeutschland über Köln die A 4. Zwischen Koblenz und Köln verläuft am Ostrand der Eifel die A 61, durch die südliche Eifel zwischen Koblenz und Trier die A 48.
Viele Touren-Ausgangspunkte sind auch mit der Bundesbahn zu erreichen, einige von der DB stillgelegte Strecken wurden inzwischen privatisiert. Fahrplan und Tarifinformationen zu öffentlichen Verkehrsmitteln erhält man telefonisch oder online bei den Verkehrsbetreibern (siehe S. 25).
Speziell für Fahrradfahrer bieten sich saisonal die RadBusse in den rheinland-pfälzischen Regionen »Eifel«, »Mosel« und »Rhein/Ahr« an, mit denen man den Drahtesel mitnehmen kann (Info und Reservierung: radbusse.de).
Der Rursee ist durch die Rursee-Schifffahrt und die »Bimmelbahn« Rursee-Bahn erschlossen (Infos und Fahrpläne: rursee-schifffahrt.de; Achtung: Rückfahrzeiten der Schiffe beachten!).

Unterkünfte

In fast allen Ortschaften finden sich Hotels, Gasthöfe und Pensionen in den verschiedensten Preisklassen. Darüber hinaus bieten einige Feriendörfer mit vielfältigen Freizeitaktivitäten günstige Unterkunftsmöglichkeiten. Eine preiswerte Übernachtungsalternative im Wandergebiet sind Jugendherbergen und Gästehäuser. Informationen zu den Unterkünften des Deutschen Jugendherbergswerkes (DJH) findet man auf der Website jugend herberge.de, zu den Gästehäusern der Naturfreunde-Landesverbände (NF) online unter naturfreundehaeuser.de. Bei beiden Verbänden ist eine Mitgliedschaft notwendig. Häuser von anderen Verbänden und privat betriebene Jugendherbergen auch bei den nachfolgenden Websites.

Am Fähranleger Ellenz-Poltersdorf mit Blick über die Mosel auf Beilstein und die Burgruine Metternich (Tour 49).

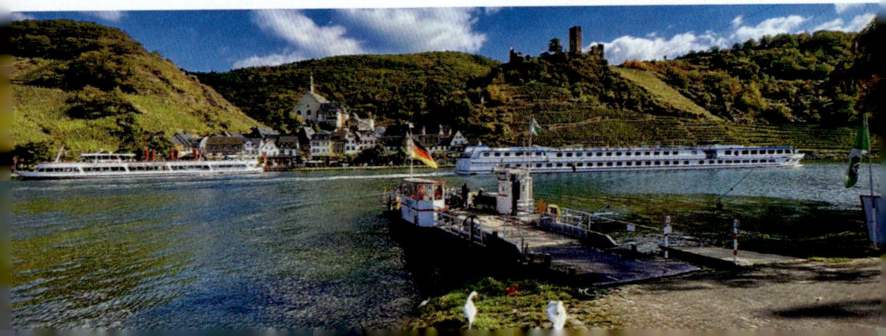

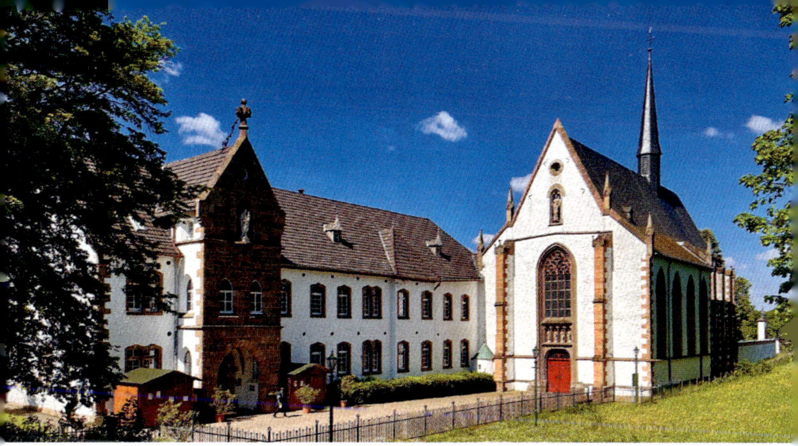

Kloster Mariawald ist eine kulturelle Sehenswürdigkeit im Nationalpark Eifel (Tour 4).

Hotels, Pensionen, Ferienwohnungen und auch Campingplätze (s. u.) findet man in großem Umfang und mit diversen Suchoptionen auf den Websites der Tourismusverbände unter:

- eifel.info/hotel-fewo-eifel: Eifel, Ahrtal
- urlaub-in-rheinland-pfalz.de: Eifel, Mosel, Ahrtal
- ostbelgien.eu/de/unterkuenfte: Hohes Venn
- mullerthal.lu/de/essen-uebernachten: Kleine Luxemburger Schweiz

Camping

Fast jeder größere Eifelort verfügt über einen Campingplatz bzw. Wohnmobilstellplätze. Zur Orientierung empfehlen sich neben den o. a. Websites jene der Camping Landesverbände, die auch mit interaktiven Campingplatz-Karten die Suche in der Region erleichtern:

- camping-in-nrw.de: Campingverband Nordrhein-Westfalen e.V.
- camping-sw.de: Verband der Campingwirtschaft Rheinland-Pfalz und Saarland e.V.

Sehenswürdigkeiten

Neben den vielen natur- und kulturlandschaftlichen Attraktionen der Eifel ragen die fünf bekanntesten Klöster Maria Laach, Mariawald, Maria Martental, Himmerod und Steinfeld als Schätze sakraler Architektur und Kunst heraus. Darüber hinaus wird in vielen Burgen das Leben der alten Rittersleut' in Wort und Bild dokumentiert, die bekannteste unter ihnen ist sicher Burg Eltz (burg-eltz.de).

Unter den zahlreichen Museen sind die interessantesten zur Entwicklung der Region das Rheinische Freilichtmuseum Kommern (kommern.lvr.de) bei Mechernich sowie das Römerbergwerk Meurin. Letzteres gehört zum in

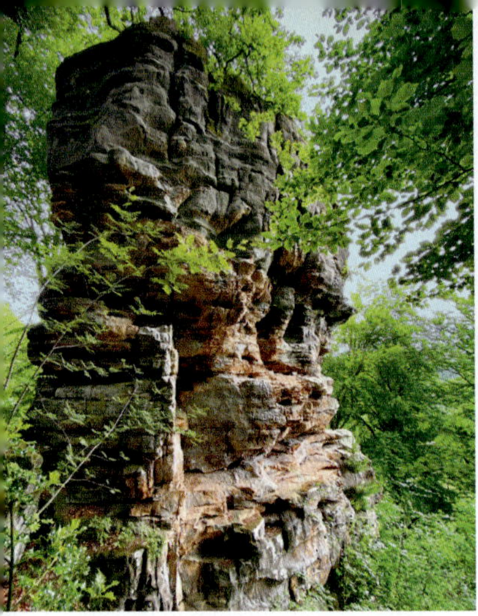

Imposante Felsformation in der Teufelsschlucht (Touren 68/70).

der Osteifel eingerichteten Vulkanpark Plaidt, wo man im Infozentrum und auf 23 Stationen alles rund um den Vulkanismus erfährt (vulkanpark.com).
Bei Andernach, im Naturschutzgebiet Namedyer Werth, findet man auch den weltweit höchsten Kaltwassergeysir (60 m) inklusive eines Erlebniszentrums zu dem Naturphänomen (geysirandernach.com), im Südwesten der Eifel ist die spektakuläre Teufelsschlucht mit Naturparkzentrum und Dinosaurierpark eine Attraktion (teufelsschlucht.de). Die einheimische Fauna kann man in einigen Wildparks wie im Hochwildpark Rheinland in Mechernich-Kommern (hochwildpark-rheinland.de) oder im Wild- und Erlebnispark Daun (wildpark-daun.de) in möglichst naturnaher Umgebung erleben; in der Greifvogelstation-Wildfreigehege Hellenthal (greifvogelstation-hellenthal.de) und im Adler- und Wolfspark Kasselburg (adler-wolfspark.de) hat man zudem Gelegenheit, in großen Volieren Falken, Bussarde, Milane, Adler & Co. zu beobachten.

Feste und Veranstaltungen

Neben den Karnevalsumzügen, u. a. dem Geisterzug in Blankenheim, sind die Ritterspiele in der Burg Satzvey besonders erwähnenswert. Winzerfeste an Ahr und Mosel, Seefeste mit Feuerwerk an größeren Talsperren sowie diverse ortstypische traditionelle Festivitäten runden das Angebot ab.
Veranstaltungskalender mit Suchfunktion findet man auf den Websites der Tourismusregionen (siehe rechte Seite) sowie z. B. auch unter eifel.de, eifelon.de oder remet.de.

Führungen

Im Nationalpark Eifel werden diverse geführte Wanderungen mit Rangern und Waldführern angeboten (in der Regel kostenlos, Infos bei der Nationalpark-Verwaltung (siehe rechte Seite), im Naturpark Hohes Venn zahlreiche sogenannte Eifel-Expeditionen (naturpark-hohesvenn-eifel.de). Neben geführten Wanderungen z. B. des Eifelvereins (zum Teil auch für Nichtmitglieder) werden in der Wanderregion zahlreiche geführte Natur- und Kultur-Themenwanderungen angeboten, worüber die jeweiligen Fremdenverkehrsämter informieren (siehe rechte Seite).

Sportmöglichkeiten

Die Eifel bietet neben Wandern gute Möglichkeiten für viele andere landläufige Freizeitsportarten. Mountainbiker finden zwischen Eifel und Mosel anspruchsvolle Terrains, Kletterer an den Felsen von Nideggen, Gerolstein, Berdorf und Ettringen (unter Berücksichtigung von Regulierungen und Verboten).

WICHTIGE ADRESSEN

Informationen zur Wanderregion

Eifel Tourismus GmbH: Tel. +49/6551/96560, eifel.info (gesamte Eifel)

Mosellandtouristik GmbH: Tel. +49/6531/97330, visitmosel.de

Tourismusverband Region Müllerthal – Kleine Luxemburger Schweiz: Tel. +352/72/04571, mullerthal.lu

Tourismusagentur Ostbelgien VoG: Tel. +32/80/227664, ostbelgien.eu (Hohes Venn)

Tourist-Informationen in der Region

Rureifel-Tourismus, An der Laag 4, 52396 Heimbach, Tel. +49/2446/805790, rureifel-tourismus.de

Monschau Tourist-Information, Stadtstr. 16, 52156 Monschau, Tel. +49/2472/80480, monschau.de

Tourist-Information Bad Münstereifel, Kölner Str. 13, 53902 Bad Münstereifel, Tel. +49/2253/542244, bad-muenstereifel.de

Tourist-Information Hocheifel-Nürburgring, Kirchstr. 15–19, 53518 Adenau, Tel. +49/2691/305122, hocheifel-nuerburgring.de

Tourist-Information Daun, Leopoldstr. 5, 54550 Daun, Tel. +49/6592/951370, gesundland-vulkaneifel.de

Ahrtal-Tourismus/Tourist-Information Bad Neuenahr-Ahrweiler, Oberstr. 8, 53474 Bad Neuenahr-Ahrweiler, Tel.+49/2641/91710, ahrtal.de

Tourist-Information Mosel-Gäste-Zentrum Bernkastel-Kues, Gestade 6, 54470 Bernkastel-Kues, Tel. +49/6531/500190, bernkastel.de

Tourist-Information Ferienland Cochem, Endertplatz 1, 56812 Cochem, Tel. +49/267160040

Tourist-Information Echternach, 9–10, Parvis de la Basilique, L-6486 Echternach, Tel. +352/72/0230, visitechternach.lu

Tourist-Information Irrel & Felsenland Südeifel, Niederweiser Str. 31, 54666 Irrel, Tel. +49/6525/933930, felsenland-suedeifel.de

Nationalpark Eifel

Nationalpark-Zentrum Eifel/Forum Vogelsang IP, Vogelsang 70, 53937 Schleiden, Tel. +49/2444/915740, nationalparkzentrum-eifel.de; Nationalparktore mit Infohäusern in Simmerath-Rurberg, Schleiden-Gemünd, Heimbach, Monschau-Höfen und Nideggen.

Wandervereine

Eifelverein (Hauptgeschäftsstelle), Stürtzstr. 2–6, 52349 Düren, Tel. +49/2421/13121, eifelverein.de

Öffentliche Verkehrsmittel

Verkehrsverbund Rhein-Sieg (VRS), Tel. 0800/3504030, vrs.de

Verkehrsverbund Rhein-Mosel (VRM), Tel. 0800/5986986, vrminfo.de

Aachener Verkehrsverbund (AVV), info@avv.de, avv.de

Verkehrsverbund Region Trier (VRT), Tel. +49/1806 131619, vrt-info.de

Rursee-Schifffahrt, Tel. +49/2446/479, rurseeschifffahrt.de

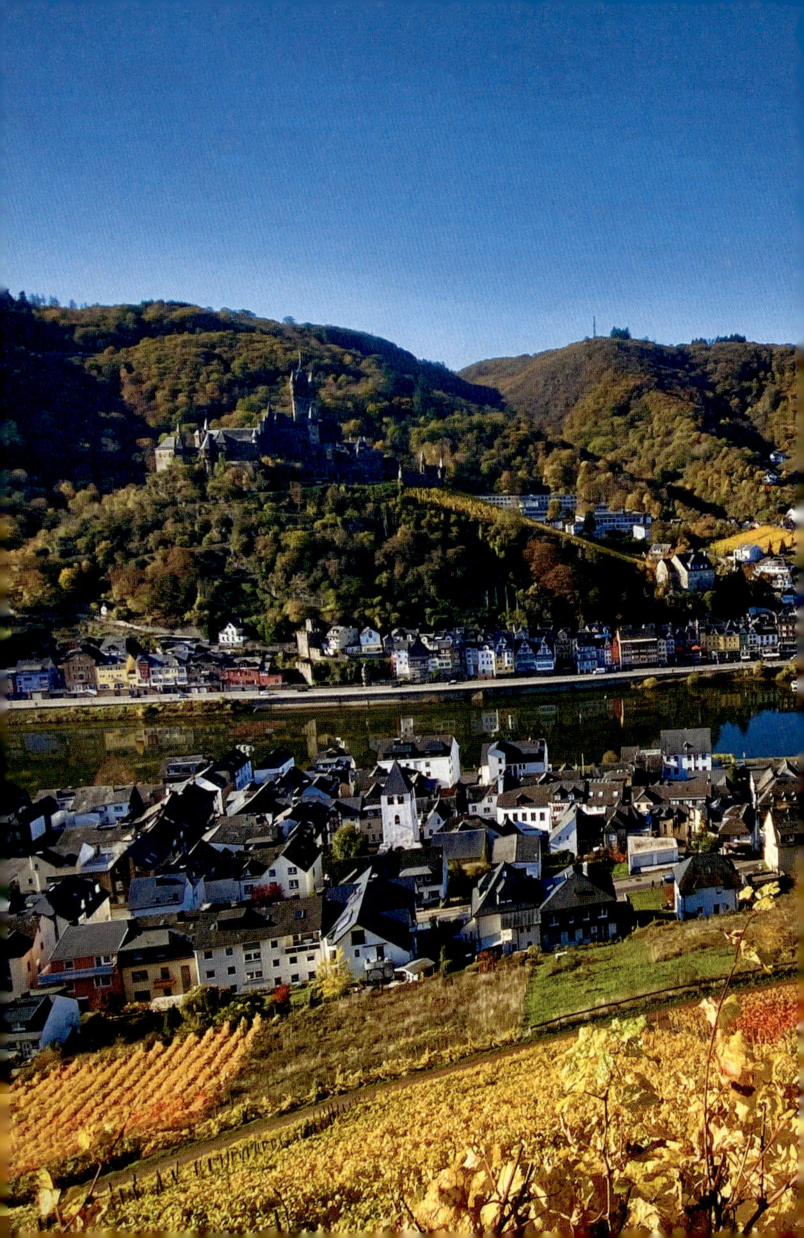

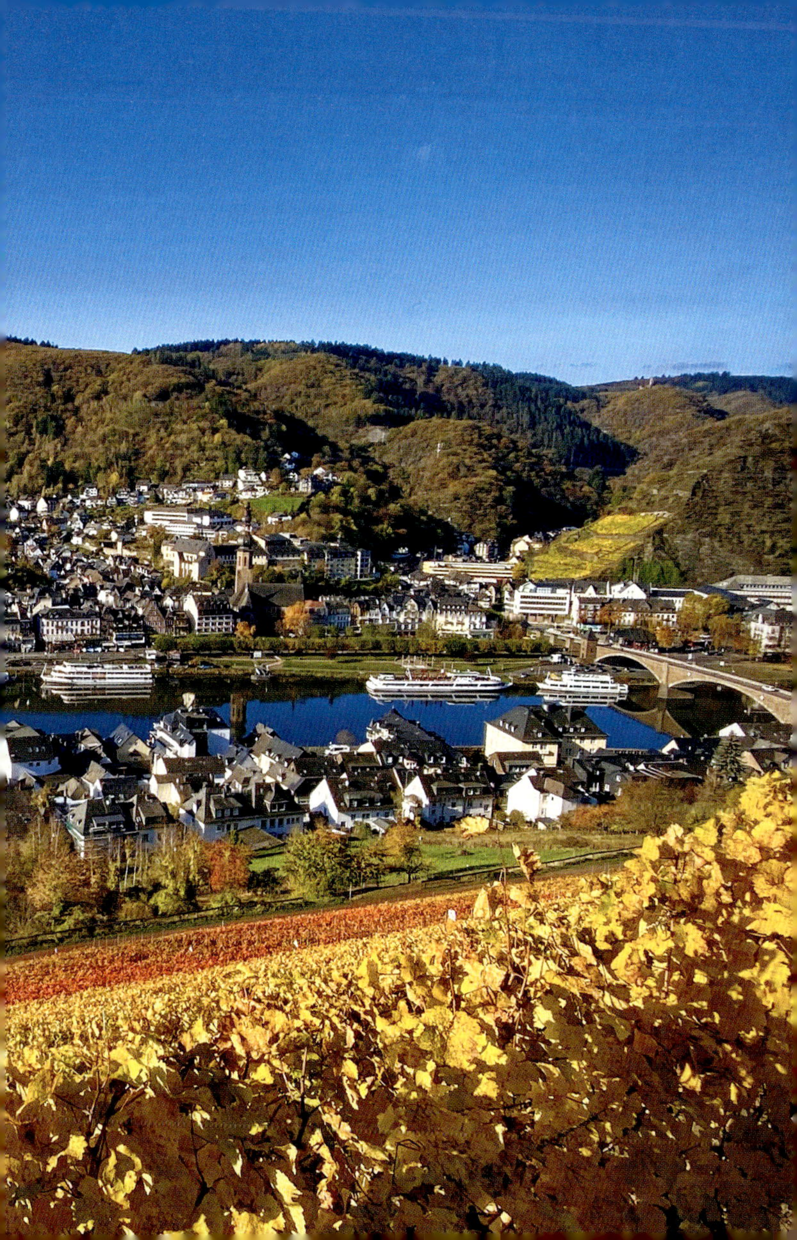

↗ 100 m | ↘ 100 m | 11.9 km

1 Die Villeseen

3.20 h

Vorbei an sechs schönen Seen und einem Maar

Diese landschaftlich herrliche Wanderung führt uns durch Wald im Naturpark Rheinland in den mittleren Teil der Ville. Wo vom 19. bis Anfang des 20. Jahrhunderts kleinflächig Braunkohle abgebaut wurde, entstand die heutige Ville-Seenplatte, ein etwa 50 Quadratkilometer großes, ausgedehntes Gebiet mit Mischwäldern und über 40 Seen. Dank umsichtiger Rekultivierung hat sich hier im Lauf der Jahrzehnte wieder eine artenreiche Pflanzen- und Tierwelt entwickelt.

Ausgangspunkt: 50374 Erftstadt-Liblar, 94 m, Parkplatz Donatussee, 129 m, etwa 300 m vom Bahnhof Liblar in südlicher Richtung an der K45 (GPS: N50.803686 E6.834671).
Anfahrt: Mit Pkw: A1/A 61 bis Ausfahrt 108 Erftstadt. Weiter auf der B265 Richtung E.-Liblar bis Ausfahrt E.-Bliesheim/E.-Liblar. Rechts in die Frauenthaler Straße, links abbiegen (Aral-Tankstelle) auf die Carl-Schurz-Straße/L163, rechts in die Bahnhofstraße/K45 und weiter über den Schlunkweg/K45. Beim Radwegschild »Wesseling 14 km + Brühl 6,9 km« links abbiegen und durch eine Bahnunterführung zum Parkplatz.
Mit ÖPNV: Züge von Köln Hbf. nach Erftstadt-Liblar.
Anforderungen: Einfache Rundtour.
Einkehr: Keine.
Variante: Möglichkeit zur Tourverkürzung (ohne Franziskussee): Von der Verzweigung am Untersee gehen wir links weiter am Nordufer entlang und biegen nach etwa 200 m an der Gabelung abermals links in die Hauptroute ein. Nun am Uferweg weiter entspr. Beschreibung. Tourenlänge: 8,2 km, 2.20 Std.

Urwüchsiger Urwald oberhalb des Donatussees.

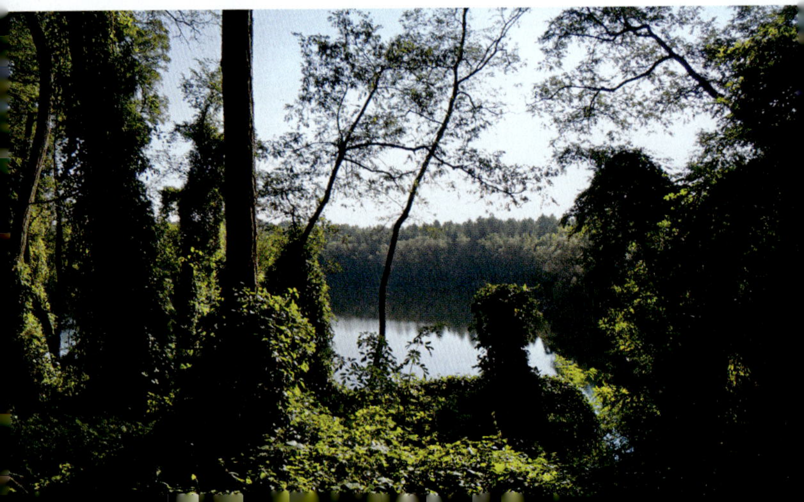

Vom **Wanderparkplatz Donatussee** ❶ folgen wir in nordwestlicher Richtung kurz der Beschilderung »Franziskussee 2,9 km + Liblarer See 1,6 km« in den Wald auf festem Weg und zweigen nach etwa 50 m rechts ab. Nun ohne Markierung, bald parallel zum Reiterweg, den wir überqueren, geht es zu einer Verzweigung, an der wir uns rechts halten. An einem kurzen steilen Anstieg kommen wir zu einem schönen urwüchsigen Wald, wandern über eine Kreuzung hinweg und blicken auf den Donatussee. Nach etwa 200 m und noch einmal nach weiteren 100 m bieten sich am Weg zwei kurze (25 m), lohnenswerte Abstecher auf schmalen Pfaden, die vorwiegend von Anglern benutzt werden, hinunter zum See, mit bezauberndem Blick über das Gewässer. Wieder am Weg, geht es weiter abwärts. Dabei machen wir auf einem nicht zu übersehenden breiten Pfad einen weiteren kleinen Abstecher (20 m) zum **Donatussee** ❷, 112 m, wo wir einen traumhaften Blick auf den See genießen. Kurz danach (50 m) gehen wir an einem Querweg rechts (A7) und weiter am See entlang, zwei Abzweige nach links ignorieren wir. An einer Verzweigung halten wir uns links (A6 + A7) bis zu einem Querweg. Auf diesem links, dann gleich darauf nach rechts hinauf erreichen wir auf einem Teerweg in zwei Minuten die **Zwillingsseehütte** ❸, 138 m, wo wir vom Weg aus einen Blick auf den Zwillingssee haben. Weiterhin auf dem Weg (A6 + A7) an einem Abzweig vorbei, halten wir uns an einer Verzweigung links abwärts auf dem Schlunkweg (Ww. Badorf 2,5 km + A6 + Römerkanal-Wanderweg + Eifelverein) und gehen links am **Villenhofer Maar** und rechts an einem schönen Buchenwald entlang. Wir passieren einen Abzweig und machen gegenüber, am Hinweisstein »Villenhofer Maar«, einen Abstecher (20 m) zum **Ufer** ❹, wo wir auf zwei Holzstege gegenüber blicken, unser nächstes Ziel.

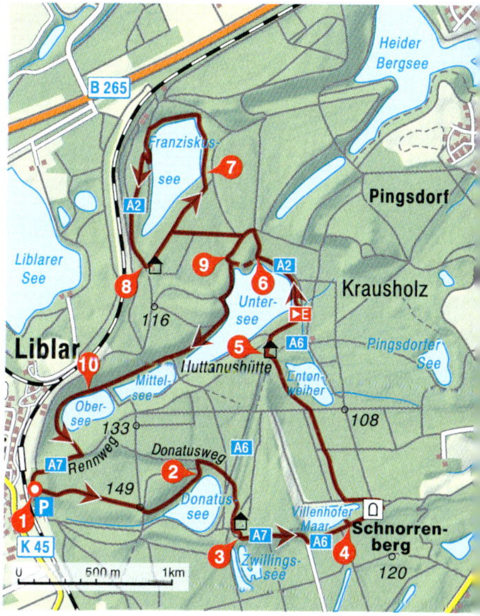

Wieder am Weg, zweigen wir hinter dem Maar links ab (Römerkanal-Weg + A6), und gleich erneut links (Eifelverein/Brühl 100) zu den erwähnten **Holzstegen** mit Sitzbänken (bitte Beschilderung »Zutritt für Angler« beachten). Wieder am Weg zurück, zweigen wir vor dem zweiten Holz-

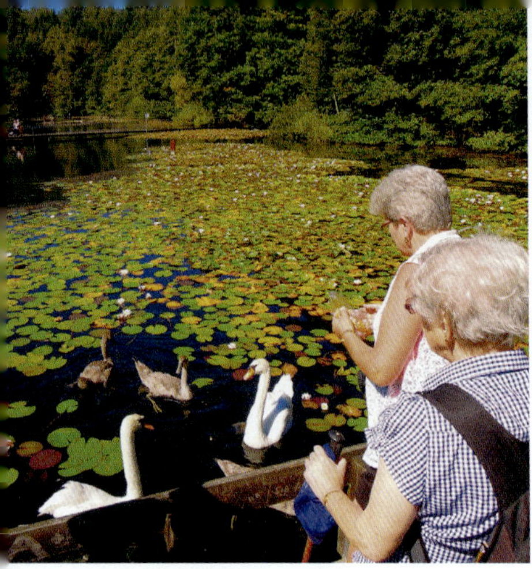

Schwanenfamilie am Villendorfer Maar.

steg rechts ab (Nr. 100). Nun führt uns der Weg auf einer langen Geraden abwärts, einen Abzweig ignorierend, bis zu einem Naturschutzgebiet-Hinweisschild an einem Querweg. Hier biegen wir links ab, kommen nach etwa 500 m zur **Huttanushütte** ❺ und gehen an dieser geradeaus (Ww. Untersee 0,5 km) zu einer Verzweigung. Hier zweigen wir nach rechts ab, wandern am Waldjugendlager vorbei, über einen Reiterweg hinweg und biegen hinter einer Linkskurve am Hinweisschild »Naturschutzgebiet« links ab zum **Untersee** (Ww. 0,1 km + 100).

An diesem geht es entlang – mit traumhaftem Blick auf den See, der am Ufer mit Schilf bewachsen ist – bis zu einer **Verzweigung** ❻ am Wasserüberlauf des Sees an einer Linkskurve. Hier verlassen wir vorerst den Untersee (siehe Variante), steigen kurz rechts hinauf (Nr. 100) zu einer Wegekreuzung; hier 50 m nach links (A2 + 75) zu einer weiteren Kreuzung. An dieser erneut links (Ww. Liblar, auf einem Stein), kommen wir nach 50 m zu einer Verzweigung, wo wir nach rechts (ohne Markierung) über Gras-Schotter-Weg nach 500 m zum Hinweisschild »Wasserburgen-Route« an einem Querweg gelangen (auf dem Rückweg kommen wir wieder hierher). Dort zweigen wir rechts ab und folgen diesem Weg etwa 300 m, bis wir am nächsten Abzweig links abbiegen zum **Franziskussee** ❼. Wir treffen auf ein Naturschutzgebiet-Hinweisschild am See, der Rückzugsgebiet für eine artenreiche Vogelwelt ist.

Weiter am mit Schilf bewachsenen Ufer entlang bieten sich immer wieder herrliche Ausblicke auf zwei kleine Inseln inmitten des Sees. Auf diesen brütet die größte Sturmmöwenkolonie von Nordrhein-Westfalen. Der Weg verschmälert sich zu einem Pfad, der uns zu einem Querweg führt. Auf diesem nach links (Ww. Liblar 2,3 km + A2) bieten sich bald am Weg nach links zwei kurze (40–100 m), lohnenswerte Abstecher in Abständen von etwa 100 m auf Anglerpfaden zum Ufer, wiederum mit grandiosem Blick über den See und auf

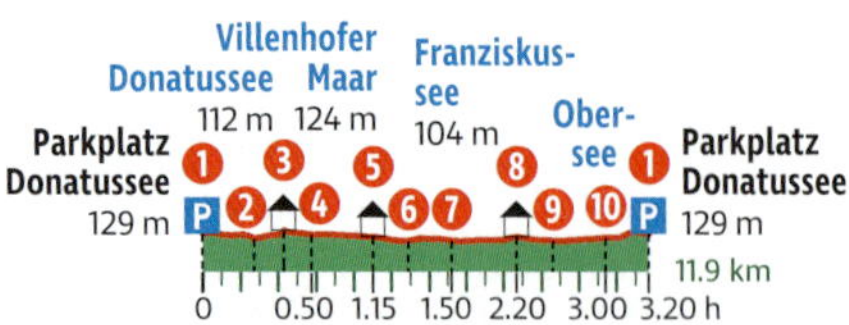

eine weitere sehr kleine Insel, auf der verschiedene Vogelarten zu sehen sind. Nach einer langen Geraden des Weges geht es hinauf durch schönen Buchenwald zu einer **Schutzhütte** ❽ an einem Abzweig. Vor dieser zweigen wir nach links ab und kommen nach etwa 300 m zum bekannten Hinweisschild »Wasserburgen-Route«. Hier nun wieder rechts kommen wir über den Gras-Schotter-Weg in knapp 500 m zu einem Abzweig.
Dort biegen wir spitzwinklig rechts ab und gelangen nach etwa 200 m zu einer **Gabelung** ❾ vor dem Untersee. An dieser gehen wir geradeaus am schilfbewachsenen Ufer von **Untersee, Mittelsee** und **Obersee** ❿ entlang, begleitet von schönen Seenblicken. Wir folgen noch ein Stück dem Ufer des Obersees, verlassen es aber bald und steigen hinauf, an schönem, urwüchsigem Wald vorbei, zum Naturschutzgebiet-Schild an einer Wegekreuzung. An dieser gehen wir rechts (Ww. Parkplatz Donatussee 0,6 km + A2 + S), weiter am urwüchsigen Wald entlang und an einem Abzweig vorbei zu einer Verzweigung. Hier links (Ww. Parkplatz Donatussee 0,3 km) erblicken wir bald den **Wanderparkplatz Donatussee** ❶, unseren Ausgangspunkt.

Der idyllische Mittelsee in der Ville-Seenplatte.

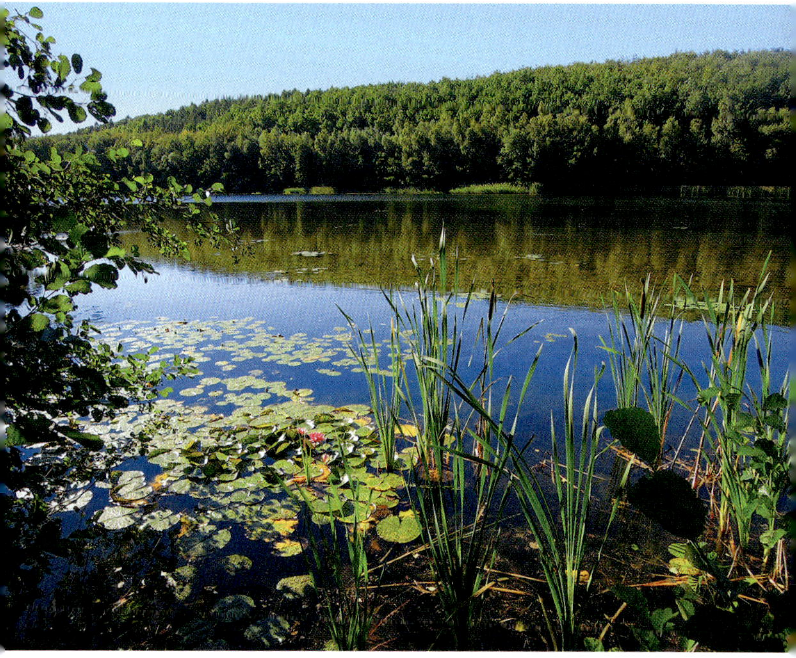

TOP

2

↗ 525 m | ↘ 525 m | 16.9 km

Nideggen – Hindenburgtor – Eugenienstein

6.00 h

Durch das Herz der Rureifel mit traumhaften Ausblicken

Diese attraktive Runde führt durch eine der schönsten Landschaften der Rureifel und bietet alles, was ein Wanderherz begehrt. Sie verläuft fast vollständig über Wege und Pfade durch Wald mit vielen grandiosen Ausblicken von Kanzeln, Plateaus und Aussichtspunkten. Die Hinkelsteine haben ihren Namen vom ehemaligen Co-Autor dieses Wanderführers, Dieter Siegers, der sie in den 1970er-Jahren entdeckte und erschloss. Seit 1994 gilt an den meisten Felsen im Naturschutzgebiet Kletterverbot. Ein Naturtor erhielt von der Stadt Nideggen 1920 den Namen »Hindenburgtor«, benannt nach dem Generalfeldmarschall und späteren Reichspräsidenten Paul von Hindenburg. Von der Christinenley geht es mit tollem Blick aus einer anderen Perspektive zurück nach Nideggen.

Durchgang im Sandsteinfelsen mit eingemeißeltem Namen: das Hindenburgtor.

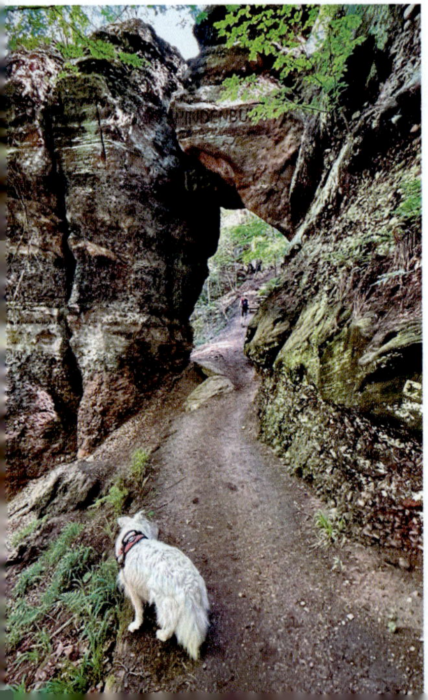

Ausgangspunkt: 52385 Nideggen, 312 m, Parkplatz Danzley, 298 m (GPS: N50.692524 E6.479553).
Anfahrt: Mit Pkw: Autobahn A4 Köln–Aachen bis Düren. Durch Düren und auf der Landstraße 249 in Richtung Kreuzau bis Nideggen. In Nideggen kurz rechts in die Burgstraße/L11, die nächste links, Bahnhofstraße zum Parkplatz Danzley. Mit ÖPNV: Bus 221 von Düren Bhf./ZOB bis Nideggen, Haltestelle Milchbar oder Dürener Tor. Von dort jeweils ca. 350 m zum Ausgangspunkt
Anforderungen: Längere Runde über Pfade und Wege, bei Nässe oder Schneeglätte teilweise rutschig. Zum Eugenienstein und zu den Rather Felsen sehr steile Anstiege.
Einkehr: Unterwegs keine; nur in der Stadt Nideggen.

Vom **Parkplatz Danzley** ❶ am westlichen Ortsrand von **Nideggen** folgen wir dem Wegweiser »Christinenley 1,4 km« (Buntsandstein-Route + 27), gehen die Bahnhofstraße nach links abwärts und queren die Landstraße 11. Nun über Naturpfad abwärts, nach rechts einen Bach überqueren, dann schlängelt sich der schöne Pfad aufwärts durch Mischwald und Felslandschaft zur Infotafel »Tag & Nacht im Fels« und nach links zur Aussichtskanzel **Hirtzley**. Bald darauf kommen wir zum Heinrich-Düster-Kreuz und kurze Zeit später zu einer weiteren Aussichtskanzel (Wetterfahne und Brücknerplatte, Aussichtsplateau). Kurze Zeit später machen wir beim Ww. »Hindenburgtor 0,2 km« nach links einen kurzen Abstecher zur Aussichtskanzel **Christinenley** ❷, 318 m, und genießen den Panoramablick ins Rurtal.

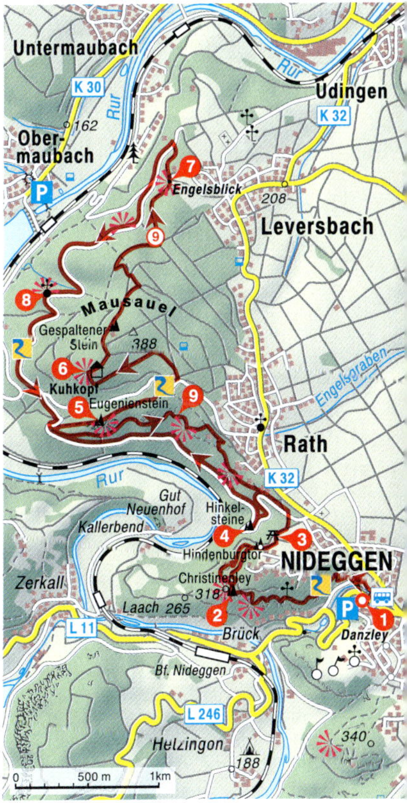

Der Weiterweg führt bald abwärts nach links an einer Verzweigung zum Felsdurchgang **Hindenburgtor** (große Schrift über dem Tor im Felsen), dahinter kurz steil über Stufen aufwärts zu zwei weiteren schönen Aussichtskanzeln (Blick auf Gut Neuenhof und Kallerbend). Wir stoßen auf einen Weg, den wir nach links nehmen zum **Picknickplatz** ❸ – auf dem Rückweg kommen wir wieder daran vorbei – und weiter zu einer Verzweigung; an dieser nach links zu einer Kreuzung und erneut links auf den Weg.

Nach etwa 200 m verlassen wir vorerst die Buntsandstein-Route, die als Pfad rechts abgeht. Wir bleiben auf dem Weg (Ww. 03 + 07 + 27) und erreichen abwärts die **Hinkelsteine** ❹ genannten Felsen; von diesen leicht abwärts bis zu einer Gabelung. Hier steigen wir nach rechts an (Ww. 07 Obermaubach-Panoramaweg 3,0 km), bis wir nach etwa 1,2 km wieder auf das Logo »Buntsandstein-Route« stoßen. Wir verlassen hier den Weg halb rechts (Ww. Eugenienstein 0,3 km) auf Pfad fast alpin-steil hinauf, zum Schluss durch Heidelandschaft, zum **Aussichtsplateau Eugenienstein** ❺, 350 m. Von hier oben haben wir einen traumhaften Ausblick ins Rurtal und zum Burgberg.

Nun wandern wir auf dem Grat durch Heidelandschaft zu einem weiteren Aussichtspunkt mit Sitzbank. Ilex und Farn säumen unseren Pfad, bis wir zu

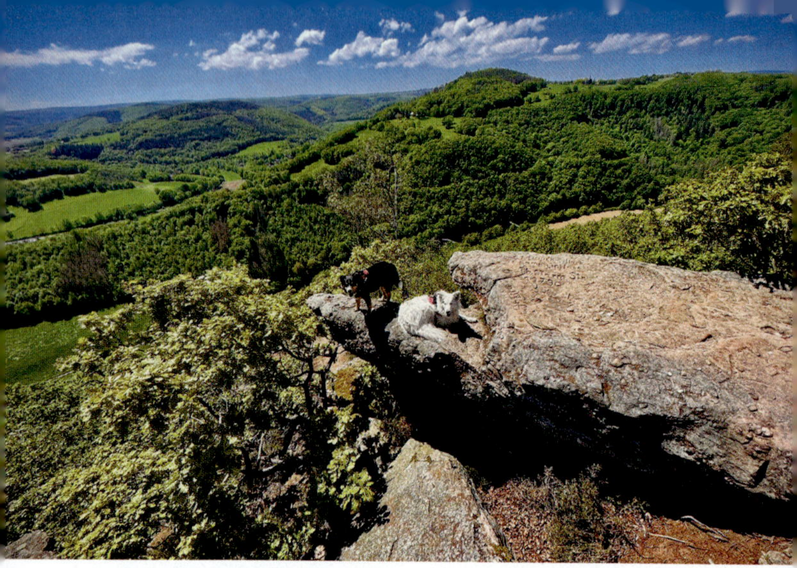

Am Plateau Eugenienstein mit Aussicht ins Rurtal und auf den Burgberg.

einem festen Weg kommen. Hier verlassen wir erneut die Buntsandstein-Route, folgen hinter einem Picknickplatz geradeaus dem Ww. »Kuhkopf 0,9 km« zu einem Querweg, dort links zur Schutzhütte »Wald-Rast« mit Infotafel »Laubwald contra Nadelfrost«. Weiter geradeaus auf dem Weg, nach ca. 50 m an einer Gabelung wieder links (Ww. Eifel-Blick + 17+ 23).

An der nächsten Verzweigung nach 250 m halten wir uns erneut links (ohne Markierung), folgen dem Weg etwa 300 m durch Nadelwald und Farn, dann aufwärts auf Pfad durch Ilex und erreichen nach etwa 170 m den Eifel-Blick und die **Schutzhütte** am **Kuhkopf** **6**, 392 m. Von hier genießt man die Aussicht auf das Staubecken Obermaubach.

Weiter geht es auf Weg etwa 150 m, dann nach links am Ww. »Eifel-Blick/ Kuhkopfhütte« vorbei auf Pfad (Nr. 2 + 17), kurz danach abwärts am sogenannten Gespaltenen Stein unterhalb der Mausauel vorbei zu einem befestigten Weg. Hier gehen wir kurz rechts (15 m) und nach links auf Pfad (Nr. 17 + 42) bis vor einen festen Weg an einer Wegekreuzung, dort links hinunter (Nr. 17 + 23) über eine Kreuzung hinweg bis zu einer Verzweigung (Bauminsel mit Sitzbank). An dieser nehmen wir den Weg (17 + 23 + 42) rechts abwärts und kommen bald in den kahlgeschlagenen Nadelwald mit Blick auf Untermaubach und die Sophienhöhe. Hinter diesem leitet uns der Pfad (Nr. 17 + 23+ 42) nach links steil bergab an Abzweigen vorbei zum Picknickplatz (Blick auf Obermaubach) und zur **Schutzhütte Engelsblick** **7**, 278 m, die etwa 30 m entfernt steht.

Hinter dem Picknickplatz folgen wir dem Pfad (Markierung fehlt am Anfang, dann 23 + 42 + 72) links abwärts mit Blick auf den Obermaubach-Stausee bis zu einem festen Weg und dort dem Ww. »Waldkapelle 1,7 km« (Buntsandstein-Route) nach links abwärts. An der nächsten Verzweigung nach links aufwärts auf den Panoramaweg (Ww. Waldkapelle 1,4 km) gelangen wir nach ca. 15 Minuten zur **Gerda-Rössler-Schutzhütte** mit Blick auf Obermaubach und den Stausee. Im weiteren Verlauf führt uns der Entdeckungspfad (Infotafeln Maubacher Rurtal) zur schönen **Waldkapelle** 8, 267 m, mit Picknickplatz, Eifel-Blick und dem Gedenkstein »Gräfin Alberadis von Molbach«. Hier folgen wir dem Ww. »Eugenienstein 1,5 km« über eine Kreuzung geradeaus und kommen nach etwa 300 m zum Ww. »Eugenienstein 0,3 km«.
An diesem verlassen wir vorerst wieder die Buntsandstein-Route und gelangen auf dem zweiten Pfad nach links (Ww. Felsenrundweg nach Nideggen; später alte Markierung schwarzer Keil, nicht auf der Karte) in ein schönes Naturschutzgebiet, das wir ca. 1 km, am Schluss durch Ilex, bis zu einem Abzweig durchqueren. An dem Abzweig (vor dem Ww. Nideggen 3 km) folgen wir in spitzem Winkel nach links (schwarzer Keil) dem kurzen, kräftigen Anstieg, der sich zum Teil über Stufen und Serpentinen zu den Felsen hinaufschlängelt zur **Einsiedlerklamm** und durch die moosbewachsene Landschaft zum **Aussichtsplateau Rather Felsen** 9, 332 m, mit Sitzbank. Wir gehen weiter und kommen wieder zum Ww. Buntsandstein-Route; hier nach rechts und gleich danach zum Aussichtspunkt Kickley (mit Infotafel). Von hier geht es auf Pfad zum Teil über Stufen abwärts, später haben wir an einer Sitzbank einen schönen Ausblick auf das Rurtal mit Zerkall und Gut Neuenhof. Wir treffen wieder auf unseren Hinweg und folgen diesem ca. 400 m nach links, dann an der Kreuzung und Verzweigung nach rechts zum bekannten **Picknickplatz** 3.
Direkt dahinter leitet uns der Weg aufwärts und wir verlassen nach 200 m vorerst das Logo »Bundsandstein-Route«. Weiterhin auf dem Weg (03 + 17) gelangen wir nach 270 m zu einer Gabelung; hier folgen wir geradeaus dem Pfad (03 + 17) knapp 130 m wieder zur bekannten Aussichtskanzel **Christinenley** 2. Der »Bundsandstein-Route« folgen wir nun erneut auf dem bekannten schönen Pfad mit vielen eindrucksvollen Ausblicken auf das Rurtal und die Burg Nideggen zum **Parkplatz Danzley** 1 in **Nideggen**.

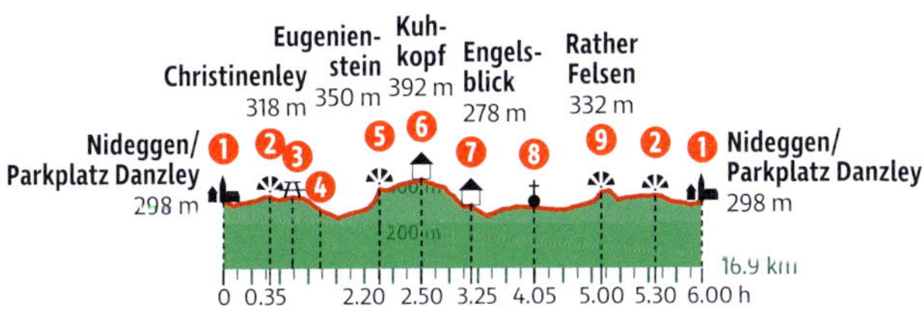

↗ 350 m | ↘ 350 m | 12.6 km

3 Zur Burg Nideggen

3.50 h

Rundtour um die Buntsandsteinfelsen von Nideggen

Das Ziel der Wanderung ist die Burg Nideggen, die im 12. Jahrhundert als Wohnsitz des Grafen von Jülich erbaut wurde und heute ein Burgenmuseum beherbergt. Bevor wir sie erreichen, geht es durch den Kühlenbusch zum Effels (Kletterfelsen) und zur Aussichtskanzel unterhalb der Burg.

Ausgangspunkt: 52385 Nideggen-Abenden, 185 m, Parkplatz an der Bahnhaltestelle (GPS: N50.671385 E6.476655), oder 100 m weiter am Freizeitzentrum.
Anfahrt: Mit Pkw: Autobahn A4 Köln–Aachen bis Düren. Durch Düren und auf der Landstraße 249 in Richtung Kreuzau bis Nideggen, dann nach Abenden.
Mit ÖPNV: Regionalzüge von Düren nach Abenden.
Anforderungen: Problemlose Wanderung, steiler Anstieg im Kühlenbusch.

Einkehr: Gastronomie in Nideggen und Abenden.
Variante: Die Tour ist auch als Streckenwanderung von Abenden nach Brück möglich (8,5 km): von Schüdderfelder Weg nach Nideggen-Brück zum Bahnhof (250 m); Rückfahrt mit der Rurtalbahn nach Abenden (alle 60 Min., rurtalbahn.de).
Hinweis: Burgenmuseum Nideggen, geöffnet Di–So 10–17 Uhr, Mo Ruhetag, kreis-dueren.de/burgenmuseum.

Vom Parkplatz an der **Bahnhaltestelle Abenden** ❶ spazieren wir zurück über die Rurbrücke und gehen kurz (80 m) geradeaus, bis wir links abbiegen in die Straße »Im Hag«. Dieser folgen wir bis 15 m hinter dem Zone-30-Schild am Ortsausgang. Dort leitet uns der Wegweiser »Buntsandstein-Route + 37« nach links auf Pfad in Kehren steil hinauf in den Wald und an einem Zaun vorbei. An einem Geländer haben wir einen schönen Blick auf Abenden. Nach einer weiteren Kehre gehen wir nach rechts eine große Schleife um den Berg und kommen in den **Kühlenbusch**, zum **Aussichtspunkt** ❷ mit zwei Sitzbänken und Blick auf Abenden. Hier verlassen wir die Buntsandstein-Route, wandern geradeaus auf Pfad 37 (leider sparsame Markierung) abwärts zu den Felsen und an ihnen vorbei nach rechts. Der alten Markierung 1 folgend gelangen wir abwärts auf Pfad 37 zu

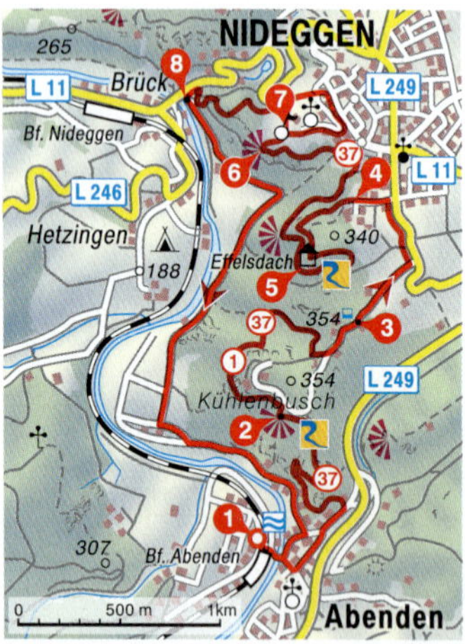

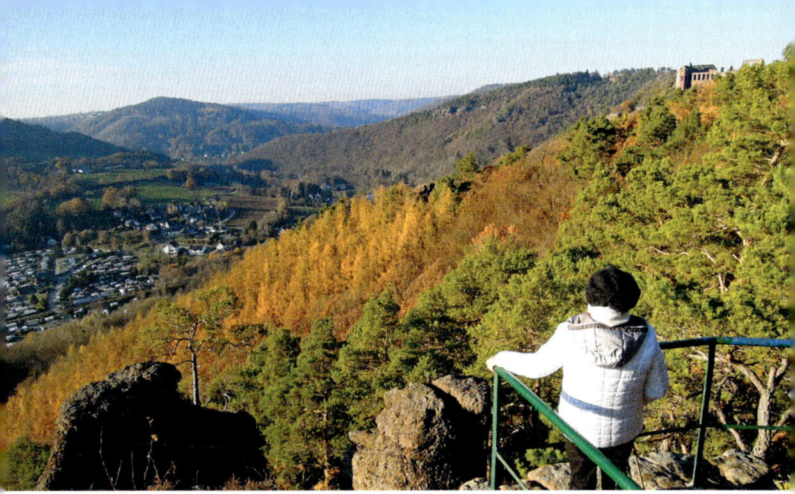

Ausblick vom Effelsdach ins Rurtal und auf Burg Nideggen.

einem Querweg. Auf diesem steigen wir nach rechts (Buntsandstein-Route) steil aufwärts zu einem Teerweg im Wohngebiet, über den wir an einer Verzweigung nach links hinauf einen **Wasserbehälter** ❸, 354 m, erreichen, den höchsten Punkt unserer Wanderung im Kühlenbusch. Wir kommen zur Abender Straße (L249), wo wir wieder links über den Fuß- und Radweg neben der Straße bis zum Abzweig »Im Effels« weiterwandern. Dort biegen wir links ab, vorbei an der **DJH-Jugendherberge Nideggen** ❹, hinter der wir über eine X-Kreuzung hinweg den Pfad 37 Richtung Wald nehmen. Wir stoßen auf einen Querweg, dem wir nach rechts folgen. Unterwegs empfiehlt sich ein kleiner Abstecher von 50 m (Ww. Eifel-Blick) zur **Schutzhütte Effelsdach** ❺, 325 m, von der man eine schöne Aussicht auf das Rurtal, die Burg Nideggen und den Effels hat.

Wieder zurück am Weg geht es nach rechts an einem Eisengeländer steil hinab. Wir bleiben auf dem Weg, der nach rechts führt, und folgen wieder der Buntsandstein-Route. Diese bringt uns unterhalb der Kletterfelsen zum ehemaligen Kurgarten, welchen wir zur anderen Talseite queren. Nun folgen wir dem Weg 37 nach links hinab, bis dieser rechts auf einen Pfad (Nr. 37) abzweigt (Warnschild: Felssturzgefahr). Wir steigen hinauf, geradeaus bei einem Holzgeländer bis zu einer Bank mit Aussicht auf das Rurtal und den Hager Turm mit Gipfelkreuz.

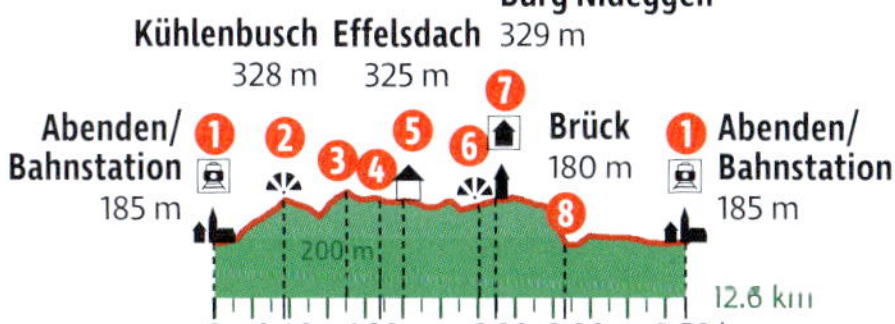

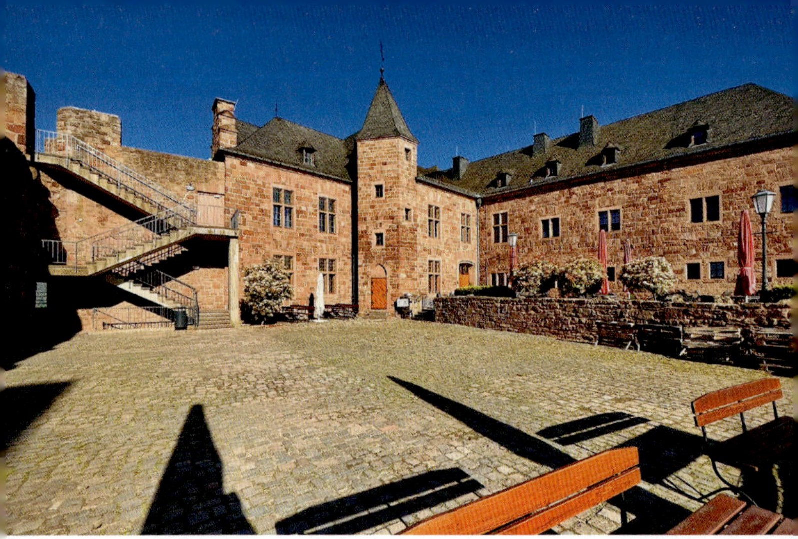

Im Innenhof der Burg Nideggen, deren Ursprünge bis ins 12. Jh. zurückreichen.

Ein Stück weiter erreichen wir die **Aussichtskanzel** ❻ unter der Burg und genießen das herrliche Panorama mit dem Rurtal und den Felsen an der Burg Nideggen. Dann geht es weiter um die Burg herum. Vor der schönen Allee verlassen wir Pfad 37, biegen nach rechts zum Burgparkplatz ab und machen dort einen Abstecher (ca. 150 m) zur **Burg Nideggen** ❼ mit Restaurant, Burgenmuseum sowie dem Westturm samt Eifel-Blick.
Wieder zurück zum Burgparkplatz geht es an der Kirche vorbei in den Ort **Nideggen**. Vom Marktplatz nach links spazieren wir kurz durch die Bahnhofstraße und gegenüber der Kreissparkasse nach links in die Heimersteinerstraße (Logo Buntsandstein-Route). Dieser folgen wir abwärts bis zum Ortsende über eine Kreuzung hinweg und durch ein Waldstück zum Heimersteiner Brunnen. Dann an einem überhängenden Felsen, »Zwei Brüder« genannt, vorbei zu einer Kurve, die nach links führt, mit Blick auf Brück (hier auch Ruhebank). Nach etwa 100 m gelangen wir über Stufen zu einer Verzweigung, an der wir uns scharf nach rechts abwärts auf dem Pfad halten (Ww. Brück/Rurtalbahn; bitte nicht die Abkürzungen nehmen) und erreichen nach kurzer Zeit einen Querweg. Diesen überqueren wir nach links (Schild: Naturschutzgebiet) und steigen in Serpentinen hinunter (Ww. Brück) ins Rurtal zum **Schüdderfelder Weg** ❽ am Rand von **Nideggen-Brück** (siehe Variante). Nach links bringt uns ein Teerweg (Ww. 57), der an einem Wohngebiet für 150 m durch einen steinigen Weg unterbrochen wird, zurück nach **Abenden** und rechts in die Palanderstraße zum **Parkplatz** ❶.

↗ 300 m | ↘ 300 m | 9.9 km

3.30 h

Von Mariawald nach Heimbach

4

Steiler Abstieg zum Staubecken bei Heimbach

Heinrich Fluitter, ein ehemaliger Strohdachdecker, legte den Ursprung des Klosters Mariawald, als er sich um 1475 mit einem Votivbild auf dem Kermeter zurückzog, um dort als Eremit zu leben. Seine Einsiedelei entwickelte sich zum Wallfahrtsort, der am 4. April 1486 von Zisterziensermönchen übernommen wurde. Diese errichteten 1511 als erstes Gebäude des Klosterkomplexes eine gemauerte Kirche, Nemus Mariae (= Wald Mariens). Am 15. September 2018 verließen die letzten Mönche das Kloster, da der Konvent aufgrund von Nachwuchsmangel aufgelöst werden musste. In Heimbach erwartet uns die Burg Hengebach mit dem Aussichtsturm. Sie wurde im 11. Jahrhundert auf einem Grauwackefelsen erbaut und zählt zu den ältesten Burgen der Eifel. Hinter Hasenfeld kommen wir zum Kraftwerk Heimbach, das im Jugendstil erbaut und 1905 in Betrieb genommen wurde. Es bezieht sein Wasser aus der Urfttalsperre über den Kermeterstollen, der 110 Meter oberhalb des Kraftwerkes in zwei Druckrohre übergeht.

Ausgangspunkt: 52396 Heimbach, Parkplatz bei der ehemaligen Abtei Mariawald, 430 m, von Heimbach ausgeschildert (GPS: N50.618295 E6.478848).
Anfahrt: Mit Pkw: Autobahn A4 bis Abfahrt Düren, durch Düren und über Nideggen nach Heimbach.
Anforderungen: Steiler Abstieg von der Schutzhütte Marienhöhe nach Heimbach und steiler Anstieg im Nationalpark Eifel zum Ehrenfriedhof.
Einkehr: Café Burgblick in Heimbach; Terrasse am See (Abstecher beim Hinweisschild nach rechts, ca. 100 m); Klostergaststätte Mariawald am Ausgangspunkt (kloster-mariawald.de).

Stimmungsvoll: Ein Holzsteg führt direkt am Heimbach-Staubecken entlang.

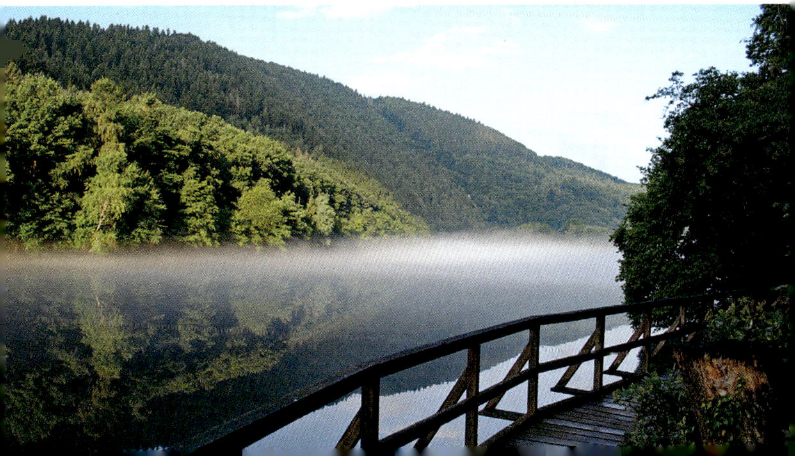

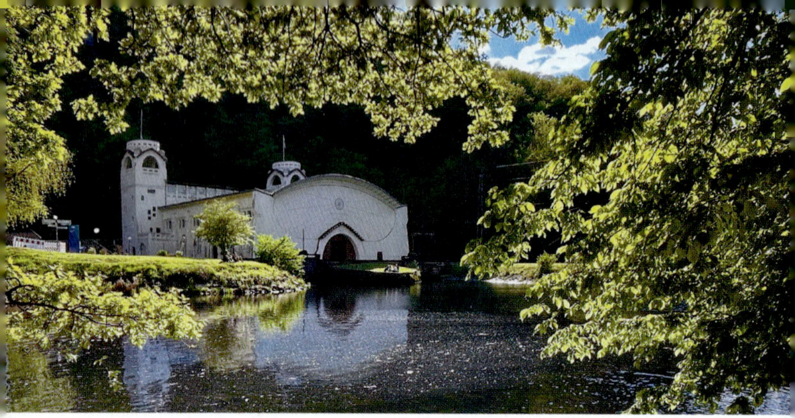

Das denkmalgeschützte Jugendstil-Wasserkraftwerk Heimbach.

Vom Parkplatz an der ehemaligen **Abtei Mariawald** ❶ überqueren wir die Straße zur Bushaltestelle. Über Stufen hinunter auf einen Teerweg folgen wir nach links dem Ww. »Heimbach 2,8 km« und dem Logo »Eifelverein/ Krönungsweg/Felsenweg«. Der Teerweg geht in einen Weg über, der uns durch Wiesen in den Wald führt. Dort geht es geradeaus abwärts an einer Schranke vorbei. Bei einer Gabelung (Ww. Heimbach über Schöne Aussicht) bleiben wir links und gelangen zur **Schutzhütte Marienhöhe** und zum **Eifel-Blick Luna** ❷ auf dem **Bildchesberg**, von wo sich der Blick auf Heimbach und das Staubecken öffnet.

Anschließend steigen wir auf einem Pfad in Kehren steil hinab. Vor einer weiteren Schutzhütte (hier verlassen wir den Ww. Eifelverein/Krönungsweg/Felsenweg) biegen wir links steil hinunter in weiteren Kehren zur Landstraße, die uns rechts haltend nach **Heimbach** bringt. An der **Burg Hengebach** sollten wir einen Abstecher zum Aussichtsturm machen. Dann kommen wir über die Mariawalder Straße und nach links über die Hengebachstraße ins Zentrum von Heimbach. Über die **Rurbrücke** ❸ (Krönungsweg) am anderen Flussufer angelangt, gehen wir nach links, dann rechts mit dem Wegweiser »Café Burgblick« auf der Straße geradeaus zum **Heimbach-Staubecken**.

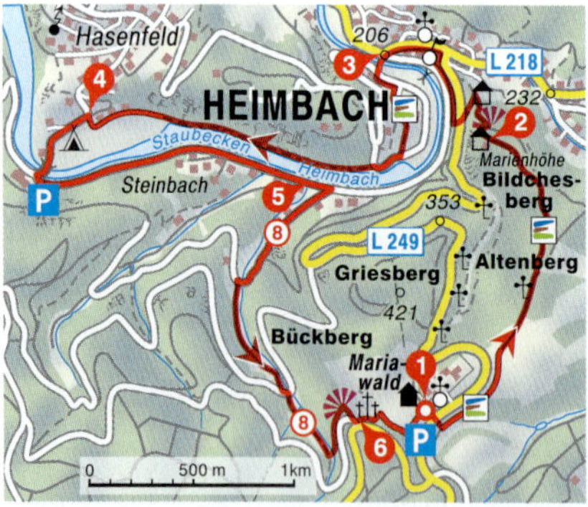

Nun folgen wir Weg Nr. 49 (Eifelverein/Krönungsweg) nach rechts und dann über einen Pfad links hinunter. Am Stausee entlang kommen wir in den Ort **Hasenfeld**, passieren das Gebäude des **Campingplatzes** 5 (Camping Kohl) und halten uns gleich dahinter scharf links (Ww. RWE-Industriemuseum). Nach dem Campingplatz queren wir wieder die Rur zum Wanderparkplatz am denkmalgeschützten **Jugendstil-Wasserkraftwerk Heimbach**. Wir folgen nach links dem Sträßchen »Langerscheidt«, das uns am Ufer des Staubeckens entlang zum **Hinweisschild »Terrasse am See«** 5 bringt (möglicher Einkehr-Abstecher), und nach weiteren 100 m spitzwinklig nach rechts ins Herbstbachtal (Ww. Klosterrunde/Weg Nr. 49 + Schild Mariawald).

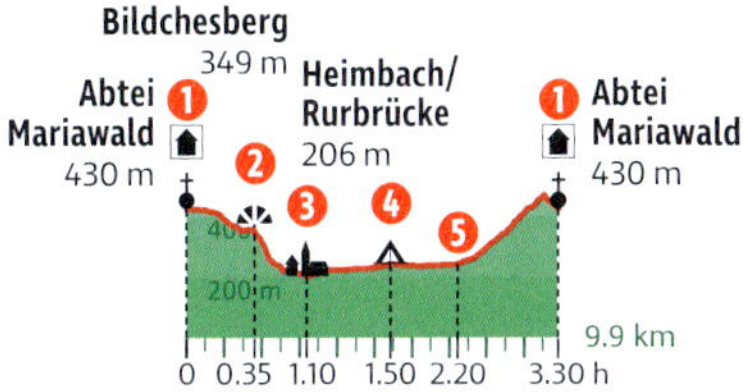

Hier steigen wir aufwärts in den Nationalpark Eifel. Ein Wegweiser zeigt uns nach links die Richtung zur »Abtei Mariawald 2,0 km«. Ein Pfad bringt uns in einem schweißtreibenden Anstieg steil hinauf ins **Herbstbachtal**, wo wir auf eine Wegekreuzung treffen. Ein weiterer Wegweiser »Abtei Mariawald 0,8 km« leitet uns geradeaus hinauf über einen Pfad neben dem Herbstbach. Auf Weg Nr. 49 (Ww. Klosterrunde) kommen wir zum **Ehrenfriedhof** 6, 475 m, des Zweiten Weltkriegs und streben nun der ehemaligen **Abtei Mariawald** 1 entgegen. Hier laden zum Abschluss der Tour die Klostergaststätte, der Klosterladen sowie die Buch- und Kunsthandlung zur Einkehr bzw. zum Einkauf ein, in der Likörfabrik wird der hauseigene Klosterlikör produziert und abgefüllt.

Mariawald, Deutschlands letztes Kloster der Trappisten, der »Zisterzienser von der strengen Observanz«, wurde 2018 aufgelöst.

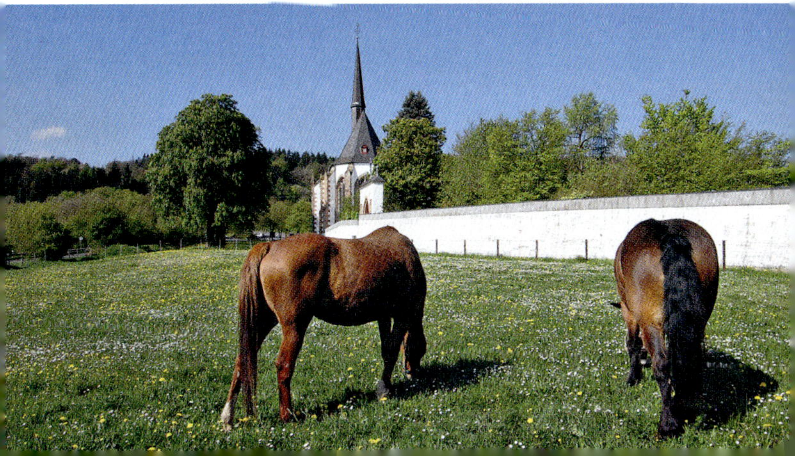

↗ 260 m | ↘ 260 m | 10.9 km

5 Von der Urfttalsperre zur Hirschley

3.30 h

Drei Talsperren auf einen Streich

Diese Wanderung führt uns mitten durch den Nationalpark zur Urfttalsperre. Sie wurde 1900–1905 als damals größte europäische Talsperre erbaut: mit einer Staumauerhöhe von 55 Metern, Kronenlänge von 226 Metern, Kronenbreite von 6 Metern und einem Fassungsvermögen von 45,5 Millionen Kubikmetern. Von hier ansteigend durchstreifen wir den Kermeter zum Aussichtspunkt Hirschley mit schönem Panoramablick über den Rursee.

Ausgangspunkt: 52152 Simmerath-Rurberg, 350 m, Parkplatz am Staudamm Paulushof, 288 m, Straße »Am Rurseezentrum« (GPS: N50.605816 E6.386342).
Anfahrt: Mit Pkw: Über die A1 bis Ausfahrt Euskirchen-Wißkirchen, weiter auf B 266 über Gemünd bis Einruhr, und nach Rurberg. In Rurberg hinter dem Nationalparktor rechts (Schild: Urftstaumauer) zum Parkplatz (gebührenpflichtig).
Anforderungen: Rundtour mit steilem Abstieg zum Staudamm Paulushof.
Einkehr: Imbiss Am Damm; Ausflugslokal Urfttalsperre.

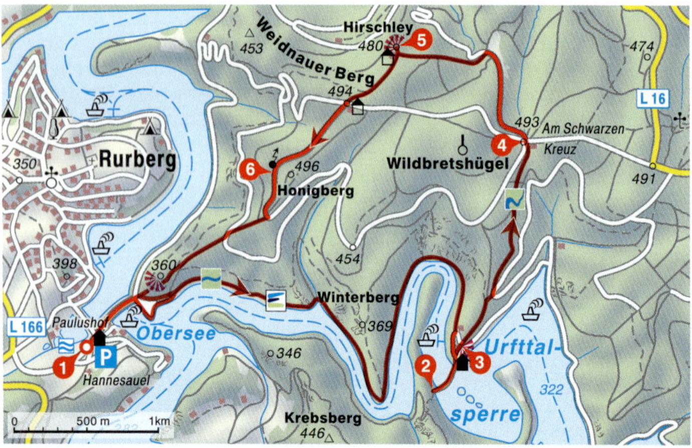

Vom **Parkplatz Paulushof** ❶ wandern wir am »Imbiss am Damm« vorbei über den Staudamm, der den Obersee vom Rurstausee trennt. Dahinter halten wir uns rechts (Eifelverein/Wald-Wasser-Wildnis-Weg + Hinweistafel Nationalpark Eifel), dann immer am Ufer des Obersees entlang und zum Schluss ansteigend zur Staumauer des **Urftsees**. Sie ist die höchste Staustufe dieses Talsperrenverbundes, in dessen Bereich wir wandern. Wir

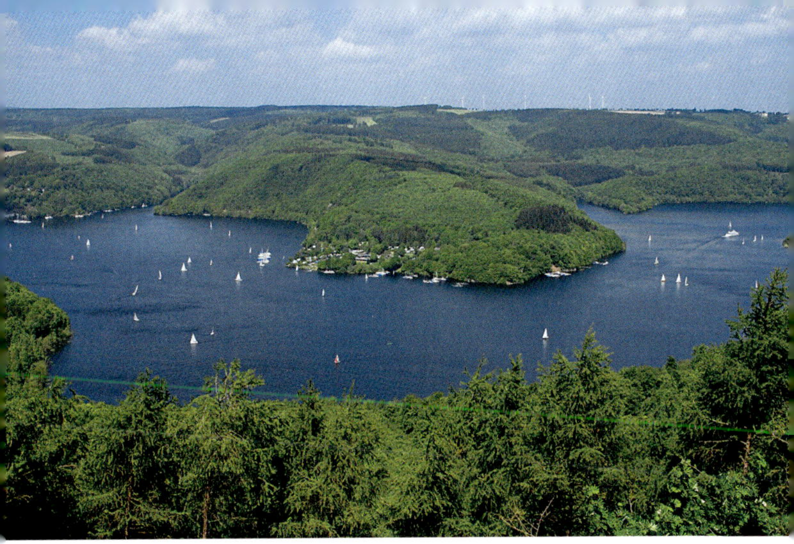

Panorama von der Hirschley über dem Rursee.

gehen am **Ausflugslokal** vorbei über die **Staumauer** 2 bis fast zu deren Ende, hier haben wir den schönsten Blick auf den Obersee. Wieder zurück, kurz rechts (20 m) hinter dem Lokal (Ww. Busabfahrt 800 m), steigen wir über die Betonstufen hinauf zum **Aussichtsplateau** 3 mit Blick auf den Urftsee. Weiter über Stufen hinab zu einer Gabelung, dort folgen wir einem Pfad steil hinauf in den Wald (Logo Bachtäler Höhenroute).

Am Ww. »Kermeter 2,8 km« steigen wir weiterhin bis zu einer barrierefreien **Wegekreuzung** 4 mit Sitzbänken und Infotafel hinauf. Über diese hinweg folgen wir nach halb links dem Wegweiser »Hirschley 1,4 km« über den weiteren barrierefreien Weg, der auch von Menschen mit Behinderungen genutzt werden kann (viele Sitzbänke), durch schönen Buchenwald. An einer Kreuzung geht es wiederum nach links aufwärts und hinter dem Schild »Rurberg 3,3 km« rechts zur **Hirschley** 5, einem Picknickplatz mit schöner Aussicht auf den Rursee. Wir folgen dem barrierenfreien Weg über eine Kreuzung hinweg geradeaus (Ww. Rurberg 2,8 km) zum **Honigberg** 6, 496 m.

Nachdem wir einen Sendemast hinter uns gelassen haben, erreichen wir den Ww. »Rurberg 1,8 km«. Dieser weist uns auf einen Pfad, der steil zum Staudamm hinabführt und zurück zum Ausgangspunkt am **Parkplatz Paulushof** 1.

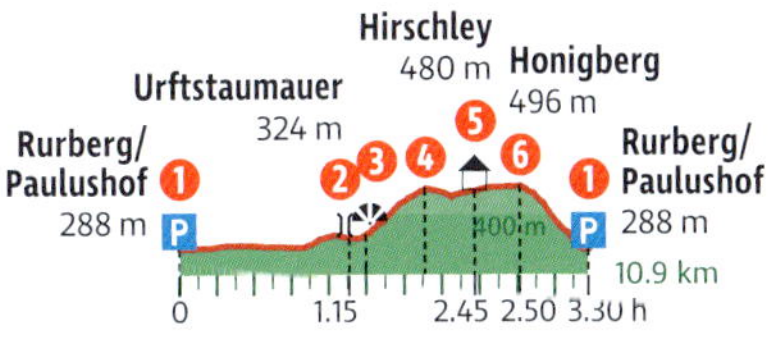

↗ 370 m | ↘ 370 m | 14.6 km

6 Gemünd – Vogelsang – Urftsee

4.20 h

Die »Schweizer Berge« im Nationalpark

Diese landschaftlich schöne Wanderung führt vom hübschen Städtchen Gemünd – einem Eingang zum Nationalpark Eifel – zum Ortsteil Malsbenden. Von dort über aussichtsreiche Höhen zum Vogelsang mit dem 2016 eröffneten Forum Vogelsang IP (Internationaler Platz) auf dem Gelände der ehemaligen NS-Schule »Ordensburg«. Weiter zum Urftsee, diesen überqueren wir über die 124 Meter lange, 2009 erbaute Victor-Neels-Brücke (Hängebrücke). Über den Rad- und Wanderweg (alte K7) geht es am Urftsee und den Schweizerbergen entlang und wieder nach Gemünd.

Ausgangspunkt: 53937 Schleiden-Gemünd, 340 m, Parkplatz Nationalpark Eifel-Urftsee an der Pfarrer-Kneipp-Straße, vor der Jugendherberge (GPS: N50.578841 E6.487417).
Anfahrt: Mit Pkw: Die Eifelautobahn A1 bis zur Ausfahrt Euskirchen-Wißkirchen, weiter über die B 266 nach Gemünd. In der Ortsmitte von Gemünd an der Ampelkreuzung/Kirche geradeaus über die Olefbrücke, dann nach ca. 250 m rechts abbiegen (Schild: Kuranlage) zum Kreisel. Im Kreisel folgen wir den Schildern »Kurhaus/Jugendherberge/Nationalparktor« über die Urftseestraße bis zum Schild »Urftsee–Letzte Parkmöglichkeit«. Hier biegen wir rechts ab in die Pfarrer-Kneipp-Straße über die Urftbrücke zum Parkplatz »Nationalpark Eifel-Urftsee«.
Anforderungen: Unschwierige Rundtour, jedoch ist etwas Ausdauer erforderlich.
Einkehr: Forum Vogelsang (s. u.); als Abstecher in Morsbach; in Gemünd.
Hinweis: Forum Vogelsang IP mit Nationalpark-Zentrum Eifel, geöffnet täglich 10–17 Uhr, vogelsang-ip.de.

Vom **Parkplatz Nationalpark Eifel-Urftsee** ❶ in **Gemünd** gehen wir kurz aufwärts zur sichtbaren Infotafel »Nationalpark Eifel« und biegen hier links ab auf das Sträßchen »Im Wingertchen«. Wir gehen unterhalb der Jugendherberge entlang – bald darauf heißt die Straße »In der Streng« – und folgen dem Logo »Eifelsteig + Eifelverein/Wald-Wasser-Wildnis-Weg« bis nach Vogelsang. Im Ortsteil **Malsbenden** ❷ überqueren wir nach links die Urft (auf dem Rückweg kommen wir wieder hierhin), zweigen nach rechts in die Bruchstraße, dann links in den Dreiborner Weg und biegen gegenüber

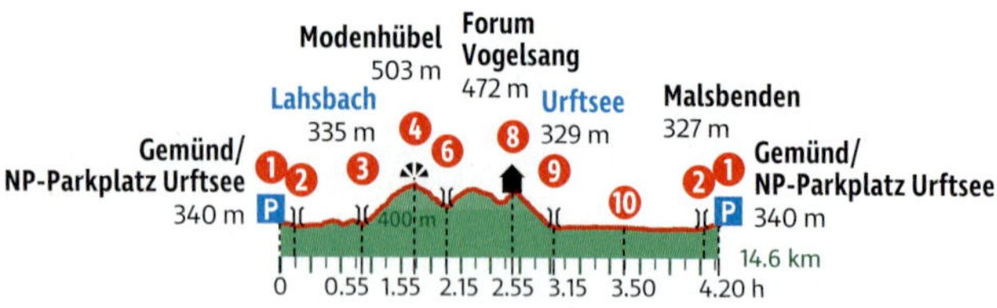

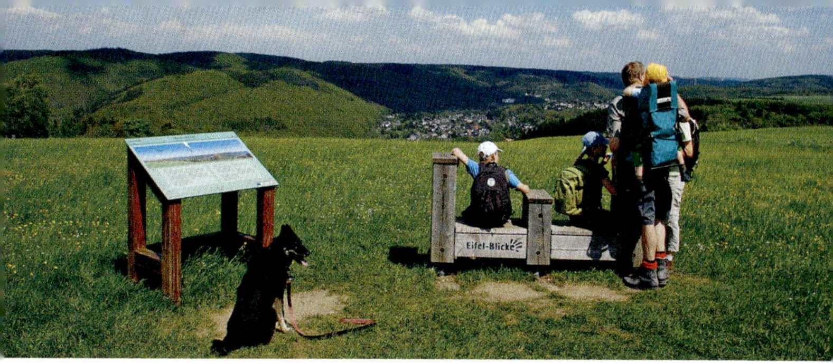

Eifel-Blick am Modenhübel mit Aussicht in Richtung Gemünd.

der Straße »Am Pättchen« nach rechts ab auf Pfad (der Wegweiser Wildnis-Trail, ein stilisierter Katzenkopf, begleitet uns bis Vogelsang), bis wir an eine Kreuzung gelangen. Über diese hinweg queren wir einen Reiterhof, gelangen über den Weg zu einer Gabelung und biegen nach links aufwärts in den Wald.

Vorbei an der Nationalpark-Infotafel erreichen wir nach 100 m einen Vierwegetreff. Hier nach rechts, leicht abwärts und dann hinauf wieder an einem Abzweig vorbei. Hinter diesem steil hinab (Ww. Vogelsang 4,6 km), überqueren wir den **Lahsbach** 3 und gehen durch das schöne Tal hinauf bis zum Schild »Bauerncafé 1,0 km« an einer Gabelung. Hier nach rechts ansteigend treten wir nach 500 m aus dem Wald in Wiesenlandschaft und blicken bald auf den **Ort Morsbach.** Vor diesem biegen wir spitzwinklig nach rechts auf einen Teerweg und folgen diesem zum **Eifel-Blick Modenhübel** 4, 503 m. Eine Infotafel erläutert uns hier die Aussicht. Von dort auf naturbelassenem Weg abwärts, nach kurzer Zeit wieder im Wald, erreichen wir den Aussichtspunkt **Kickley** 5, 464 m. Von hier haben wir einen grandiosen Blick auf Gemünd-Malsbenden und das Urfttal.

Wir folgen weiter dem Ww. »Vogelsang 2,2 km« abwärts, biegen am **Schiffersberg** (Ww. Vogelsang 1,9 km) vom Weg nach links abwärts über breiten Pfad, der bald in einen Holzsteg übergeht, und überqueren den **Morsbach** 6. Hinter diesem geht es auf einer Holztreppe und auf Pfad in Serpentinen steil bergan. Nach kurzer Zeit erblicken wir am Ww. »Vogelsang 1,2 km« ein Gebäude des Vogelsang IP. Anschließend stoßen wir auf eine Straße, gehen auf ihr nach links und queren die Haupteingangsstraße zum Vogelsang. Nun kurz die Betonstraße entlang, dann über Weg nach links, gleich wieder rechts und zu einem Querweg. Diesen kurz nach links, dann rechts, vorbei an einem Picknickplatz mit Blick auf Wollseifen, woraufhin wir eine weitere Betonstraße erreichen. Auf ihr hinunter, vorbei an den ehemaligen Hundertschaftshäusern, verlassen wir den »Eifelsteig + Wildnis-Trail«. Wir folgen noch 30 m der Betonstraße und steigen hinter der gelben **Infotafel »Vogelsang IP«** 7 über Stufen nach rechts vor

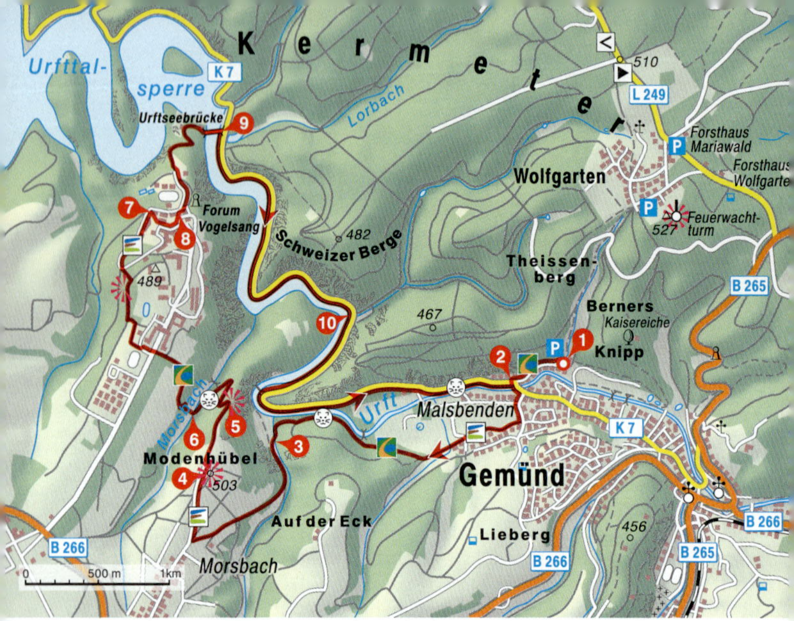

dem Gebäude Nr. 5 hinauf zum sichtbaren Aussichtsturm (gelbe Informationstafel: Naturschutzhaus Eifel-Ardennen + Besucherzentrum). Vom überdachten Aussichtsplateau am **Forum Vogelsang IP** ❽, 472 m, genießen wir den schönen Blick auf den Urftsee und machen noch einen Abstecher in die denkmalgeschützte Anlage mit modernem Besucherzentrum.

Wieder zurück am Aussichtsplateau, gelangen wir nach rechts über Stufen und nach 20 m halb links über eine weitere Betontreppe hinunter zu einem Betonweg, auf dem wir zunächst nach rechts oberhalb des »Kameradschaftshauses 14« vorbeikommen. Hinter diesem biegen wir nach links auf die Betonstraße hinunter und gleich nach rechts auf Weg zur Steinskulptur »Der Fackelträger«. An dieser folgen wir einem Pfad steil hinunter durch den Wald zu einem Teerweg und gelangen nach rechts hinab zum Urftsee. Über die **Victor-Neels-Hängebrücke** ❾, dann nach rechts, wandern wir am Urftsee entlang auf dem Fahrrad- und Wanderweg, dem wir bis nach Gemünd folgen.

Wir passieren die Felsen der Schweizer Berge und danach, am **Ww. »Gemünd 4,3 km«** ❿, gesellt sich der Ww. »Wildnis-Trail« hinzu, der uns bis zum Ausgangspunkt in Gemünd begleitet. In **Malsbenden** ❷ zweigen wir vor der Urftbrücke links ab und folgen den bekannten Straßen »In der Streng« und »Im Wingertchen« in gut 10 Minuten wieder zum **Parkplatz Nationalpark Eifel-Urftsee** ❶ in **Gemünd** zurück.

↗ 420 m | ↘ 420 m | 16.3 km

4.45 h

Einruhr – Wüstung Wollseifen – Urftstaumauer

7

Wollseifen – neues Leben im toten Dorf

In Wollseifen wurde Geschichte geschrieben: Die allerschlimmsten Kriegsfolgen waren gerade beseitigt, als die 550 Bewohner des Ortes im August des Jahres 1946 von der britischen Besatzung aufgefordert wurden, ihr Dorf binnen drei Wochen bis zum 1. September zu räumen. Der Grund war die Einrichtung eines Truppenübungsplatzes. Ihr Heimatdorf, das über viele Jahre gewachsen war, wurde vom Militär zerstört, die Häuser in Brand geschossen und letztendlich dem Erdboden gleichgemacht. Nur vereinzelte Gebäude wurden notdürftig erhalten; die Menschen, die damals ihre Heimat verloren, waren traumatisiert. Seit Anfang 2006 ist aber hier der Nationalpark Eifel (Dreiborner Hochfläche) erlebbar: Über den Kellerberg gelangen wir zu einer der schönsten Aussichten der Gegend, dem Blick auf die Urftstaumauer.

Ausgangspunkt: 52152 Simmerath-Einruhr, 284 m, Parkplatz an der Kirche (gebührenpflichtig) oder in der Heilstelnstraße (kostenlos) am Ortseingang (GPS: N50.583807 E6.380556).
Anfahrt: Mit Pkw: Eifelautobahn A1 bis Ausfahrt Euskirchen-Wißkirchen, weiter über die B 266 nach Gemünd und Einruhr.
Anforderungen: Ausdauer erforderlich, zum Aussichtspunkt steiler Pfad.
Einkehr: Ausflugslokal Urfttalsperre; Gastronomie in Einruhr.
Tipp: Besonders empfehlenswert ist die Tour Ende Mai bis Mitte Juni zur Ginsterblüte.

Die ehemalige Kirche St. Rochus in der Wüstung Wollseifen.

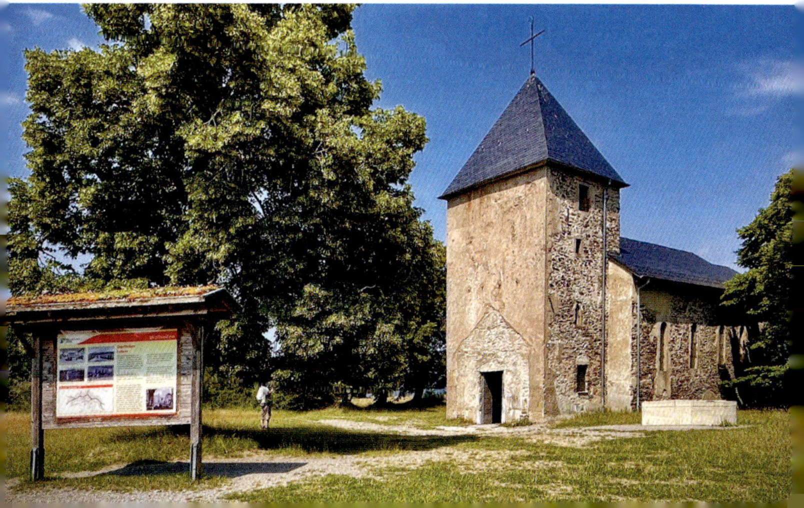

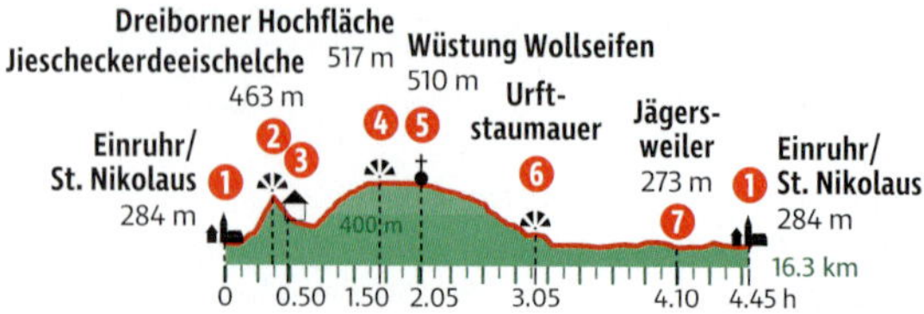

Von der Kirche **St. Nikolaus** ❶ in **Einruhr** die Rurstraße nach links, am Hotel Alt Einruhr vorbei, biegen wir links in die Heilsteinstraße – Weg Nr. 35 folgend – ein. In der Folge steigen wir den als Sackgasse bezeichneten Abzweig dieser Straße hinauf in den Wald und gelangen am Ende des Weges nach links auf einen steilen Pfad. Dieser führt uns an einer Sitzbank und hinter einer weiteren roten Sitzbank an einem Abzweig links hinauf. Wir überqueren einen Weg und gelangen über Stufen (Ww. 35 Hauptroute) und einen steilen Pfad hinauf zum Aussichtspunkt **Jiescheckerdeeischelche** ❷. Hier hat man einen schönen Blick auf Einruhr mit dem Obersee, es gibt auch kleinere Felsen mit Ruhebank.

Anschließend wandern wir in Kehren den Pfad 35 hinunter zur **Schutzhütte Schlachteberg** ❸, 386 m. Kurz unterhalb der Hütte kommen wir zu einem Dreiwegetreff. Dort gehen wir auf Weg 35 rechts abwärts und stoßen auf das Logo »Eifelsteig«/Wasserland-Route«. An diesem weiter geradeaus bis zu einem geteerten Weg, dem wir aufwärts geradeaus folgen. Nach etwa 200 m verlassen wir den Teerweg und steigen auf dem Weg 25 scharf nach rechts (Ww. Wollseifen 3,3 km) bergan. An einer Gabelung steigen wir nach links aufwärts bis zu einer Hinweistafel »Nationalpark Eifel« und weiter den Pfad hinauf bis zur **Dreiborner Hochfläche**. Hier gehen wir nach rechts

Die Urfttalsperre mit Obersee (links) und Urftsee (rechts).

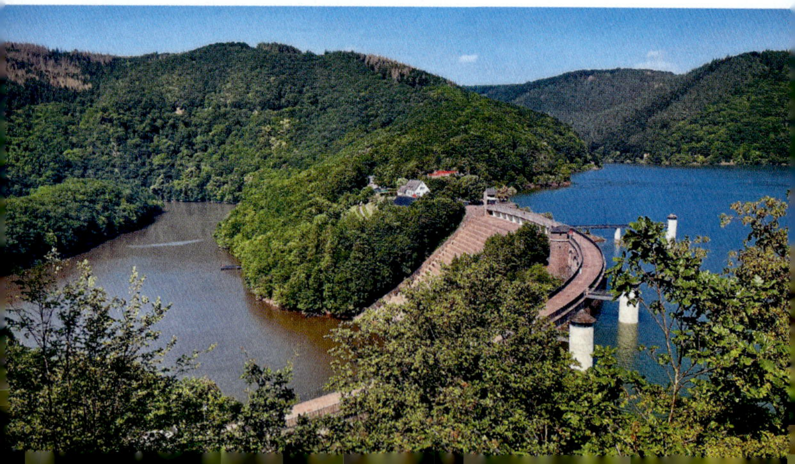

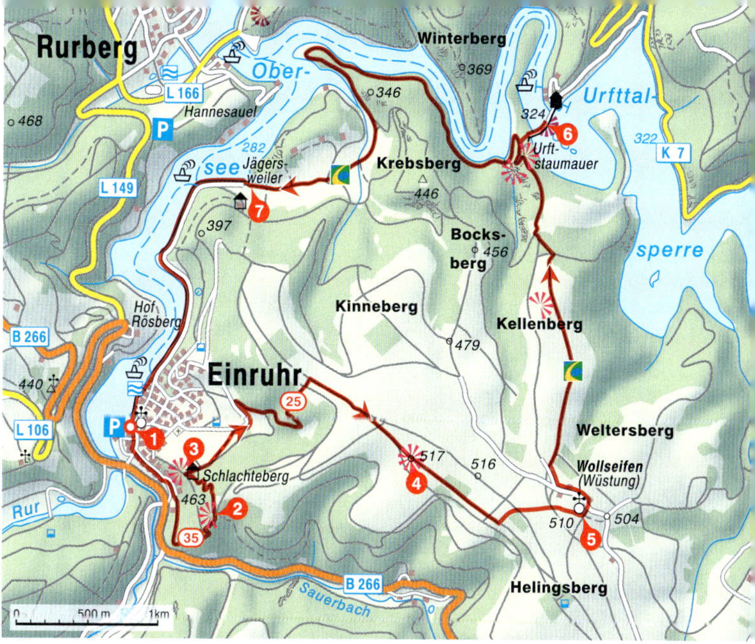

(Ww. Wollseifen 2,3 km), den Holzpfählen mit rotem Punkt auf dem Weg (bitte nicht verlassen) folgend. Wir überschreiten den **höchsten Punkt ❹**, 517 m, unserer Wanderung zur **Wüstung Wollseifen ❺**. Dort umrunden wir die ehemalige Kirche St. Rochus und folgen dem Wegweiser »Urftstaumauer, Eifelsteig und Wildnis-Trail über den Kellenberg«. Vom Kellenberg durchstreifen wir Ginsterlandschaft mit Blick auf das Forum Vogelsang, bevor es abwärts geht. Am Wegweiser »Urftstaumauer 0,6 km« sollten wir unbedingt den Abstecher ca. 25 m nach rechts machen (Picknickplatz), zu einer der schönsten Aussichten im Nationalpark (Blick auf Urfttalsperre, Urftstaumauer und Obersee).

Zurück am Weg führt dieser nach rechts steil hinab zu einer spitzen Rechtskurve (nach 80 m). Hier machen wir nach links einen Abstecher, steigen auf dem Pfad an einem Abzweig dann rechts etwa 25 m hinauf zu einem Aussichtspunkt (Blick auf den Obersee). Danach treffen wir auf die Infotafel »Nationalpark«; hier folgt ein weiterer kurzer Abstecher nach rechts auf einem Pfad steil bergan zur sehenswerten **Urftstaumauer ❻**. Von dieser zurück zur Hinweistafel, folgen wir dem Wegweiser »Einruhr 7,3 km« nach rechts abwärts am Ufer entlang des Obersees. Nach etwa 4,5 km erreichen wir den **Jägersweiler ❼** und kehren nach weiteren 2,5 km nach **Einruhr** über Teerweg und die Rurstraße zur **Kirche ❶** zurück zum Parkplatz.

↗ 320 m | ↘ 320 m | 13.8 km

8 Von Erkensruhr zur Dreiborner Hochfläche

4.00 h

Über den schönen Schöpfungspfad zum Nationalpark

Die Dreiborner Hochfläche ist eine 33 Quadratkilometer große Wald-, Ginsterheide- und Wiesenlandschaft im Nationalpark Eifel. Über den »Schöpfungspfad«, der unter dem Motto »Dem Leben auf der Spur« einen spirituellen Zugang zur Natur des Nationalparks bieten will, geht es über acht Stationen (Natur sowie biblische und literarische Texte) hinauf an Felsen vorbei zur Leykaul auf der Dreiborner Hochfläche.

Ausgangspunkt: 52152 Simmerath-Erkensruhr, 335 m, kleiner Parkplatz an der Hubertuskapelle (GPS: N50.564785 E6.361866).
Anfahrt: Mit Pkw: A1 bis Ausfahrt Euskirchen-Wißkirchen. Von dort über die B 266 nach Gemünd und Einruhr, vor Einruhr links ab nach Erkensruhr.
Anforderungen: Ausdauer, sonst aber unschwierige Rundtour.
Einkehr: Café Zum Weißen Stein in Hirschrott (ob/wann geöffnet ist, vorab telefonisch erfragen!), Tel. +49/2485/469; Gastronomie in Erkensruhr.
Hinweis: Solange noch keine neue Holzbrücke über die Erkensruhr führt, folgen wir an der dortigen Verzweigung dem Weg weiter abwärts. Am Anfang von Hirschrott gehen wir auf der Straße nach rechts hinauf und dann nach links durch den Ort weiter entspr. Beschreibung.
Tipp: Die Tour ist besonders empfehlenswert während der Ginsterblüte Ende Mai bis Mitte Juni.

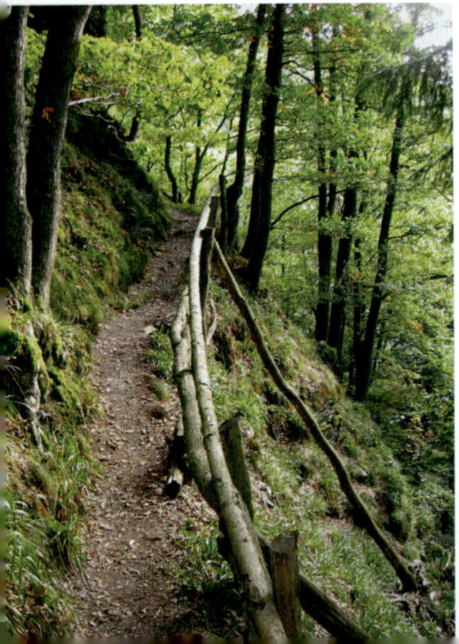

Dem Leben auf der Spur: auf dem Schöpfungspfad im Aufstieg zur Leykaul.

Von der **Kapelle St. Hubertus** ❶ in **Erkensruhr** gehen wir die Straße ein wenig zurück (Richtung Einruhr) bis vor die Bushaltestelle »Alte Post«. An dieser nach rechts folgen wir dem Schild »Waldkapelle«. Wir überqueren den Erkensruhrer Bach (Ww. Dreiborn 6,5 km) und steigen etwa 100 m auf einem steinigen Weg durch Wald bergan zu einer Wegekreuzung. Hier biegen wir nach rechts ab, folgen Weg 65 + 75 (Ww. Hirschrott 2,1 km) mit Blick auf Erkensruhr, und gelangen nach 600 m zur schönen **Waldkapelle** ❷, 358 m, mit Schutzhütte. Weiter durch Buchen- und Mischwald, über eine Kreuzung bei der Infotafel »Nationalpark Eifel« hinweg kommen wir oberhalb des Ferienhauses »Waldstube« (Hirschrott) zu einer **Kreuzung** ❸ mit zwei Infotafeln (Nationalpark Eifel + Schöpfungspfad). Dort geht es geradeaus auf dem schönen Schöpfungspfad etwa 2,5 km durch die Hanglage des Rubelsberges (Logo Wildnis-Trail/ Rur-Olef-Route + Eifelverein/Matthiasweg). Weiter durch wechselnden Buchen- und Nadelwald, einen kleinen Bach querend, gelangen wir an moosbewachsenen Felsen vorbei zu einer eingezäunten Wiese. An dieser erst links, dann rechts hinauf, treffen wir auf die Infotafel 8 an der **Leykaul** ❹, 547 m. Eine Sitzbank lädt hier zum Verweilen ein. Nach links weiter kommen wir zur bereits sichtbaren Infotafel »Nationalpark Eifel« an einer Kreuzung. An dieser biegen wir rechts ab und wandern am Waldrand entlang bis zu einer Gabelung, an der wir den Schöpfungspfad verlassen. Wir folgen geradeaus dem Wegweiser »Höfen 14,2 km« (Rur-Olef-Route + Matthiasweg) über die **Dreiborner Hochfläche** sanft ansteigend durch Ginstergebiet. Beim nächsten Wegweiser »Höfen 13,0 km« zweigen wir rechts ab und überqueren den Mühlenbach.

Anschließend geht es recht steil zu einem schönen **Aussichtspunkt** ❺, 586 m, hinauf, dann abwärts über den **Hollersief** und gleich wieder aufwärts am Nadelwald entlang. Wir kommen zu einem Abzweig, 583 m. Hier links, und direkt an der **Nationalpark-Infotafel** ❻ über Pfad rechts abwärts erreichen wir nach 400 m durch Nadelwald einen

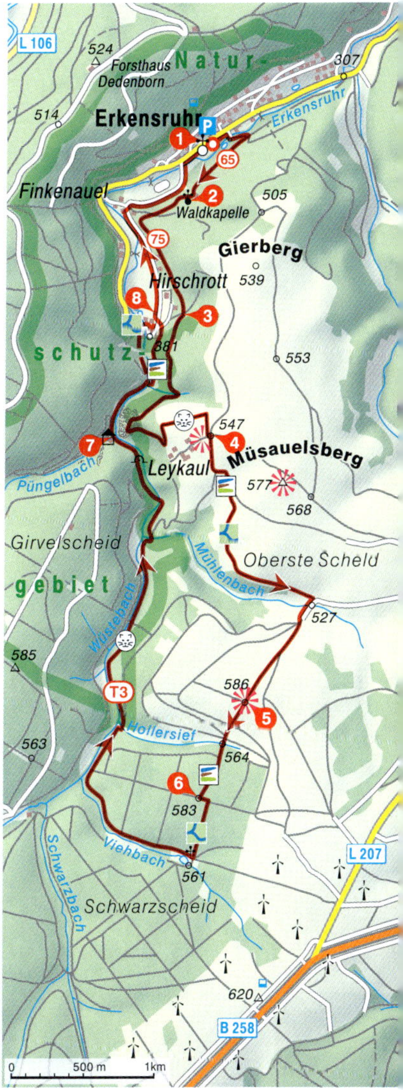

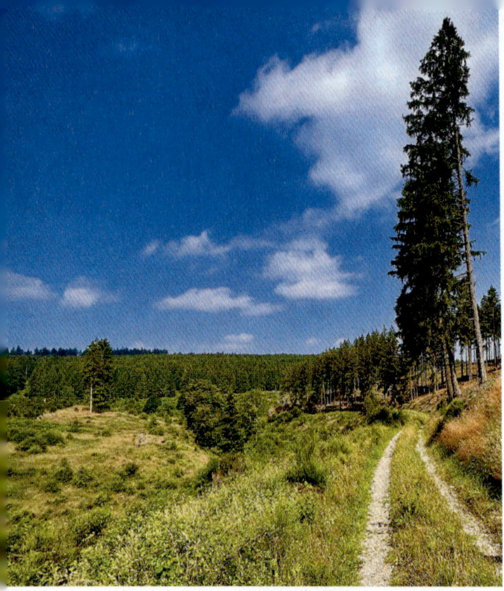

Unterwegs oberhalb des Wüstenbachtals.

Querweg und ein Kruzifix. Nun verlassen wir die Rur-Olef-Route + Matthiasweg und folgen dem Ww. »Hirschrott 4,5 km« rechts abwärts, parallel zum Viehbach. Hier wurde der Fichtenwald abgeholzt, um die einheimische Vegetation zu erhalten.
Bald darauf mündet der Viehbach in den Wüstenbach. Wir treffen auf den Wildnis-Trail, folgen dem Ww. »Hirschrott 3,2 km« geradeaus und überqueren den Hollersief. Dann geht es auf dem Wildnis-Trail am **Wüstenbach** entlang abwärts durch das schöne Tal mit Ginster am Wegrand und an moosbewachsenen Felsen vorbei. Wir überqueren den Mühlenbach, kurz danach, an einer Gabelung, verlassen wir den Wildnis-Trail, wandern nach links abwärts (Ww. Hirschrott 1,7 km) und dann über den Wüstenbach.
An dessen anderem Ufer bringt uns der Wegweiser »Erkensruhr 4,0 km« an der **Fledermaushöhle** vorbei, bald danach überqueren wir den **Püngelbach** bei einer **Schutzhütte** 7. Wir folgen dem steinigen Weg (Ww. Hirschrott 0,8 km) etwa 450 m abwärts, verlassen diesen aber nach rechts auf Pfad 65 + 75 (Rur-Olef-Route + Matthiasweg), der uns zur Holzbrücke (s. Hinweis) über die Erkensruhr zu einer weiteren Straße führt. Diese kurz nach links und gleich wieder rechts nach **Hirschrott**, am **Café Zum Weißen Stein** 8 vorbei, auf die Straße, die nach Finkenauel führt. Dort halb rechts über einen Wendeplatz hinunter nach **Erkensruhr** kommen wir zu unserem Ausgangspunkt an der **Hubertuskapelle** 1 zurück.

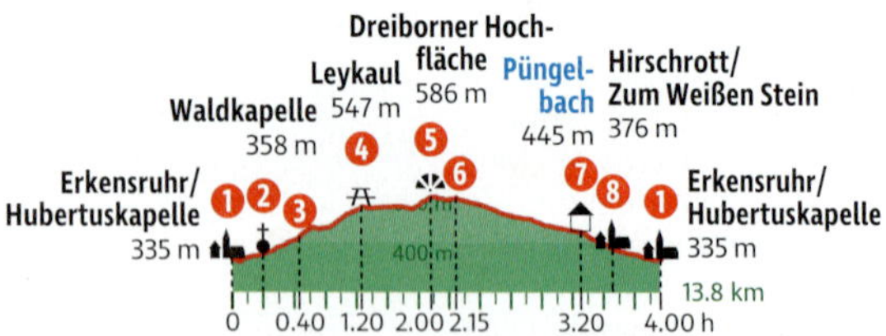

Von Höfen zur Lourdesgrotte

Durch das wildromantische Kluckbachtal zu einer Mariengrotte

Schon der Ausgangspunkt ist eine Attraktion: Höfen, mit seinen reetgedeckten Häusern und den vielen schönen meterhohen Buchenhecken, wurde 1987 und 2001 als »Bundesgolddorf« ausgezeichnet. Von dem Ort führt eine abwechslungs- und aussichtsreiche Rundwanderung auf dem Eifelsteig zur Kluckbachhütte, einem Meilerplatz mit alter Sägemühle aus dem Zillertal (Österreich), und weiter zur Rur sowie zum Aussichtspunkt Pferdsley. Auf einem Naturlehrpfad wandern wir dann nach Rohren zu einer der schönsten Lourdesgrotten der Eifel (von 1903) und durch Flurheckenlandschaft zurück nach Höfen.

Ausgangspunkt: 52156 Monschau-Höfen 545 m, Parkplatz am Nationalparktor bzw. Vereinshalle an der Hauptstraße (GPS: N50.534278 E6.253267).
Anfahrt: Mit Pkw: Ab Autobahnkreuz Aachen die E40 Richtung Lüttich bis Aachen-Brand, dann die B258 nach Monschau-Höfen.
Anforderungen: Einfache Rundtour.
Einkehr: Gastronomie nur am Touranfang/-ende in Höfen.
Hinweise: 1) Nationalparktor Höfen mit Ausstellung und Touristinfo, täglich 9–13 Uhr, in den NRW-Schulferien und Fei. auch 13.30–15 Uhr Nov.–März erst ab 10 Uhr, Tel. +49/2472/802579. 2) Besichtigung der alten Sägemühle Rohren nach Terminabsprache, Tel. +49/2472/7035.

Durch Buchenflur-Heckenlandschaft bei Höfen.

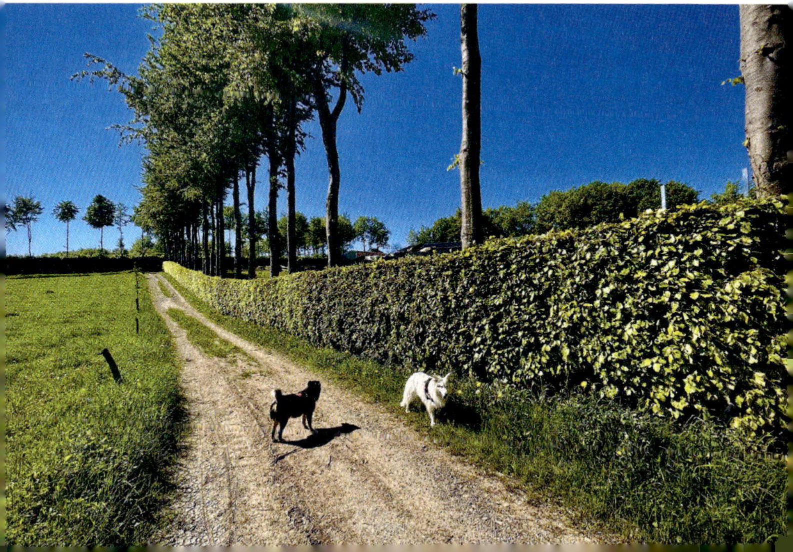

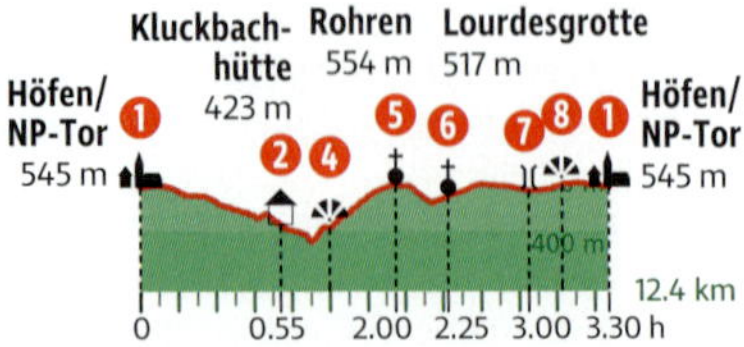

Wir starten in **Höfen** am **Nationalparktor** ❶, queren die Hauptstraße und folgen dem Ww. »Heckenweg« über die Weiherstraße zu dem schönen reetgedeckten Haus Nr. 16 (hier sollte man einen Blick in Hof und Garten von Familie Ibba werfen). Weiter zur Triftstraße, nun nach links, gelangen wir zur Infotafel »Heckenpflege« und folgen dem Logo »Eifelsteig« (dieses begleitet uns bis zur Pferdsley) nach rechts in die Straße »Pferdebahn«, kurz durch eine schöne Buchenallee, bevor es wieder nach rechts auf Weg zur Straße »Zum Kessel« geht. Diese querend folgen wir kurz danach dem Eifelsteig (Heckenweg) links abwärts durch Flurlandschaft, vorbei am Naturschutzgebiet-Hinweisschild. An einer Verzweigung halten wir uns nach rechts aufwärts und kommen zum **Lehmbüchel**, 519 m (zwei Infotafeln). Wir verlassen hier den Heckenweg, gehen nach links kurz auf Pfad abwärts zu einem Weg. Bevor wir diesen queren, machen wir einen Abstecher (etwa 50 m) zur **Schutzhütte Kessel**.

Wieder zurück am Pfad gelangen wir hinunter zum Kluckbach und zu den Fischteichen. Wir folgen dem Wegweiser »Kluckbach/Sägemühle« nach links vorwiegend in Nadelwald sanft abwärts durchs Kluckbachtal. Nach etwa 800 m verlassen wir den Weg vor einer Rechtskurve an einer Sitzbank, folgen dem Ww. »Sägemühle« (Eifelsteig) links auf Pfad abwärts, überqueren einen Bach; dahinter rechts hinauf bis zu einem Querweg; diesen links hinunter auf den Waldlehrpfad zur **Kluckbachhütte** ❷, 423 m, mit Kohlenmeiler und historischer Sägemühle. Beeindruckend sind die Holzschnitzereien mit Tiermotiven an der Hütte. Hier überqueren wir den Kluckbach und folgen ihm nach rechts auf Weg (Eifelsteig) abwärts zur **Kluckbachbrücke** ❸ mit Schutzhütte an der Rur. Von dieser zurück über die Brücke, halten wir uns nach links (Ww. Eifelsteig) auf Pfad, überqueren den Kluckbach und steigen steil (bis 38 %) zum **Eifel-Blick Pferdsley** ❹, 415 m, an. Am Aussichtspunkt lädt eine Sitzbank zum Verweilen ein, mit grandiosem Blick auf das Rurtal. Wir verlassen nun den Eifelsteig,

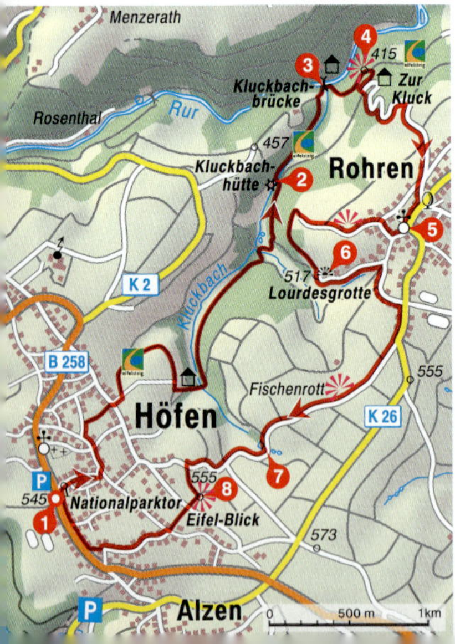

folgen dem Ww. »Rohren 1,7 km« auf Weg bergan durch Mischwald in wenigen Minuten zu einem Querweg; hier nach links zur gut sichtbaren Schutzhütte, dem **Waldpavillon Zur Kluck** mit Infotafeln zum Naturlehrpfad.

Auf diesem weiter aufwärts, an einem Bienen-Lehrstand vorbei, kommen wir zu einem Querweg; hier rechts aufwärts (Nr. 27 + 37), bis der Weg in einen Teerweg übergeht. Wir lassen mehrere Abzweige unbeachtet und wandern geradeaus auf dem Kluckweg am Parkplatz der Sommerrodelbahn vorbei in die Ortschaft **Rohren**, 554 m. An der Retzstraße zweigen wir rechts zur **Kirche** 5 ab. Davor nehmen wir nach rechts die Straße »Am Pöhlchen«, kommen am Feuerwehrhaus vorbei zur nächsten Querstraße (Rödchenstraße). Hier nach links an einer langen haushohen Buchenhecke vorbei, dahinter biegen wir an der nächsten Verzweigung rechts in die Straße »Am Kirchrott«. Bald geht es über den geteerten Wirtschaftsweg durch Flur mit herrlichem Blick ins Monschauer Land abwärts auf den Wald zu. Am Ende des Teerweges nach links auf Weg in den Wald, stoßen wir am Waldaustritt wieder auf einen Teerweg und erreichen hier nach links die hübsche **Lourdesgrotte** 6 mit Springbrunnen. Nun geht es auf der Borngasse aufwärts, bis wir nach rechts in die Leykaulstraße einbiegen und dort aufwärts zu einer Querstraße (Drött) gelangen; hier nach rechts an der Bushaltestelle (Leykaulstraße) vorbei zum Ortsende von Rohren. Hinter Haus Nr. 54 folgen wir dem Ww. »Höfen 1,8 km« auf Teerweg nach rechts durch Buchenflurheckenlandschaft zum **Klossbach** 7, wo wir auf mehrere Fischteiche treffen. Weiter auf Teerweg kommen wir erneut auf den Höfener Heckenweg (Nr. 31), dem wir – an Buchen vorbei – folgen. Er geht bald, an einem Abzweig vor dem Ort Höfen, nach links in einen Weg über, der zur **Infotafel »Heckenland/Eifel-Blick«** 8, 555 m, führt. Weiter auf dem Heckenweg »Zum Langenfeld« queren wir die Triftstraße. Auf der Hermesstraße gehen wir zum Haus Nr. 9, an der schönen Buchenhecke vorbei kurz über den »Hekkel's Pad« zur Hauptstraße. Hier halten wir uns nach rechts und kommen an einer besonders schönen Buchenhecke (Nr. 97) und zwei hübschen reetgedeckten Häusern (Nr. 114) sowie dem **Caféhaus Altes Eifelhaus** (seit 1650) vorbei zum **Nationalparktor** 1 in **Höfen** zurück.

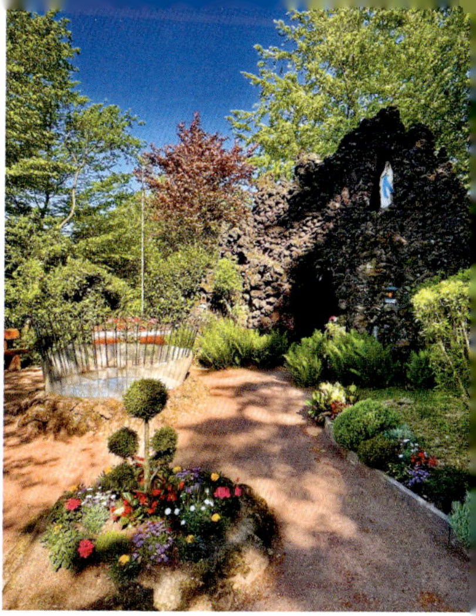

Top gepflegt: die 1903 eingeweihte Lourdesgrotte bei Rohren.

↗ 300 m | ↘ 300 m | 9.5 km

10 Höfen – Monschau – Perlenbachtalsperre

3.20 h

Vom »Bundesgolddorf« Höfen zum malerischen Monschau

Die Runde führt uns vom zweifach beim Wettbewerb »Unser Dorf soll schöner werden/hat Zukunft« ausgezeichneten Höfen mit seinen meterhohen Haushecken und Fachwerkhäusern zum malerischen Monschau. Beim Spaziergang durch die Altstadt mit ihren 300 denkmalgeschützten Häusern trifft man überall auf Zeugnisse der Geschichte wie die Historische Senfmühle oder die Kaffeerösterei Wilhelm Massen. Ein Wahrzeichen des Städtchens ist das »Rote Haus« mit seinem Museum der bürgerlichen Wohnkultur des 18. und 19. Jahrhunderts. Der Rückweg führt uns auf dem Eifelsteig an der bereits 1956 fertiggestellten Perlenbachtalsperre vorbei, die auch ein beliebtes Naherholungsgebiet der Einwohner von Monschau ist.

Ausgangspunkt: 52156 Monschau-Höfen, 545 m, Parkplatz am Nationalparktor bzw. Vereinshalle an der Hauptstraße (GPS: N50.534177 E6.253340).
Anfahrt: Mit Pkw: Ab Autobahnkreuz Aachen auf der E40 Richtung Lüttich bis Aachen-Brand, dann die B258 nach Monschau-Höfen.
Anforderungen: Kurzer steiler Abstieg zum Hotel Perlenau, teilweise über Baumwurzeln, bei Nässe rutschig.
Einkehr: Gastronomie in Monschau und in Höfen.
Hinweis: Nationalparktor Höfen mit Ausstellung und Touristinfo, täglich 9–13 Uhr, in den NRW-Schulferien und Fei auch 13.30–15 Uhr Nov.–März erst ab 10 Uhr, Tel. +49/2472/802579.

Schöner Platz zum Erholen: Sinnesliegen an der Perlenbachtalsperre.

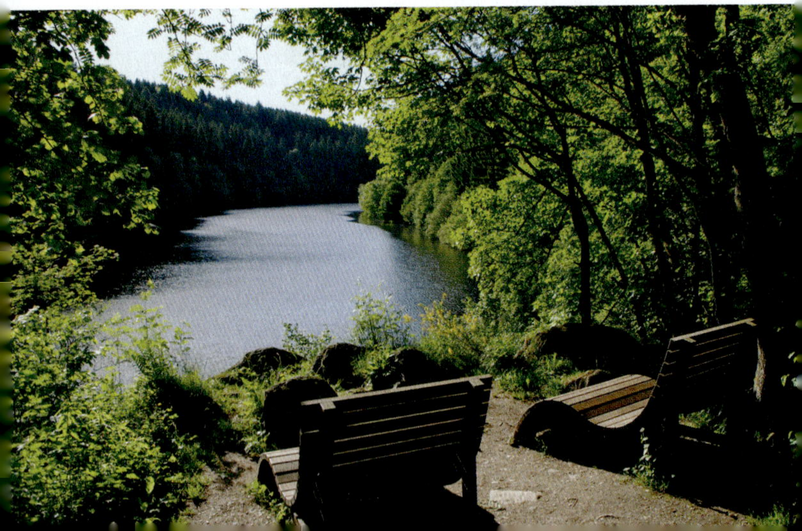

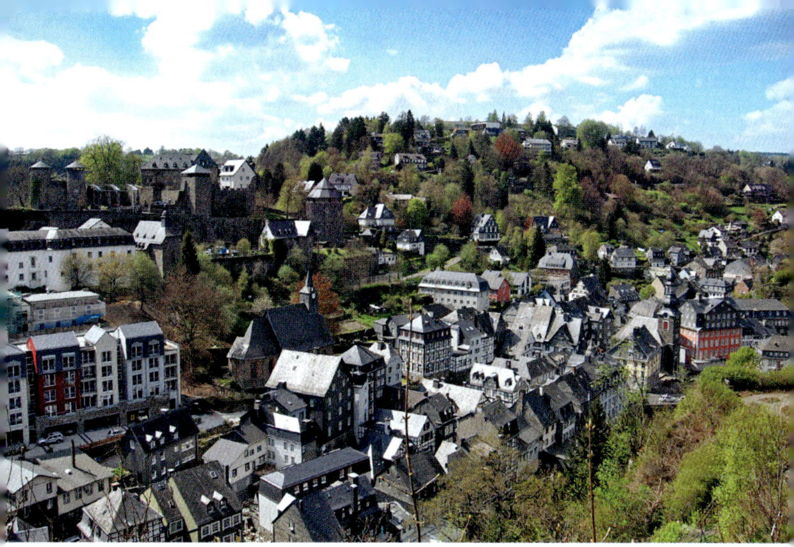

Aussicht vom Eifel-Blick Kierberg auf Burg Monschau und die Altstadt.

Vom **Nationalparktor** ❶ in **Höfen** überqueren wir die Hauptstraße und folgen dem Ww. »Heckenweg« über die Weiherstraße zu einem sehr schönen reetgedeckten Haus (Nr. 16), bevor wir die Triftstraße erreichen. Hier nach links treffen wir auf ein weiteres pittoreskes reetgedecktes Haus (Nr. 7). Vor diesem biegen wir nach rechts in den Hirtenweg (Markierung Nr. 11) und kommen, vorbei am Feuerwehrhaus, zur Straße »Ochsenweide«. Hier kurz nach links, queren wir erneut die Hauptstraße und gehen zur Straße »Alter Weg« (Weg Nr. 11). An Buchenhecken entlang geht es zur Umgehungsstraße. Diese queren wir und folgen dem »Alten Weg« nach **Heidgen**. An einer Verzweigung halten wir uns links abwärts auf der Straße »Heidgen« am Straßenschild »18 % Gefälle« vorbei und lassen das Hotel Aquarium rechts liegen. Bald danach gehen wir die Straße »Grindel« hinab. Wir verlassen Höfen über eine alte Pflasterstraße abwärts, rechts oberhalb steht ein schönes reetgedecktes Haus. An der Infotafel (Grindel) genießen wir die Aussicht auf das Rurtal, bevor wir kurz darauf zur Kapelle in Monschau kommen.

Hier folgen wir dem Eifelsteig-Wegweiser auf Pfad abwärts zum **Eifel-Blick Kierberg** ❷, 450 m, von wo sich ein herrlicher Blick über die Monschauer Altstadt eröffnet. Weiterhin dem Eifelsteig folgend wandern wir bergab.

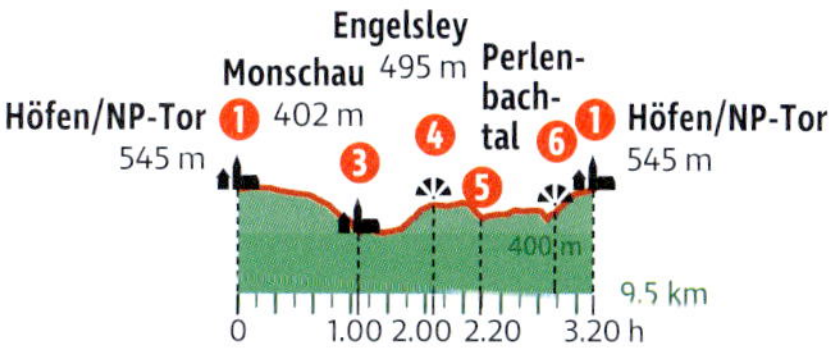

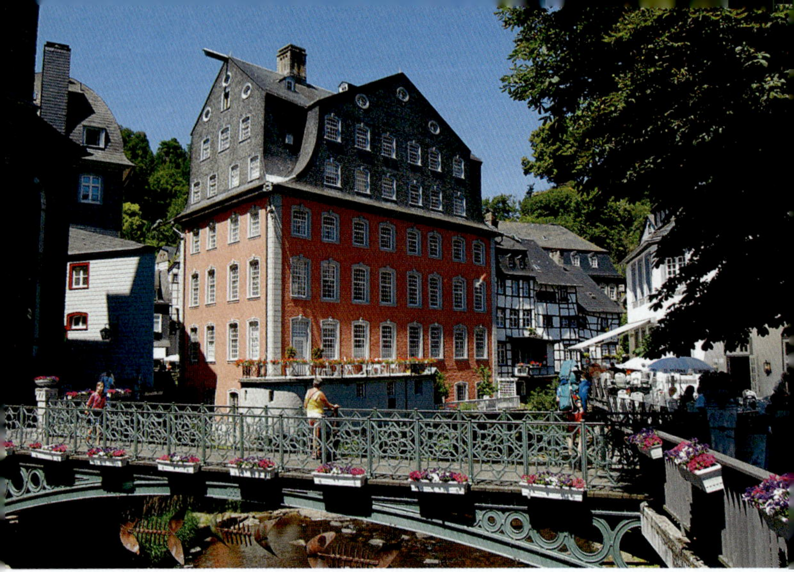

Das Rote Haus in Monschau wurde als Palais einer Kaufmanns- und Tuchmacherfamilie im 18. Jh. errichtet und ist heute ein Museum sowie Wahrzeichen der Stadt.

Direkt hinter dem Ww. »Urr Sonndagsley« geht es dann nach links über Stufen hinunter zum Aussichtsplateau (mit Fahne) und an der nächsten Pflasterstraße »Oberer Mühlenberg« erneut links abwärts. Weiter nach rechts führt uns die Rurstraße zum **Marktplatz** ❸ von **Monschau**. Davor nach links auf der Brücke über die Rur, gleich hinter dem Rur-Café wieder links (ca. 50 m), dann vor dem Kolpinghaus und gegenüber von Haus Nr. 10 nach rechts über eine Steintreppe hinauf zum Aussichtspunkt Halve Mond und dann zur **Haller Ruine**. Von dieser kehren wir wieder zum Aussichtspunkt zurück und folgen einem Pfad kurz nach rechts abwärts, dann nach links an einem Querpfad über Stufen abwärts und an einer Verzweigung geradeaus. Kurz darauf zum Schild »Privat« und rechts hinab. Wir zweigen links in die Pflasterstraße »Holzmarkt« ab, vorbei am Haus Troistoff, zum **Roten Haus**. Dort gehen wir wieder rechts und vor der Evangelischen Kirche links über die Rur-Fußgängerbrücke – mit schönem Blick auf das Rote Haus.
Wir überqueren nochmals die Rur nach rechts durch die Rurstraße, dann gehen wir links in die Stadtstraße und am Schlosscafé vorbei zum **Parkhaus Burgau**. Vor dem Parkdeck halten wir uns halb links (Ww. Monschauer Nationalpark-Wanderweg) und folgen dem Logo »Eifelsteig/Klosterroute« (bis nach Höfen). Unterhalb der Mädchenrealschule »St. Ursula« vorbei, gleich darauf auf Pfad steil aufwärts durch Mischwald zur **Teufelsley** und 100 m weiter zum Aussichtsplateau **Engelsley** ❹, 495 m.

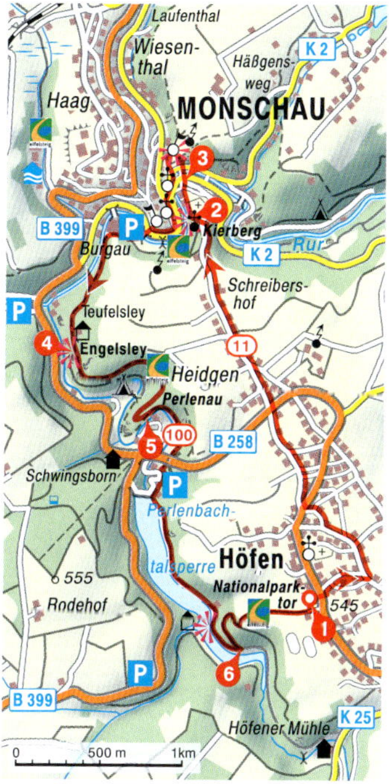

Von hier folgen wir dem mittleren Pfad, dem mit Nr. »100 + Eifelsteig« bezeichneten »Jahrhundertweg«, und kommen nach ca. 700 m am Abzweig Campingplatz vorbei. Nach etwa 150 m bleiben wir an einem Abzweig auf dem Jahrhundertweg rechts abwärts. Der Pfad schlängelt sich über Baumwurzeln und Stufen hinunter, mit kurzem Blick auf die Perlenbachtalsperre und bald darauf auf den Perlenbach, bevor wir beim ehemaligen Hotel Perlenau ins untere **Perlenbachtal** 5 kommen. Hier nach links auf Weg sanft aufwärts neben dem Perlenbach unterhalb der Pferdeley vorbei (Ww. Perlenbachtalsperre). Wir unterqueren die große Straßenbrücke zu einem Teerweg, hier kurz nach links (30 m), dann wieder nach rechts zum Staudamm der **Perlenbachtalsperre**.

Am Staudamm folgen wir dem Ww. »Höfen – Nationalparktor 2,1 km« geradeaus an der Talsperre vorbei und gelangen nach ca. 1,2 km zu einem schönen Aussichtspunkt an der Perlenbachtalsperre mit zwei sogenannten Sinnesliegen. Nach etwa 300 m verlassen wir den Stausee und folgen im spitzen Winkel nach links hinauf durch Nadelwald dem **Ww. »Nationalparktor 1,0 km«** 6 (Logo Eifelsteig). Nach 400 m treten wir in Flurlandschaft, blicken auf die Kirche von Höfen und erreichen in etwa 5 Minuten den großen Parkplatz »Zum Nationalpark«. Gleich darauf kommen wir nach links zum **Nationalparktor** 1 in **Höfen** zurück.

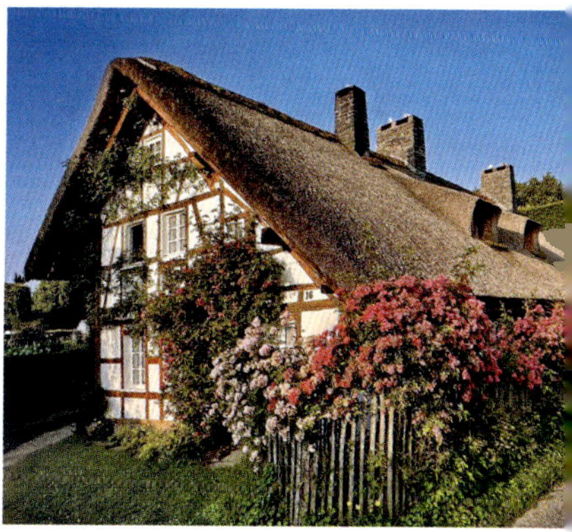

Regionaltypisches reetgedecktes Eifel-Fachwerkhaus in Höfen.

↗ 350 m | ↘ 350 m | 16.2 km

11 Norbertuskapelle und Kreuz im Venn

4.45 h

Haushohe Buchenhecken säumen unseren Weg in Kalterherberg

Auf dieser Wanderung geht es in Kalterherberg entlang an Buchenhecken abwärts zur Norbertuskapelle und weiter zum Kreuz im Venn. Auf der Richelsley erhebt sich auf einem etwa 12 Meter hohen devonischen Konglomeratfelsen in der Nähe des Klosters Reichenstein das Kreuz im Venn, zu dem Stufen hinaufführen. Von oben bietet sich eine schöne Aussicht. Das 6 Meter hohe und über 1,3 Tonnen schwere Eisenkreuz wurde 1890 eingeweiht. Eine weitere Sehenswürdigkeit der Tour ist die doppeltürmige Pfarrkirche von Kalterherberg, bekannt unter dem Namen »Eifeldom«. Sie wurde unter Gerhard Joseph Arnoldy erbaut, der 1869–1914 in Kalterherberg als Priester tätig war. Unterhalb des Kreuzes findet man in einem Felsraum eine Marienstatue, die 1894 von Ortsbewohnern zu Ehren des silbernen Priesterjubiläums von Pfarrer Arnoldy aufgestellt wurde. Zur Tradition gehört der Pilgergang am 1. Mai von Kalterherberg zur Madonna, wo die Messe gelesen wird. Im Oktober 2017 zogen wieder Mönche ins Kloster Reichenstein ein.

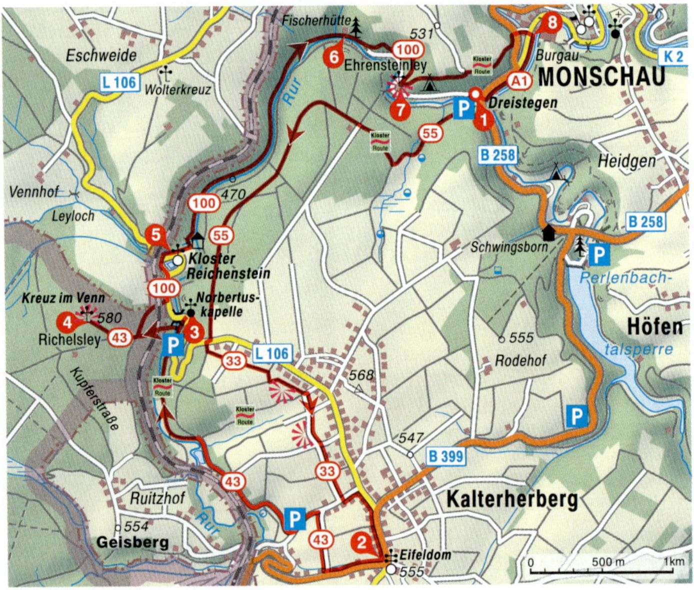

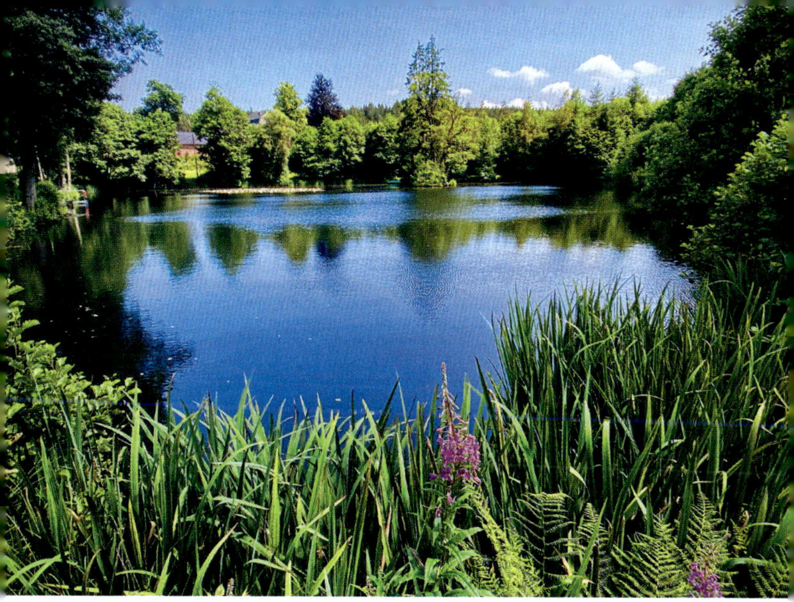

Am Reichensteinweiher beim Kloster Reichenstein.

Ausgangspunkt: 52156 Monschau, Parkplatz Dreistegen, 410 m, 300 m hinter dem Ortsschild »Monschau« an der Rurbrücke in Richtung Höfen (GPS: N50.548584 E6.229025).
Anfahrt: Mit Pkw: Ab Autobahnkreuz Aachen die E 40 Richtung Lüttich bis Aachen-Brand, dann über die B 258 nach Monschau.

Anforderungen: Etwas Ausdauer, sonst mittelschwere Rundwanderung.
Einkehr: Gastronomie in Kalterherberg und Monschau.
Hinweis: Das Benediktinerkloster Reichenstein kann nur von außen besichtigt werden, von innen im Rahmen von Gruppenführungen nach Anmeldung; Infos: kloster-reichenstein.de.

Vom **Parkplatz Dreistegen** ❶ kehren wir zurück zur Straße und überqueren nach rechts die Rurbrücke, halten uns hinter dieser wieder nach rechts und sofort nach links auf Pfad 55 hinauf in den Wald. Hinter moosbewachsenen Buchen gesellt sich das Logo »Klosterroute« hinzu. Wir gehen an einer eingezäunten Flurwiese entlang, wo wir einen Wasserbehälter erblicken, und hinter dem Schlagbaum nach rechts auf Weg »Klosterroute + 55«. An einer Gabelung nach 450 m verlassen wir vorerst die Klosterroute (Nr. 55) und folgen dem Weg geradeaus (rechter Zweig) zu einem Naturschutzgebiet-Schild durch den Wald. Unterwegs eröffnet sich ein Blick auf die Rur. Bald danach stoßen wir wieder auf Weg »Klosterroute + 55« und kurz darauf blicken wir auf Kloster Reichenstein. Wir kommen zur Straße L106, überqueren diese und nehmen dann den Weg nach links hinauf (Klosterroute + 33)

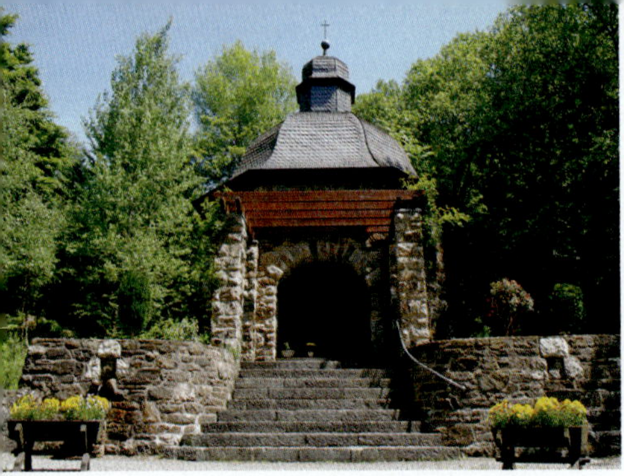

Die Norbertuskapelle bei Kalterherberg.

aufwärts über eine Kreuzung hinweg bis zu einem Querweg. Hier erst nach rechts (50 m) und dann an der Kreuzung wieder links (Weg Nr. 13 + 33) bis zu einem Teerweg. Diesem folgen wir zuerst rechts, dann links über drei Kreuzungen hinweg zur Straße »Fedderbach« (Weg Nr. 33), nun nach links aufwärts, bis rechts der Messeweg abzweigt. Abermals rechts abzweigend erreichen wir schließlich durch die Monschauer Straße den »Eifeldom« in **Kalterherberg** ❷, 555 m.

Vor der Pfarrkirche zweigen wir nach rechts ab in die Bahnhofstraße und hinter Haus Nr. 26 wieder rechts. Wir passieren eine Hecke am Federbüsberg und wandern bis zur Straße »Fedderbach« (Weg Nr. 43), die spitzwinklig nach links hinab zum Wanderparkplatz »Am Laeschje« führt. Nun folgen wir durch das Naturschutzgebiet über die Rosengasse dem Wanderweg 43 vorbei an der Kläranlage auf Teerweg durch Nadelwald. Nach etwa 800 m, bei einem Felsen mit Sitzbank (Ruesejass), ignorieren wir einen Abzweig nach links über Pfad 43 und kommen nach 200 m an Fischteichen zum Klosterrouten-Wegweiser (Ww. Norbertuskapelle 1,0 km + Picknickplatz). Kurz darauf geht der Teer- in einen Schotterweg über; diesem folgen wir an der Rur entlang zur L106. Von hier erreichen wir rechts haltend die 1926 fertiggestellte **Norbertuskapelle** ❸, 490 m.

Zurück wandern wir über die Reichenstein-Brücke und hinter dem Parkplatz nach links dem Wegweiser »Kreuz im Venn (Richelsley)« folgend. Der Pfad überquert den Vennbahn-Radweg (den Ww. Klosterroute + 55 nach rechts ignorieren wir). Nach etwa 150 m treffen wir auf Weg 43 (auf dem Rückweg kommen wir erneut hierher), der uns an einer weiteren Gabelung rechts hinauf zum **Kreuz im Venn** ❹, 580 m, führt. Wir umrunden die Felsen der **Richelsley** im Uhrzeigersinn und steigen über Stufen zum Gipfelkreuz hinauf. Weiter um die Richelsley herum, kehren wir wieder zurück, 150 m vor der Vennbahn biegen wir aber links in Weg 43 (Kulturweg Eifelverein) ab, überqueren erneut den Radweg zur L106, die wir an der Bushaltestelle erreichen. Hier nach links auf Weg 43 + 100, vorbei am Reichensteinweiher und dann nach rechts zum **Kloster Reichenstein**. Vor dem ehemaligen Gut, das heute wieder als Kloster fungiert, treffen wir auf den Wegweiser »Kulturweg Eifelverein« (Nr. 43 + 100). Von dort sollten wir einen Abstecher (150 m) zur **Klosterkirche** ❺ unternehmen, bevor wir hinabwandern und den Ermesbach zur Rur überqueren.

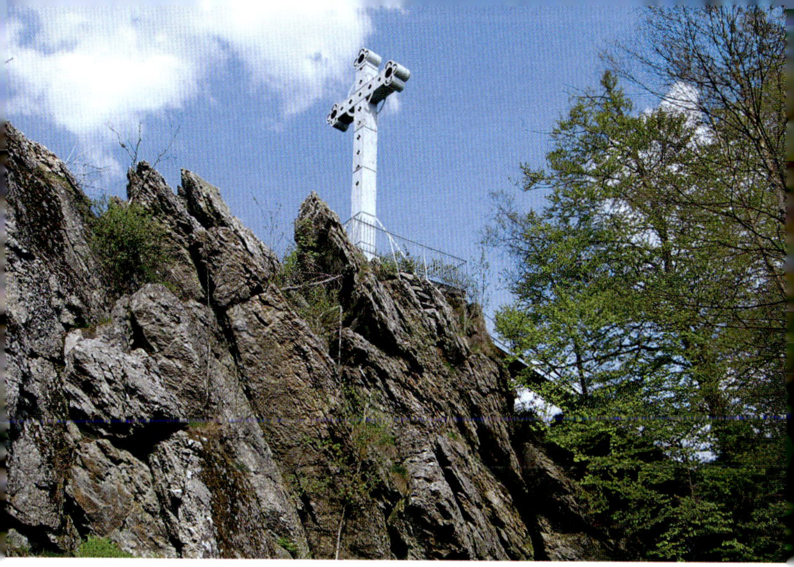

Am Fuß der Richelsley mit dem großen eisernen Kreuz im Venn.

Vor der Rurbrücke gehen wir geradeaus auf Pfad 100 an der Rur entlang an der **Fischerhütte** 6 sowie an einer Brücke vorbei. Nun steigen wir über Betonstufen hinauf, unser Pfad- wird zu einem Teerweg. Kurz darauf zweigen wir nach links (Ww. 100 + Klosterroute) auf anspruchvollem Pfad mit einigen Stufen steil hinauf zur **Ehrensteinley** 7, 505 m, samt Schutzhütte, wo seit 2012 ein Kreuz steht. Weiter an der Schutzhütte vorbei ab- und aufwärts durch den Wald erreichen wir nach 450 m eine Verzweigung, von der wir nach rechts steil hinab mit Blick auf die Burg Monschau zur B 258 kommen. Diese queren und über Pfad abwärts nach **Monschau** 8 zum ehemaligen Brauhaus-Museum Felsenkeller und zur Vither Straße. Hier zweigen wir rechts ab, nehmen den Fußweg an der B 258 und alten Fabrik vorbei und erreichen nach Überquerung der Straße wieder den **Parkplatz Dreistegen** 1.

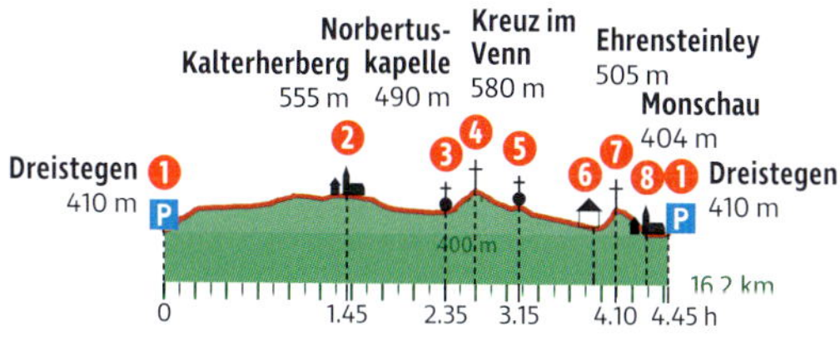

↗ 220 m | ↘ 220 m | 13.0 km

12 Perlenbachtal und Fuhrtsbachtal

4.00 h

Von den Narzissenwiesen zu haushohen Hecken in Alzen

Die Landschaft des Perlenbach- und Fuhrtsbachtals ist etwas Besonderes: Sie ist sowohl Zeugnis alter bäuerlicher Wirtschaftsformen als auch Lebensraum vieler Tiere und Pflanzen, darunter auch seltener Arten. Das Naturschutzgebiet ist vielen Wandernden oder Blumenfreundinnen und -freunden auch deshalb bekannt, weil die hier gedeihende Gelbe Narzisse die Talwiesen jedes Jahr von Mitte April bis Mitte Mai in ein gelbes Blütenmeer verwandelt. Der Rückweg führt uns durch den schönen Höfener Ortsteil Alzen, vorbei an haushohen Hecken und reetgedeckten Häusern.

Ausgangspunkt: 52156 Monschau-Höfen/Alzen, Wanderparkplatz an der Höfener/Perlbacher Mühle, 535 m (GPS: N50.526516 E6.256256).
Anfahrt: Mit Pkw: Von Aachen Autobahn A44 Richtung Lüttich. An der Abfahrt Aachen-Brand über die B258 nach Monschau und weiter nach Höfen. Hinter Höfen rechts Richtung Kalterherberg bis ins Tal hinunter zur Mühle.
Anforderungen: Einfache Rundwanderung.
Einkehr: Höfener/Perlbacher Mühle (geöffnet zur Narzissenblüte ca. 20. März bis Anfang Mai täglich, ebenso in den Ferien Juli–August, im Frühsommer und Herbst nur am Wochenende); Gastronomie in Alzen.

Auf dem Bieley-Felsen über dem Schwalmtal.

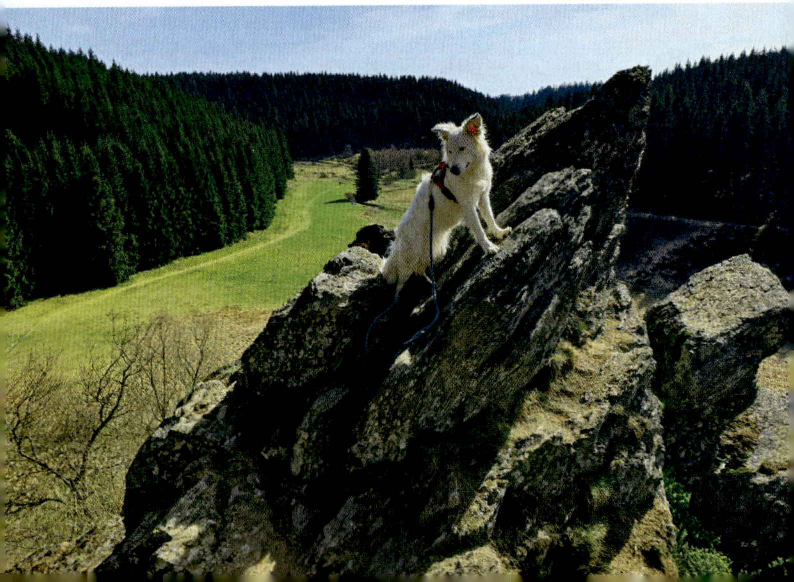

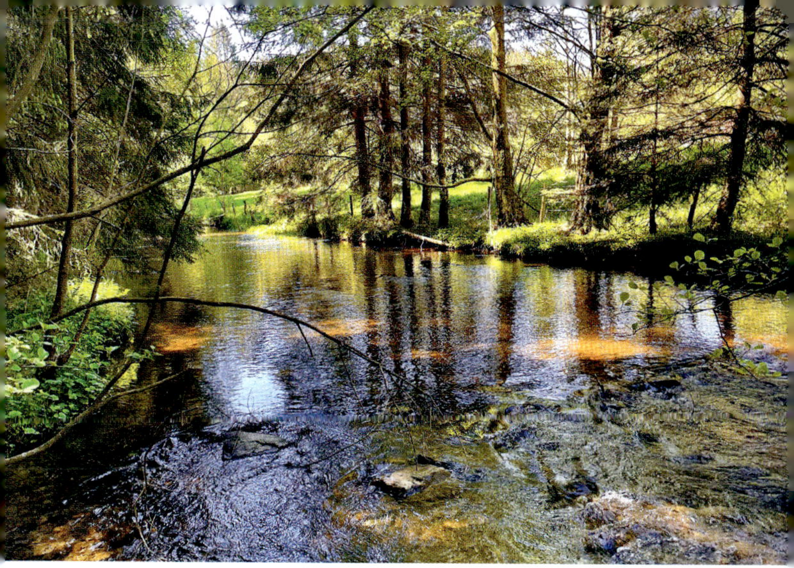

Naturidyll im Perlenbachtal.

Vom Parkplatz an der **Perlbacher Mühle** ❶ (Höfener Mühle) folgen wir auf einem Pfad entgegen der Fließrichtung des Perlenbaches der Wegbezeichnung »Weg des Gedenkens + 73« bis zum Zusammenfluss von Perlenbach und Fuhrtsbach. Dort überqueren wir die Brücke des Fuhrtsbaches. Dann folgen wir dem Logo »Narzissenroute« (Ww. Jägersief 5,1 km) nach rechts ins **Perlenbachtal** und wandern nach 80 m an einer Gabelung rechts abwärts. Wir bleiben auf dem Weg durch Wald und Flur immer in Nähe des Baches bis zu einem Teerweg am **unteren Steg** ❷. Vor der Brücke des Perlenbachs zweigen wir nach links ab (Narzissenroute) auf einen festen Weg und gelangen zu einer **Schutzhütte** ❸ nahe des **oberen Stegs** über den Perlenbach. Bei der Hütte folgen wir dem Weg links aufwärts (Narzissenroute), den wir nach 200 m vor einer **Linkskurve** ❹ verlassen. Wir überqueren rechts auf einem Pfad (ohne Markierung) eine Wiese und anschließend den Bach **Jägersief**.

Direkt dahinter kommen wir an eine große Warntafel, die uns die Grenze des belgischen Militärgeländes anzeigt. In einem Sichtfenster sind die Schießtage des Lagers Elsenborn notiert, an denen das Betreten des Geländes verboten ist (in diesem Fall müssen wir zurück zum Weg und auf der Narzissenroute weiter aufwärts). Dem Pfad/Weg folgen wir ca. 550 m am Schwalmbach (so heißt der Perlenbach hier) unterhalb des Galgenberges entlang durch die Narzissenwiesen und biegen vom Weg rechts ab auf einen schmalen Pfad durch Sträucher zu einem Brückchen. Auf dem Pfad

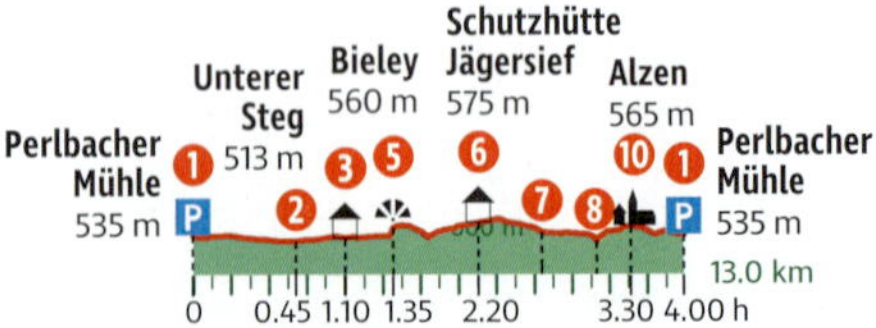

geht es weiter an Bäumen entlang, bis wir nach ca. 350 m links auf den Felsen **Bieley** ❺, 560 m, blicken. Diesen erreichen wir über einen sehr steilen Pfad, indem wir etwa 30 m hinter dem Felsen aus dem Tal vom Pfad aus spitzwinklig hinaufsteigen. Von oben hat man eine tolle Aussicht auf das Schwalmtal. Nun auf einem Pfad ca. 35 m aufwärts zu einem Weg. Auf diesem nach links in 300 m zu einem Querweg, dem wir erneut links abwärts folgen. An einem Abzweig vorbei, erreichen wir nach 600 m erneut eine Warntafel und verlassen das Militärgebiet. Wir überqueren nach rechts den Bach Jägersief zu einem Weg und folgen wieder der Narzissenroute (begleitet uns bis zur Infotafel »Nationalpark Eifel«) rechts aufwärts, an Narzissenwiesen vorbei zu einer **Schutzhütte am Jägersief** ❻. Weiterhin geradeaus durch Fichtenwald passieren wir einen Abzweig mit Schutzhütte zu einer Wegekreuzung (Deck Heck). An dieser gehen wir nach rechts an Wiesen und Nadelwald entlang, am »Daverkaul« auf einem Teerweg weiter. Dieser bringt uns alsbald zu einem schwarzen **Holzschuppen** ❼, 544 m, der Feuerwehr.
Hier zweigen wir nach links an einem Teich (Ww. 61) ins **Fuhrtsbachtal** ab. Mit ständigem Blick auf die Windräder gelangen wir zu einer Wegekreuzung vor einer Schutzhütte und der **Infotafel »Nationalpark Eifel«** ❽. Wir verlassen hier die Narzissenroute, biegen nach rechts ab (Schild: Alzen) und überqueren den Fuhrtsbach. Dahinter zweigen wir vom Teerweg bei einem

Von Bibern aufgestaute Schwalm bei der Bieley.

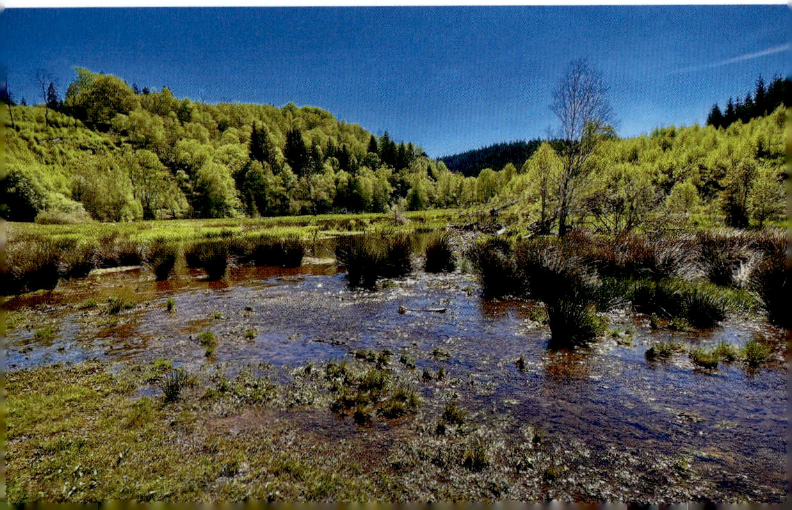

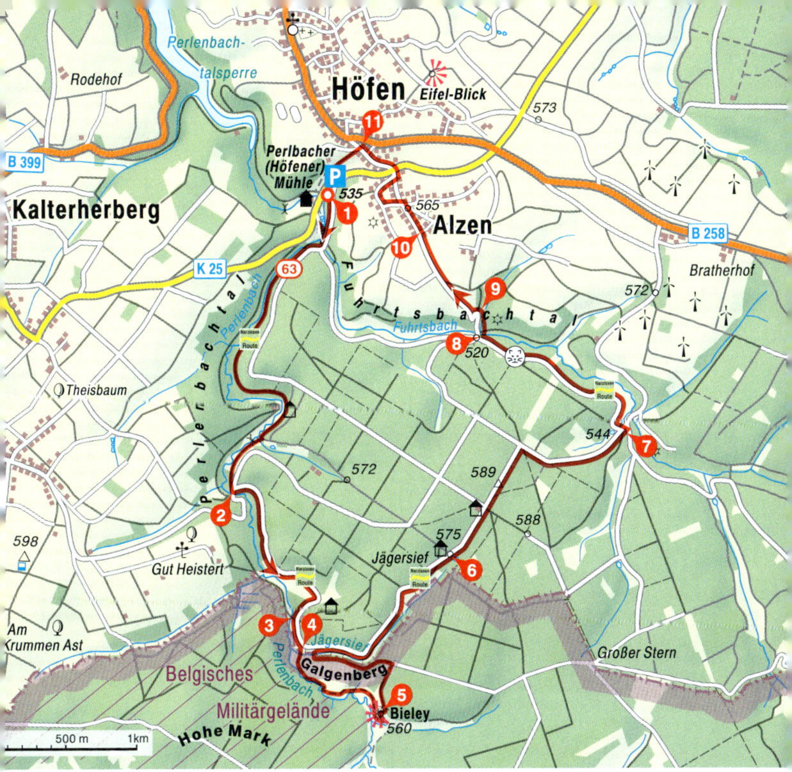

Bunker links ab und folgen einem Pfad (Ww. 71) kurz steil hinauf (90 m), geradeaus an einem Abzweig vorbei zu einer **Schranke** ⑨. An dieser gelangen wir auf dem Teerweg aufwärts in Flur und an einem Abzweig vorbei (Teerweg links) geradeaus in den Ort **Alzen** ⑩, 565 m. Hier kommen wir auf dem Sträßchen »Kauferberg« an Buchenhecken entlang zum Restaurant Zaunkönig.

Hinter diesem geht es an einer besonders hohen Hecke und einem reetgedeckten Haus vorbei. Geradeaus abwärts kommen wir an der Infotafel »Das Monschauer Heckenland« zu einer Kreuzung. Hier links in die Alzerstraße, dann rechts abwärts zur K 25 (Mühlenweg) und über diese hinweg erreichen wir hinauf über die Straße »Im Sief« **Höfen**. Vorbei an einem strohgedeckten Haus (Nr. 28) biegen wir hinter **Haus Nr. 12** ⑪ nach links hinunter ab (Ww. Perlenbachtal). An den Gabelungen halten wir uns schließlich geradeaus steil bergab auf dem Weg ins **Perlenbachtal** zum sichtbaren Parkplatz an der **Perlbacher Mühle** ①.

TOP

13

↗ 100 m | ↘ 100 m | 11.2 km

Mützenich – Brackvenn – Kaiser Karls Bettstatt

3.40 h

Rundtour durch schöne und wilde Landschaft im Hohen Venn

Diese Tour im deutsch-belgischen Grenzgebiet wird Naturliebhaber begeistern. Zuerst geht es zum sogenannten Mützenicher Palsen, einem Ringweiher mit Kanadagänsen, der einst durch eine große Wasserblase entstanden sein soll. Dann wandern wir über Holzstege durch das schöne nördliche belgische Brackvenn zur Nationalstraße 67, die das nördliche und das südliche Brackvenn trennt. Im südlichen Teil kommen wir in eine völlig andere Landschaft. Über Stege passieren wir einige Moortümpel (Palsen), Überbleibsel aus der letzten Eiszeit. Nach erneutem Überqueren der N 67 gelangen wir wieder in den nördlichen Teil. Am Quellgebiet des Getzbachs geht es durch eine einmalig wilde, urige Vennlandschaft – hier ist der ganze Bereich in Biberhand. Am Ende der Tour kommen wir zu Kaiser Karls Bettstatt, zwei Quarzitblöcken. Die Legende besagt: Karl der Große soll sich bei einer Jagd verirrt haben, sodass er hier übernachten musste.

Ausgangspunkt: 52156 Monschau-Mützenich, 617 m, Parkplatz an der Straße »Im Brand« gegenüber Haus Nr. 86 (GPS: N50.566550 E6.206030).
Anfahrt: Mit Pkw: Ab Autobahnkreuz Aachen die E 40 Richtung Lüttich bis Aachen-Brand, dann über die B 258 in Richtung Monschau. In Imgenbroich am Kreisel (beim Lidl) nehmen wir die erste Ausfahrt (K16) nach Mützenich. Dort folgen wir der Eupener Straße (L 214), biegen rechts ab in das Sträßchen »Zum Torfmoor« und kommen zu einer Querstraße »Im Brand«, hier kurz rechts (20 m) zum Parkplatz, gegenüber dem Haus Nr. 86.
Anforderungen: Leichte Rundtour, festes Schuhwerk erforderlich.
Einkehr: Unterwegs keine. Autorenempfehlung in Mützenich: Venngasthof Zur Buche, vom Parkplatz weiter auf der Straße »Im Brand« ca. 600 m in nördlicher Richtung (täglich Küche von 12 bis 19.30 Uhr, Im Brand 39, Tel. +49/2472/1497, venngasthof-zurbuche.de).
Hinweise: 1) Das Brackvenn ist bei großer Trockenheit wegen Brandgefahr zeitweise gesperrt (rote Fahne!). Einige Stege können wegen Reparaturbedürftigkeit oder -arbeiten gesperrt sein, evtl. wird man umgeleitet. Aktuelle Informationen unter botrange.be oder Tel. +32/80/440300 (Anrufbeantworter).
2) Auf dieser Tour gilt im Brackvenn Hundeverbot, auch an der Leine.

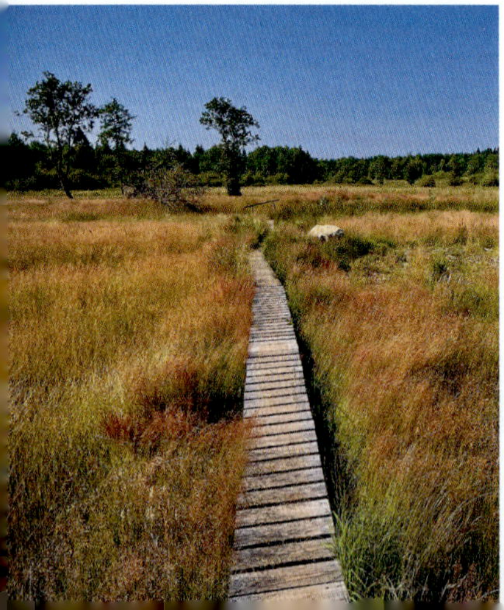

Vennwacke im Brackvenn.

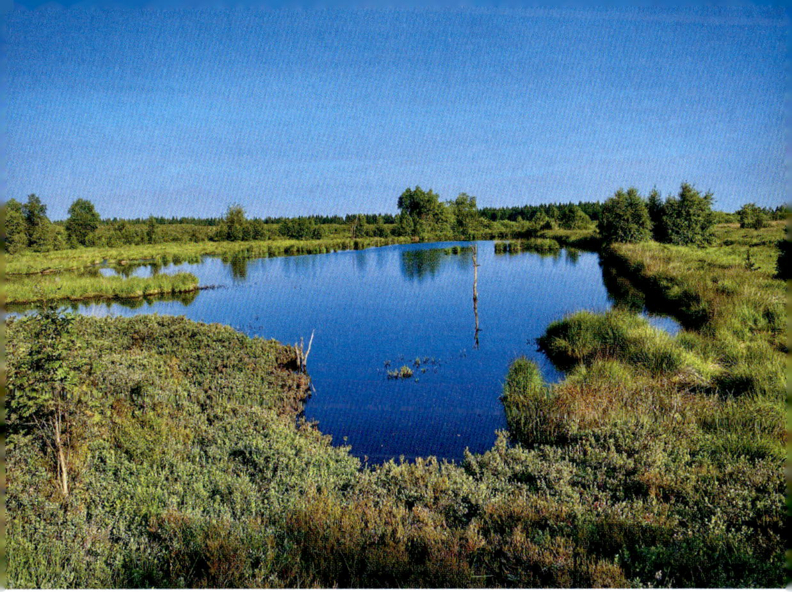

Von der letzten Eiszeit geformt: ein Palsen im Brackvenn.

Vom kleinen **Parkplatz** ❶ am Ortsrand von **Mützenich** folgen wir gegenüber der Beschilderung »Kaiser-Karls-Bettstatt 1,0 km + Palsen 0,3 km« auf dem Eifelsteig und erreichen einen hölzernen **Aussichtsturm**. Vor dem Turm machen wir nach links einen kurzen Abstecher (130 m) zu einem **Palsen** ❷, mit Infotafel über Libellen im Moor. Wieder zurück bis vor den Turm, folgen wir kurz (15 m) der Beschilderung »Kaiser Karls Bettstatt« und biegen vom Weg nach links auf einen Holzsteg/Pfad ab durch Sträucher ins Moor zu einem breiten Grasweg. Auf diesem gelangen wir an Fichtenwald entlang zu einer Sitzbank mit großer **Infotafel** ❸ über das Brackvenn (auf dem Rückweg kommen wir wieder hierhin). Kurz dahinter (30 m) biegen wir links ab auf einen Holzsteg ins belgische Brackvenn (Ww. 71) und achten darauf, ob eine rote Fahne am Flaggenmast aufgezogen ist – dann ist das Brackvenn nicht begehbar (s. Hinweis).
Der Steg führt inmitten von Moorbirken und Sträuchern in knapp 400 m zu einer **Verzweigung** ❹ mit dem Schild »Parking Grenzweg/Nahtsief« (auf dem Rückweg kommen wir wieder hierher). Hier links, weiterhin auf Holzsteg/Pfad durch schöne offene Vennlandschaft, treffen wir nach etwa 1 km auf die Nationalstraße 67, überqueren diese und kommen zum sichtbaren **Parkplatz Grenzweg** ❺. Hier folgen wir nach rechts einem teilweise morastigen Pfad/Steg (Schild: Parking Nahtsief 44) durch den Wald, parallel zur N 67, und gelangen in ca. 600 m zu einer großen Infotafel »Brackvenn«.

An dieser zweigen wir links ab und erreichen in knapp 2 Minuten über einen Holzsteg die offene Fläche des Brackvenns und die **Infotafel »Lithalsen« 6** vor einer Wasserfläche. Diese auch Palsen genannte glaziale geologische Formation heißt im Volksmund »Hellenketel« (Höllenkessel). Dem Steg folgend passieren wir kurz darauf (50 m) einen Abzweig (Nr. 45; auf diesem kommen wir später zurück), durchstreifen ein Gebiet mit Moorgras und Sträuchern und kommen nach 600 m an einem Moortümpel vorbei. Nach weiteren 400 m erreichen wir eine Infotafel, die uns einen ehemaligen Torfstich und das Wasserrückstaubecken erläutert. Kurz darauf (100 m) gelangen wir zu einem Quersteg, hier zweigen wir zuerst links ab (Schild: Hill + 77) und machen einen sehr lohnenswerten Abstecher (240 m) zu einem großen **Moortümpel 7**. Eine faszinierende Landschaft, Natur pur!
Wieder zurück, folgen wir dem Holzsteg am Abzweig geradeaus vorbei (Nr. 97) und kommen zu einem weiteren Palsen, der sich vor der Grenze zum Königlichen Torfmoor (Misten) befindet. Von der **Infotafel »Wiedervernässungen im Brackvenn« 8**, aber noch besser schon kurz vorher (25 m), hat man wohl den schönsten Blick auf diesen Palsen im Platten Venn mit seinem Wollgras. Nun folgen wir noch ca. 350 m dem Steg, wandern an einem weiteren Palsen vorbei, bis wir rechts auf einen schmalen Steg abzweigen (Schild: Rundweg + 45). Nach wenigen Minuten passieren wir einen weiteren Abzweig, der nach links führt, wandern geradeaus (Schild: Rundweg) vorbei an jungen Birken und kleinen Tümpeln des Moorgebietes »Im Platten Venn«, parallel zur N 67. Nach ca. 750 m erreichen wir wieder den bekannten Quersteg, hier links wieder zur **Infotafel »Lithalsen« 6**. Anschließend überqueren wir erneut die N 67 und gelangen zum gut sichtbaren **Parkplatz Nahtsief 9**.
Etwa 150 m danach zweigen wir vom Teerweg rechts ab auf einen Holzsteg/Pfad (Schild: Kaiser Karls Bettstatt + 77). Der Pfad bzw. Steg schlängelt sich inmitten von Moorbirken, Erlen, Fichten und Mooskuppen zu einem

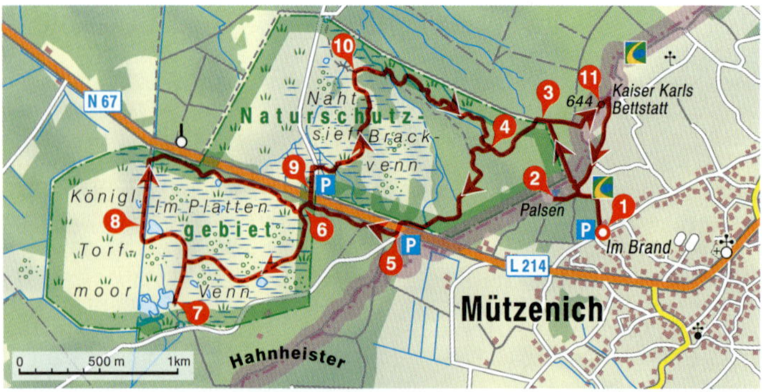

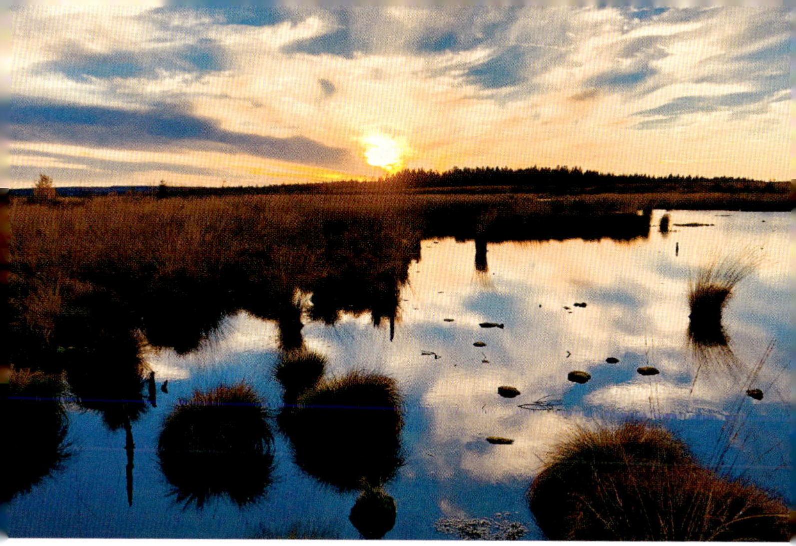

Malerischer Sonnenuntergang über dem Brackvenn.

kleinen Moortümpel. Hier genießen wir die wilde urtümliche Vegetation am Getzbach entlang und gelangen zu einer **Verzweigung** 10. Dort zweigen wir rechts ab in Richtung »Kaiser Karls Bettstatt/Parking Grenzweg 71«. Man sieht hier, dass der ganze Bereich in Biberhand ist, viele Baumstämme sind abgeknabbert und Staudämme zeigen sich. Nach gut 330 m verlassen wir den Getzbach, folgen dem Pfad an einer Verzweigung nach rechts und erreichen nach 1 km wieder die bekannte **Verzweigung** 4. An dieser wieder nach links (Nr. 76) zur großen **Infotafel** 3. Kurz hinter dieser (20 m) zweigen wir links ab (Nr. 69) auf einen sichtbaren, teilweise morastigen Steg/Pfad (Ww. rot-weiße Balken). Es geht weiterhin durch den Wald am Grenzstein D/B entlang. Wir passieren einen Abzweig, der nach rechts führt (Eifelsteig). Nach weiteren 15 m halten wir uns an einer Gabelung links und erreichen die zwei Quarzitblöcke, genannt **Kaiser Karls Bettstatt** 11, mit Infotafel und neuer Schutzhütte dahinter.

An Letzterer folgen wir dem festen Weg nach rechts, stoßen bald auf das Logo »Eifelsteig« und halten uns an der nächsten Verzweigung rechts abwärts. Es geht wieder zum **Aussichtsturm** und links in wenigen Minuten nach **Mützenich** zum **Parkplatz** 1, unserem Ausgangspunkt.

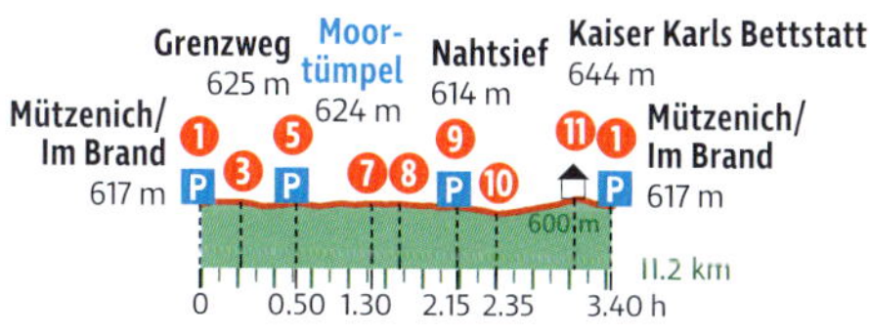

↗ 100 m | ↘ 100 m | 7.0 km

14 Von Baraque Michel durch das Polleur Venn

2.15 h

Auf Kiespfaden und Holzstegen durch das Hochmoor

Das Hochmoor im belgischen Hohen Venn (franz. Hautes Fagnes) erwartet uns auf dem Venn-Plateau mit Blick auf ausgedehnte unbewirtschaftete Torfheiden und Pfeifengras. Ihr Anblick verändert sich mit den Jahreszeiten; knorrige Moorbirken, vereinzelte Fichten und Ebereschen verleihen dem Moorgebiet ein bizarres Aussehen. An der Baraque Michel wurde von der Familie Schmitz im Jahre 1827 eine Glocke an der Fassade angebracht, die bei Nebel und Schneesturm sowie allabendlich geläutet wurde, um verirrten Menschen den Weg zu weisen. Die Fischbachkapelle wurde am 14. Mai 1831 eingeweiht, im Turm wurde abends ein Licht unterhalten, das ebenfalls den Verirrten als Wegweiser diente. Über Kiespfade und Holzstege geht es durch das herrliche Polleur Venn und oberhalb am torfbraun gefärbten Bach Ru de Polleur entlang durch eine wildromantische Landschaft. Das »Kreuz der Verlobten« soll an eine tragische Geschichte erinnern: An dieser Stelle erfror im Januar 1871 ein junges Paar auf dem Weg nach Xhoffraix, um dort die notwendigen Papiere für die Hochzeit zu holen. Der Rückweg verläuft über Kiespfad mit bezaubernden Blicken auf das Hochmoor zur Baraque Michel.

Ausgangspunkt: B-4950 Sourbrodt-Baraque Michel, 674 m, an der N 68. Sehr geräumiger Parkplatz an der traditionsreichen Herberge Baraque Michel (GPS: N50.518827 E6.063145).
Anfahrt: Mit Pkw: Mit dem Auto von Aachen auf der A 44/A 3 bis Ausfahrt Eupen, dann auf der N 68 von Eupen Richtung Malmedy zur Baraque Michel.
Mit ÖPNV: Bus Linie 72 von Aachen Hbf. mit Umsteigen in Eupen (Haltestelle Bushof) bis Baraque Michel.
Anforderungen: Anspruchsvollere Wanderung. Kurze Strecken führen über Holzstege, auf denen bei Feuchtigkeit besondere Vorsicht geboten ist (rutschig).
Einkehr: Unterwegs keine; am Ausgangspunkt La Baraque Michel (baraquemichel.com).
Hinweise: 1) Einige Stege können wegen Reparaturbedürftigkeit oder -arbeiten gesperrt sein, eventuell wird man dort umgeleitet. Aktuelle Informationen unter botrange.be oder Tel. +32/80/440300 (Anrufbeantworter). 2) Hunde dürfen mitgenommen werden, bitte anleinen.

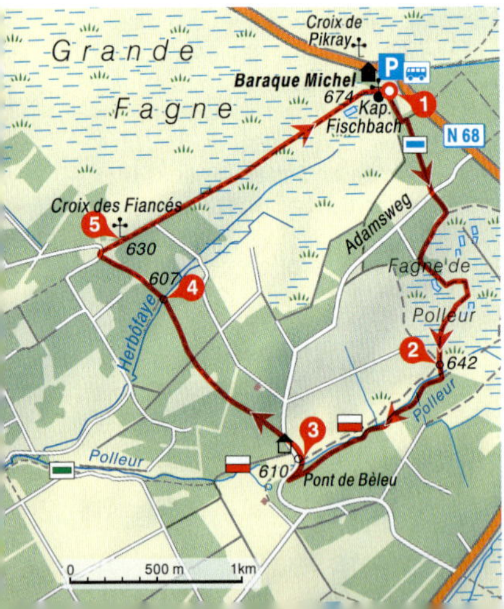

Vom Parkplatz der **Baraque Michel** ❶, 674 m, wandern wir zur vor uns sichtbaren **Fischbachkapelle**. Dort gehen wir nach links (Ww. grünes + blaues Rechteck), queren einen Weg nach links und halten uns dann immer geradeaus, einen asphaltierten Weg kreuzend, durch Wald bis zu einer Gabelung mit Infotafel »Polleur Venn«. Nach rechts am Waldrand auf festem Weg vorbei (Ww. weiß-rote Balken), wandern wir nun über Kiespfad ins Moor des Polleur Venn und zweigen am Beginn eines Holzsteges am nächsten Abzweig vor dem Bach **Ru de Polleur Venn** ❷, 642 m, rechts ab. Weiter geht es auf einem schmalen Holzsteg über den Bach, dann abwechselnd auf Stegen und Pfaden, begleitet von Sträuchern, hinauf in Fichtenwald.

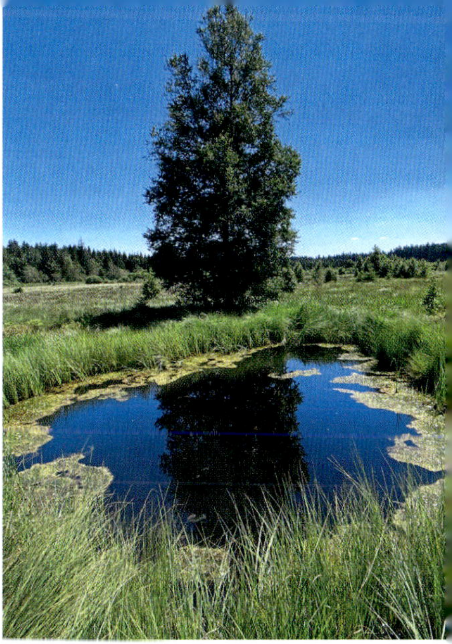

Moortümpel im Polleur Venn bei Baraque Michel.

Oberhalb des Bachs Polleur gelangen wir auf wurzeligem, mit Drahtseilen gesichertem Pfad hinunter zu einem Teerweg (Ww. weiß-rote Balken + ExtraTrail). Auf diesem nach rechts abwärts kommen wir nach 50 m zur sichtbaren **Schutzhütte** ❸, 610 m, am Bach Polleur. Wir überqueren den Bach und folgen dem Teerweg noch gut 100 m, bis wir am Logo »ExtraTrail« nach links auf einen Grasweg abzweigen. Es geht durch Fichtenwald immer geradeaus, und der Weg verschmälert sich zu einem Pfad. Wir überqueren den Bach **Herbôfaye** ❹ und gelangen teilweise über Stege zu einem festen Weg an einer Kreuzung. Diesem folgen wir nach rechts (Ww. Baraque Michel) in wenigen Minuten zum **Kreuz der Verlobten** ❺ (Croix des Fiancés), 630 m, mit dem alten belgisch-preußischen Grenzstein. Weiterhin auf dem Weg aufwärts immer geradeaus und am Waldrand entlang gelangen wir nach knapp 600 m zu einem Kiespfad. Über diesen wandern wir durchgehend bis zur Fischbachkapelle durch schöne Landschaft und lassen den Blick über das Hohe Venn schweifen, bevor wir wieder zum Parkplatz an der **Baraque Michel** ❶ kommen, der traditionsreichen Herberge mit Café-Restaurant.

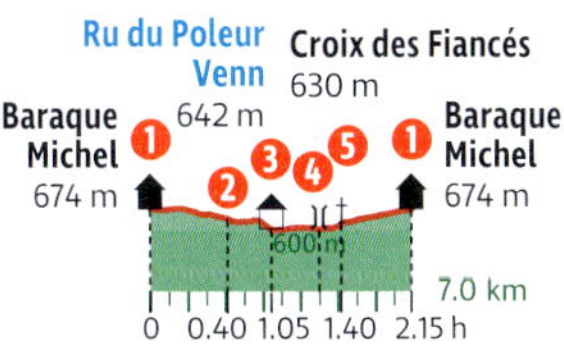

TOP

15

↗ 350 m | ↘ 350 m | 16.8 km

5.50 h

Im Naturpark Hohes Venn-Eifel

Durch die zauberhafte Landschaft der Bachtäler Statte und Hoëgne

Was für eine Wanderung! Zuerst geht es über die »Jahrhundertbrücke« Pont Centenaire, dann über den alten Verkehrsweg »Vecquée« an den preußisch-belgischen Grenzsteinen entlang zum Kreuz der Verlobten. Als Nächstes geht es zum Wihon Venn, bevor wir über einen Naturpfad am Bach La Statte entlangwandern – eine einmalige Landschaft, die Naturliebhaber begeistern wird. Ein weiterer Höhepunkt ist die Cascade des Nûtons, auch als »Wasserfall der Zwerge« bekannt. Ein kleinerer Wasserfall des Nutons ergießt sich über eine Felswand hinunter. Abwärts kommen wir zum Felsen Rocher de Bilisse; das ist ein zerklüfteter Felsen, der immer wieder von Wandernden bestaunt wird. Auf dem Rückweg bieten sich uns weitere Highlights, es geht durch das Tal der Wasserfälle, stromaufwärts am Bach Hoëgne entlang mit seinen unzähligen Kaskaden, eine schöner als die andere, wieder zur Brücke Pont Centenaire. Die Tour ist auch von Baraque Michel aus möglich und führt dann über Kiespfad durch schönste Landschaft im Hohen Venn zum Kreuz der Verlobten (siehe Variante).

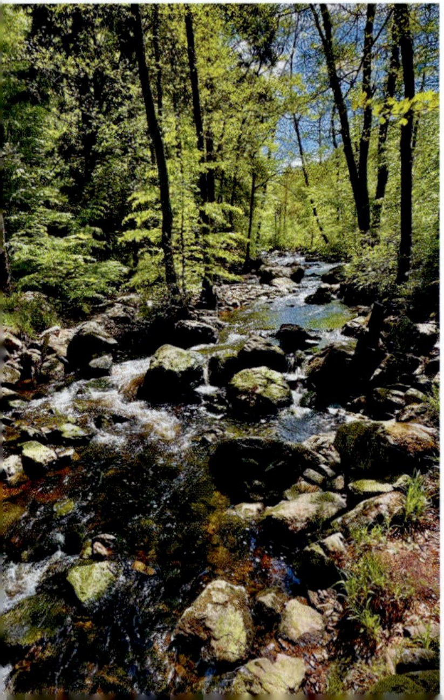

Ausgangspunkt: B-4845 Hockai, 545 m, Parkplatz etwa 100 m vor der Brücke Pont Centenaire, 530 m (GPS: N50.487240 E5.992902).

Anfahrt: Mit Pkw: Von Aachen A44, A3, A27 bis Ausfahrt Francorchamps und weiter nach Hockai. In Hockai am Hotel Beau Site links abbiegen (Straßenschild »Promenade de la Hoëgne«) und der Straße etwa 400 m folgen. Beim gelben Schild »Villa Sérénité« rechts in eine Sackgasse (Schild: Promenade de la Hoëgne + Devant Chéneu), auf dieser aus dem Ort, etwa 800 m durch Wiesen über eine Brücke hinweg zu einem allein stehenden Haus am Wald und nach ca. 50 m zum kleinen Parkplatz.

Anforderungen: Anspruchsvolle, lange Wanderung. Es geht über wurzelige und steinige Pfade, die bei Nässe rutschig sind. Teilweise sind die Pfade morastig, je nach Jahreszeit und Wetter.

Einkehr: Le Chalet du Pont de Belleheid (pont-de-belleheid.be, kurzer Abstecher

Im ursprünglichen Bachtal der Hoëgne.

vom Parkplatz Belleheid über die gleichnamige Brücke).

Variante: Die Tour ist auch von Baraque Michel als Ausgangs-/Endpunkt möglich, dann auch mit dem ÖPNV: Bus Linie 72 von Aachen Hbf. mit Umsteigen in Eupen (Haltestelle Bushof) bis Baraque Michel. Vom Parkplatz Baraque Michel, 674 m, gehen wir dann zur Fischbachkapelle. Bei dieser rechts haltend erreichen wir über Kiespfad und Weg durch das Hochmoor in etwa 1,6 km das Kreuz der Verlobten, 630 m. Weiter wie in der Beschreibung. Tourlänge: 6.40 Std. 20,0 km, 370 Hm.

Hinweise: 1) Hunde dürfen mitgenommen werden, aber bitte anleinen. 2) Von Jahr zu Jahr wird immer mehr Fichtenwald kahlgeschlagen, wodurch sich das Landschaftsbild im Hohen Venn z. T. erheblich verändern kann.

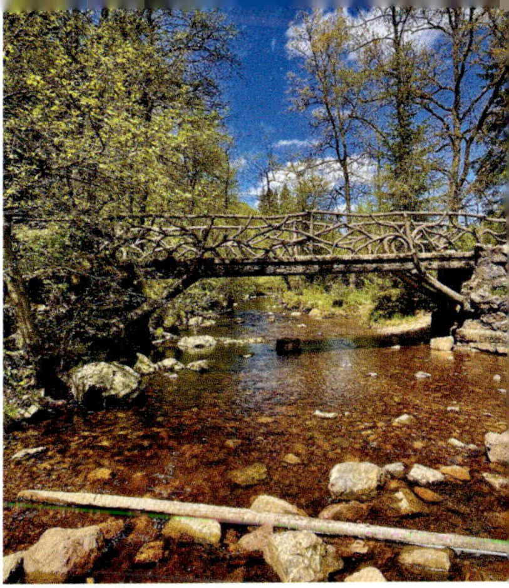

Die Pont Centernaire mit ihrem kunstvoll gestalteten Holzgeländer.

Vom kleinen **Parkplatz ❶**, 530 m, hinter dem allein stehenden Haus wandern wir den Teerweg abwärts zur Brücke **Pont Centenaire** und überqueren den Bach **Hoëgne**. Hinter der Brücke gehen wir die nächsten 4,5 km immer geradeaus (die Markierung grüne Raute begleitet uns bis 100 m vor das Kreuz der Verlobten). Es geht kurz über einen Holzsteg, dann über einen steinigen Weg hinauf (La Vecquée) durch den Wald, Abzweige beachten wir nicht. Wir kommen an einen Teerweg und an einer Infotafel vorbei, ab hier gesellt sich der Ww. gelbe Raute hinzu. Nach etwa 5 Minuten passieren wir den Grenzstein 148 und der Weg geht in einen je nach Jahreszeit teilweise morastigen Pfad über. Den Wegweiser gelbe Raute verlassen wir wieder (geht nach links ab) und kommen nach etwa 15 Minuten zum **Grenzstein 150 ❷**, 602 m. Weiter geht es auf dem Weg, vorbei an einem Abzweig mit einer gelben Schranke zu einer Wegekreuzung am Schild »Baraque Michel«, wo wir die Markierung grüne Raute verlassen (geht nach rechts). Hier machen wir geradeaus einen kurzen Abstecher (100 m) zum **Kreuz der Verlobten ❸** (Croix des Fiancés), 630 m, wo auch der Grenzstein 151 steht.

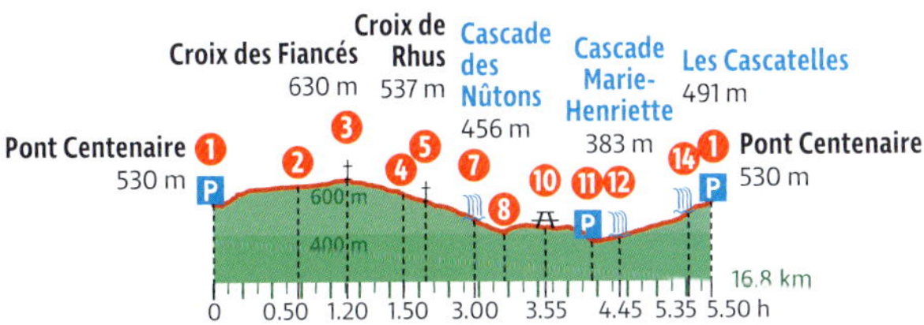

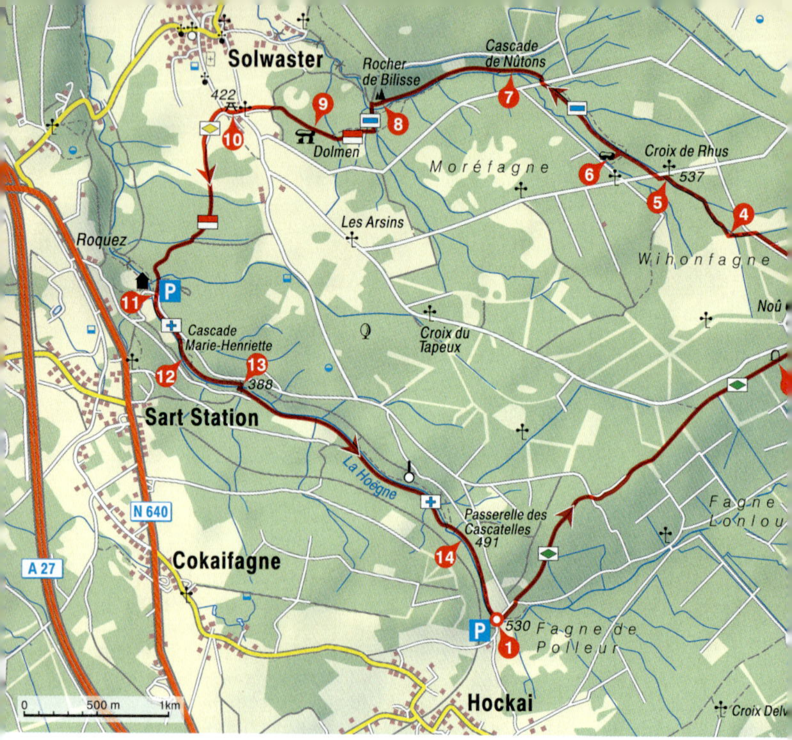

Wieder zurück an der Kreuzung, kommen wir nach rechts an einer Schranke vorbei bald wieder in den Wald (ohne Markierung) auf einem festen Weg, der an einer Verzweigung in einen Teerweg übergeht. Diesem folgen wir 1,7 km auf einer Geraden abwärts und mit einem Schlenker nach rechts und links zu einer Rechtskurve. Hier folgen wir dem Teerweg noch gut 400 m an einer großen Lichtung entlang, die auf der rechten Seite eingezäunt ist (entgegen dem Logo rote Raute). Am Ende der Lichtung blicken wir rechts auf die Infotafel »Réserve naturelle domaniale Fagne de la Haie Henquinet et du Sart Lurô«, die etwa 12 m abseits des Weges steht. Dort verlassen wir den Teerweg vor einer weiteren Rechtskurve, biegen links auf einen Grasweg ab und unternehmen nach 70 m über einen sichtbaren Holzsteg einen kurzen Abstecher (20 m) nach links: Wir überqueren den Bach La Statte zum **Schild »Wihon Fagne« 4**, 568 m, mit einer großen Infotafel über Schottische Hochlandrinder.

Wieder zurück über den Bach, gehen wir nach links kurz an der Einzäunung vorbei (entgegen dem Ww. ExtraTrail) und überqueren erneut auf einem

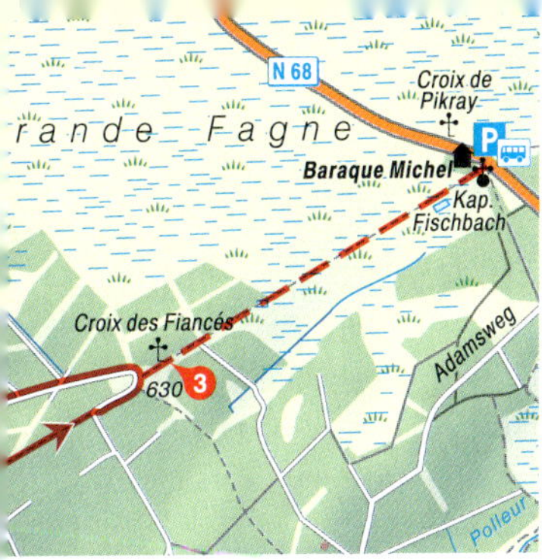

Steg den Bach. Auf einem schmalen, teilweise morastigen Pfad wandern wir immer am Bach entlang durch Birken, Farn und Waldbeerenbüsche. Wir erreichen eine Sitzbank und eine Schranke an einem Teerweg, dort machen wir einen kurzen Abstecher (15 m) nach rechts zum **Croix de Rhus** 5, 537 m; das »Russenkreuz« steht rechts vom Weg. Wieder zurück, biegen wir etwa 10 m hinter der Schranke vom Teerweg bei der roten Markierung an den Birken und dem Schild »La Statte« nach rechts ab und folgen weiterhin dem schönen, wurzeligen und steinigen Wanderpfad am Stattebach entlang.

An der Infotafel »Le Pierrier« machen wir einen kurzen Abstecher (80 m) zu einer großen Ansammlung von **Granitbrocken** 6, 518 m, die von Quarzbändern durchzogen sind. Wieder zurück am Bach geht es talwärts entgegen der Markierung blaues Rechteck + »ExtraTrail« zur steinernen Brücke **Pont des Chasseurs**, die wir überqueren, um hinter ihr gleich nach links abzubiegen (entgegen dem blauen Rechteck + ExtraTrail), weiterhin auf Pfad am Bach La Statte entlang zur **Cascade des Nûtons** 7, 456 m. Hier begegnen sich zwei Bäche; es lohnt sich, einen Augenblick zu verweilen und das Spiel des Sonnenlichts auf dem Wasser zu genießen.

Weiter auf dem Pfad abwärts, überqueren wir zweimal den Bach über kleine Holzbrücken und kommen zum Felsen **Rocher de Bilisse** 8, 400 m; der wild zerklüftete Blauschieferfelsen ragt etwa 40 m über die Talsohle hinaus. Kurz danach folgen wir der Markierung ExtraTrail + weiß-rote Balken (begleiten uns bis zum Parkplatz Bellheid) + blaues Rechteck. Danach überqueren wir nach links den Bach über ein Brückchen und steigen auf Pfad an einem kleinen Wildbach entlang. Wir verlassen den Bach und kommen über kurze Stege zum **Dolmen von Solwaster** 9, 434 m, einem flachen, tischähnlichen Quarzitfelsen. Weiterhin der Markierung folgend geht es geradeaus abwärts, wir kommen aufwärts aus dem Wald an einem Weidetor vorbei und passieren

Die imposante Felsformation Rocher de Bilisse.

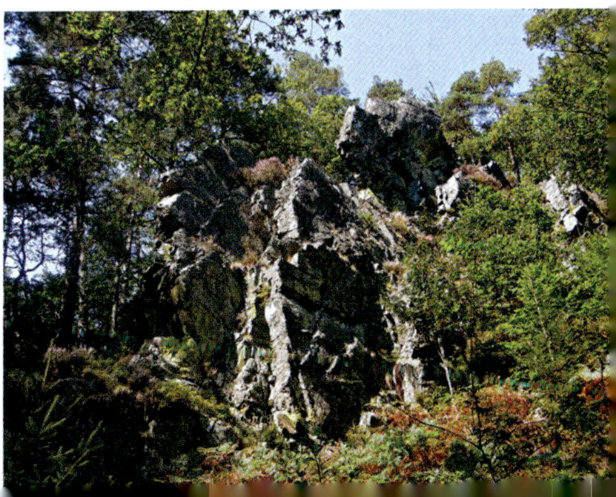

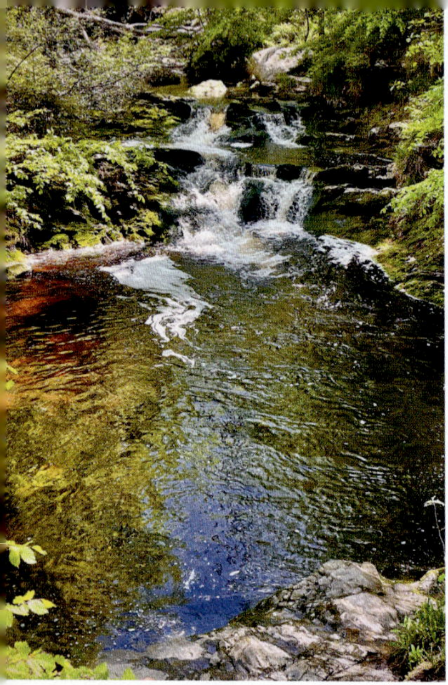

Naturschauspiel: der Marie-Henriette-Wasserfall.

eingezäunte Wiesen und Flurhecken. Schließlich erreichen wir eine Straße, gehen auf dieser geradeaus an zwei Häusern vorbei zum **Picknickplatz »Alexis Bastin« ⑩**, 422 m, mit Gedenkstein und Holzkreuz. Kurz danach (25 m) biegen wir nach links auf einen festen Weg ab (Ww. weiß-rote Balken + ExtraTrail). Wir passieren Flurhecken, dicke Eichen und Buchen und lassen unseren Blick am Waldrand und über eingezäunte Wiesen in die Ferne schweifen. Wieder im Wald wandern wir geradeaus (Ww. weiß-rote Balken) steil hinab über einen felsigen Hohlweg (Achtung: bei Nässe rutschig) und kommen zum **Parkplatz Bellheid ⑪**, 368 m. Hier besteht die Möglichkeit zu einem kurzen Abstecher über die Brücke des Baches Hoëgne, die **Pont de Bellheid**, zur Einkehr im gleichnamigen Restaurant-Brasserie.

Wir gehen über den Parkplatz und passieren ein hölzernes Tor mit der Inschrift »Promenade de la Hoëgne 1899–1999«, ein Weg durch eines der schönsten Täler Belgiens. Auf einem Pfad (Markierung blaues Kreuz + weiß-rote Balken) folgen wir entgegen der Fließrichtung des Baches **Hoëgne** dem Tal der Wasserfälle. Hinter jeder Biegung des Baches bietet sich eine neue Perspektive, und Sitzbänke laden zum Verweilen ein. Es geht über Holzbrücken von einem Ufer zum anderen, zum **Marie-Henriette-Wasserfall ⑫** (Cascade Marie-Henriette), 383 m. Majestätisch schäumt hier der Bach über mehrere Kaskaden ins Tal.
Kurz vor (50 m) der **Schutzhütte Abri Legras** machen wir einen kurzen Abstecher (20 m) zur Gedenktafel »König Leopold II. von Belgien (1835–1909)«, wo wir von einer **Holzbrücke ⑬**, 388 m, die beste Sicht auf das beeindruckende Naturschauspiel eines weiteren Wasserfalls genießen. Wieder zurück, an der Schutzhütte vorbei, weiter aufwärts an einem Holzsteg, ignorieren wir das Brückchen mit dem Schild »sart station« und wandern weiterhin auf dem Steg. Es geht über Stege, wurzelige und steinige Pfade zum **Schild »Les Cascatelles« ⑭**, 491 m, wo man einen grandiosen Blick auf die vielen Kaskaden des rauschenden Baches hat. Weiter aufwärts kommen wir wieder zur **Pont Centenaire,** und über diese in wenigen Minuten zurück zum **Parkplatz ①**.

↗ 190 m | ↘ 190 m | 8.8 km

3.00 h

Bayehon-Wasserfall und durch das Tirifaye Venn

16

Zu einem der schönsten natürlichen Wasserfälle im Hohen Venn

Durch naturbelassene Landschaft am Fuße des Hohen Venns geht es durch das Tal des Bayehon-Baches zu einem der schönsten Wasserfälle im Venn. Weiter hinauf durch beeindruckende Farn-, Wacholder- und Waldbeergebiete erreicht man das herrliche Tirifaye Venn, von wo man einen Weitblick über die charakteristische Venn-Landschaft genießt. Auf dem Rückweg durchwandern wir eine Bachuferzone entlang des Pouhon, die durch ihre Holzeinschläge, moosbewachsenen Steilhänge und Felsen einmalig ist.

Ausgangspunkt: B-4950 Longfaye, 530 m, Parkmöglichkeit bei der Straßenbrücke, 477 m, über den Bach Ruisseau de Bayehon, Schild »Bayehon-Mühle« (GPS: N50.468183 E6.091992).
Anfahrt: Mit Pkw: Von Köln/Aachen A44/E 40 in Richtung Lüttich bis Anschlussstelle 38/Eupen, N 67 durch Eupen, N 68 übers Hohe Venn Richtung Malmedy. Dann links ab nach Xhoffraix und weiter nach Longfaye. Hinter Longfaye in Richtung Ovifat ins Tal zu einer Straßenbrücke in einer Rechtskurve beim Schild »Bayehon-Mühle«.
Anforderungen: Auf leichten Wegen, außer entlang des Tirifaye Venn, dort etwas morastiger (je nach Jahreszeit). Die steinigen und wurzeligen Pfade sind bei Nässe rutschig.
Einkehr: Le Moulin du Bayehon (kurzer Abstecher, lemoulindubayehon.be).
Hinweis: Hunde dürfen mitgenommen werden, aber bitte anleinen.

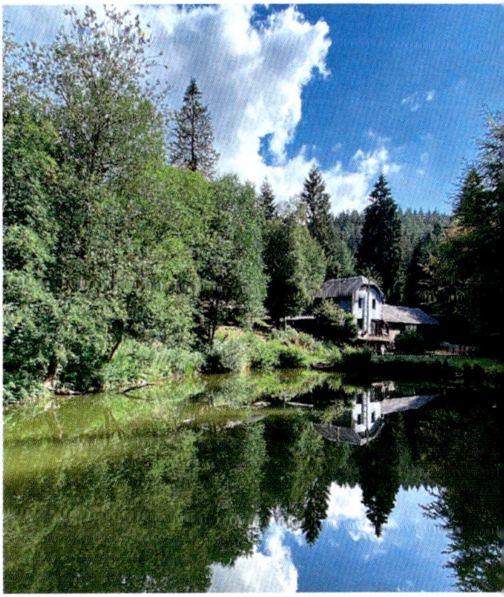

Fischteich an der Bayehon-Mühle.

Vor der **Straßenbrücke** des **Bayehon-Baches** ❶, 477 m, begleitet uns die Markierung »ExtraTrail« + rotes Quadrat vorerst bis zur Straße Xhoffraix–Longfaye. Wir wandern in nördlicher Richtung auf festem Weg, immer am Bach entlang durch das schöne Tal und Wald aufwärts und überqueren dreimal den Bach **Bayehon** über kleine Brücken. Nach dem dritten Brückchen wird der feste Weg zu einem steinigen, breiten Pfad, wir biegen nach etwa 120 m rechts auf einen Holzsteg über einen kleinen Bach ab. Wir folgen dem Ww. »ExtraTrail« und steigen auf steinigem Pfad hinauf zu einer **Sitzbank**. An dieser machen wir einen kurzen Abstecher (25 m) rechts steil hinab (Achtung: bei Nässe rutschig) zum **Bayehon-Wasserfall** ❷, 530 m,

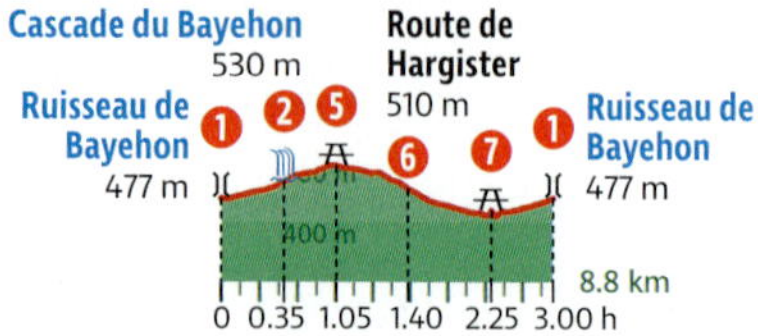

der sich 9 m tief in ein großes Becken ergießt. Zurück an der Sitzbank wandern wir rechts aufwärts zu einem Querweg an einer Kurve, zweigen rechts ab und kommen kurz darauf (50 m) zu einer **Schutzhütte** ❸, 547 m, am Bach.

Hinter dieser steigen wir über einen steinigen und mit Baumwurzeln übersäten schmalen Pfad hinauf, entgegen der Fließrichtung des Baches. Farn, Wacholder und Waldbeeren säumen unseren Pfad, wir kommen über Holzstege zu einem Picknickplatz an einem Weg, den wir überqueren. Es geht weiter über einen teilweise morastigen Pfad (je nach Jahreszeit), vorerst noch am Bach entlang, vorbei am Schild »Vieux Chene« an einer uralten Eiche, bis wir an dem **Schild »Xhoffraix–Longfaye«** ❹, 564 m, links hinauf (ExtraTrail) ins Tirifaye Venn einbiegen. Weiterhin geht es über einen teilweise morastigen Pfad bzw. Weg durch eine schöne Landschaft. An einem Abzweig vorbei, passieren wir geradeaus eine eingezäunte Wiese und gehen durch den Wald zu einer **Sitzbank** an einer **Wegekreuzung** ❺, 585 m, am höchsten Punkt unserer Wanderung.

Hier wandern wir am Schild »Longfaye« (ExtraTrail) geradeaus auf einem festen Weg, bis wir diesen nach etwa 320 m wieder verlassen. Wir zweigen am Schild »Xhoffraix« rechts ab auf einen Gras- und teilweise morastigen

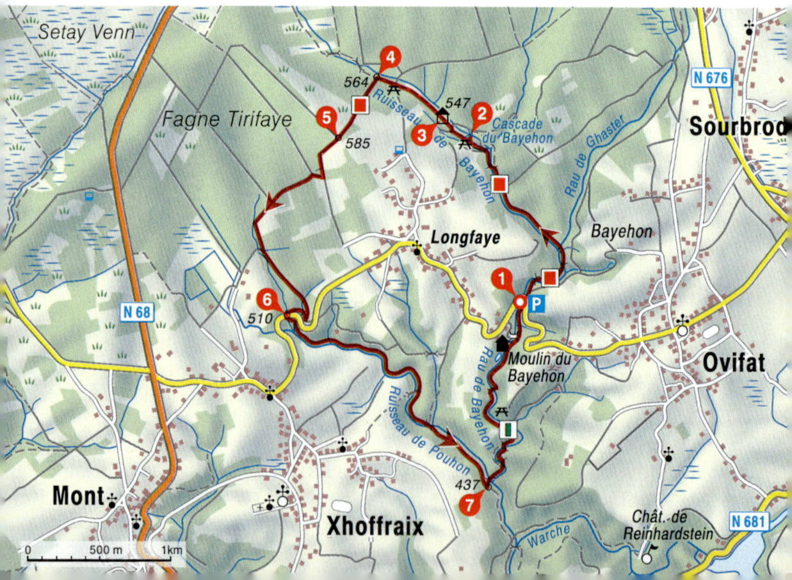

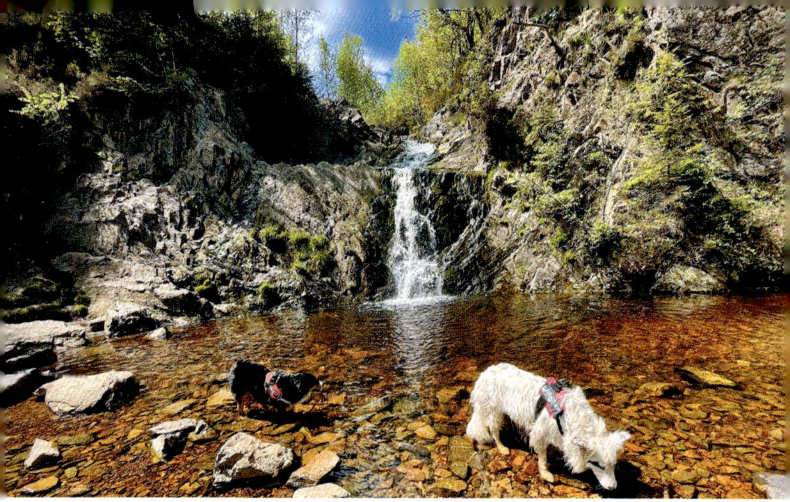

Am idyllischen Wasserfall Cascade du Bayehon.

Weg, passieren einen kleinen moosbewachsenen Bach und kommen zu einem festen Querweg bei einem überdachten Picknickplatz. Hier verlassen wir vorerst das ExtraTrail-Logo. Wir halten uns links abwärts (Schild: Vallées du Pouhon) entgegen der Markierung blaues Rechteck durch Nadelwald und biegen an einer Verzweigung rechts hinunter auf breitem Pfad zu einer **Straße** 6, 510 m (Route de Hargister, Xhoffraix–Longfaye). Diese überqueren wir nach rechts und biegen spitzwinklig auf einen befestigten hinunterführenden Weg ab (Schild: Vallées du Pouhon et de la Warche). Dem Schild, entgegen der Markierung blaues Rechteck, folgen wir durch ein sehr schönes Tal mit Nadelwald, am Bach Pouhon entlang (das Logo ExtraTrail gesellt sich nach etwa 700 m hinzu). Wir passieren moosbewachsene Steilhänge und ignorieren alle Abzweige, bis der Weg den Bach nach etwa 1,7 km an einer Verzweigung durchquert. Vor dieser überqueren wir nach rechts über ein Brückchen den Bach. Weiterhin auf dem Weg am rauschenden Bach **Pouhon** mit moosbewachsenen Felsen entlang gelangen wir zu einer **Sitzbank** 7, 437 m.

Hinter dieser verlassen wir den Weg, biegen spitzwinklig links hinunter und überqueren den Bach über eine kleine Brücke beim Zusammenfluss der Bäche Pouhon und Bayehon. Auf Pfad geht es stetig aufwärts entgegen der Fließrichtung des Bayehon, den wir mehrmals über Brückchen überqueren (ExtraTrail). Durch das landschaftlich schöne, enge Tal geht es an einem Picknickplatz vorbei, und wir blicken bald auf die **Bayehon-Mühle** (Le Moulin du Bayehon, Einkehrmöglichkeit). Am Eingang an dieser vorbei folgen wir geradeaus dem Schild »Cascade du Bayehon« aufwärts und erreichen in wenigen Minuten den **Parkplatz** an der **Straßenbrücke** 1.

↗ 300 m | ↘ 300 m | 11.0 km

17 Trôs Marets – Fraineu Venn – Les Chôdirers 4.10 h

Durch eine der naturbelassensten Regionen im Hohen Venn

Auf dieser wilden, landschaftlich einmaligen Tour am Fuße des Hohen Venns wandern wir zum spektakulären torf- und eisenhaltigen Wildbach Trôs Marets. Bachaufwärts steigt der felsige Pfad steil an und es öffnen sich Blicke auf das Tal. Über Holzstege geht es durch das Fraineu Venn und Venngebiet Les Chôdirers. Zurück am Bach »Trôs Marets« gelangen wir bachabwärts wieder zum Hotel-Restaurant Ferme Libert.

Ausgangspunkt: B-4960 Malmedy-Bevercé, 350 m, Parkplatz beim Hotel-Restaurant Ferme Libert, 468 m, oberhalb von Bevercé (GPS: N50.446332 E6.033184).

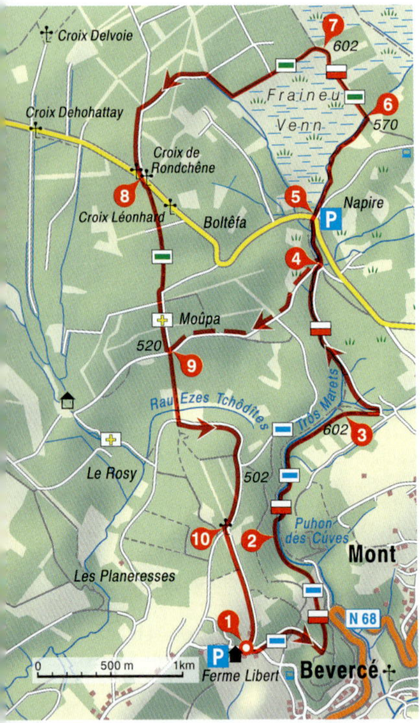

Anfahrt: Mit Pkw: Ab Aachen A44 (E40) Richtung Lüttich, weiter auf der A3 bis Abfahrt Eupen, N67 durch Eupen, N68 übers Hohe Venn Richtung Malmedy. In Bevercé an der kleinen Kapelle rechts und kurz darauf an der Verzweigung erneut rechts der Beschilderung »Ferme Libert« folgen.

Anforderungen: Anspruchsvolle Wanderung, am Bach Trôs Marets ist auf dem vorwiegend feuchten und glitschigen felsigen Pfad (Drahtseile) Vorsicht geboten. Durch das Fraineu Venn und Les Chôdirers geht es über Holzstege, die bei Nässe rutschig sind.

Einkehr: Unterwegs keine; Hotel-Restaurant Ferme Libert am Ausgangspunkt (fermelibert.be).

Variante: Mögliche Tourverkürzung: Bei der dritten Brücke, 530 m, nach links den Bach Trôs Marets überqueren und auf dem befestigten Weg (Ww. ExtraTrail + schwarzes Quadrat) etwa 1,2 km immer geradeaus über eine Kreuzung hinweg und an Abzweigen vorbei zur Wegekreuzung mit dem Schild »Moupa«. Hier links in die Hauptroute einbiegen (Ww. ExtraTrail + schwarzes Quadrat) und weiter entsprechend der Beschreibung; Tourlänge 8,0 km, 3.30 Std., 160 Hm.

Hinweis: Da die Rodung des Fichtenwaldes voranschreitet, kann sich das Landschaftsbild z. T. verändern.

Von der Infotafel »Take Away«, 468 m, am Sträßchen beim **Hotel-Restaurant Ferme Libert** 1, erblicken wir gegenüber am Wald das Schild »Trôs Marets«. An diesem geht es rechts vorbei auf Forstweg durch Fichtenwald, der GR-Markierung (weiß-rote Balken + blaues Rechteck) folgend. Vorbei an Abzweigen kommen wir abwärts über einen steinigen Weg zu einer Kreuzung, an der wir links abzweigen. Der Weg verschmälert sich zu einem Pfad, wir wandern durch Birken- und Fichtenwald mit schönem Blick auf das Tal des Trôs Marets und den gerodeten Fichtenwald abwärts.

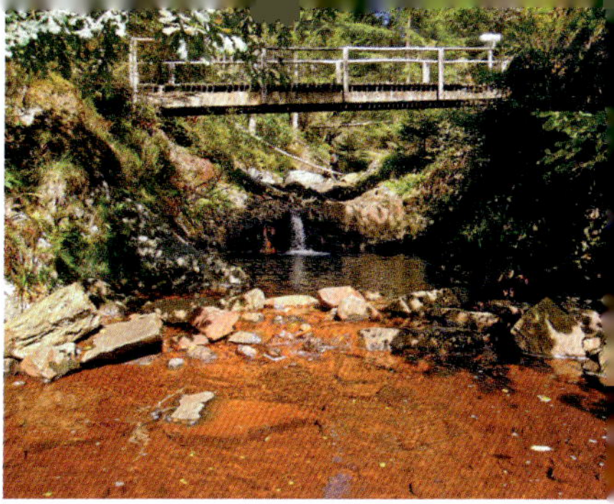

Brücke über den torfbraun schimmernden Vennbach Trôs Marets.

Über einen schmalen, wurzeligen Pfad durch eine steile Hanglage in dichtem Fichtenwald kommen wir zur **Holzbrücke** 2, 424 m, am torfbraun gefärbten Bach **Trôs Marets**. Hinter diesem, am Schild »Vallée du Trôs Marets« nach links, entgegen dem schäumenden Bachlauf (weiß-rote Balken + blaues Rechteck), geht es durch das wilde Tal, für einige Zeit an moosbewachsenen Felsen entlang über einen glitschigen, felsig-wurzeligen Pfad, der an schwierigen Passagen durch Drahtseile gesichert ist. Bald steigt der Pfad deutlich an – mit exponierten Blicken auf das Tal, wie man sie sonst nur in den Bergen kennt. Wir passieren einen Abzweig (rote Markierung) und verlassen beim Schild »Malmedy« vorerst das blaue Rechteck. Noch etwa 200 m weiter aufwärts, am Ende einer eingezäunten Wiese, blicken wir links im Wald auf ein **Brückchen** 3 über einen kleinen **Bach**. Über dieses folgen wir dem Pfad (Markierung weiß-roter Balken) zu einem festen Weg, auf dem wir geradeaus weiterwandern (weiterhin mit weiß-rotem Balken). An Abzweigen vorbei gelangen wir aufwärts zu einem Picknickplatz, dahinter biegen wir nach links vom Weg ab und gehen kurz über Pfad zu einem festen Querweg an einer Kurve bei der **Brücke** 4, 530 m, über den Bach **Trôs Marets** (siehe Variante). Über den Weg hinweg wandern wir auf teilweise morastigem und wurzeligem Pfad entgegen dem Bachlauf (weiß-rote Balken + blaue Raute) und kommen zu einer Straße und einem **Parkplatz** 5, 542 m. Dahinter, vor einem Schlagbaum, geht es nach links weiterhin entgegen der Fließrichtung des Trôs Marets über wurzelig-morastigen Pfad und Stege (weiß rote Balken); am anderen Ufer des Baches befindet sich das Fraineu Venn.

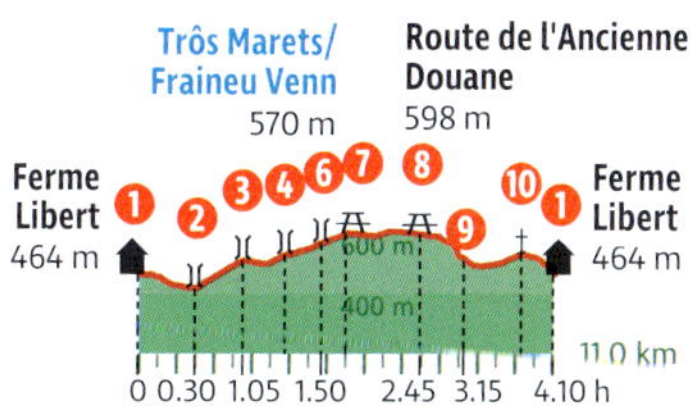

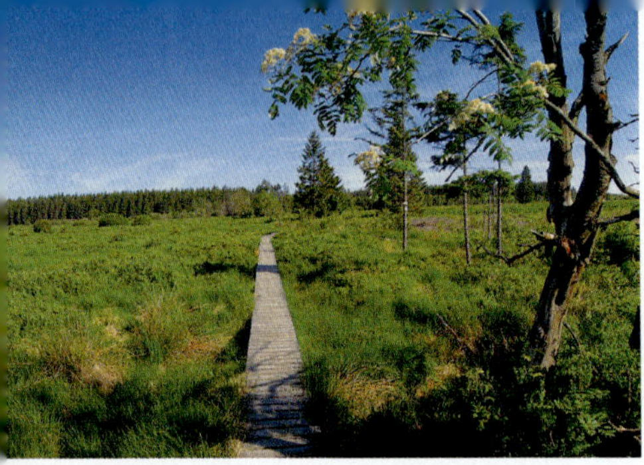

Holzsteg im Fraineu Venn.

Wir überqueren eine **Holzbrücke** ❻, 570 m, die uns über den Trôs Marets ins **Fraineu Venn** bringt, und durchstreifen Farn zu einem Querpfad. Dort zweigen wir links ab und gehen über Holzstege (weiß-rote Balken + grünes Rechteck) an einem kleinen Moortümpel entlang. Wir kommen am Wald zu einer Sitzbank und **Infotafel** ❼, 602 m. Kurz darauf (50 m), am Ende des Holzsteges vor dem Fichtenwald, verlassen wir den Ww. weiß-rote Balken und folgen dem Ww. grünes Rechteck nach links auf einen breiten, morastigen Grasweg. Auf diesem wandern wir etwa 600 m am Wald und dem Fraineu Venn entlang. Am zweiten Abzweig biegen wir in eine Waldschneise und verlassen das Moorgebiet. Es geht etwa 250 m auf einem Grasweg aufwärts zu einem festen Querweg.
Hier verlassen wir vorerst den Ww. grünes Rechteck und folgen ohne Markierung dem festen Weg nach links aufwärts zu einem weiteren festen Querweg (Venn-Radweg). Dort gehen wir links abwärts und kommen durch den Wald Croix de Rondchênes zu einer Straße und einer **Infotafel** ❽, 598 m, mit Sitzbank, wo auf der anderen Straßenseite zwei Kruzifixe stehen. Wir überqueren die Staße und folgen dem Ww. gelbe + blaue Raute + grünes Rechteck über teilweise morastigen Pfad/Weg durch eine Waldschneise, über einen festen Querweg hinweg und an Abzweigen vorbei, immer geradeaus. So kommen wir zu einem festen Querweg in einer Kurve. Auf diesem gehen wir kurz (40 m) nach rechts und geradeaus auf dem Grasweg hinunter durch den Wald »Moûpa«, durch eine Waldschneise und uns weiterhin an dem Wegweiser orientierend. Wir kommen zu einem festen Weg an einer **Kreuzung** ❾, 520 m (Schild: Moûpa) mit der Infotafel »Les Tchôdîres« und wandern geradeaus auf dem Pfad (Schild: Chêne Frédericq + ExtraTrail schwarz) an der alten **Frédericq-Eiche** vorbei.
Auf Holzsteg geht es durch das Moorgebiet **Les Chôdiers** und über den Bach **Rau Ezes Tchôdîtes** zu einem Querpfad. Dort folgen wir links dem Ww. blaue Raute + ExtraTrail schwarz über morastigen/wurzeligen Pfad um den Waldberg Les Planeresses herum und kommen hinter einem abgeholzten Fichtenwald zu einem Schotterweg. An jungem Fichtenwald ignorieren wir einen Abzweig (linke Seite) und wandern weiterhin geradeaus hinauf (blaues Rechteck) zu einem **Kruzifix** ❿ an einer Verzweigung. Dort biegen wir links ab, wandern an Wald und Wiesen entlang, passieren ein Wildgehege und gelangen auf einem Teerweg steil hinunter zum **Hotel Ferme Libert** ❶ zurück, wo das Restaurant zu einer Einkehr einlädt.

↗ 150 m | ↘ 150 m | 5.7 km

2.15 h

Rund um die Burg Reinhardstein

18

Durch wilde Landschaften

Diese kleine Rundtour verläuft durch naturbelassene Landschaft, die hinter jeder Wegbiegung mit neuen Eindrücken überrascht. Kurz nach dem Ausgangspunkt eröffnet sich ein erster grandioser Blick auf die Burg Reinhardstein, auch bekannt als Burg Metternich. Die originale Burganlage wurde 1354 erbaut, gehörte bis 1550 dem Grafen von Nassau und ging durch Heirat in den Besitz der Metternich über. Nach Zerstörungen ab dem 19. Jahrhundert wurde sie ab 1969 nach historischem Vorbild wiedererrichtet und kann besichtigt werden. Die Nez Napoléon (Napoleons Nase) ist ein steiler Felsvorsprung über dem Warchetal. Zurück geht es schließlich über die imposante Staumauer am Lac de Robertville.

Ausgangspunkt: B-4950 Ovifat, 540 m; Parkplatz, 502 m, an der Staumauer am Lac de Robertville (GPS: N50.451972 E6.107671).
Anfahrt: Mit Pkw: Wie Tour 17, weiter von Baraque Michel nach Mont Rigi. Dann auf die N 676 in Richtung Robertsville, in Sourbordt vor der Tankstelle am Straßenschild »Ovifat« rechts ab. In Ovifat bei der Kirche am Kreisel geradeaus in Richtung Barrage, an einer Querstraße (Schild: Barrage/Malmedy) nach rechts zur Staumauer am Lac de Robertville. Über diese auf der einspurigen Fahrbahn hinweg (Ampelregelung), direkt dahinter rechts ist der Parkplatz beim Chalet du Barrage.
Anforderungen: Kurze Wanderung, steile An- und Abstiege auf steinigen und wurzligen Pfaden, bei Nässe glitschig.
Einkehr: Unterwegs keine; Burg Reinhardstein nur Getränke (Sa/So); Chalet du Barrage am Ausgangspunkt.
Hinweis: Besichtigung der Burg Reinhardstein nur Sa und So um 11.15 Uhr und 14.30 Uhr mit Führung. Es wird um vorherige Anmeldung gebeten, Infos unter reinhardstein.net.

Blick von der Staumauer am Lac de Robertville.

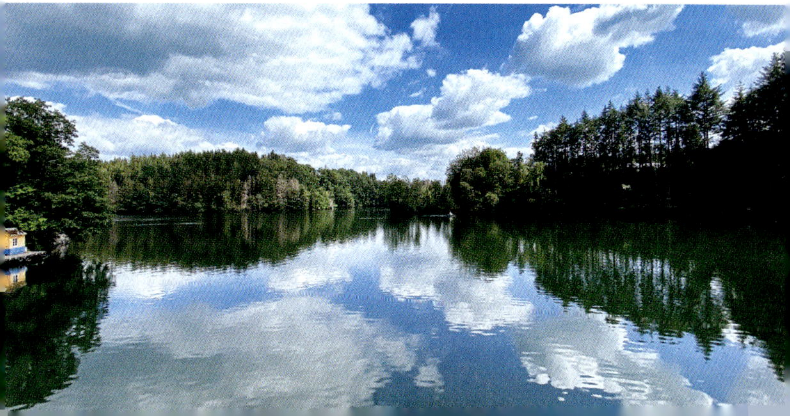

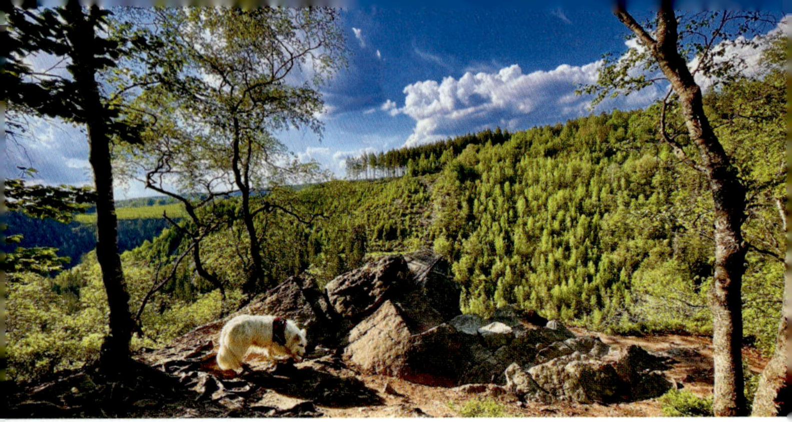

Panorama vom Felsen Nez Napoléon über das Warchetal.

Vom Parkplatz an der **Staumauer** 1, 502 m, der Talsperre **Lac de Robertville** wandern wir am Chalet du Barrage vorbei und folgen dem Ww. grünes + blaues Rechteck. Ein Pfad führt uns durch eine steile Hanglage und Fichtenwald, an einer **Lichtung** 2, 506 m, blicken wir auf die Burg Reinhardstein, die wie ein Adlerhorst über dem Warchetal thront. Bald darauf kommen wir an einem Abzweig geradeaus (grünes + blaues Rechteck) hinauf und hinab zu einem kleinen Bach (im Sommer evtl. ausgetrocknet), den wir überqueren. Wir steigen bald hinauf und biegen vor einer eingezäunten Wiese an einer Gabelung rechts hinab durch eine Lichtung mit Blick auf die Burg wieder in den Wald (grünes + blaues Rechteck).

Ein weiterer kurzer, steiler Anstieg bringt uns zu den Felsen **Nez Napoléon** 3 (Napoleons Nase), 510 m, von wo wir einen grandiosen Blick über das Warchetal genießen. Wir steigen weiter bergan, der Pfad verschmälert sich und Waldbeerenbüsche säumen unseren Weg. Bei einem Aussichtspunkt am Schild »Vallée de la Warche + Bayehon« wandern wir geradeaus abwärts (grünes + blaues Rechteck) durch einen **Steilhang** 4 mit fantasti-

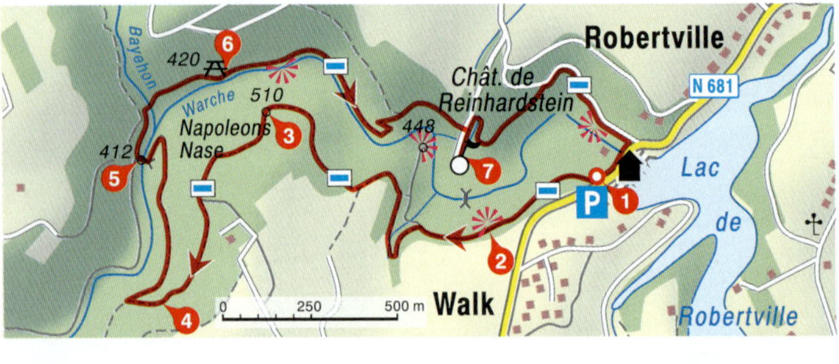

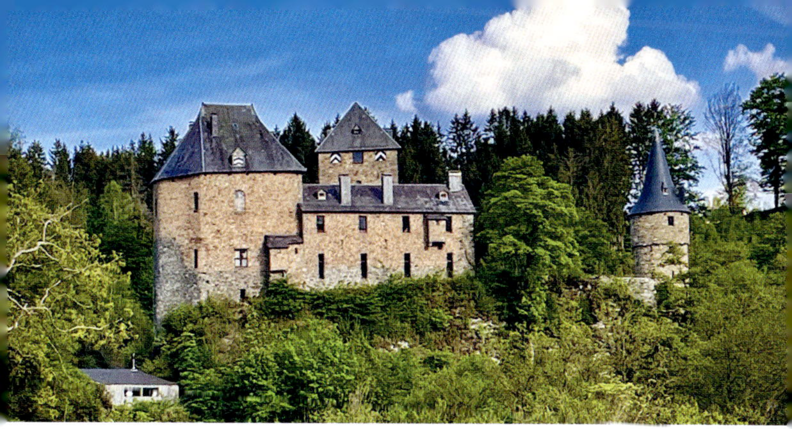

Rekonstruktion einer mittelalterlichen Burg: Château de Reinhardstein.

schem Blick hinunter ins Warchetal und biegen an einer Verzweigung am Schild »Warche/Bayehon/Reinhardstein« (blaues Rechteck) rechts hinab. Auf einem Pfad geht es wiederum an Waldbeerenbüschen entlang, an einer Gabelung halten wir uns links abwärts zur Warche, die wir über eine **Fußgängerbrücke** ❺, 412 m, zu einem festen Weg hin überqueren. Auf diesem nach rechts wandern wir kurz durch das schöne Tal.
An einem Picknickplatz vorbei überqueren wir hinter einer Infotafel und einem Gedenkstein über eine Fußgängerbrücke den Bach Bayehon, der hier in die Warche mündet. Es geht auf breitem Pfad/Weg (blaues Rechteck, begleitet uns bis zur Staumauer) flussaufwärts an der wilden Warche zu einem **Picknickplatz** ❻, 420 m. Weiter aufwärts kommen wir zu einer Gabelung. Hier zweigen wir links hinauf, vorbei an einem Abzweig, und steigen geradeaus bergan (grünes + blaues Rechteck). In Serpentinen steigen wir über Wurzeln von abgeholzten Nadelbäumen auf Pfad steil hinauf zu einem Querpfad. Auf diesem nach rechts kommen wir durch eine steile Hanglage zu einem Holzgeländer mit Blick auf die Burg. Kurz darauf gehen wir abwärts zum Zufahrtsweg zur Burg und zu einem Fußgängerbrückchen. Bevor wir dieses überqueren, machen wir einen Abstecher (60 m) zur **Burg Reinhardstein** ❼, 474 m (siehe Hinweis).
Wieder zurück, geht es über das Brückchen des Baches Rau du Cheneux, auf schmalem Pfad über Baumwurzeln steil hinauf und dann hinab zu einem Querpfad, in den wir links einbiegen. Dem Pfad, der bald in einen Weg übergeht, folgen wir geradeaus an Abzweigen vorbei aufwärts zur **Staumauer**. Über diese kommen wir auf dem Fußweg zurück zum **Parkplatz** ❶.

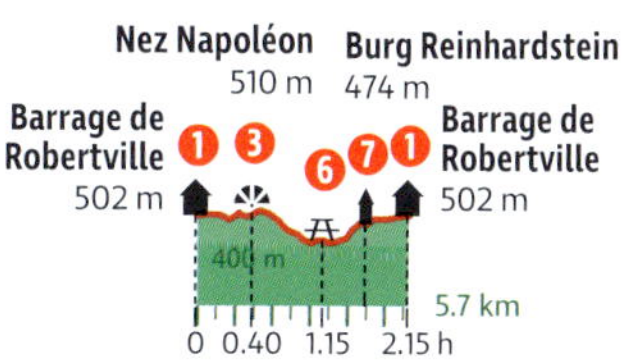

↗ 300 m | ↘ 300 m | 9.7 km

19 Kakushöhle – Urfey – Eiserfey

3.15 h

Auf dem Römerkanal-Wanderweg von Urfey nach Eiserfey

Gleich bei der ersten Sehenswürdigkeit, der Kakushöhle in Dreimühlen, beginnt diese Wanderung mit vielen kulturhistorischen Attraktionen und schönen Ausblicken. Mit der Aquäduktbrücke Vollem und der Brunnenstube passieren wir zwei Bestandteile des Römerkanals, und vom Eulenberg genießen wir eine herrliche Aussicht auf den Ort Vollem. Auf dem Römerkanal-Wanderweg geht es weiter nach Eiserfey zum römischen Sammelbecken und wieder zur Kakushöhle, die schon den Neandertalern ein Dach über dem Kopf bot und heute zu den größten zugänglichen Höhlen der Eifel zählt.

Ausgangspunkt: 53894 Mechernich-Dreimühlen, 392 m, Parkplatz Kakushöhle, 397 m, an der B 477 (GPS: N50.544467 E6.659726).
Anfahrt: Mit Pkw: A1 bis Abfahrt Mechernich/Bad Münstereifel. Hier Richtung Mechernich, dann links auf die B 477 nach Breitenbenden und über Vussem sowie Eiserfey nach Dreimühlen. Mit ÖPNV: Bus 830 von Mechernich nach Dreimühlen.
Anforderungen: Einfache Rundtour mit kurzen Auf- und Abstiegen.
Einkehr: Gasthof Zur Römerstube und Gaststätte Feytal in Eiserfey; Café zur Kakushöhle am Ausgangspunkt.

Vom **Parkplatz** an der **Kakushöhle** ❶ steigen wir am Kiosk »Kakushöhle« über Stufen hinauf (Logo Eifelverein/Ahr-Urft-Weg, das uns bis Urfey begleitet) bis an eine Hochspannungsleitung. Hier geht es nach rechts und gleich wieder links durch Wiesen und Felder, über eine Kreuzung hinweg zu einem Kruzifix und weiter zur **Kirche** von **Weyer** ❷, 448 m. An dieser

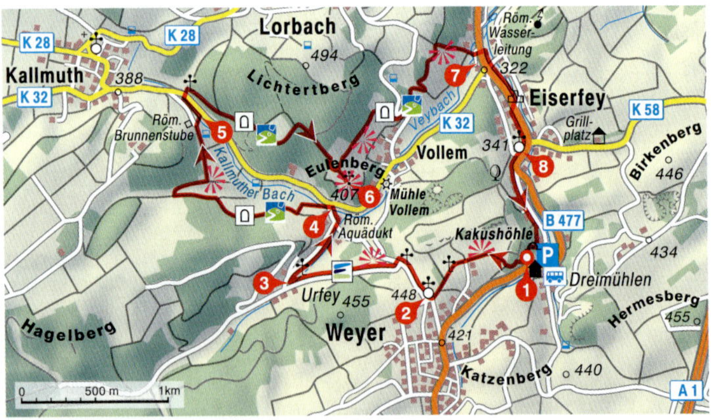

führt uns ein Sträßchen vorbei, dahinter biegen wir an der Kreuzung rechts hinunter, weiterhin auf einem Sträßchen. Am nächsten Abzweig folgen wir einem Teerweg nach links am Wald entlang, an einem Kreuz mit der Inschrift »Urfey« vorbei, abwärts zum Ort **Urfey**. Hinter dem Gestüt »Schnorrenberg« und Haus Nr. 23 biegen wir nach rechts zum kleinen Dorfplatz und **Wartehäuschen** 3 der Bushaltestelle in die Urfeyer Straße. Nun folgen wir dem Logo »Römerkanal-Wanderweg« (begleitet uns bis Eiserfey) + »Eifelspuren/Wasser für Köln« auf der wenig befahrenen Straße etwa 550 m bis zu einer Verzweigung. Dort nach links mit Blick auf den Eulenberg mit dem Gipfelkreuz und hinter dem großen Haus Nr. 26 nach rechts zur **Aquäduktbrücke Vollem** 4. Unter einem Schutzdach auf Säulen befindet sich die womöglich einzige erhaltene Römerbrücke nördlich der Alpen, sie wurde 1975 entdeckt.

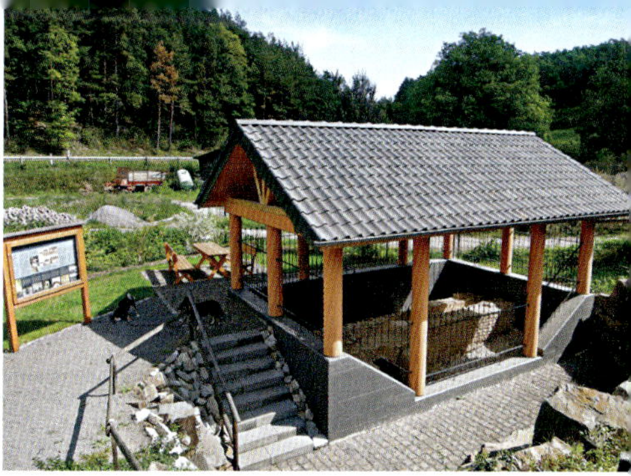

Ein Dach schützt die Aquäduktbrücke Vollem.

Wieder zurück zur Straße, geht es (25 m) nach rechts, dann biegen wir hinter einem Haus links auf einen Grasweg. Diesem folgen wir 250 m zum Ende steil hinauf zu einem Querweg. Hier nach rechts, erreichen wir nach etwa 600 m am Wald entlang einen weiteren Querweg, in den wir wieder links einbiegen. Über den Teerweg nach rechts auf dem Römerkanal-Wanderweg kommen wir später an ein Haus. Vor diesem erreichen wir nach rechts über Stufen hinunter die antike **Brunnenstube Klausbrunnen** 5. Wir folgen dem Kanalwanderweg bis zur Kreisstraße und dieser etwa 200 m nach links. Dann biegen wir spitzwinklig nach rechts ab und steigen hinauf, an einem Kreuz vorbei. Durch den Wald des Lichtertberges kommen wir nach etwa 900 m zu einem Querweg (Sitzbank), auf dem wir rechts hinunter bald in Flur auf dem »Römerkanal-Wanderweg + Eifelspuren« wandern. Hier besteht die Möglichkeit für einen Abstecher (130 m; wenn das Gras nicht zu hoch ist) zum Gipfelkreuz auf dem **Eulenberg** 6, 407 m, mit herrlicher Rundsicht.

Wieder zurück am Weg, geht es weiter abwärts mit schöner Aussicht auf den Ort Vollem und wir stoßen an einer Weggabelung auf einen Teerweg. Auf diesem weiter abwärts, zu einer Verzweigung (Steinkreuz) und nach links hinauf

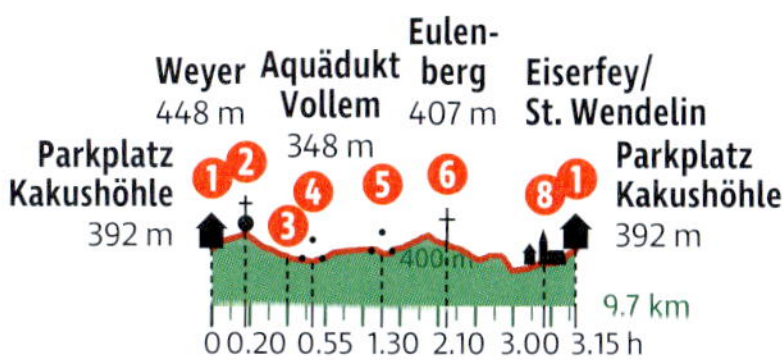

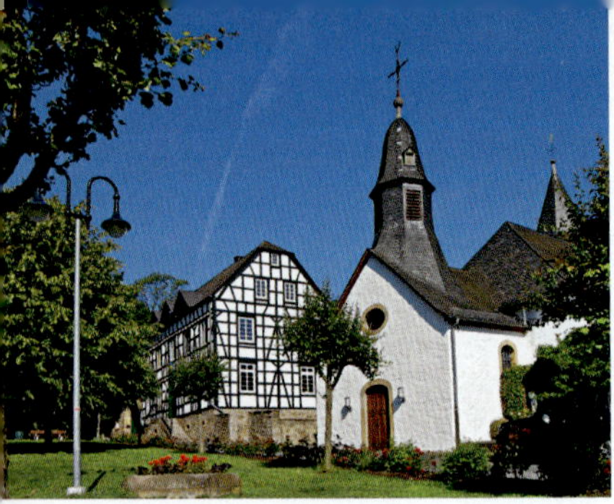

Kirche Sankt Wendelin und die ehemalige Bürgermeisterei in Eiserfey.

auf Weg. Auf dem Weg gewinnen wir in ein paar Kehren schnell an Höhe und blicken auf Eiserfey, unser nächstes Ziel. Hinter einer Linkskurve (Sitzbank) verlassen wir das Logo »Eifelspuren/Wasser für Köln«, es geht vor dem Wald nach rechts auf Pfad steil bergab (mit Seilhandlauf gesichert) nach **Eiserfey**.

Im Ort überqueren wir die B477 (Hauserbachstraße), gehen auf dem Bürgersteig an ihr entlang, verlassen den Römerkanal-Wanderweg an der Straße »Im Wiesental« und kommen zum **römischen Sammelbecken 7** an der B477. Weiter auf dem Bürgersteig neben der Bundesstraße, vorbei am **Gasthof Zur Römerstube**, blicken wir bald auf den Hausberg von Eiserfey (Bucheskitz) und kommen an der schönen Falkensteinsmühle vorbei, die im Sommer mit vielen Blumen geschmückt ist. Kurz dahinter, am Kriegerdenkmal, queren wir erneut die B477 zum Feuerwehrhaus und biegen dahinter nach rechts zum Friedhof ab. Über diesen halten wir uns links hinauf zur Straße »Alter Weg«, an der wir wieder links einbiegen (Logo Eifelspuren/Wasser für Köln begleitet uns bis zur Kakushöhle). Wir passieren die »Ley Werkstatt/Ausstellung für Kunst und Einrichtung« von Peter Ratz sowie das schöne Fachwerkhaus der ehemaligen »Bürgermeisterei 1794–1848« und gelangen zur Kirche **St. Wendelin 8**, 341 m.

Metallkunst von Peter Ratz in Eiserfey.

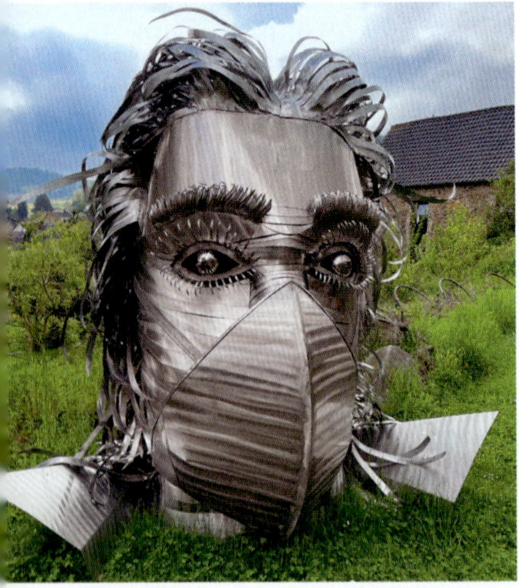

Weiter zur B477, hier nach rechts und gleich danach erneut rechts in die Straße »Zur Kakushöhle«. Vor dem Haus Nr. 19 steigen wir nach rechts über Pfad und Stufen hinauf, an Felsen entlang, durch den Wald zur **Kakushöhle**. Dort gehen wir an den Felsen geradeaus in gebückter Haltung durch ein kleines Felsentor zum Eingang der Höhle und weiter in 2 Minuten zum Kiosk und **Parkplatz 1** zurück.

↗ 350 m | ↘ 350 m | 13.4 km

4.15 h

Zur Kakushöhle 20

Rund um das obere Veybachtal mit vielen grandiosen Ausblicken

Diese herrliche Rundtour durch schönste Hügellandschaft – besonders malerisch während der Löwenzahnblüte von Ende April bis Mitte Mai – bietet uns viele Ausblicke. Wir durchqueren die Kakushöhle, kommen zum schön gelegenen Ort Vollem und gelangen zum Eulenberg mit seinem grandiosen Panorama. Vom Lichtertberg genießen wir dann eine ebenso beeindruckende Aussicht wie vom Eifel-Blick Galgennück.

Ausgangspunkt: 53894 Mechernich-Vussem, 295 m, Parkplatz am römischen Aquädukt und Sportplatz, 302 m, beschildert (GPS: N50.564685 E6.668446).
Anfahrt: Mit Pkw: Die Eifelautobahn A1 bis zur Abfahrt Mechernich/Bad Münstereifel. Hier in Richtung Mechernich, dann links ab Richtung Breitenbenden und Vussem.
Mit ÖPNV: Bus 830 von Mechernich nach Vussem, Haltestelle Schule.
Anforderungen: Etwas Ausdauer.
Einkehr: Zur Römerstube und Gaststätte Feytal in Eiserfey; Café zur Kakushöhle; Gastronomie in Vollem, Lorbach, Bergheim und Vussem.

Hügellandschaft unterhalb des Birkenbergs.

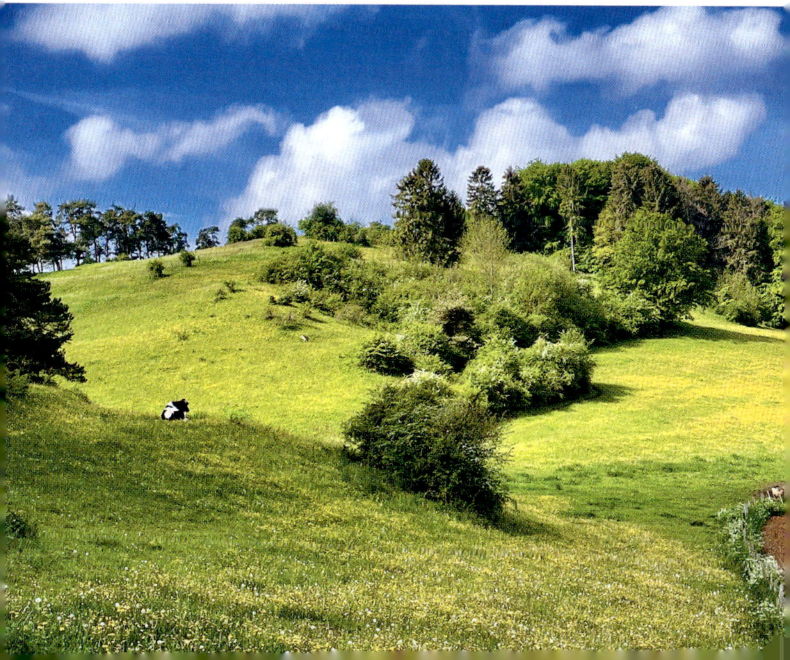

Vom **Parkplatz am Aquädukt** ❶ in **Vussem** aus folgen wir dem Logo »Eifelspuren/Wasser für Köln« vor dem Sportplatz rechts vorbei, dann kurz steil bergan auf einem Pfad und am Friedhof vorbei zum Friedhofsparkplatz. Dort bringt uns der asphaltierte Weg geradeaus aufwärts in den Wald. Nach knapp 300 m, in Wiesenlandschaft, geht der Teerweg in einen befestigten Weg über. Am nächsten Querweg zweigen wir rechts ab und steigen stetig an, auf das Waldgebiet Kiebusch und Sendemast zu. Vor dem Kiebusch stoßen wir auf einen Querweg und biegen nach links zu einer Sitzbank ab. Hinter dem Kiebusch verlassen wir »Eifelspuren/Wasser für Köln« und folgen einem Schotterweg geradeaus durch die Felder, passieren ein alleinstehendes Haus und gelangen zur **Kreisstraße 58** ❷. Auf dieser gehen wir kurz (50 m) nach rechts abwärts und nehmen dann nach links einen Teerweg aufwärts. Unterhalb am **Birkenberg** vorbei, blicken wir bald auf zwei **Aussiedlerhöfe**.

Vor den Höfen verlassen wir den Teerweg, gehen nach rechts durch eingezäunte Wiesen über den befestigten Weg und erreichen eine Gabelung. An dieser geradeaus (Logo Eifelschleifen/Kakushöhle/Kartsteinhöhle) und weiter an einer Kreuzung nach rechts abwärts (Eifelschleifen), über das Sträßchen »Im Schlund« oberhalb von Bauernhöfen vorbei zum »Pescher

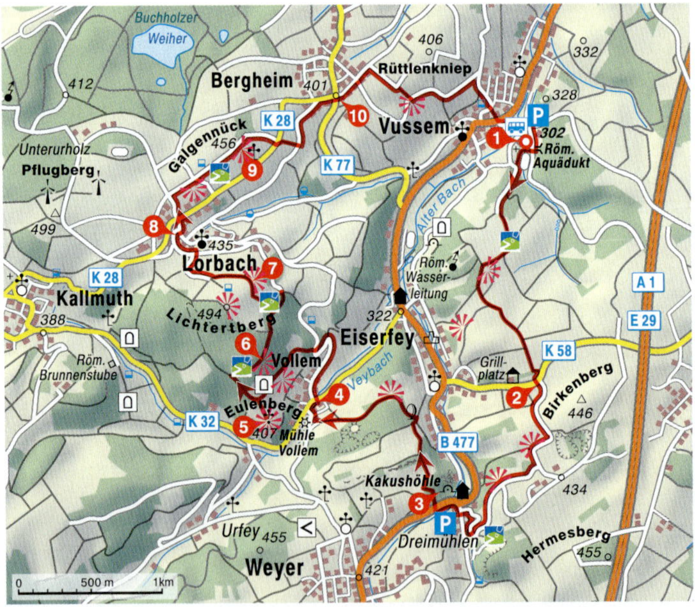

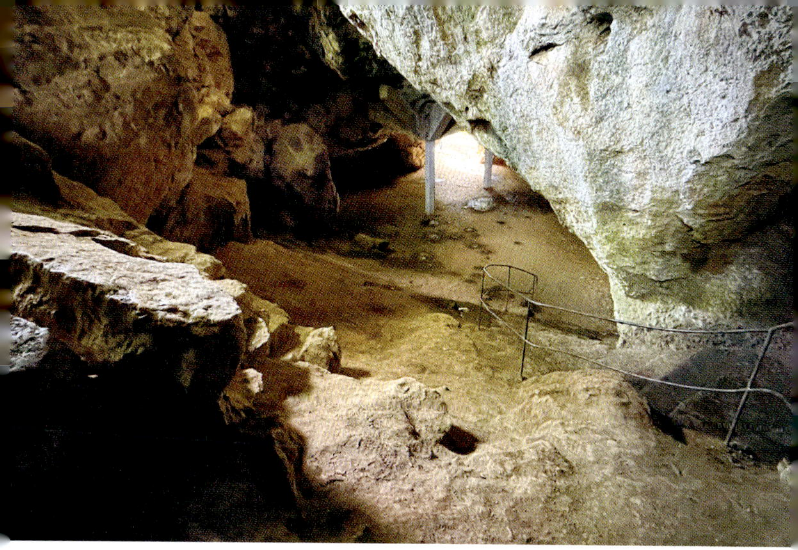

In der imposanten Kakushöhle.

Weg« in **Dreimühlen**. Dort kurz rechts zur B 477, auf ihr links aufwärts zum sichtbaren Gasthaus »Kakushöhle«. An diesem steigen wir abwärts zum Eingang der **Kakushöhle** ❸, die wir durchqueren. Über Stufen steigen wir hinauf und in gebückter Haltung unter den Felsen durch eine enge Spalte ins Freie. Nach links über Stufen ab- und aufwärts und durch einen Felsenbogen verlassen wir die Höhle; nun an einer Sitzbank ca. 15 m geradeaus auf Pfad abwärts (Logo Eifelschleifen/Rund um die Kakushöhle), dann nach links, 30 m durch Gebüsch zu einem Weg und Feldern.
Hier folgen wir dem Weg nach rechts und unterqueren eine Hochspannungsleitung. Am nächsten Abzweig geradeaus an einer eingezäunten Wiese vorbei verlassen wir das Logo »Rund um die Kakushöhle« und erreichen einen Teerweg an einer Kreuzung, den wir aber wieder verlassen. Wir biegen links auf einen Weg ab (ohne Markierung), wandern aufwärts am Waldrand vorbei und sehen bald darauf auf den Weinberg oberhalb von Eiserfey. Kurz darauf wird der Blick frei auf den Ort Vollem mit den

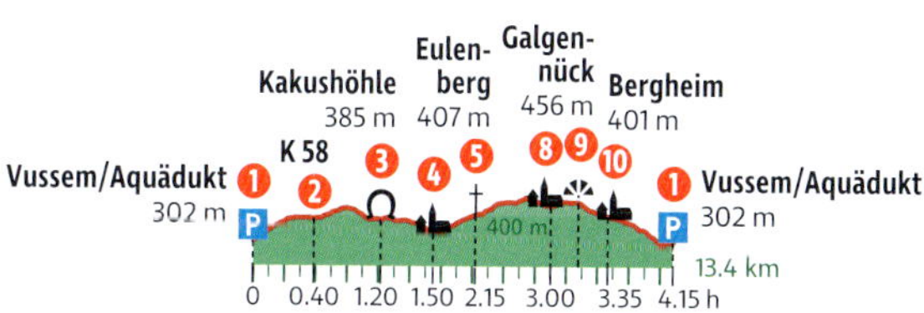

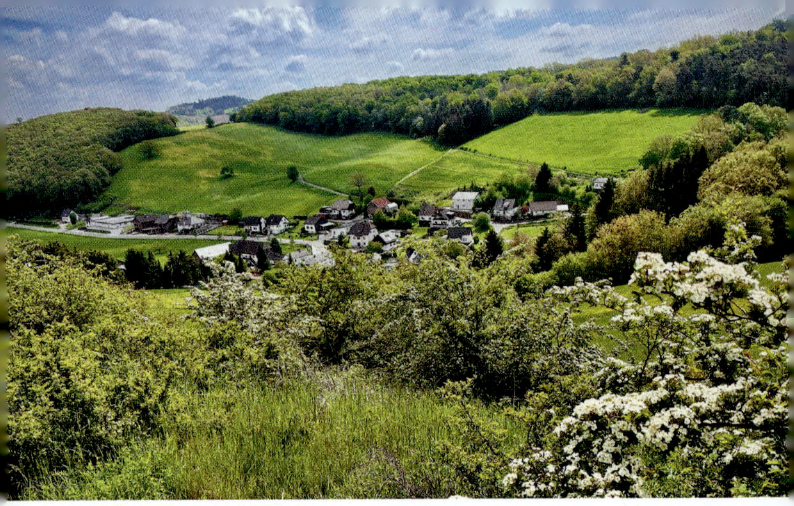

Auf dem Weg zum Eulenberg mit Blick auf Vollem.

Windrädern und dem Gipfelkreuz auf dem Eulenberg. Hinter Haus Nr. 10 kommen wir zu einem Teerweg, zweigen spitzwinklig rechts ab und passieren die **Mühle Vollem** (erbaut 1733) oberhalb. Wir überqueren den Veybach, kommen zur K32 in **Vollem** ❹, 334 m, biegen hier nach rechts und erreichen nach 80 m den Grünackerweg. Diesem folgen wir aufwärts und stoßen nach 400 m auf ein Steinkreuz mit Sitzbank an einer Gabelung. Hier folgen wir nach links dem Logo »Römerkanal-Wanderweg + Eifelspuren/Wasser für Köln« stetig aufwärts zu einer weiteren Gabelung. Hier halten wir auf dem Weg geradeaus mit Blick auf das Gipfelkreuz auf den Eulenberg zu. Bald darauf genießen wir eine herrliche Aussicht auf Vollem und das Veybachtal. Kurz vor dem Wald können wir einen Abstecher auf den **Eulenberg** ❺, 407 m, machen (130 m; wenn das Gras nicht zu hoch ist), mit herrlicher Rundsicht.

Zurück am Weg, weiter in den Wald, folgen wir dem Weg noch etwa 350 m bis zum zweiten Abzweig auf der rechten Seite (wo uns ein grüner Pfeil am Baum nach rechts weist). Dort verlassen wir den »Römerkanal-Wanderweg + Eifelspuren«, biegen spitzwinklig auf einen schmalen Pfad (Eifelspuren/So weit das Auge reicht + Schild Bergheim 4,1 km; begleiten uns bis nach Bergheim) und folgen diesem ca. 200 m aufwärts zu einer **Sitzbank** ❻, 455 m, am Waldrand. Von dort genießen wir den herrlichen Ausblick bis zum Michelsberg. Nach weiteren 300 m durch Kiefern- und Fichtenwald geht der Pfad in einen Weg über. An einem Abzweig folgen wir weiterhin geradeaus dem Weg durch den Wald und kommen zu einem Teerweg. Dort steigen wir nach links steil hinauf auf einem Grasweg (Sitzbank) durch den Wald und eingezäunte Wiesen zu einer **Sitzbank** ❼, 483 m, am

Lichtertberg, die uns zum Verweilen einlädt. Bei klarem Wetter genießen wir einen traumhaften Weitblick auf die Köln-Bonner Bucht und das Siebengebirge.

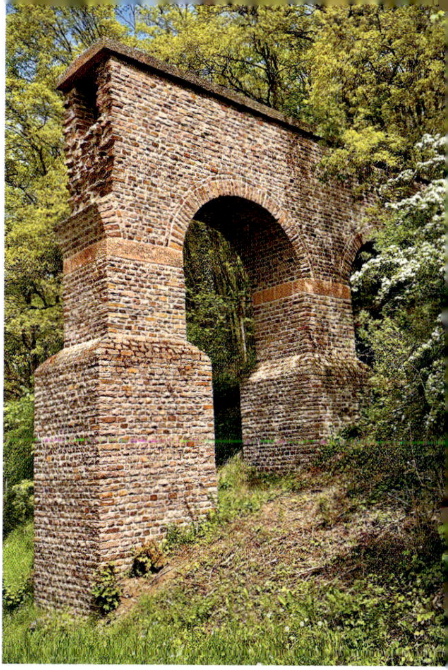

Überrest des Aquädukts in Vussem.

Weiter dem Weg folgend blicken wir auf Lorbach, unser nächstes Ziel. Der Weg geht in einen Teerweg über, an einem Querweg rechts abwärts und an einem weiteren Querweg nach links (Masholderweg) laufen wir in **Lorbach** ein. Im Ort weiter geradeaus auf der Kallmuther Straße passieren wir das **Restaurant Zum müden Wolf** ❽ und steigen nach links hinauf auf der Michael-Schumacher-Straße zur K28, die wir überqueren. Wir folgen dem Urholzer Weg hinauf zu einer Wegekreuzung hinter dem Antonius Hof (das Logo »Eifelspuren/So weit das Auge reicht). Hier nehmen wir den Weg nach rechts, gehen über eine weitere Kreuzung hinweg und erreichen oberhalb hinter einem weiteren Bauernhof den **Eifel-Blick Galgennück** ❾, 456 m. Eine Infotafel erläutert das Panorama. Weiter abwärts kommen wir zur K28, queren diese und wandern 100 m über einen Wiesenweg abwärts zu einem Teerweg (Lorbacher Weg). Hier biegen wir links nach **Bergheim** ❿, 401 m, ab. Im Ort verlassen wir das das Logo »Eifelspuren«, gehen nach rechts über die Eifelstraße (K28) und queren nach 120 m einen Kreisel. Dann nehmen wir die Breitenbendener Straße und verlassen über eine weitere Kreuzung bald Bergheim. Hinter dem Ortsschild biegen wir nach rechts, vorbei an einem Pferdehof, auf einem asphaltierten Weg in offene Landschaft, verlassen nach 200 m den Teerweg geradeaus abwärts über einen Grasweg (100 m) und erreichen einen weiteren Teerweg. Auf diesem nach links abwärts mit schönem Blick auf Vussem erreichen wir nach 600 m ein Kruzifix mit Sitzbank.

In spitzem Winkel zweigen wir hier nach rechts abwärts in den Höhenweg zum Ort **Vussem**, kurz darauf nach links in die Nordstraße bis Haus Nr. 16/14 und über Fußweg (Stufen) hinunter zur Trierer Straße (B477). Diese zur Bushaltestelle querend, spazieren wir anschließend auf dem Holzheimer Weg (Eifelspuren/Wasser für Köln) über die Brücke des Veybaches und erreichen über die Titusstraße den **Parkplatz am Aquädukt** ❶.

↗ 350 m | ↘ 350 m | 11.4 km

21 Kloster Steinfeld und Stolzenburg

3.30 h

Auf den Spuren des heiligen Hermann-Josef

Die Tour führt zum Salvatorianer-Kloster Steinfeld aus dem 11. Jh., dessen Basilika sich mit ihren drei Türmen imposant bei Kall erhebt. Wallfahrer zieht es im Kloster zum Grab des heiligen Hermann-Josef, der hier im 12. Jh. als Prämonstratenser-Chorherr wirkte. Wesentlich jünger ist dagegen die benachbarte Benediktinerinnenabtei Maria Heimsuchung, wo die Nonnen erst seit Mitte des 20. Jh. dem Herrn dienen. Vorbei an Burg Dalbenden, einer im 12. Jh. gegründeten und im 16./18. Jh. erweiterten Burganlage, erklimmen wir die Bergkuppe, wo einst die ursprüngliche Stolzenburg stand und heute nur noch Mauerreste die einstige Größe der Anlage bezeugen. Am Fuße der Burg führte einst die römische Eifelwasserleitung und führt heute der Römerkanal-Wanderweg nach Köln.

Kloster Steinfeld mit der renovierten sogenannten Eifelbasilika.

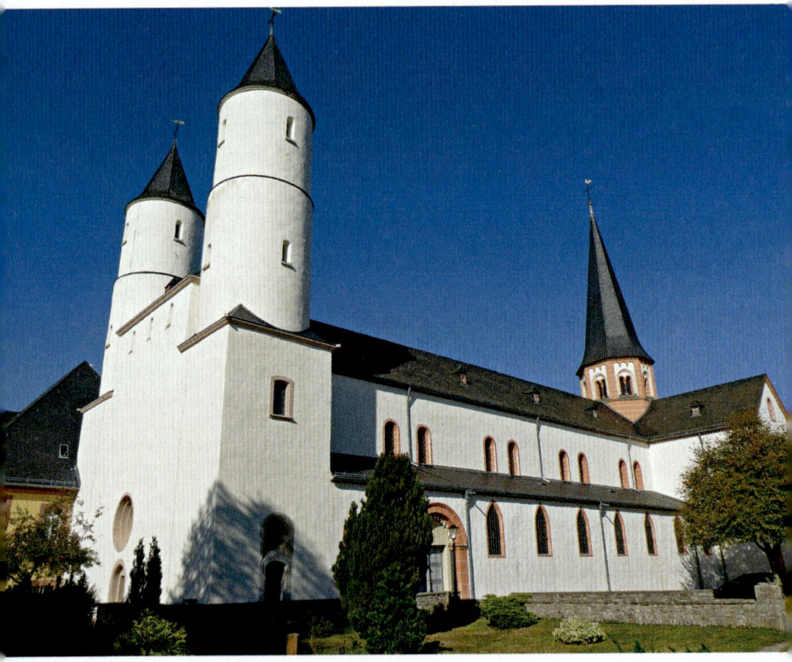

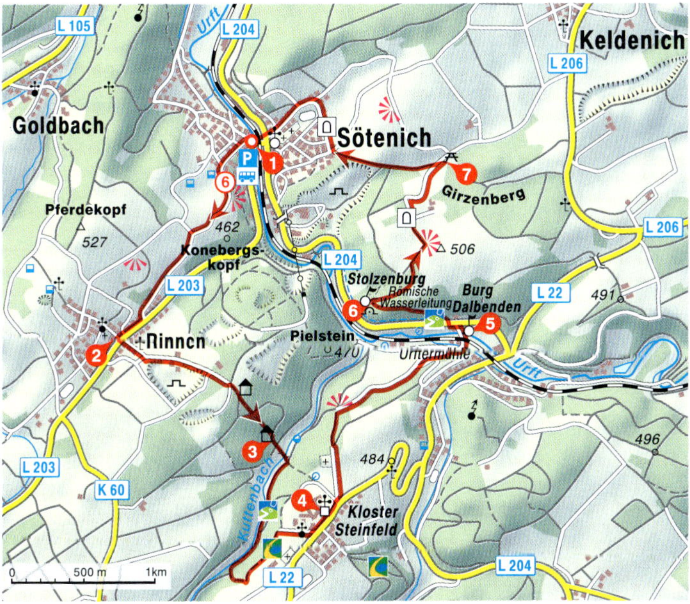

Ausgangspunkt: 53925 Kall-Sötenich, 385 m, Parkplatz an der Urft, Rinnerstraße 400 (GPS: N50.524640 E6.556325).
Anfahrt: Mit Pkw: A1, Abfahrt Nettersheim, dann über die B477 bis zum Kreisel und weiter über die L206 nach Kall, hier am ersten Kreisel weiter nach Sötenich und nach der Urftbrücke links zum Parkplatz.
Mit ÖPNV: Bus 885 vom Bahnhof Kall nach Sötenich, Haltestelle Post.
Anforderungen: Leichte Rundtour, aber mit steilem Aufstieg zur Stolzenburg.
Einkehr: Klostercafé Steinfeld; Gastronomie in Sötenich.

Von **Parkplatz** ❶ an der Urft in **Sötenich** (Rinnerstraße) spazieren wir kurz nach rechts und dann aufwärts in die Steinstraße. Weiter geht es nach links »Auf dem Kickberg«, dann nach rechts »Auf der Höll« bergan und schließlich nach links »In den Stöcken«. Bald kommen wir aus dem Wohngebiet in freie Flur auf Teer- und befestigtem Weg (hier Sicht auf das Zementwerk Lafarge). Vorbei am Konebergskopf, 462 m, geht es an einer Verzweigung nach links auf einem Teerweg durch Flurwiesen. Auf der Straße »Im Siefen« kommen wir in **Rinnen** ❷ zur L203. An dieser auf dem Bürgersteig nach rechts aufwärts, passieren wir das Bürgerhaus, überqueren die L203 (Am Trauch) und gehen die Holzgasse (Ww. Steinfeld 1,9 km) aufwärts, nun bergan auf Weg und Pfad, an einem weißen Kreuz vorbei zu einem Teer/

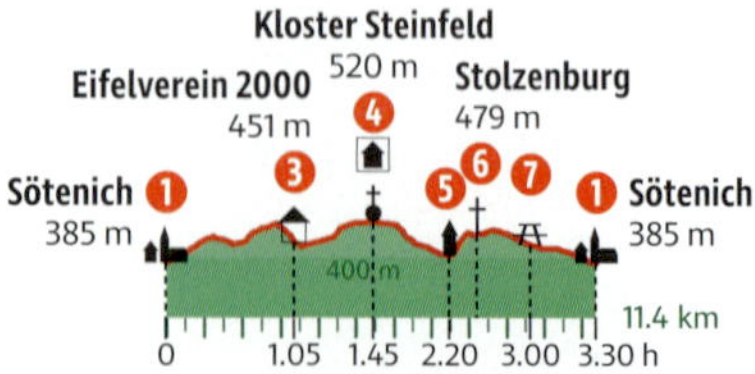

Schotterweg; hier nach links an der Kalksteingrube vorbei und geradeaus auf einen Waldweg. Dort folgen wir der Hochspannungsleitung, Wegabzweigungen ignorierend, mit Blick auf das Kloster Steinfeld und steigen dort auf einem Pfad steil abwärts zur **Schutzhütte »Eifelverein 2000 Sötenich«** ❸, 451 m.

Ein Pfad (Ww. Steinfeld 0,6 km) leitet uns durch Flur zum **Kuttenbach**. Nachdem wir diesen über die Fußgängerbrücke gequert haben, folgen wir dem Weg nach rechts (Logo Eifelschleifen/Von Bären und Bärlauch) 850 m durchs Kuttenbachtal sanft aufwärts durch schönen Buchenwald und biegen am Abzweig bei der Infotafel »Grenzüberschreitende Naturerlebnisse« links ab. Dem Weg mit dem Eifelsteig-Logo hinauf folgend, nach 150 m über Pfad erneut links (Eifelsteig + Eifelverein/Felsenweg + Eifelspuren/Heideheimat) vorbei an prächtigen Buchen, gelangen wir zur Klostermauer. Vor ihr halten wir uns rechts über Grasweg, kommen auf einen Pflasterweg zur Benediktinerinnenabtei mit ihrer Kirche. Weiter geht's nach links zur »Eifelbasilika« von **Kloster Steinfeld** ❹, 520 m, das einen Besuch lohnt.

Antike römische Eifelwasserleitung.

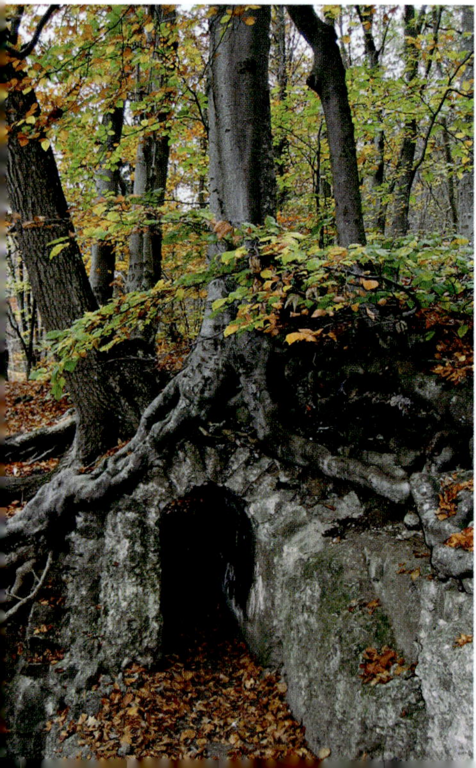

Vom Kloster wandern wir abwärts vorbei an der Klostermauer auf dem Gehsteig an der Landstraße 22, biegen hinter der Mauer nach links auf Teerweg zum Friedhof (Parkplatz 2); dahinter steil abwärts durch Buchenwald. Dann nach rechts auf Teerweg am Waldrand vorbei (Blick auf die Felsen der Stolzenburg). An der nächsten Gabelung zweigen wir nach links hinunter und wieder

rechts ab in Richtung Dalbenden. Hinter der Urftermühle (Infotafel) überqueren wir nach links die Bahngleise der Strecke Köln – Trier sowie die Urft und kommen zur **Burg Dalbenden** ❺. Von hier gehen wir kurz links neben der L204 und überqueren sie.
Anschließend steigen wir auf dem Pfad (Logo Römerkanal-Wanderweg + Eifelschleifen/Zur Zeit der Römer + Ww. Kuttenbachtal zur Stolzenburg 700 m) an und erreichen kurz darauf die **Römische Wasserleitung**. Hier ist ein kurzer Abstecher (20 m) am Ww. »Aufschluss Dalbenden« zur Infotafel 6 möglich. Weiter geht es auf Pfad steil hinauf zum Schild »Sötenich 3,0 km« und zur **Stolzenburg** ❻, wo ein Kreuz steht.
Wieder zurück am Schild geht es nach links über Pfad hinauf, der Markierung Römerkanal-Wanderweg (begleitet uns bis Sötenich) folgend durch Wald, nachher in freier Flur rechts auf einem Weg (Blick auf Keldenich) westlich am Girzenberg vorbei, mit Blick auf einen Aussiedlerhof. Wir kommen nun wieder auf einen Teerweg, der uns hinabführt. Unten im Tal sehen wir rechts am Weg einen Jägerzaun und eine **Sitzbank** ❼, 452 m. Dort wenden wir uns nach links, folgen einem festen Weg durch das Tal zu einer Verzweigung und gehen rechts hinauf. Auf Weg/Pfad passieren wir einen Steinbruch (linke Seite) und gelangen abwärts nach **Sötenich**. Dort folgen wir der Straße »Zum Wachtberg«, gehen hinter dem Sportplatz links hinab, verlassen den Römerkanal-Wanderweg und kommen auf der Straße »An der Hardt« abwärts zur Kirche. Die L204, die Bahngleise und die Urft überquerend erreichen wir wieder unseren Ausgangspunkt, den **Parkplatz** ❶ an der Urft.

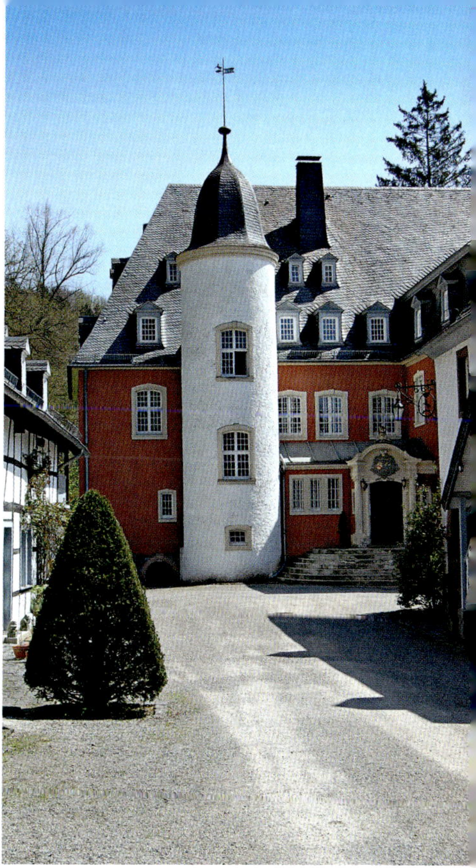

Die Ursprünge der schön restaurierten Burg Dalbenden reichen bis ins 12. Jh. zurück.

↗ 300 m | ↘ 300 m | 10.9 km

22 Rund um das Radioteleskop Effelsberg

3.20 h

Wir lauschen den fremden Tönen aus dem Weltall

Diese interessante Wanderung führt uns rund um das Radioteleskop Effelsberg. Die Anlage des Max-Planck-Instituts wurde zwischen 1968 und 1971 errichtet, 1972 in Betrieb genommen und ist mit 100 Metern Durchmesser noch heute eines der größten vollbeweglichen Teleskope weltweit.

Ausgangspunkt: 53902 Bad-Münstereifel-Effelsberg, 420 m, Parkplatz Radioteleskop am östlichen Ortsende (GPS: N50.518241 E6.875411).
Anfahrt: Mit Pkw: Die Eifelautobahn A1 bis zur Abfahrt Mechernich/Bad Münstereifel und weiter zur B51 durch den Kreisel. Von Bad Münstereifel in Richtung Euskirchen, im nächsten Kreisel links zur Stadtmitte, dort wieder links nach Effelsberg.
Anforderungen: Leichte Rundtour.
Einkehr: Unterwegs keine; Imbiss am Parkplatz Radioteleskop.
Hinweis: Infovideo-Vorführung am Besucherpavillon Radioteleskop, April–Okt. Di–Sa jeweils um 10, 11, 13, 14, 15 und 16 Uhr, mpifr-bonn.mpg.de/effelsberg.

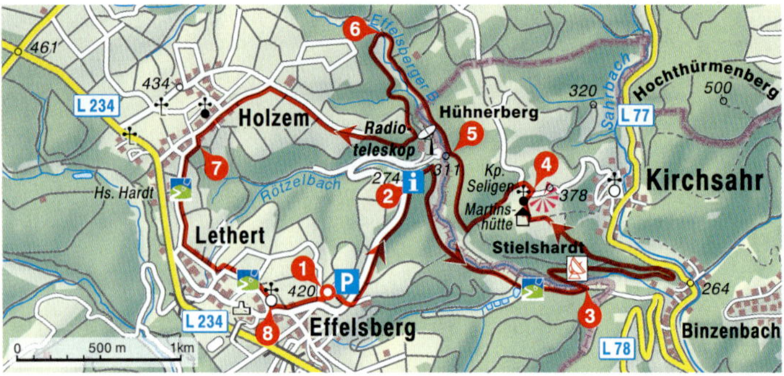

Vom **Parkplatz Radioteleskop** ❶ bei Effelsberg wandern wir an einem Imbiss vorbei, links die Straße abwärts (Logo Eifelschleifen/Effelsberg) zum **Besucherpavillon** ❷ und zu Infotafeln mit eindrucksvollem Blick auf das Radioteleskop. Dort gehen wir über einen gepflasterten Platz und folgen einem Pflasterweg in Serpentinen hinab zur Aussichtsplattform (Sitzbänke), hier haben wir das Teleskop in voller Größe vor Augen. Weiter unterhalb der Aussichtsplattform rechts über Pfad (Milchstraßenweg + Eifelschleifen/Effelsberg) durch den Wald abwärts zu einem Querweg im Effelsberger Bachtal; auf diesem gelangen wir nach rechts zur Infotafel »Max-Planck-Weg« an einem Abzweig. Weiterhin geradeaus durch das Tal (Logo Sahrbacher Höhenweg + Effelsberg), durchwandern wir eine

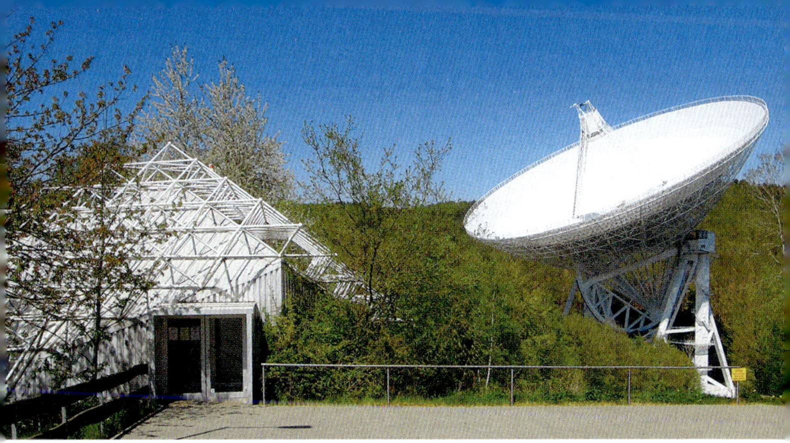

Der Besucherpavillon und das imposante Radioteleskop Effelsberg.

Wiese und kommen zu einem Querweg. Dort links etwa 400 m abwärts verlassen wir den »Sahrbacher Höhenweg + Eifelschleifen/Effelsberg« beim nächsten **Abzweig** ❸, 274 m, mit Wegweiser »Effelsberg 2,6 km« (25 m links vom Weg steht ein schwarzbrauner Holzschuppen).
Hier wenden wir uns nach links (Ww. Kapelle Seligen), überqueren den Effelsberger Bach und erreichen stetig bergan im Wald nach etwa 450 m eine Gabelung (Sitzbank). Hier halten wir uns rechts, folgen dem roten Radioteleskop-Logo geradeaus 600 m auf Pfad durch die Hanglage des Stielshardt. Der Pfad ist bestückt mit Infotafeln »Milchstraßenweg am Radioobservatorium Effelsberg«. Bei einem Querpfad, der vom Ort herführt, zweigen wir nach links ab, auf dem schönen Martinssteig geht es stetig bergan auf den Bergkamm zum Stielshardt zu einem Aussichtspunkt, 308 m, mit alter Sitzbank. Vorerst noch auf dem Kamm steil hinauf durch Wald, kommen wir nach 500 m zu einer Wiese. Hier steigen wir geradeaus bergan, blicken am Ende der Wiese auf die Kapelle Seligen und erreichen in wenigen Minuten links die nette **Martinshütte**, 385 m. Von hier haben wir eine schöne Aussicht auf den Hochthürmenberg und den Ort Houverath. Weiter zur etwa 200 m entfernten **Kapelle Seligen** ❹, 378 m, mit Blick nach links auf die Kirche von Lethert.

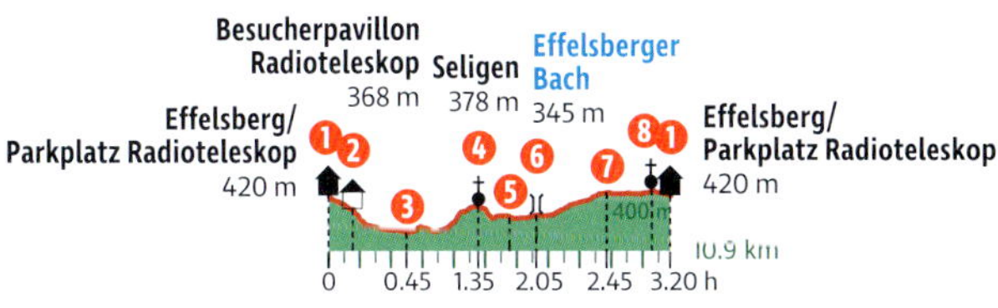

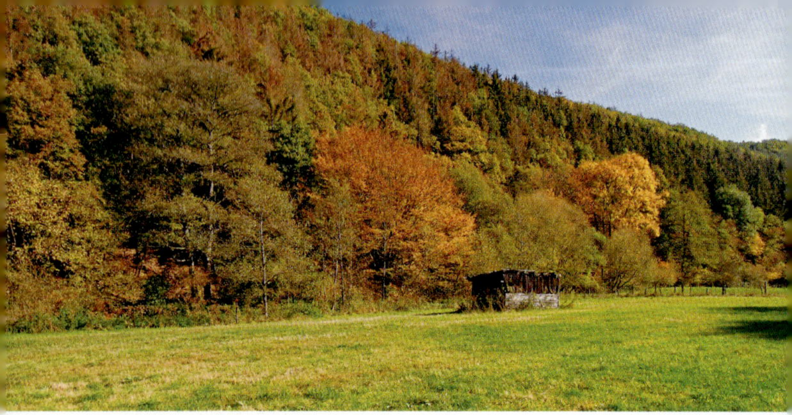

Herbst im Effelsberger Bachtal.

Bevor wir wieder in den Wald eintauchen, folgen wir nach links etwa 100 m dem Teerweg. Der Ww. »Radioteleskop 0,8 km« (MTB 10 + schwarzer Pfeil) bringt uns erneut links steil abwärts zu einem Querweg nach etwa 350 m. Hier rechts (MTB 9 + 10), und vor dem riesigen Radioteleskop an einem Abzweig, lassen wir die Markierung (Radioteleskop + schwarzer Pfeil) links unbeachtet und folgen dem Weg MTB 9 + 10 (Sahrbacher Höhenweg + blaues Radioteleskop-Logo) geradeaus zur **Infotafel »Galaxienweg«** ❺ unterhalb des Hühnerbergs. Im weiteren Verlauf bleiben wir im Effelsberger Bachtal, verlassen den »Sahrbacher Höhenweg/Radioteleskop« (zweigt rechts hinauf) und wandern noch etwa 150 m weiter bis zum nächsten Abzweig auf der linken Seite. Hier queren wir nochmals den **Effelsberger Bach** ❻, 345 m, vor dem Fichtenwald. Später geht es an Wiesen entlang, dann stetig hinauf durch den Wald und in einer Linkskurve überqueren wir einen kleinen Bach, weiterhin dem Weg folgend.
An einer Kreuzung steigen wir direkt geradeaus an, an einer Verzweigung erreichen wir geradeaus, vorbei an der mit Maschendrahtzaun abgesicherten Anlage des Radioteleskops, durch den Wald einen Teerweg. Über Felder, an einem Pferdehof vorbei und kurz danach an einer Kreuzung (hier Kruzifix), halten wir uns nach links in Richtung **Holzem**. Über eine weitere Kreuzung geht es in den Ort, wo wir geradeaus durch die Holzemer Straße zum **ehemaligen Café Waldhof** ❼ und kurz dahinter (bei Haus Nr. 61a) nach links über den Teerweg (Logo: Eifelschleifen/Zum Radioteleskop) parallel zur Landstraße Richtung Lethert wandern. Vor dem Ort nehmen wir links die Straße »Am Hang« (Zone-30-Schild) und halten später links in die Straße »Am Heiden Weyher« auf die **Kirche** von **Lethert** ❽ zu. Hinter dem Gotteshaus links ab nach Effelsberg. Hier erneut links, folgen wir dem Ww. »Radioteleskop« in die Max-Planck-Straße, die uns in wenigen Minuten zum **Parkplatz Radioteleskop** ❶ zurückbringt.

↗ 300 m | ↘ 300 m | 11.9 km

3.15 h

Michelsberg, 588 m **23**

Zwei Kapellen laden zur inneren Einkehr ein

»Decke Tönnes« (dicker Antonius) wird die Statue des heiligen Antonius von Ägypten genannt. Vermutlich im 15. Jahrhundert im Kloster Steinfeld gefertigt, steht sie in der Kapelle am Weg. Die stets große Zahl der Opferkerzen in der offenen Kapelle weist darauf hin, dass die Bedeutung des Heiligen auch heute noch bei vielen Christen fest verankert ist. Die heutige Kapelle auf dem Michelsberg entstand ebenfalls im 15. Jahrhundert. Leider sind die Bäume so hoch, dass von der Kapelle selbst ein Rundumblick nicht möglich ist. Beim Abstieg kann man halb links über einen Treppensteig zum Plateau Eifel-Blick gelangen, das für die oben vermisste Aussicht entschädigt.

Ausgangspunkt: 53902 Bad Münstereifel-Eicherscheid, 305 m, Parkplatz Bodenbachtal, 340 m (GPS: N50.529114 E6.784252).
Anfahrt: Mit Pkw: A1 bis Abfahrt Mechernich/ Bad Münstereifel. Über Bad Münstereifel zur B51 und diese nach Eicherscheid, Richtung Nürburgring. Parkplatz ca. 500 m von Eicherscheid Richtung Schönau, Abfahrt nach links (Schild: Bodenbachtal).
Anforderungen: Unschwierige Rundtour.
Einkehr: Keine Möglichkeit.

Die Wallfahrtskapelle St. Michael auf dem Michelsberg.

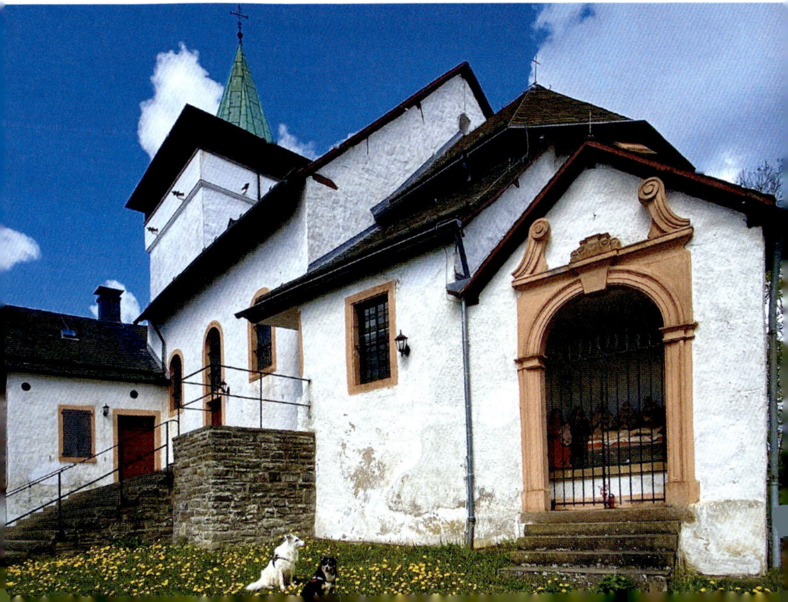

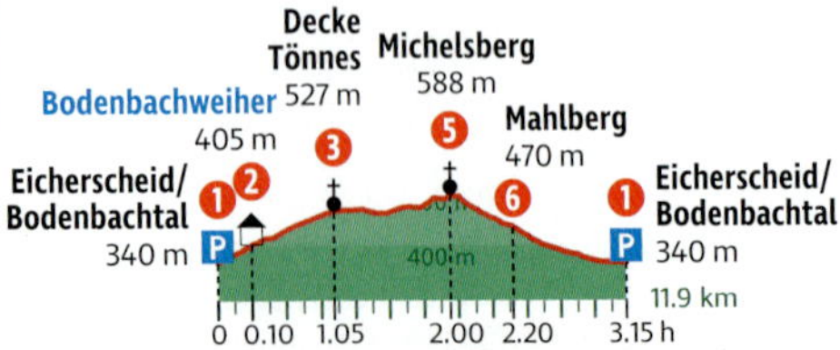

Vom **Wanderparkplatz Bodenbachtal** 1 bei der Teichanlage Eicherscheid wandern wir den Teerweg hinauf (Logo Eifelschleifen/Um den Langen Kopf), an einem Haus vorbei, zur Schutzhütte am **Bodenbachweiher** 2. Wir folgen dem Weg geradeaus (Logo Eifelschleifen/Decke Tönnes), auf der rechten Seite fließt uns der Bodenbach entgegen. Schließlich führt der Weg über den Bach und dahinter sofort nach links ca. 200 m über einen Reiterweg (Eifelschleifen). Wir stoßen auf einen befestigten Weg, auf dem wir nach rechts in wenigen Minuten zur **Kapelle Decke Tönnes** 3, 527 m, mit Schutzhütte wandern. Wir folgen der Wegweisung »Paul-Möhrer-Weg« 100 m, bis ein Schild (Eifelverein/Wasserfallweg) den Weiterweg nach rechts zum Michelsberg anzeigt. Weiter durch den Effelsberger Wald zur **Schutzhütte Bleielsnück**, 537 m, von hier über einen Teerweg zum Wanderparkplatz Bleielsnück mit Sicht auf den Michelsberg. Nun gehen wir die Straße 50 m nach rechts, bis wir links (Wasserfallweg + Michelsberg + Eifelspuren/Münstereifelsteig)

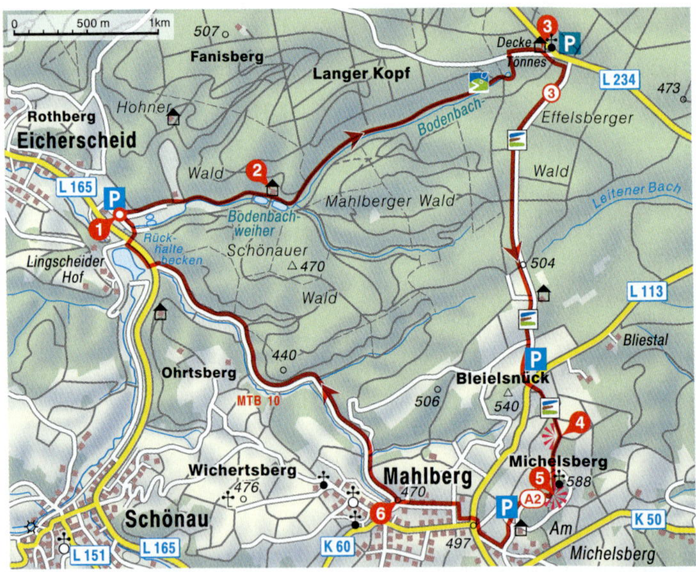

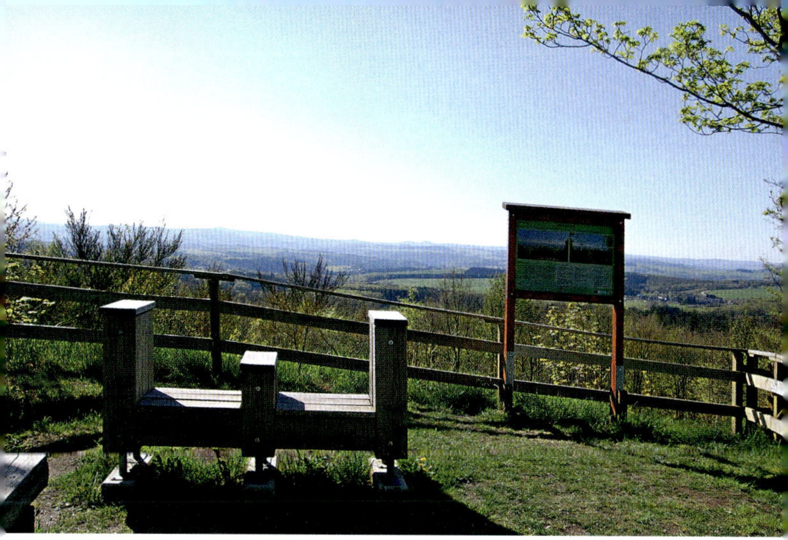

Herrliches Panorama Richtung Vulkaneifel am Eifel-Blick Michelsberg.

dem Weg zum Michelsberg steil hinauf bis zu einer **Sinnesliege** 4 mit Panoramablick folgen. Hier gehen wir nach rechts am Waldrand vorbei zu einem Teerweg, biegen auf den Weg nach links ab, um nach 50 m rechts den Pfad zur **Wallfahrtskapelle** am **Michelsberg** 5, 588 m, einzuschlagen. Wir steigen über Stufen ab und kommen kurz darauf an einen Wegweiser »Eifel-Blick« – nomen est omen, weshalb dieser kurze Abstecher lohnenswert ist. Weiter abwärts kommen wir zu einem Teerweg und zum **Wanderparkplatz Michelsberg**.

Von dort folgen wir dem Ww. »Wasserfallweg + Eifelspuren« weiter über den Engelsbergweg. Dann gehen wir nach rechts (An der Hüh; Schild steht auf der linken Seite am Engelsbergweg) bis zur L113. Diese überqueren wir (Römerstraße), um 50 m weiter nach rechts den Ort **Mahlberg** 6 zu erreichen. Am Ortsanfang (Michelsbergstraße) gehen wir nach rechts in die Straße »Auf dem Bruch«, weiter über die Oststraße und eine gepflasterte Straße (Winkelsgasse) nach rechts hinunter bis zum Ende. Nun wandern wir links über einen steinigen Weg (MTB 10) zu einem Vierwegetreff (gelbe Sitzbank), hier nach links abwärts (MTB 10) in den Wald hinein und am Schußbach entlang bis zur Landstraße 165, die wir überqueren. Dann halten wir uns nach rechts bis zum Ende des **Rückhaltebeckens**. Beim Hinweisschild zum »Lingscheiderhof« überqueren wir die L165 erneut. Durch die Öffnung in der Leitplanke (Nr. 3) führt nun ein Pfad hinab bis an einen Teerweg. Hier gehen wir nach links (Eifelspuren/Münstereifelsteig) in einem Rechtsbogen zum **Wanderparkplatz Bodenbachtal** 1 zurück.

↗ 150 m | ↘ 150 m | 7.3 km

24 Der Panoramaweg von Lind

2.20 h

Ausblicke für Genießer

Diese landschaftlich reizvolle kurze Rundtour mit vielen bei klarem Wetter eindrucksvollen Panoramablicken, unter anderem von der Krippenkapelle, Linder Höhe und Schwanerthütte, wird Wandernde begeistern. An der Linder Höhe steht seit 2006 eine sehr sehenswerte Krippenkapelle, gestiftet von Willy Daufenbach. Darin befindet sich eine liebevoll und detailreich geschnitzte Krippe aus Holz. Eine Infotafel an der Kapelle erläutert mehr dazu. Auf dem Wanderweg kann man sich an drei Infotafeln zum Thema »Wetter« informieren.

Ausgangspunkt: 53506 Lind, 450 m, Wanderparkplatz Hochkreuz (Wanderkarte »Dreidörfer Naturerlebnisweg«), 455 m (GPS: N50.492411 E6.937322).
Anfahrt: Mit Pkw: Ab Autobahnkreuz Meckenheim (A61/A565) über die B257 Richtung Altenahr/Adenau. In Brück rechts abbiegen auf die K29 nach Lind hinauf, im Ort links in die Hochkreuzstraße zum Wanderparkplatz Hochkreuz.
Anforderungen: Einfache Rundtour.
Einkehr: Keine.
Tipp: Jedes Jahr am Samstag vor dem 4. Advent ist Krippenfest an der Krippenkapelle.

Weitblick von der Krippenkapelle auf Ahr- und Siebengebirge.

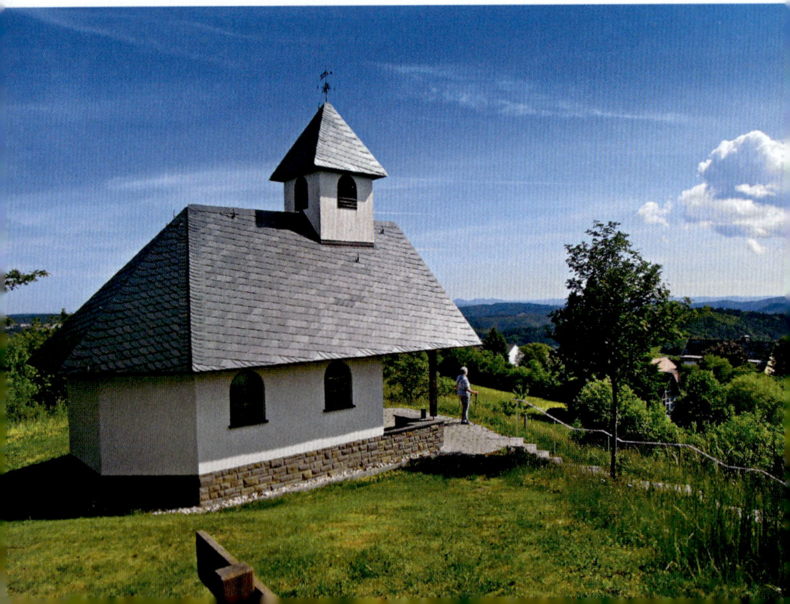

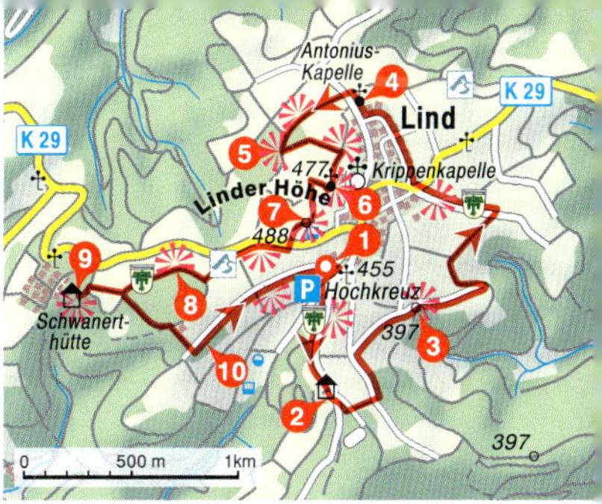

Wir starten am **Wanderparkplatz Hochkreuz** ❶, 455 m, am Ortsrand von **Lind** und folgen dem Logo »Linde/Panoramaweg« auf fast der gesamten Rundtour durch Wiesenfluren. Wir halten uns auf dem Teerweg abwärts, an einem weiteren Teerweg vorbei, der nach rechts hinabführt. Bald erreichen wir Flur mit tollem Blick auf das Ahrgebirge und gelangen in wenigen Minuten zu einem wettergeschützten **Picknickplatz** ❷, 436 m, an einem kleinen Wald. Von hier sehen wir eine schöne kleine Marienkapelle im Wald. Kurz darauf (10 m) verlassen wir den Teerweg, biegen nach links auf einen Grasweg ab, der steil hinab zu einem weiteren Teerweg führt, auf dem wir links aufwärts in etwa 200 m zu einer Wegekreuzung kommen.

An dieser zweigen wir rechts ab und folgen weiterhin einem Teerweg abwärts zu einer **Infotafel »Thema Wetter«** ❸, 397 m. Von hier bei einer Sitzbank weiter abwärts auf dem Teerweg genießen wir die geniale Aussicht auf das Ahrtal mit dem Ort Ahrbrück. Am Ende des Teerweges biegen wir spitzwinklig nach links auf einen Grasweg, der uns aufwärts zu einem Teerweg leitet. Auf diesem gelangen wir bergauf zum Ort Lind. Wir überqueren die Hauptstraße und folgen der Rosenstraße bis zur Sahrbachstraße. Dort wandern wir nach rechts aus dem Ort, vorbei an der **Antonius-Kapelle** ❹, 442 m, hier befindet sich auch ein kleiner Wanderparkplatz mit einer Wanderkarten-Tafel »Dreidörfer Naturerlebnisweg«.

Kurz darauf (40 m) verlassen wir den Teerweg am zweiten Abzweig nach links (Schild: Landschaftsschutzgebiet), wandern auf einem breiten, festen Weg mit Blick auf das Sahrbachtal und das Radioteleskop Effelsberg, wo wir bald auf Ginster am Wegesrand treffen. Am zweiten Abzweig auf der linken Seite verlassen wir den Weg (Logo Linde), steigen auf Weg kurz an (20 m) zur **Infotafel »Eine Wolke«** ❺, 460 m; links oberhalb steht eine Sitzbank mit herrlichem Weitblick auf den Michelsberg und Plittersdorf. Weiter auf dem Weg aufwärts kommen wir zu einer Wegekreuzung (hier verlassen wir vorerst den Linde/Panoramaweg, der nach rechts weiterführt), wandern geradeaus (ohne Markierung) durch Wiesenfluren mit fantastischer Fernsicht und Blick auf die Krippenkapelle, unser nächstes Ziel, zu einem Querweg. Das Logo »Ahrsteig« führt uns nach rechts aufwärts zur **Krippenkapelle** ❻, 477 m. Von den dortigen Sitzbänken ist das Panorama grandios.

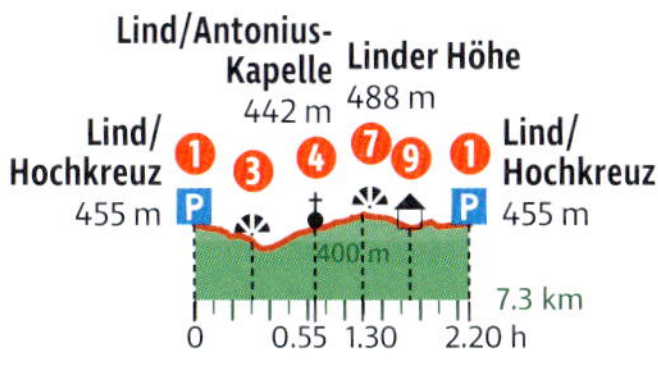

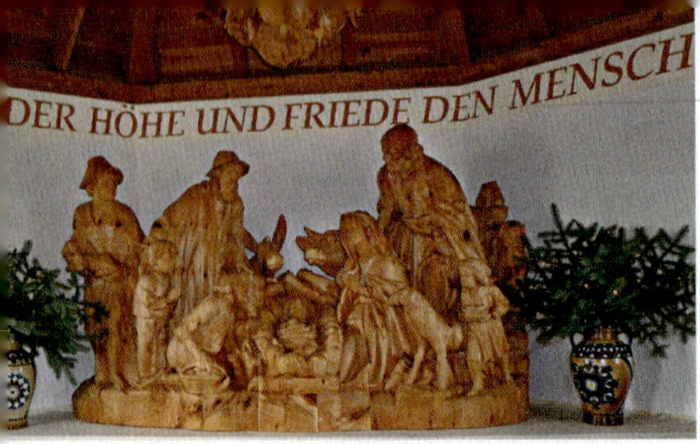

Schnitzkunst in der Krippenkapelle.

Hinter der Kapelle folgen wir der Beschilderung des Ahrsteigs (Ww. Aussichtspunkt Linder Höhe 0,2 km) und wieder dem Logo »Linde/Panoramaweg«. Kurz darauf (40 m) treffen wir auf eine Kreuzung, von der wir nach links an einem Sendemast vorbei zu einem Wasserhäuschen (erbaut 1950) kommen. Vor diesem nehmen wir den Weg nach rechts und haben von einer Sinnesliege auf dem Wasserhäuschen auf der **Linder Höhe** 7, 488 m, ein traumhaftes Panorama weit über die umliegenden Täler, Ahr und Eifelhöhen.

Wir folgen dem Weg weiter über die Linder Höhe am Martinsnück vorbei (bei einer Sitzbank) und abwärts zur K29, die wir überqueren. Hinter dieser auf Weg nach rechts (Logo Ahrsteig/Linde) an Flurwiesen entlang, mit eindrucksvollen Ausblicken auf die Hohe Acht, Nürburg und den Aremberg. Bald verlassen wir das Logo »Ahrsteig« (zweigt nach links) und gehen bis vor den Wald »Am Schwanert«. Dort zweigen wir rechts abwärts auf einen Grasweg (Logo Linde) ab, mit Blick auf das Sahrbachtal, Michelsberg, Radioteleskop und den Hochthürmenberg und gelangen zu einer **Infotafel** 8, 470 m, die uns das Panorama erläutert. Weiter abwärts am Waldrand und an Flurwiesen entlang verlassen wir nach etwa 200 m vorerst das Logo »Linde/Panoramaweg«, das am ersten Abzweig nach links in den Wald führt. Kurz darauf (30 m), am zweiten Abzweig in den Wald (auf dem Rückweg kommen wir wieder hierher), machen wir einen lohnenswerten Abstecher von etwa 200 m, dem Grasweg folgend, kurz durch Flurwiesen zu einem sichtbaren festen Querweg vor einem Wald. Auf diesem kurz (60 m) nach links zur schön gelegenen **Schwanerthütte** 9, 440 m, mit Kinderrutsche und Wanderkarte »Dreidörfer Naturerlebnisweg«. Wiederum erläutert uns eine Infotafel das Landschaftsbild vom Liersbachtal und den Eifelhöhen.

Wieder zurück am bekannten Abzweig folgen wir dem Weg in den Wald »Schwanert« über eine Kreuzung hinweg, jetzt wieder mit dem Logo »Linde/Panoramaweg + 6 + 7«. Es geht leicht aufwärts durch Eichen- und Buchenwald bis vor ein Wochenendhaus. Hier zweigen wir rechts hinunter auf einen Grasweg ab und verlassen den Wald zu einem Teerweg. Auf diesem nach links kommen wir nach 25 m zu einer **Sitzbank** 10, 447 m, und Infotafel »Wettergeschichte«. Wir folgen dem Teerweg aufwärts bis zu einem Haus durch Flurwiesen; in dieser Passage lohnt es sich auch, hin und wieder zurückzuschauen – der Blick ins Tal ist traumhaft. Am Haus zweigen wir kurz (15 m) nach rechts und gleich darauf nach links vom Weg ab auf einen Pfad abwärts zum **Wanderparkplatz Hochkreuz** 1 am Ortsrand von **Lind**.

↗ 260 m | ↘ 260 m | 8.9 km

3.00 h

Schuld – Jägerpfad – Türmchen 25

Der Jägerpfad durch die Schulder Hardt und aussichtsreiche Höhen

Auf dieser eindrucksvollen Tour geht es durch steile Hanglagen mit Blick ins Ahrtal und auf Schuld zum Jägerpfad. Mit Weitblick auf das Ahrgebirge oberhalb der Schulder Hardt gelangt man zum spektakulären Aussichtspunkt »Ahr-Eifelblick«. Weiter abwärts kommen wir zu den kleinen Schutzhütten »Türmchen«, wiederum mit herrlicher Aussicht auf das Ahrtal und Schuld.

Ausgangspunkt: 53520 Schuld an der Ahr, Parkplatz hinter der Kirche an der Straße K16 in Richtung Reifferscheid, 265 m (GPS: N50.446121 E6.889307).
Anfahrt: Mit Pkw: A1 bis Abfahrt Mechernich/Bad Münstereifel. Über Bad Münstereifel zur B51, weiter über die L165 nach Schuld in Richtung Nürburgring.

Anforderungen: Auf dem Jägerpfad auf und ab, zu den Türmchen steiler Abstieg, bei Nässe rutschig.
Einkehr: Unterwegs keine; Gastronomie in Schuld.
Hinweis: Schuld gehört zu den von der Flutkatastrophe im Juli 2021 schwer getroffenen Orten (aktuelle Infos unter schuld-ahr.de).

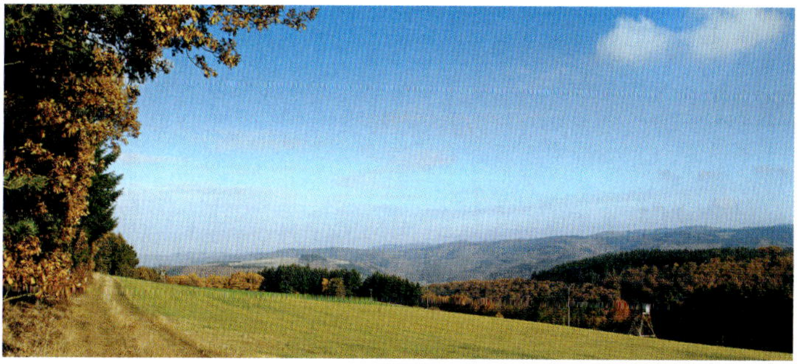

Vom Waldrand an der Schulder Hardt blickt man Richtung Ahrgebirge.

Vom Parkplatz in **Schuld** hinter der Kirche **St. Gertrud** ❶ queren wir die K16 nach rechts kurz abwärts (20 m) und folgen dem Logo »Ahrsteig + Ahrtalweg« vor einem Kreuz und Picknickplatz nach links hinauf über Teer- und Grasweg zu einem Teerweg. Diesem folgen wir nach rechts zu einer Gabelung (auf dem Rückweg kommen wir wieder hierher) und an dieser dem Weg rechts (Ahrtalweg + Ahrsteig) in den Wald an Felsen vorbei zur »Infotafel 2« des Geopfades Schuld. Weiter durch die Steillage mit Blick auf Schuld, biegen wir bei einem Holzschuppen (rechte Seite) vor dem Waldaustritt an einer Verzweigung nach links spitzwinklig hinauf.

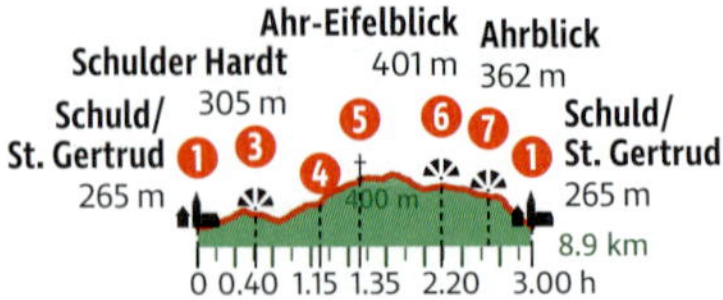

Weiter durch den Wald (Ahrtalweg + Ahrsteig) passieren wir einen Abzweig (Schild: Winnerath) und genießen die schönen Ausblicke auf Schuld und Harscheid. An einer Waldwiese verlassen wir den Weg und biegen links an einer Sitzbank ab auf den schmalen, spektakulären **Jägerpfad** 2, 324 m, wieder in den Wald (Ahrsteig). Durch eine sehr steile Hanglage geht es bergauf und -ab auf dem mit zwei Drahtseilen gesicherten Jägerpfad (Achtung: Rutschgefahr bei Nässe) zu einer Sitzbank an der **Schulder Hardt** 3, 305 m, von wo sich eine grandiose Aussicht auf das Ahrtal und den Campingplatz bietet. Weiter auf dem Pfad, der an Wiesenlandschaft (Im Wolfsau) in einen Grasweg übergeht. An einem Querweg zweigen wir links aufwärts (Ahrsteig) auf einen Gras-/Schotterweg ab, zuerst an einer Wiese entlang, dann in den Wald. An einem Abzweig vorbei geht es durch eine steile Hanglage an moosbewachsenen Felsen vorbei zu einem **Wegetreff** 4. Hier verlassen wir den »Ahrtalweg + Ahrsteig«.

Wir wandern am zweiten Weg nach links hinauf durch Nadelwald (ohne Markierung), unterqueren eine Hochspannungsleitung an einer Waldwiese und stoßen auf einen festen Querweg. Auf diesem biegen wir nach links und wandern sanft aufwärts durch den Wald zu einer Verzweigung vor einer großen Wiese. Hier erneut links, weiter auf dem festen Weg an der Wiese (Lickett) entlang aufwärts, mit Blick zurück auf den Aremberg. An einem Teerweg kommen wir zu einem **Kruzifix** 5, 424 m, mit Sitzbank und biegen dahinter links aufwärts auf einen Gras-Schotter-Weg ab. Vor dem Wald und einem Haus gehen wir rechts, entgegen der Markierung »Schuld 6«, weiter auf Grasweg an einer Wiese entlang, mit Blick auf die Hohe Acht, den Ort Winnerath und den Aremberg. An einer Verzweigung (Blick auf die Straße und Winnerath) kommen wir nach links zu einem festen Weg. Diesem folgen wir kurz (etwa 20 m) nach links und steigen erneut nach links hinauf auf einem Grasweg (ohne Markierung) an einer Wiese entlang. Wir unterqueren eine Hochspannungsleitung und gehen vor dem Wald (Schulder Hardt) rechts entlang, weiterhin auf Grasweg, auf einen sichtbaren Hochsitz zu, mit grandiosem

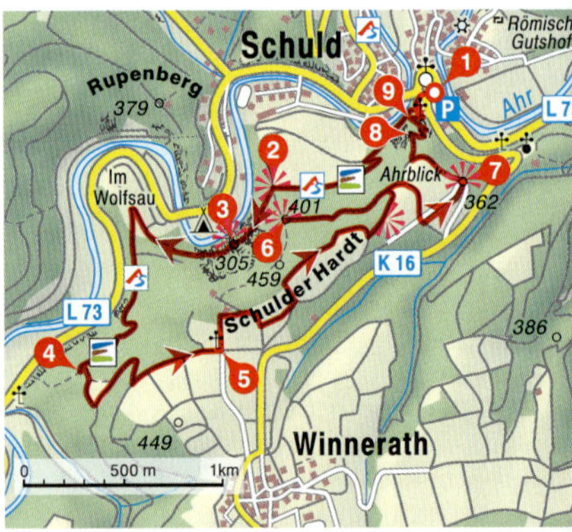

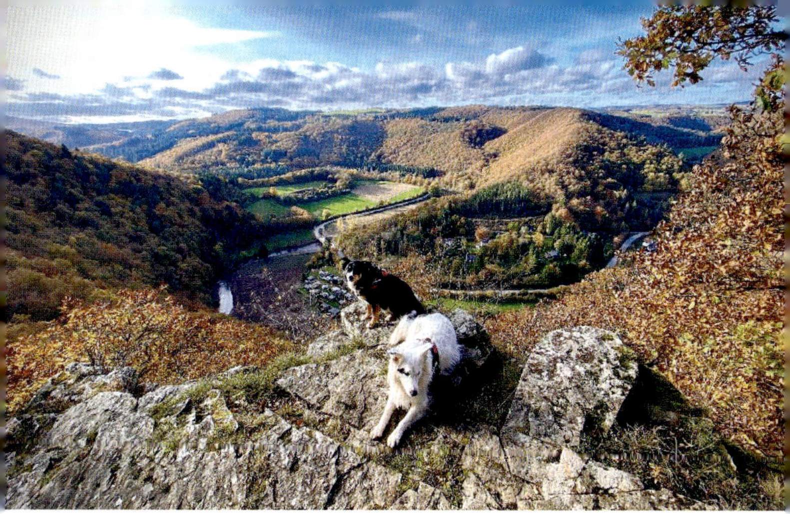

Am Aussichtspunkt Ahr-Eifelblick mit fantastischem Ahrtal-Panorama.

Weitblick auf das Ahrgebirge. Der Weiterweg verläuft an Eichenwald entlang zu einer Verzweigung vor Nadelwald, biegt dort links ab (Ww. Türmchen 400 m + Schuld 6), kurz durch Wald, dann durch Flur mit schönem Panoramablick. An einem Querweg machen wir nach links einen lohnenswerten Abstecher von etwa 550 m auf Weg durch eine Hanglage, ignorieren einen Abzweig nach rechts hinunter und erreichen den spektakulären **Aussichtspunkt Ahr-Eifelblick** 6, 401 m, mit Sitzbank.

Wieder zurück geht es nun sanft abwärts. Wir passieren einen Abzweig in den Wald und wandern auf einem Weg durch Flur mit Blick auf die Hohe Acht und kommen zu einem Teerweg. Auf diesem nach links (Ww. Rundweg) gelangen wir in wenigen Minuten zum **Aussichtspunkt Ahrblick** 7, 362 m, mit Schutzhütte an einer Hochspannungsleitung. Von dort genießen wir einen schönen Blick auf Schuld und Harscheid.

Zurück am Weg folgen wir rechts einem Grasweg (entgegen dem Ww. 8) an einem Sendemast vorbei. Kurz hinter dem Sendemast (30 m) verlassen wir den Weg und biegen rechts auf einen Pfad hinab, der uns gleich zu einem Querpfad führt. Auf diesem gelangen wir rechts hinunter (entgegen dem Ww. 6 + 8 Schuld) in wenigen Minuten zu dem **Türmchen** 8, 340 m, mit herrlichem Blick auf Schuld. Weiter in Serpentinen auf dem Pfad hinab halten wir uns an zwei Abzweigen geradeaus zu einem weiteren **Türmchen** 9, 298 m, wiederum mit eindrucksvoller Aussicht. Kurz zurück (30 m), geht es am ersten Abzweig auf Pfad hinunter zum bekannten Teerweg und über den Grasweg hinab auf die bereits sichtbare **Kirche** 1 von **Schuld** und den Parkplatz zu.

↗ 600 m | ↘ 600 m | 23.5 km

7.30 h

26 Rotweinwanderweg

Durch das Ahrtal auf – nicht nur zur Weinlese – beliebtem Wanderweg

Der heute so populäre Ahrtal-Rotweinwanderweg wurde 1972 auf die Initiative des damaligen Landrats des Kreises Ahrweiler und früheren Vorsitzenden des Dernauer Eifelvereins ins Leben gerufen. Unsere Wanderung verläuft über den schönsten Streckenabschnitt, meist auf halber Höhe durch die Weinbergterrassen mit wunderschönen Ausblicken über das wildromantische Ahrtal. Nicht entgehen lassen sollte man sich die herrliche Aussicht von der 113 Meter darüber gelegenen Ruine der Burg Are, die um das Jahr 1100 erbaut wurde. Aufgrund seiner Höhenlage blieb der Rotweinwanderweg weitgehend unberührt von der Flutkatastrophe im Juli 2021.

Ausgangspunkt: 53474 Ahrweiler, 105 m, P + R (gebührenpflichtig) an der Bahnhofstraße, 100 m von der Bahnstation (GPS: N50.546337 E7.106868).
Anfahrt: Mit Pkw: Autobahn A 61, bis Abfahrt A 573 Bad Neuenahr-Ahrweiler. In Ahrweiler am Kreisel über die L 84 (Rotweinstraße) und Wilhelmstraße, dann rechts in die Bahnhofstraße.
Mit ÖPNV: Schienenersatzverkehr wegen der Flutkatastrophe 2021: SEV-Busse zwischen Remagen und Ahrbrück mit Halt u. a. in Ahrweiler, Rech und Altenahr (vrminfo.de).
Endpunkt: Altenahr, 162 m, P + R (gebührenpflichtig) bzw. Bushaltestelle Bahnhof/Friedhof, Rückfahrt mit dem SEV-Bus (s. oben).
Anforderungen: Ausdauer, lange Streckenwanderung. Ständiges Auf und Ab über Teerwege, unbefestigte Wege und Pfade. Durch die Markierung mit der roten Traube ist die Orientierung einfach.
Einkehr: Adenbach-Blockhaus (Mai bis Okt. am Wochenende); Hotel Hohenzollern, Altenwegshof (Di Ruhetag); Försters Weinterrassen (Mi/Do Ruhetag); Weinhaus Michaelishof (Di Ruhetag); Gastronomie in Marienthal, Rech und Altenahr.
Varianten: 1) Die Tour kann auch in Rech beendet werden: vom Rotweinwanderweg zur Bushaltestelle in Rech 150 m. Tourlänge: 4.30 Std., 15,1 km, 430 Hm. Rückfahrt mit dem SEV-Bus nach Ahrweiler (s. rechts). 2) Oder als kürzere Tour von Rech nach Altenahr: Vom Parkplatz in Rech an der Rotweinstraße am Weinhaus »Ahr-Blume«, über die Rotweinstr. 70 m nach links und queren, über die Straße »Am Herrenberg« 70 m über die Trasse der Ahrtalbahn hinweg in 150 m zum Rotweinwanderweg, hier nach links dem Ww. »Altenahr 6,8 km« folgen. Tourlänge: 3.00 Std., 8,9 km, 360 Hm.

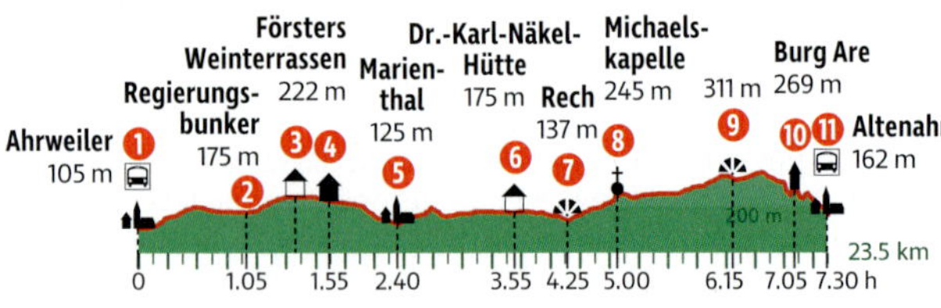

Vom **P + R Bahnhof** ❶ in **Ahrweiler** gehen wir nach rechts am alten Bahnhof (Geschäftsstelle der Caritas) vorbei zum Landrat-Joachim-Weiler-Platz, biegen rechts ab in die Wilhelmstraße und gelangen an der Kreisverwaltung vorbei zur Elligstraße. Ihr folgen wir nach rechts, überqueren die Trasse der Ahrtalbahn, die B 267 und zweigen links in den Stummerichsweg ab (Ww. Rotweinwanderweg). Über Teerweg hinauf in die Weinberge gelangen wir zum eigentlichen Rotweinwanderweg (Markierung: stilisierte rote Traube). An der Infotafel »Standard-Rebsorten« biegen wir links aufwärts zur **Weinbergskapelle St. Urban**. Kurz darauf kommen wir an den Brückenpfeilern einer nie fertiggestellten Bahnlinie vorbei und nach ca. 500 m zu einem Teerweg im Wald, der uns in einem Linksbogen zum Adenbach-Blockhaus und zur **Silberbergtunnel-Gedenkstätte** führt, die an die Endzeit des Zweiten Weltkriegs erinnert. Nun steigen wir kurz hinauf zu einem Querweg und rechts haltend zu einem Teerweg am Wald, folgen diesem und einem Pfad nach rechts hinauf zum Parkplatz und zur **Dokumentationsstätte Regierungsbunker** ❷. Von dem Bau aus der Zeit des Kalten Krieges gehen wir zu einem Teerweg und abwärts zu einer Gabelung, steigen rechts bergan am Hotel Hohenzollern vorbei und erreichen oberhalb nach etwa 450 m einen Wanderparkplatz. Vor ihm zweigen wir nach links ab (Ww. Bunte Kuh 0.7 km) zur **Bunten Kuh** ❸ mit Schutzhütte und Feuerstelle. Von hier wieder hinter der Schutzhütte links zum Parkplatz und nach links zum **Altenwegshof** (Restaurant). Kurz darauf, vor der Gaststätte **Försters Weinterrassen** ❹, wandern wir links hinunter, halten uns aber nach 150 m wieder rechts auf Betonweg hinauf, um nach knapp 300 m den sehr lohnenden Abstecher (70 m) nach links zur **Fischley** und der dort befindlichen Schutzhütte zu unternehmen – mit Blick auf die Bunte-Kuh-Felsen. Auf demselben Weg weiter kommen wir zur kleinen Trotzenberg-Schutzhütte, wenden uns dort nach links hinunter über Betonweg und gelangen in den kleinen Ort **Marienthal** ❺. Über die Klosterstraße passieren wir die Klosterruine und das Weingut Kloster Marienthal, biegen dahinter nach links durch den Weinberg hinauf (Ww. Dernau) zu einem Rastplatz mit Infotafel »Panoramakarte Dernau«, von wo man einen schönen Blick auf Dernau und den Krausberg hat.

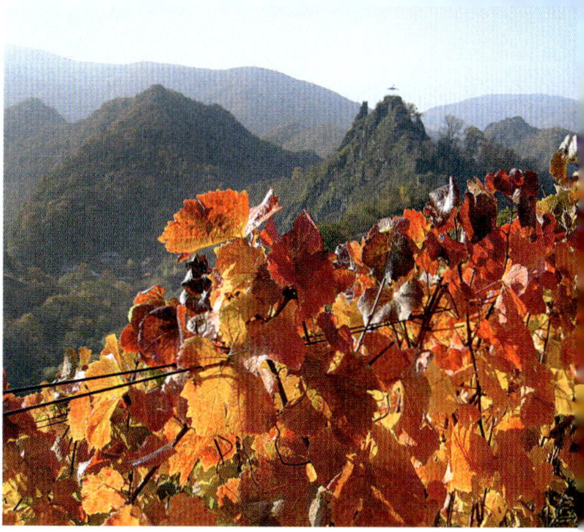

Am Rotweinwanderweg hoch über dem Ahrtal, in der Ferne grüßt die Burgruine Are.

Dem Weg folgend erreichen wir oberhalb von Dernau nach ca. 1 km einen Bunker; an diesem vorbei, das Sträßchen hinauf zu einem weiteren Bunker, gehen wir nach links durch Weinreben und überqueren die K35. Im Anstieg erreichen wir einen Teerweg, der uns an einem Wasserwerksbehälter vorbei zur **Dr.-Karl-Näkel-Hütte** 6 bringt. Nun zuerst über Teerweg, nach 550 m über einen Pfad den steilen Hang der Sunghardt hinauf zum Picknickplatz »Moses-Quelle« (Aussicht auf Dernau) und weiter zu einem Weg mit Blick auf **Rech** 7. Wir steigen auf einem Teerweg bis vor den Ort hinab (hier Tourverkürzung möglich, siehe Varianten), ehe wir nach rechts (Ww. Altenahr 6,8 km) ansteigend über einen Weg und felsigen Pfad mit Blick auf die Saffenburg zur **Korbachhütte** gelangen.
Unser Weg führt weiter Richtung Mayschoß, unterhalb der **Michaelskapelle** 8 (knapp 5-minütiger Abstecher über steilen Pfad bergan am Ende des kleinen Waldes; Ww. Winzerweg) zum **Weinhaus Michaelishof**, 178 m. Hier kurz nach rechts auf einer schmalen Straße, dann gleich wieder links auf einem Weg um Mayschoß herum und am Mönchberg vorbei, treffen wir an einem Wegeverteiler mit Sitzbänken auf den Ww. »Ümerich 1,8 km«. Nun beginnt ein langer Anstieg in den Wald, am zweiten Abzweig biegen wir links hinauf und gelangen nach knapp 1 km um die Bockshardt zu einem Abzweig. Hier folgen wir nach links dem Ww. »Ümerich« für einen sehr lohnenswerten Abstecher (450 m) zum Aussichtspunkt **Ümerich** 9, 311 m. Von hier genießen wir eine schöne Aussicht auf das Ahrtal mit Mayschoß und dem Rotweinwanderweg.

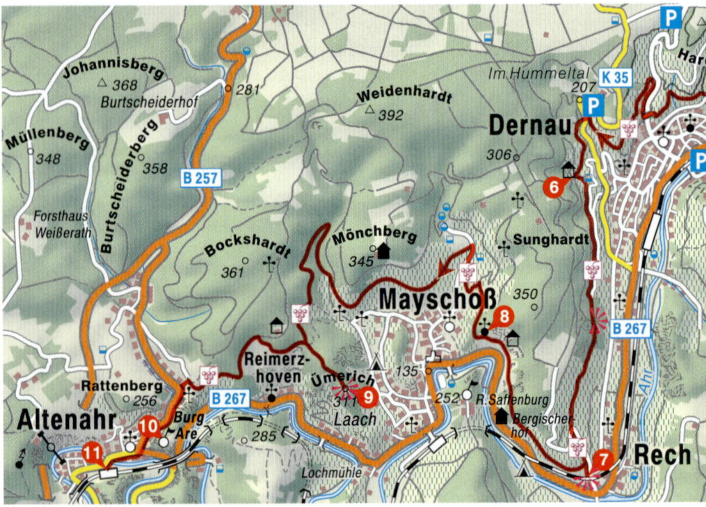

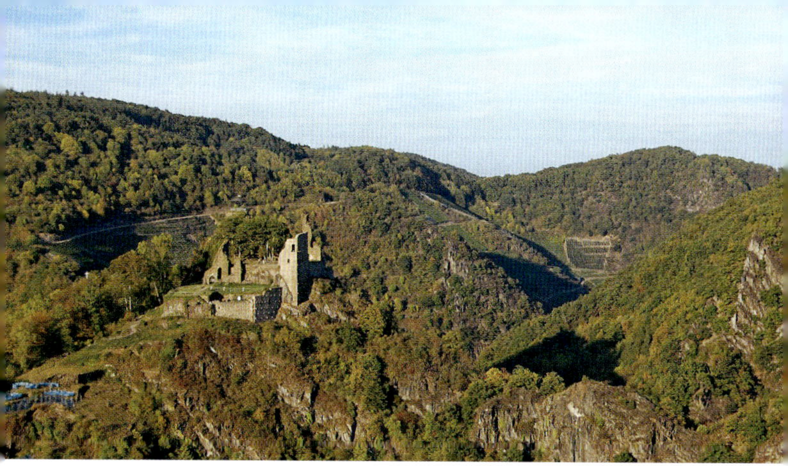

Die Burgruine Are ist ein Highlight am Ende der Tour auf dem Rotweinwanderweg.

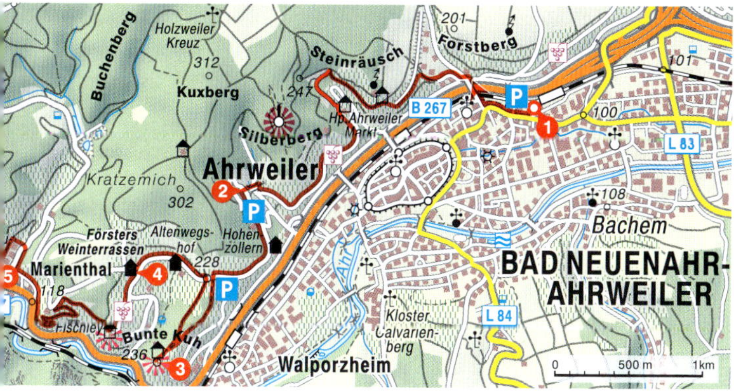

Wieder zurück am Rotweinwanderweg wandern wir nach links weiter um die Bockshardt herum mit Blick auf Reimerzhoven. Der Weg führt uns weiter zu einer Rechtskurve (Altenahrer Eck), wo wir nach links auf einen Pfad einbiegen und an einem Kreuz vorbei zum ehemaligen Gasthaus Bergfried gelangen. Wir steigen über Stufen hinunter zur imposanten Ruine der **Burg Are** ⑩, die einen weiteren empfehlenswerten Abstecher darstellt (steiler Anstieg, etwa 5 Minuten).

Schließlich geht es hinunter zur Straße »Roßberg« und ins Zentrum des Weinortes **Altenahr**, am Rathaus vorbei nach rechts zum **P + R Bahnhof** ⑪ bzw. zur Bushaltestelle Bahnhof/Friedhof.

↗ 500 m | ↘ 500 m | 16.4 km

27 Mayschoß – Akropolis – Schwedenkopf

5.50 h

Eindrucksvolle Panoramablicke oberhalb von Mayschoß

Abwechslungsreicher kann eine Wanderung kaum sein: Von Mayschoß mit der ältesten noch existierenden Winzergenossenschaft (gegründet 1868) geht es zum Mohrenkopf mit herrlicher Aussicht, bevor man zum Panoramablick auf dem Ümerich kommt. Hier bietet sich eine wunderbare Aussicht auf das Ahrtal mit Mayschoß. Über die Schutzhütte Eifelblick und das Judenkreuz erreicht man die Weidenhardt und genießt den Weitblick auf die Eifel, bevor es zum Premium-Aussichtsplatz an der Berghütte »Akropolis« geht, der mit zu den schönsten Aussichtspunkten im Ahrtal zählt. Weiter unterhalb am Mönchberg, an den Weinbergen entlang, öffnen sich traumhafte Ausblicke auf Mayschoß und das Ahrtal. Weitere Attraktionen sind der Schwedenkopf und unmittelbar darauf die Panoramablicke auf das Ahrtal. Dann geht es über den eindrucksvollsten Abschnitt des Rotweinwanderweges nach Mayschoß zurück. An keiner anderen Stelle des rund 35 Kilometer langen Wanderweges lässt sich das Spiel von Wein-Steillagen, Fels- und Waldlandschaft sowie der im Tal daherfließenden Ahr in so beeindruckender und harmonischer Weise erleben wie auf diesem Streckenabschnitt.

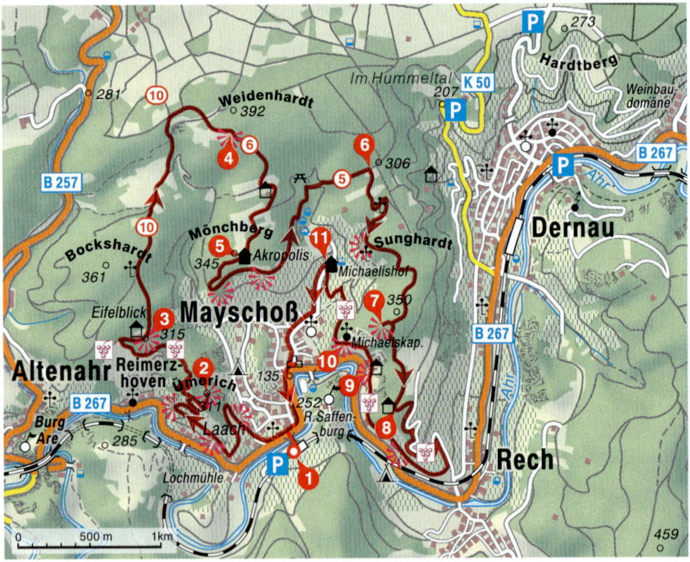

Ausgangspunkt: 53508 Mayschoß, 134 m, Parkplatz am Bahnhof (GPS: N50.517129 E7.020107).
Anfahrt: Mit Pkw: Ab Autobahnkreuz Meckenheim (Ab 61/A 565) über die B 257 Richtung Altenahr, auf halber Strecke Abfahrt nach Dernau. Hier nach rechts über die B 267 in Richtung Altenahr zum Bahnhof Mayschoß.
Mit ÖPNV: Bus 869 von Ahrweiler nach Mayschoß; Schienenersatzverkehr-Busse zwischen Remagen und Ahrbrück mit Halt in Mayschoß (vrminfo.de).
Anforderungen: Ausdauer; zum Mohrenkopf, Ümerich und zur Michaelskapelle steiler Anstieg. Steile Abstiege auf Pfad von der Berghütte Akropolis, Schwedenkopf und von der Michaelskapelle.
Einkehr: Berghütte Akropolis (von ca. April bis Dezember jeden 2. und 4. So im Monat geöffnet, Tel. +49/151/75018739, ahrtal.de/pois/berghuette-akropolis/poi.html); Weinhaus Michalishof (weingut-michaelishof.de); in Mayschoß.
Hinweis: Mayschoß gehört zu den von der Flutkatastrophe im Juli 2021 schwer getroffenen Orten (Infos zur aktuellen Situation unter ahrtal.de/fuer-dich-da).

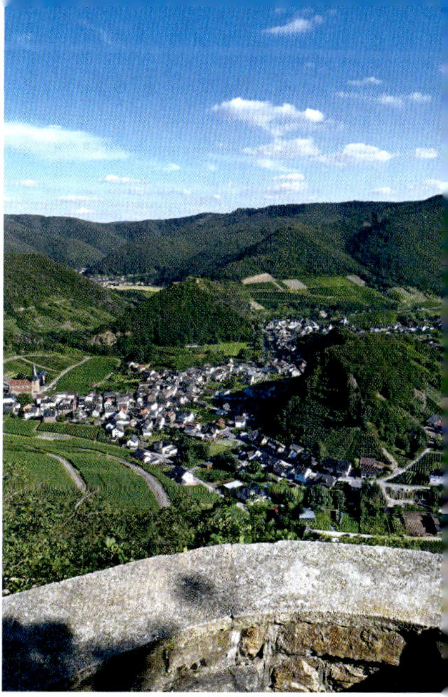

Blick vom Aussichtsplatz unterhalb der Akropolishütte auf Mayschoß.

Vom **Parkplatz** ❶ am **Bahnhof Mayschoß** gehen wir zurück Richtung Ort, überqueren die Ahr, bleiben nach links etwa 150 m auf dem Bürgersteig an der Ahr-Rotweinstraße (B 267) und überqueren diese am Ortsschild »Laach« beim Hotel-Weinhaus Kläs. Dort nehmen wir das Sträßchen nach rechts und verlassen bald den Ort. Hinter den letzten Häusern steigen wir auf Betonpfad und Stufen hinauf zu einem Sträßchen, das vom Ort herführt. Hier wandern wir links aufwärts durch die Weinberge auf einem Schotterweg (Logo Saffenburgrunde, begleitet uns bis zum Rotweinwanderweg) mit Blick auf Mayschoß und die Ruine Saffenburg. Weiter durch die Weinberge, blicken wir bald auf den kleinen Ort Laach.
Am Laacher Berg kommen wir zu einem Heiligenhäuschen, bevor es an der nächsten Gabelung rechts (Ww. Ümerich) stetig bergan auf Weg zu einem kleinen Wendeplatz mit Ausblick geht. Bald verschmälert sich der Weg zu einem Pfad, der sich fast alpin-steil durch Wald zum Schild »Mohrenkopf«, 288 m, hinaufzieht. Ein kleiner Abstecher (20 m) führt uns über Stufen hinauf zur **Mohrenkopf-Aussichtskanzel**, dort genießen wir die Aussicht auf die Burg Are und das Ahrtal. Weiter geht es etwa 150 m steil bergan zu einer Verzweigung (an dieser steht geradeaus eine Sinnesliege). Hier

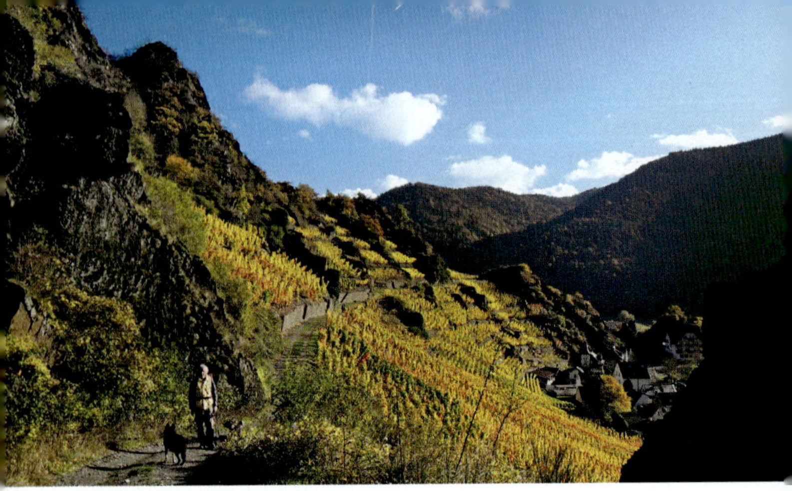

Auf dem Weg zum Ümerich oberhalb des kleinen Ortes Laach.

machen wir nach rechts einen Abstecher (100 m) über teilweise felsigen Pfad zum **Aussichtsplateau Ümerich** ❷, 311 m, mit traumhaftem Panoramablick von einer Sitzbank und Gipfelfahne.

Zurück an der Verzweigung folgen wir aufwärts dem Ww. »Rotweinwanderweg«, den wir nach etwa 400 m erreichen (Markierung: stilisierte rote Traube). Hier biegen wir nach links ab, vorbei an einem Abzweig, und gehen oberhalb an den Weinbergen entlang, mit Blick auf den Ort Reimerzhoven. An einer Verzweigung bei einer roten Sitzbank und Infotafel »Wandern um Altenahr« verlassen wir den Rotweinwanderweg. Wir biegen spitzwinklig rechts aufwärts (Ww. 10 – Kalenborn); vorbei an einem Schlagbaum geht es auf Weg weiterhin durch den Wald in wenigen Minuten zur **Schutzhütte Eifelblick** ❸, 315 m, mit Grillhütte und Spielplatz. An der Südseite der Hütte haben wir einen herrlichen Blick über die Eifel und auf die Burg Are. Weiterhin auf dem festen Weg (Nr. 10 + Winzerweg) geht es an der Bockshardt entlang und an mehreren Abzweigen vorbei, die wir ignorieren, und wir passieren eine große Wiese. Vor deren Ende bleiben wir an einer Verzweigung links (Ww. 10 – Kalenborn), an einem Kreuz vorbei (Albert Kramer), und weiterhin auf festem Weg durch den Wald hinauf. Wir wandern an Abzweigen vorbei und kommen zu einer Wiese. Hier verlassen wir den Wegweiser 10, biegen vor der Wiese rechts an der Infotafel »Wandern um Altenahr« ab und folgen dem Schild »Berghütte Akropolis 1,8 km« und Rundweg 6. Es geht auf festem Weg an der **Weidenhardt** entlang (Abzweige ignorieren wir) und wir passieren erneut eine Waldwiese. Vor deren Ende öffnet sich von **zwei Sitzbänken** ❹, 373 m, wieder ein Weitblick über die Eifel.

Weiter auf dem Rundweg 6 geht es abwärts in den Wald zu einem Querweg, dort links (Ww. Rundweg + Berghütte Akropolis) vorbei an einer offenen Schutzhütte (25 m rechts des Weges) bis zu einem Querweg. Auf diesem rechts aufwärts, vorbei am Schild »Anlieger frei« (Ww. Berghütte Akropolis + Winzerweg), gelangen wir nach etwa 400 m auf dem festen Weg zum Ausblick und zur **Berghütte Akropolis** ❺, 345 m, auf dem **Mönchberg**, mit Kinderspielplatz (s. Einkehr). Ein wenig unterhalb der Berghütte (auf Pfad 20 m) genießen wir von einem halbrunden Aussichtsplatz an der Fahne der Berghütte den Premium-Ausblick auf Mayschoß, das Ahrtal und das Ahrgebirge.
Der Weiterweg führt an der Berghütte vorbei. Wir folgen einem Pfad etwa 300 m, zuerst kurz aufwärts, dann steil hinab, und halten uns immer in der Nähe zum Steilhang hin. Schließlich kommen wir aus dem Wald zu den Weinbergen und wandern auf einem Schotterweg nach links oberhalb der Weinberge in Auf und Ab entlang (Saffenburgrunde) – mit grandiosen Blicken auf Mayschoß, die Saffenburg und das Ahrtal. Einen Abzweig nach rechts hinunter beachten wir nicht und kommen zu einem Querweg. Auf diesem links aufwärts in den Wald (Ww. Akropolis 1,3 km + Rundweg 6), passieren wir hinter einer scharfen Rechtskurve in kurzen Abständen drei Wegabzweige auf der linken Seite. Nach weiteren etwa 50 m zweigen wir beim **Schild »Akropolis«** ❻ rechts ab auf Weg 5 (Logo Saffenburgrunde, begleitet uns bis zum Rotweinwanderweg) mit Blick auf den Krausbergturm. Abwechselnd geht es durch kleine Waldwiesen und Wäldchen zu einem großen Hochsitz, dort geradeaus wieder in den Wald und bald abwärts an einem Heiligenhäuschen vorbei.
An einer Gabelung knapp 50 m danach, am Ende einer kleinen Waldwiese, verlassen wir Ww. 5 und wandern am Schild »Aussichtspunkt Schwedenkopf 1,1 km« links hinauf auf festen Weg. Bald blicken wir von einer Sitzbank auf Mayschoß und das Ahrtal. Nach kurzer Zeit passieren wir ein Ehrendenkmal und einen Abzweig. Wir wandern am **Sunghardt** entlang und weiter hinauf, vorbei an einem kleinen Holzschuppen und weiteren Abzweigen, die wir nicht beachten. Nach dem Holzschild »Weinort Mayschoß + Saffenburgrunde« noch 40 m geradeaus kommen wir zum **Aussichtspunkt Schwedenkopf** ❼, 350 m. Auch hier genießen wir von einer Sinnesliege das Panorama mit der Saffenburg, Mayschoß und dem Ahrgebirge.

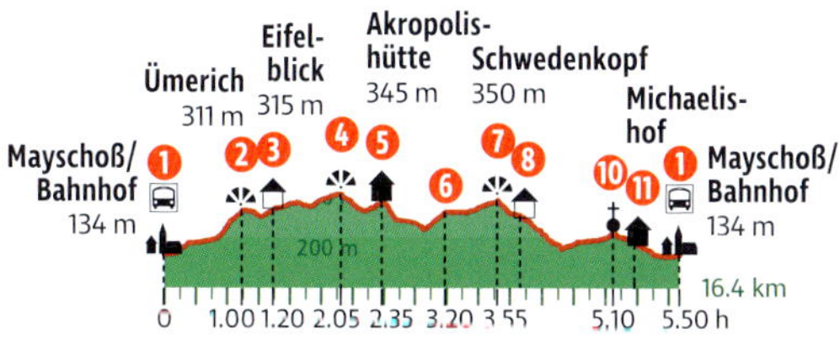

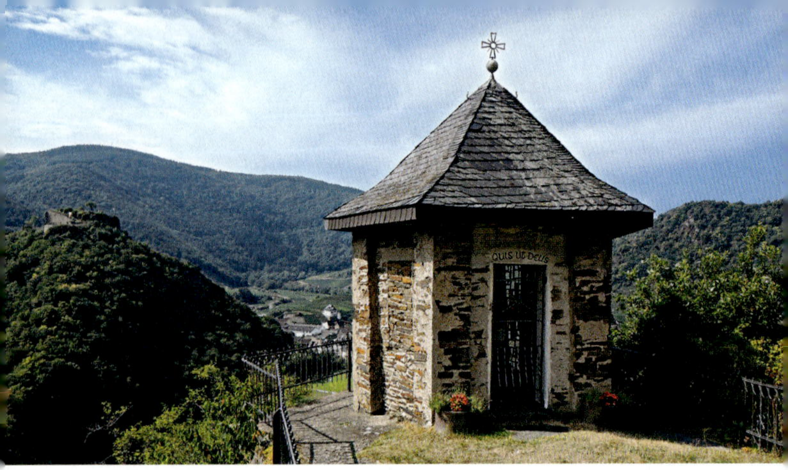

Aussicht von der Michaelskapelle auf die Ruine Saffenburg.

Wir gehen kurz zurück zum Holzschild »Weinort Mayschoß«, hier rechts entgegen dem Schild auf Pfad in kurzen Abständen zu zwei weiteren Sitzbänken, wiederum mit eindrucksvollem Panoramablick. Weiter auf dem Pfad steil bergab gelangen wir zu einem festen Weg, dort rechts abwärts zu einer Waldwiese mit Blick auf den Krausbergturm. Am Ende der Wiese an einer Wegekreuzung rechts, gelangen wir zur **Forsterberghütte** 8, 290 m. Weiter abwärts auf einem Weg erreichen wir einen Teerweg. Diesem folgen wir mit Blick auf den Ort Rech rechts abwärts in Kehren hinunter durch die Weinberge bis zu einer Verzweigung am Rotweinwanderweg. Hier auf Teerweg rechts hinunter (Markierung: stilisierte rote Traube; dieser folgen wir bis zum Weinhaus Michaelishof) in Richtung Rech. Nach etwa 250 m biegen wir an der nächsten X-Kreuzung am Schild »Altenahr 6,8 km/Mayschoß 2,9 km« auf einen Schotterweg rechts hinauf und gelangen über einen felsigen Pfad mit Blick auf die Saffenburg zur **Korbachhütte** 9.
Unser Weg führt weiter Richtung Mayschoß, unterhalb der **Michaelskapelle** 10, 223 m, vorbei. Die Kapelle erreichen wir mit einem 5-minütigen Abstecher über steilen Pfad bergan am Ende des kleinen Waldes (Ww. Winzerweg), wiederum mit eindrucksvollem Ausblick auf die Saffenburg, das Ahrtal und auf den Rotweinwanderweg. Zurück am Rotweinwanderweg gelangen wir abwärts an Infotafeln »Weinbergböden« vorbei zum **Weinhaus Michaelishof** 11, 178 m. Dort folgen wir dem Sträßchen links hinab in die Dorfstraße und in den Ortskern von **Mayschoß**. Wir überqueren die Ahr-Rotweinstraße (B 267), gehen nach rechts auf dem Bürgersteig an der B 267 und Ahr entlang und kommen am Mayschoßer Weinkeller der Winzergenossenschaft 1868 vorbei. Kurz dahinter biegen wir links ab, überqueren die Ahr und erreichen den **Parkplatz** 1 am **Bahnhof**.

↗ 600 m | ↘ 600 m | 12.7 km

6.00 h

TOP **28**

Steinerberg, 531 m, Teufelsloch und Teufelsley

Felspfad mit alpinem Charakter

Diese recht anstrengende Tour führt uns in einer Gratwanderung mit teilweise alpinem Charakter zum Teufelsloch. Die anschließende Mühe des steilen Aufstiegs zum Hornberg und schließlich zum Steinerberg wird mit einem herrlichen Gipfelpanorama über das Ahrtal und die Eifel belohnt. Dann führt die Runde abwärts, mit Abstechern hinauf zur Schrock und zur Teufelsley, von wo man spektakuläre Ausblicke auf den Ort Mayschoß und das Ahrtal genießt. Auf dem Rückweg geht es wieder in Richtung Teufelsloch, mit tollem Blick aus einer anderen Perspektive, zurück nach Altenahr.

Ausgangspunkt: 53505 Altenahr, 162 m, großer Parkplatz am Bahnhof (GPS: N50.515972 E6.989158).
Anfahrt: Mit Pkw: Vom Autobahnkreuz Meckenheim (A61/A565) über die B257 nach Altenahr. Hier nach rechts zum großen Parkplatz am Bahnhof (gebührenpflichtig, 5 Euro pro Tag).
Mit ÖPNV: Bus 869 von Ahrweiler nach Altenahr; Schienenersatzverkehr-Busse zwischen Remagen und Ahrbrück mit Halt in Altenahr (vrminfo.de).
Anforderungen: Ausdauer. Am Teufelsloch bei Nässe z. T. rutschiger Felspfad, steiler Anstieg zum Hornberg, steiler Abstieg zum Schrock, vom Schrock sehr anspruchsvoller und steiler Abstieg zur Teufelsley, an der Teufelsley zum Gipfelkreuz ist unbedingt Trittsicherheit erforderlich.
Einkehr: Steinerberghaus (Mo/Di Ruhetag, steinerberghaus.de); Gastronomie in Altenahr.
Hinweis: Altenahr gehört zu den von der Flutkatastrophe im Juli 2021 schwer getroffenen Orten (Infos zur aktuellen Situation unter ahrtal.de/fuer-dich-da).

Vom **Bahnhof Altenahr** ❶ gehen wir kurz zur zurück zur B267 und nach links in die Altenburger Straße. Dieser folgen wir 300 m aus dem Ort hinaus und steigen hinter dem Ortsschild und Bahnübergang auf Pfad 7 hinauf in den Wald (Hinweis: Teufelsloch). Bevor wir an einem Querpfad nach rechts steil aufsteigen, machen wir nach links den lohnenswerten Abstecher (50 m) zum **Aussichtspunkt Schwarzes Kreuz** mit Infotafel. Wieder zurück steigen wir auf Pfad 7 weiter hinauf in einer zum Teil luftigen Gratwanderung

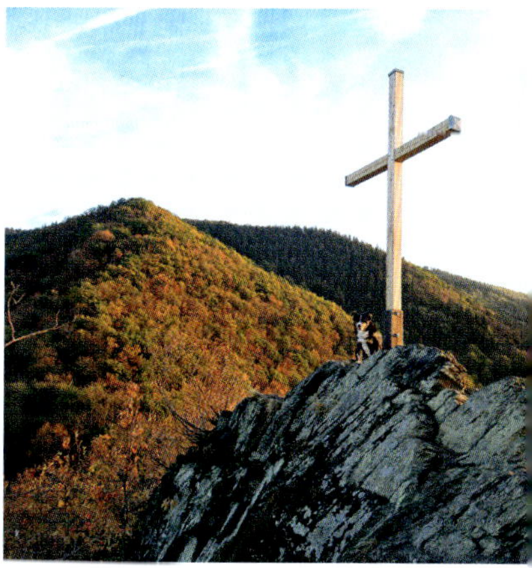

Auf dem Gipfel der Teufelsley.

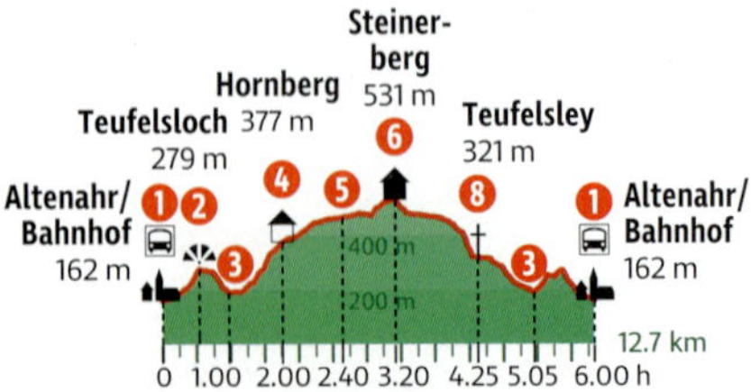

und mit einem Abstecher am Hinweisschild/Steinplatte zum **Teufelsloch** ❷, von dem wir eine schöne Aussicht genießen. Über Pfad 7 (Ahrsteig) steigen wir zunächst ab, dann auf und wieder hinunter bis an eine **Wegekreuzung** ❸ (rote Sitzbank, auf dem Rückweg kommen wir wieder hierher). Dort halten wir uns nach rechts hinunter auf Weg 7 + 8 + Ahrsteig (Ww. Kreuzberg 1,6 km) in Richtung Altenburg. Vorbei an der Ahrtalschule halten wir uns nach links aufwärts auf einem Weg (Markierung Ahrsteig+Eifelverein/ Ville-Eifel-Weg + 8). Nach etwa 300 m verlassen wir diesen und steigen nach links auf einem Pfad (Ahrsteig + 8 + Ville-Eifel-Weg) an. Hinter einer roten Sitzbank verlassen wir den Ahrsteig, der nach rechts abzweigt. Weiter auf dem Pfad (8 + Ville-Eifel-Weg) bringt uns dieser hinauf zu einem Weg, weiter nach links hinauf und über Pfad zur Schutzhütte auf dem **Hornberg** ❹, 388 m, mit schöner Aussicht auf das Ahrtal.

Weiter auf dem Pfad, vorbei an einem nächsten Aussichtspunkt, gelangen wir nach 170 m zu einer Kreuzung. Über diese hinweg folgen wir Weg 8 Ville-Eifel-Weg an Abzweigern vorbei geradeaus und über eine Kreuzung hinweg zu einer Lichtung mit Blick auf Altenahr und Altenburg und kommen zu einer weiteren Kreuzung. Hier verlassen wir den Ville-Eifel-Weg, der nach rechts abzweigt, und gehen weiter geradeaus auf dem Weg 8 (Hin-

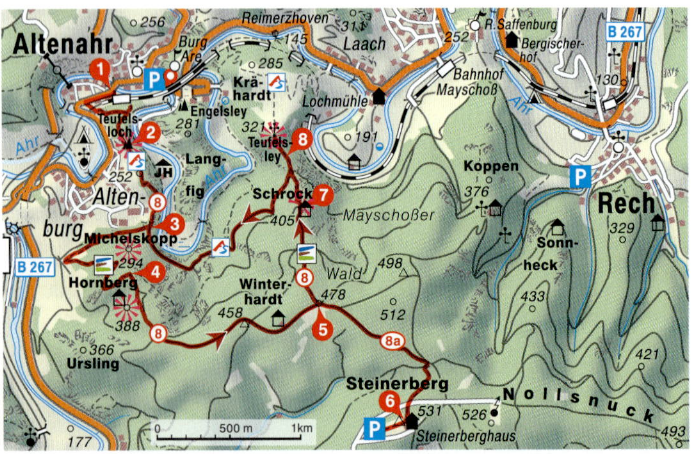

weis auf das Steinerberghaus), erreichen auf der rechten Seite eine Waldwiese und an deren Ende einen **Wegetreff** 5 (auf dem Rückweg kommen wir wieder hierher). Jetzt nehmen wir den rechten Weg 8a in den Wald geradeaus bis an eine Kreuzung. Dort steigen wir nach rechts in Richtung »Steinerberg« (8a + Eifelverein/Ahr-Urft-Weg) auf einem Pfad hinauf. Wir queren einen Teerweg und erreichen den höchsten Punkt des **Steinerbergs** 6, 531 m, an einer Betonsäule; das Gasthaus steht gleich dahinter. (Bei der Säule nach rechts ca. 100 m über eine Waldwiese, an einem Kreuz mit der Aufschrift »18. Juni 2011« vorbei, folgt eine weitere Betonsäule mit Weitblick auf die Eifel und den Aremberg.) Denselben Weg gehen wir nun zurück, an der Kreuzung nach links bis vor die Waldwiese zu besagtem **Wegetreff** 5 und nehmen dort den mittleren Pfad 8 geradeaus. Dieser bringt uns über eine Kreuzung steil hinab zu einem Querweg, an dem wir kurz nach links und dann sofort wieder nach rechts dem Ww. »Schrock« (8 + Ahr-Urft-Weg) folgen. Die Schutzhütte auf dem **Schrock** 7, 405 m, mit Weitblick ins Ahrtal erreichen wir über einen Pfad, der rechts den Hang hinaufführt.

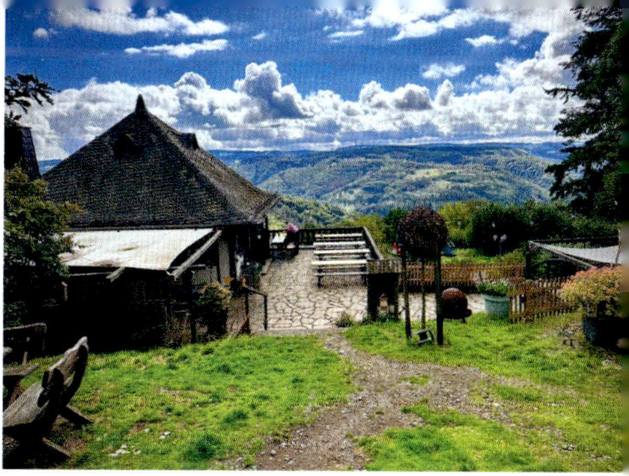

Das Steinerberghaus mit tollem Osteifel-Panorama.

Hinter der Schutzhütte steigen wir auf einem sehr anspruchsvollen Pfad steil hinunter (bei Nässe rutschig) und erreichen bald eine sehr steile Passage. Weiter hinunter passieren wir einige Abzweige, die wir ignorieren, und gelangen zu einer Wegeverteilung. Bevor wir hier nach links auf Pfad 6 abbiegen, machen wir zunächst einen Abstecher (100 m) geradeaus auf einem Pfad hinauf zur **Teufelsley** 8. Einer kurzen luftigen Kletterei, die Trittsicherheit und Schwindelfreiheit verlangt, folgt ein grandioses Panorama vom Gipfelkreuz.

Wieder zurück an der Wegeverteilung, folgen wir dem zweiten Pfad 6 nach rechts (nicht hinunter) gemütlich durch den Wald zu einer roten Sitzbank an einem Weg in einer Kurve. Diesem folgen wir hinunter (Ahr-Urft-Weg + Ahrsteig) mit Blick an einer kleinen Lichtung auf die Ahrschleife, wieder zur bekannten **Wegekreuzung** 3 an einer roten Sitzbank. Dort steigen wir auf dem bekannten, schönen Pfad 7 hinauf, begleitet von einigen schönen Ausblicken. An einer Steinplatte passieren wir wieder den Abstecher-Weg zum Teufelsloch und es geht bald hinunter. Am nächsten Abzweig zweigen wir spitzwinklig nach links hinunter und erreichen **Altenahr** und den **Bahnhof** 1, unseren Ausgangspunkt.

↗ 250 m | ↘ 250 m | 13.4 km

29 Ripsdorf – Lampertstal – Kalvarienberg

4.00 h

Die Toskana der Eifel

Diese Wanderung führt durch das größte Wacholder-Schutzgebiet in Nordrhein-Westfalen, schon der Weg zum Höneberg führt durch Wacholderlandschaft. Weiter geht es ins Lampertstal, wo von April bis Oktober auch Orchideen, Enzian, Küchenschelle und viele andere seltene Pflanzen blühen. Über den Kalvarienberg geht es durch Wacholderheide auf dem alten Kreuzweg (17. Jh.) zur alten Kirche St. Agatha, in der Karwoche Ausgangspunkt von Kreuzwegprozessionen entlang der Stationen bis hin zum Schlusskreuz auf dem Kalvarienberg. Über den Aussichtspunkt am Griesheuel schließt sich die Runde nach Ripsdorf.

Ausgangspunkt: 53945 Blankenheim-Ripsdorf, 506 m, Dorfplatz gegenüber der Kirche (»Wandergebiet Lampertstal«). Achtung: Parken hier nur bis 3 Stunden mit Parkscheibe erlaubt! (GPS: N50.385983 E6.655454).
Anfahrt: Mit Pkw: A1 bis Abfahrt Blankenheim, dann Richtung Hillesheim bis Dollendorf. Durch Dollendorf in den Lampertsweg und weiter über die K69 nach Ripsdorf zur Kirche. Dort vor dem Hotel-Restaurant Breuer rechts in die Tränkgasse (Schild: Parkplatz 100 m) abwärts zum Wanderparkplatz (GPS: N50.386900, E6.654082).
Anforderungen: Einfache Rundwanderung.
Einkehr: Café Stübchen in Alendorf (Di Ruhetag); Restaurant Breuer in Ripsdorf an der Kirche (Mo Ruhetag).

Vom Parkplatz spazieren wir die Tränkgasse hinauf (100 m) zum **Dorfplatz ❶**, unseren Ausgangspunkt in **Ripsdorf**. Wir queren die Hauptstraße und gehen durch die Kirchstraße an der Kirche vorbei zum Kindergarten (Haus Nr. 17); hier geradeaus abwärts auf Weg durch Wiesen und über eine Kreuzung geradeaus hinweg und an einem Abzweig vorbei. Den nächsten Querweg vor einer eingezäunten Wiese nach links zu einer Wegekreuzung und rechts hinauf an eingezäunten Wiesen entlang gelangen wir zu einem Teerweg. Hier biegen wir links ab, dann nach 50 m zweigen wir rechts ab über den Teerweg auf den Nadelwald und das Wacholdergebiet am Büschelsberg zu und orientieren uns bis zum Lampertsbach an der K69 an dem Logo »Eifelschleifen/Wo Bäche schwinden«. Vor dem **Büschelsberg**, 25 m vor einer braunen Sitzbank, verlassen wir den Teerweg und gehen links über Grasweg durch das Wacholdergebiet zu einem **Aussichtspunkt ❷**, 470 m, mit Infotafel »Panoramablick«. Dann

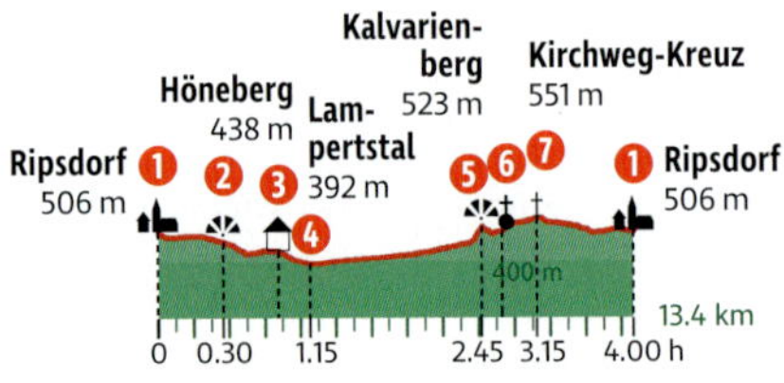

30 m zurück und auf Pfad (Naturschutzgebiet-Hinweisschild) rechts abwärts zu einem Teerweg. An diesem biegen wir nach rechts aufwärts (60 m) und gleich wieder links auf Pfad abwärts, mit Blick auf den Höneberg. Am nächsten Querweg zweigen wir nach rechts und direkt danach an der Gabelung nach links zur Kreisstraße 69. Nach Querung der K69 wandern wir an der Infotafel »Lampertstal« auf Weg am Waldrand vorbei zu einer Verzweigung; dort nach rechts Richtung Höneberg. Bald darauf, an einer eingezäunten Wiese, bringt uns ein Pfad geradeaus zu einer weiteren Wegegabelung, an der wir rechts abzweigen und durch Kiefer- und Wacholderlandschaft die kleine **Höneberg-Schutzhütte** 3 erreichen.

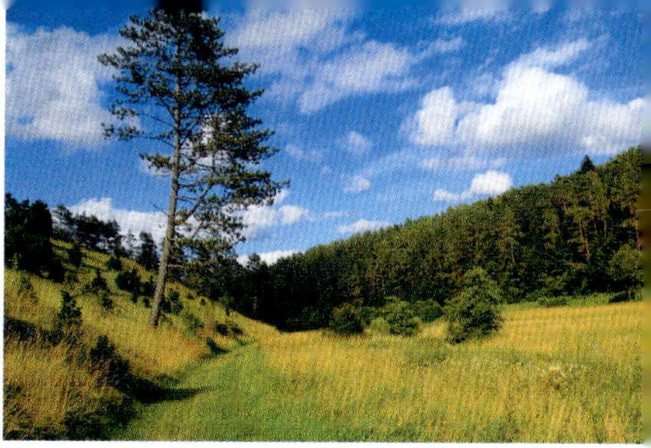

Im idyllischen Lampertstal.

Von hier weiter auf Weg, vorerst noch durch Kiefern- und Wacholderlandschaft, bis wir abwärts zu einem Teerweg kommen. Dieser bringt uns abwärts nach rechts erneut zur K69. Hier biegen wir vor dem Lampertsbach rechts ab (ohne Markierung), gehen auf der Straße ca. 300 m, bis wir diese an einem **Linksabzweig** 4 auf einem Grasweg verlassen, und nach 100 m gesellt sich wieder das Logo »Eifelschleifen/Wo Bäche schwinden« hinzu. Durch das schöne **Lampertstal** geht es sanft aufwärts, vorbei an den beiden Infotafeln »Lebensraum Grünland« und »Alt- & Totholz im Wald« und einem Picknickplatz. Nach diesem erreichen wir nach ca. 800 m das Logo »Eifelsteig«, das uns bis nach Ripsdorf begleitet. Geradeaus, an einem Abzweig vorbei (Abkürzung nach Ripsdorf) und unterhalb am Kronenberg entlang erreichen wir die Infotafel »Ein Bach verschwindet«.

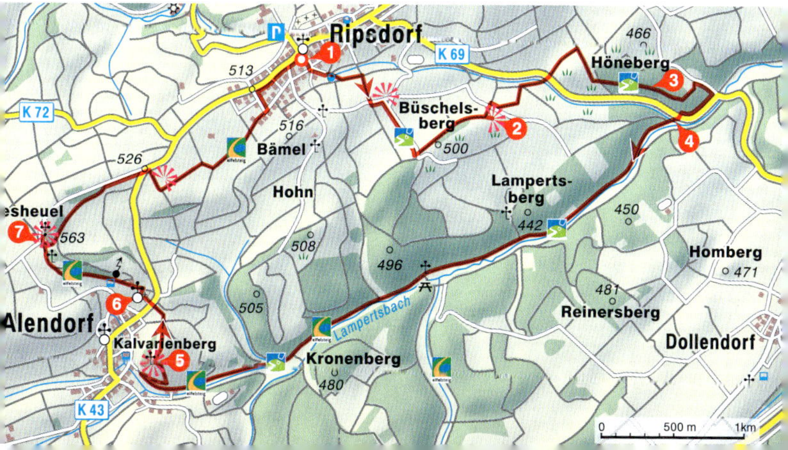

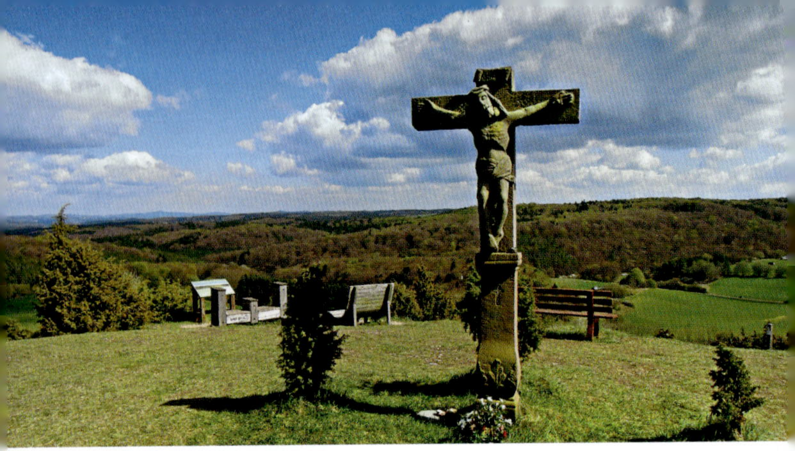

Am Kreuzweg auf dem Kalvarienberg.

Nach weiteren 100 m verlassen wir das Logo »Eifelschleifen/Wo Bäche schwinden« und das Logo »Eifelspuren/Toskana der Eifel« gesellt sich hinzu. Wir wandern wieder an Wacholderhainen vorbei und blicken bald auf die Ortschaft Alendorf. Am Wegweiser »Kalvarienberg 0,3 km« (Eifelsteig) biegen wir im spitzen Winkel rechts auf Pfad bergan zum »Steinkreuz 1675« auf dem **Kalvarienberg** ❺, 523 m, mit Eifel-Blick. Wir überschreiten den Kalvarienberg, folgen dem Ww. »St. Agatha 0,2 km« (Eifelsteig) auf dem Kreuzweg in Richtung der alten Kirche und queren die Alendorfer Straße. An der Kirche **St. Agatha** ❻ vorbei durchqueren wir den Friedhof in Richtung Leichenhalle (ohne Markierung) und biegen nach links auf einen Teerweg (Eifelsteig + Eifelspuren), der kurz darauf in einen Weg übergeht. Wir gehen unterhalb an einem Sendemast geradeaus, verlassen an einem Kreuz das Logo »Eifelspuren«/Toskana der Eifel« und kommen hinauf zu einem Kruzifix vor einem Teerweg, dem **Kirchweg-Kreuz Waldorf-Alendorf** ❼, 551 m.

Wir biegen sofort hinter dem Kruzifix vom Teerweg rechts auf einen Grasweg ab (Ww. Ripsdorf 2,7 km) und wandern an einem kleinen Wald am Griesheuel entlang, mit Blick von einer Sitzbank auf den Aremberg, die Hohe Acht und Nürburg, zu einem Teerweg. Auf diesem nach rechts zur Kreisstraße 43, diese überquerend folgen wir dem Logo »Eifelsteig« durch Wiesenlandschaft mit Blick auf Ripsdorf. Nach kurzer Zeit kommen wir an einer grünen Viehstallung vorbei. Hier kurz nach rechts und gleich wieder links, queren wir bald eine Kreuzung und laufen in **Ripsdorf** ein. Am Ortsrand biegen wir nach links in die Straße »Auf der Reusch« und kommen an einem Heiligenhäuschen zur Hauptstraße. Hier nach rechts, an der Dorfschmiede vorbei, halten wir auf die Kirche und unseren Ausgangspunkt am **Dorfplatz** ❶ zu.

↗ 200 m | ↘ 200 m | 10.2 km

3.20 h

Burg Kerpen und der Dreimühlenwasserfall

30

Wanderung zum schönsten Wasserfall der Eifel

Die abwechslungs- und aussichtsreiche Tour führt durch prächtigen Mischwald zum Dreimühlenwasserfall, der durch die stark karbonathaltigen Zuflüsse des Ahbachs entstanden ist. Beim Bau der Eisenbahn von Dümpelfeld nach Jünkerath um 1910 wurden drei sehr stark kalkhaltige Karstquellen zu einem Wasserlauf zusammengefügt, um das Wasser gesammelt unter der Bahntrasse hindurchzuführen. Heute ist der Dreimühlenwasserfall das nördlichste Kalksintervorkommen in Europa und wurde zum Naturdenkmal erklärt.

Ausgangspunkt: 54578 Kerpen (Eifel), 449 m, Parkplatz am Stausee, Ww. zum Stausee in Kerpen (GPS: N50.313755 E6.732001).
Anfahrt: Mit Pkw: Die Eifelautobahn A1 bis zum Autobahnende. Weiter in Richtung Wiesbaum, hier nach links ab nach Kerpen. Im Ort auf der Bachstraße nach Norden bis zum Parkplatz beim Kerpener Stausee.
Anforderungen: Einfache Rundtour.
Einkehr: Café im Seminarhaus Nohner Mühle (variierende Öffnungszeiten, nohnermuehle.de); Landgasthof Schröder in Niederehe (Mo, Di Ruhetag); Gastronomie in Kerpen.

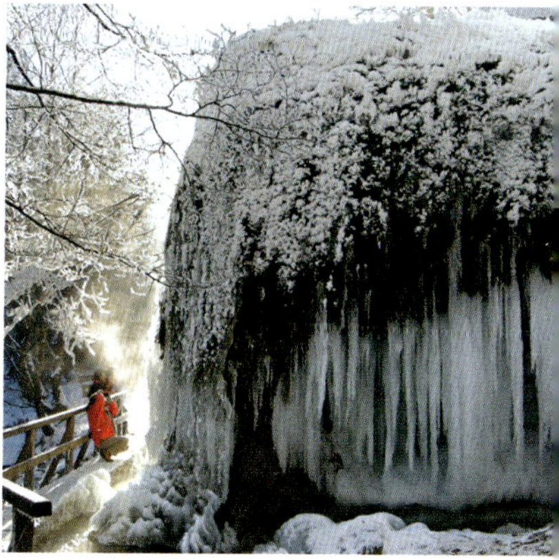

Imposante Eisskulpturen am winterlichen Dreimühlenwasserfall.

Vom **Parkplatz Kerpener Stausee** ❶ wandern wir in nördlicher Richtung, zuerst bis zu einer Weggabelung. Hier geradeaus (Weg G13 + Wasserfall-Runde), steigen wir sanft an, am Höhenberg vorbei zu einer Kreuzung und hier geradeaus (Nr. 15 + Wasserfall-Runde) durch Felder bis zum Anfang des Meerbuschs. An einem Querweg beim Schild »Vorsicht Sprengarbeiten« verlassen wir das Wasserfall-Runde-Logo. Wir halten uns nach rechts hinunter (70 m) zu einer Weggabelung an Felsen. Dort folgen wir der alten Markierung 15, die uns bis zum Wasserfall begleitet, nach links in einen Buchenwald hinauf. An einer Kreuzung nach rechts, passieren wir einen Steinbruch und gelangen auf Weg immer geradeaus durch Mischwald (Weg Nr. 15) zum Wohngebiet (Auf der Lay), vor dem wir nach links zur Straße abzweigen. Über diese hinweg kommen wir zu einer Weggabelung, wo wir rechts abzweigen. Nun geht es an Wiesen und dicken Buchen vorbei.

Nach 100 m, in einer Rechtskurve, bleiben wir rechts, wenden uns nach 70 m am Naturschutzgebiet-Hinweisschild nach links und erreichen nach 50 m die große **Schutzhütte** ❷. Hinter dieser gehen wir in den Dreimühlenwald und folgen dem breiten Weg/Pfad (Nr. 15) abwärts, kurz über eine Wiese (30 m) und dann steil hinunter zum **Dreimühlenwasserfall** ❸.
Von dem beeindruckenden Naturdenkmal folgen wir dem Pfad mit dem Logo »Eifelsteig + Wasserfallweg« gegen die Fließrichtung des Ahbachs und dann weiter nach rechts durch eine **Unterführung** ❹. Vor dieser können wir einen Abstecher (150 m) geradeaus zur **Nohner Mühle** machen (mit Café). Nach der Unterführung spazieren wir nach links auf dem Fahrradweg (Ww. Kalkeifel/Eifelsteig) und verlassen an einem Abzweig vorerst den

Der Dreimühlenwasserfall – oder auch Nohner Wasserfall – ist ein Naturdenkmal.

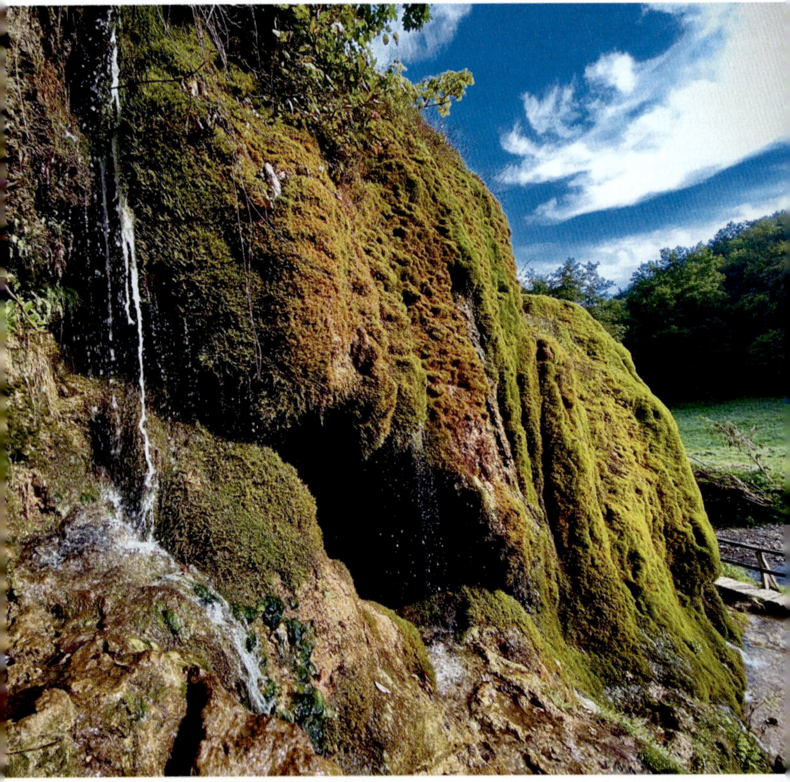

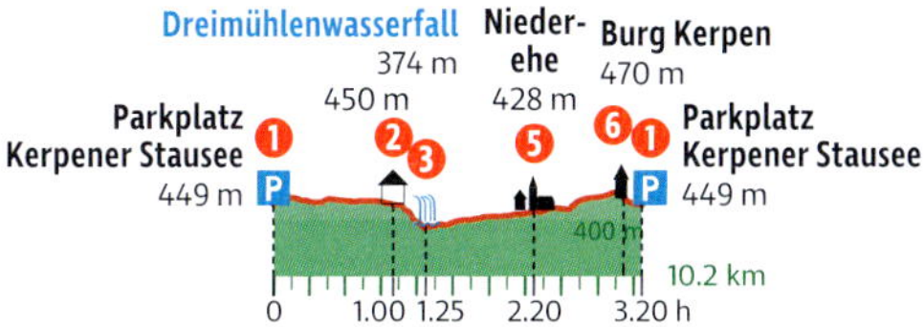

Eifelsteig, der nach links über eine Fußgängerbrücke führt. Wir wandern weiterhin auf dem Teerweg bis vor den Ort Niederehe. Vor dem Niederehebach biegen wir nach rechts auf den alten Bahndamm ab, gehen über Pfad an Wacholder vorbei und folgen wieder dem »Eifelsteig + Hocheifelweg« (begleiten uns bis nach Kerpen). Nach ca. 400 m kommen wir zur K74. Hier kurz nach links, die K59 queren und durch **Niederehe**: an der Klostermauer vorbei nach rechts über die Loogher Straße und gleich erneut rechts in die Kerpener Straße zur **Klosterkirche** 5. Vorbei am Landgasthof Schröder kommen wir zur K59, die wir ins Sträßchen »Im Bungert« queren. Nach 50 m biegen wir nach links kurz aufwärts auf Pfad über Stufen zu einem schmalen Weg.

Hier steuern wir nach links in den Wald, gelangen zum **Marmorbruch** und erneut zur K59. Auf ihr gehen wir 100 m nach rechts, an einem Steinkreuz vorbei und gleich dahinter über einen Pfad nach rechts (Ww. Eifelsteig). Steil bergauf in den Wald steigend stoßen wir auf einen Weg, der uns nach rechts zu einem Wasserschutzhaus (Zaun) bringt. An ihm vorbei nehmen wir den nächsten Weg an einer Kreuzung nach links. Etwa 300 m vor der Burg gehen wir kurz nach rechts und gleich wieder links zur Grabstätte des Eifelmalers Fritz von Wille, der ab 1911 auf **Burg Kerpen** 6 wohnte, die wir 100 m weiter erreichen. Nun schlendern wir abwärts zur Kirche und vor dieser über Stufen hinunter. Gleich danach zweigt rechts die Bachstraße ab, auf der wir zum **Parkplatz Kerpener Stausee** 1 zurückkehren.

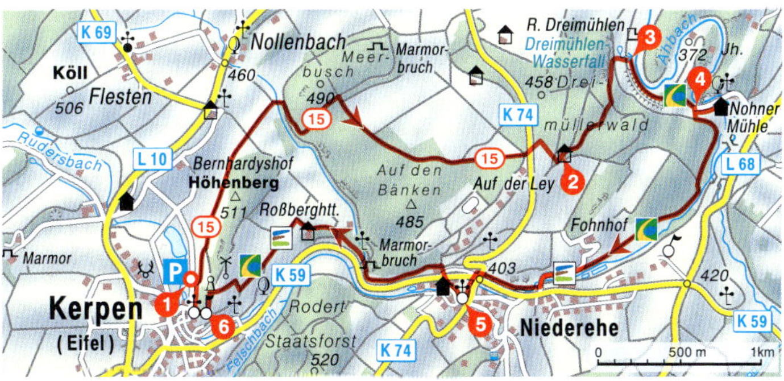

↗ 150 m | ↘ 150 m | 9.8 km

31 Rund um den Laacher See

2.45 h

Zum Lydiaturm und zu den Mofetten – Kohlensäure im Laacher See

Diese aussichtsreiche Wanderung führt uns am Westufer des Laacher Sees entlang zum Lydiaturm. Von hier oben genießt man einen herrlichen See- und Eifelblick. Zurück geht es durch schönen Buchenwald zum Ostufer des Sees, wo uns ein beeindruckendes Naturschauspiel erwartet: Kleine Gasblasen (Mofetten) steigen vom Seegrund zur Wasseroberfläche auf. Sie lassen auf vulkanische Aktivitäten im Erdinnern schließen, im Winter bleiben über den Gasblasen kreisrunde Löcher und es entstehen gasgefüllte Blasen unter dem Eis. Der Laacher See ist das größte natürliche Gewässer im Rheinland.

Ausgangspunkt: 56743 Mendig, Parkplatz am Kloster Maria Laach, 275 m (GPS: N50.403637 E7.254539).
Anfahrt: Mit Pkw: Autobahn A61 bis Abfahrt Mendig und von dort zum Laacher See.
Mit ÖPNV: Bus 395 von Andernach bis Maria Laach Kloster/Parkplatz A.

Anforderungen: Unschwierige Rundtour, kurzer Anstieg zum Lydiaturm.
Einkehr: Klostergaststätte Maria Laach (täglich 11–18 Uhr, klosterbetriebe-maria-laach.de); Restaurant Blockhaus Laacher See, am Campingplatz (Di Ruhetag); Restaurant Vulkan Waldfrieden (Mo/Di Ruhetag, vulkan-waldfrieden.de).

Kloster Maria Laach mit seiner sechstürmigen Abteikirche.

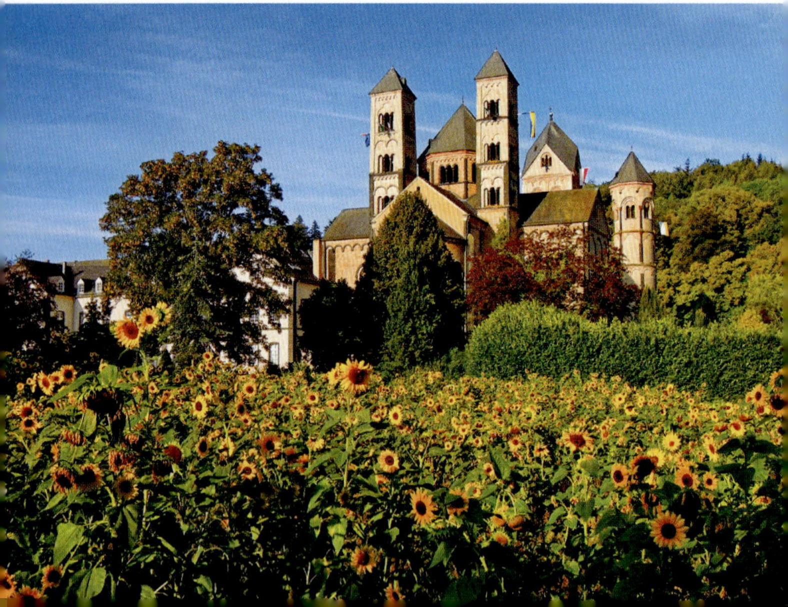

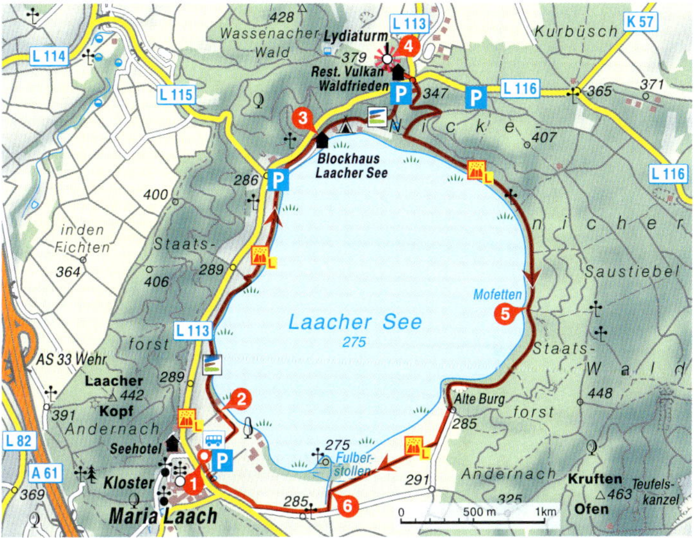

Unsere Umrundung des Laacher Sees erfolgt im Uhrzeigersinn. Dazu halten wir uns vom Parkplatz bzw. der Bushaltestelle beim **Kloster Maria Laach** ❶ vor dem Hofladen und der Touristinfo nach rechts und gehen auf die Wiesen zu. Dort folgen wir dem Ww. 2 auf einem Teerpfad zum See mit **Bootsverleihstelle** ❷ und bleiben weiterhin auf dem Uferrundwanderweg (Eifelverein/Vulkanwanderweg) zum Minigolfplatz. So gelangen wir über Pfad am Schild »Blockhaus Laacher See« zunächst entlang der Segelboot-Liegeplätze zum Campingplatz mit einer Liegewiese am See. Am Restaurant **Blockhaus Laacher See** ❸ vorbei spazieren wir entlang des Rundwanderweges zum Ende des Campingplatzes.

Kurz vor Ende der Umzäunung steigen wir auf einem Pfad dem Vulkanweg folgend nach links spitzwinklig bergan und durch Buchenwald steil hinauf zum Parkplatz. Dort wird die Landstraße 113 überquert und wenige Minuten später können wir den Abstecher nach rechts (Ww. 1) am **Restaurant Vulkan Waldfrieden** vorbei zum **Lydiaturm** ❹, 379 m, unternehmen, um die Aussicht auf den Laacher See und den Hochsimmer zu genießen.

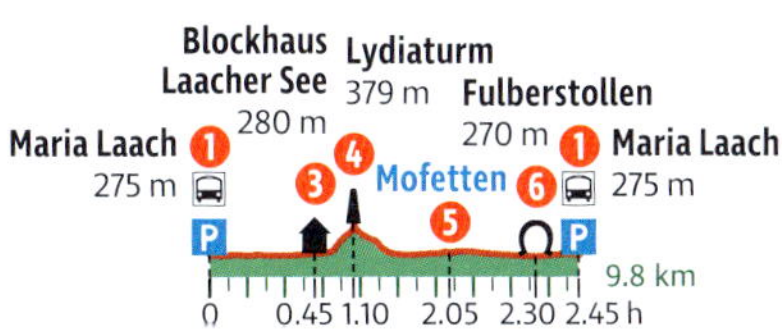

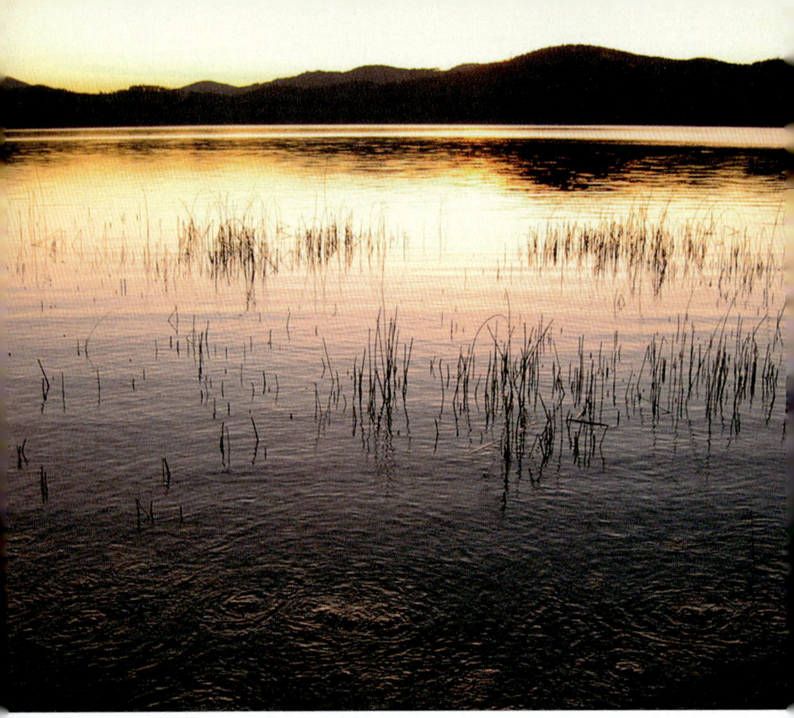

Sonnenuntergang am Laacher See, im Vordergrund Mofetten-Gasblasen.

Die weitere Route führt ab dem Parkplatz an der L113 über den mit »GEO-L + Eifelverein/Vulkanweg« markierten Weg; erst durch Buchenwald, nach 350 m in einer Rechtskurve an einer Kreuzung den mit »GEO-L« gekennzeichneten Weg rechts abwärts, nach 250 m an einer weiteren Kreuzung nach links. Nach nochmals 250 m kommen wir rechts zu einem Weg am Ostufer des Laacher Sees und nach 1,2 km zweigt der Geo-Pfad am Schild »Anfahrtpunkt für Rettungsfahrzeuge« nach rechts hinab zur Infotafel »Kohlendioxid-Quellen«. In diesem Bereich, aber auch schon weiter nördlich und südlich, kann man am Ostufer die **Mofetten** 5 gut sehen.
Weiter geht es wieder auf den Weg nach rechts zu den beiden Infotafeln »Basaltlavastrom des Lorenzfelsens« und »Alte Burg« (Logo Traumpfade). An der Infotafel 8 »Alte Bimsgrube« verlassen wir den Teerweg und wandern nach rechts auf dem Weg (GEO-L) durch freie Flur zum **Fulberstollen** 6, einem historischen Abflussstollen.
Auf einem Teerweg kommen wir schließlich wieder zu unserem Ausgangspunkt am **Kloster Maria Laach** 1 zurück.

↗ 700 m | ↘ 700 m | 24.7 km

7.20 h

Nürburgring und Hohe Acht, 747 m

32

Höchster Berg der Eifel und die schönste Rennstrecke der Welt

Diese relativ anstrengende und lange Wanderung mit vielen Eindrücken von landschaftlicher Schönheit und faszinierendem Motorsport führt uns in die sogenannte Grüne Hölle an der Rennstrecke entlang zur Hohen Acht. Deren Basaltkuppe ist gekrönt vom gut 16 Meter hohen Kaiser-Wilhelm-Turm, erbaut 1908–1909, von dem der Blick weit über die Eifel schweift. Zu Füßen der Hohen Acht liegt der legendäre, heute fast 26 Kilometer lange Nürburgring, auf dem seit 1927 Rennen ausgetragen werden. Weitaus älter ist die namengebende Nürburg von 1160, die auch besichtigt werden kann. Von ihrem Turm bietet sich ein herrlicher Blick auf die Burganlage, den Ring und die Eifel. Auf dem Rückweg nach Adenau geht es wieder an der Rennstrecke (Grüne Hölle) entlang an den Streckenabschnitten Quiddelbacher Höhe, Schwedenkreuz und Adenauer Forst.

Ausgangspunkt: 53518 Adenau, 300 m, Parkplatz Bruch, 345 m, an der Landstraße zur Hohen Acht (GPS: N50.380252 E6.952817).
Anfahrt: Mit Pkw: Vom Autobahnkreuz Meckenheim über B 257 nach Adenau, ca. 1,5 km von Adenau, kurz vor Breidscheid links ab.
Anforderungen: Relativ lange und anstrengende Rundtour, steiler Anstieg an der Alten Steilstrecke (bis 33 %) und an der Hohen Acht.
Einkehr: Gastronomie in Nürburg und Adenau.
Hinweis: Die Burgruine Nürburg ist April–Sept. Di–So 9–13 und 14–18 Uhr, Okt.–März 9–13 und 14–17 Uhr geöffnet, Mo sowie im Dez. geschlossen, Infos unter nuerburg.de.

Seit 1909 thront der Kaiser-Wilhelm-Turm auf der Hohen Acht.

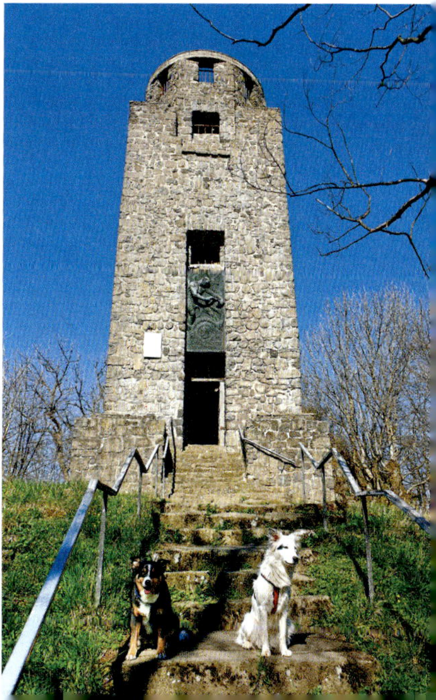

Vom **Wanderparkplatz Bruch** ❶ gehen wir die Landstraße ca. 350 m hinauf und orientieren uns an Weg Nr. B3 (bis zu einem Teerpfad vor der Hohen Acht), zuerst rechts ab zu einem Teerweg. Diesen verlassen wir aber alsbald nach rechts (Weg B3 + MTB1). Am Nürburgring entlang geht es zum »Kesselchen«, an einer Gabelung beim Schild »Anfahrpunkt für Rettungsfahrzeuge« links hinauf (B3 + MTB1) und weiter zu einer Schranke. Hinter dieser wandern wir entweder auf dem Weg B3 halb links weiter hinauf, in einem Bogen an der Alten Steilstrecke vorbei (Variante). Oder – schöner und anstrengender – an der Schranke nach rechts abwärts (MTB-Wegweiser) direkt an der Rennstrecke vorbei zum rot-weißen **Eisentor** ❷, 534 m, um dort über die wellige Betonfahrbahn der **Alten Steilstrecke** steil (bis zu 33 %) anzusteigen.

Am Steilstrecken-Ende angekommen halten wir uns nach links zum Schlagbaum und verlassen die Rennstrecke. Wir folgen geradeaus dem Ww. B3

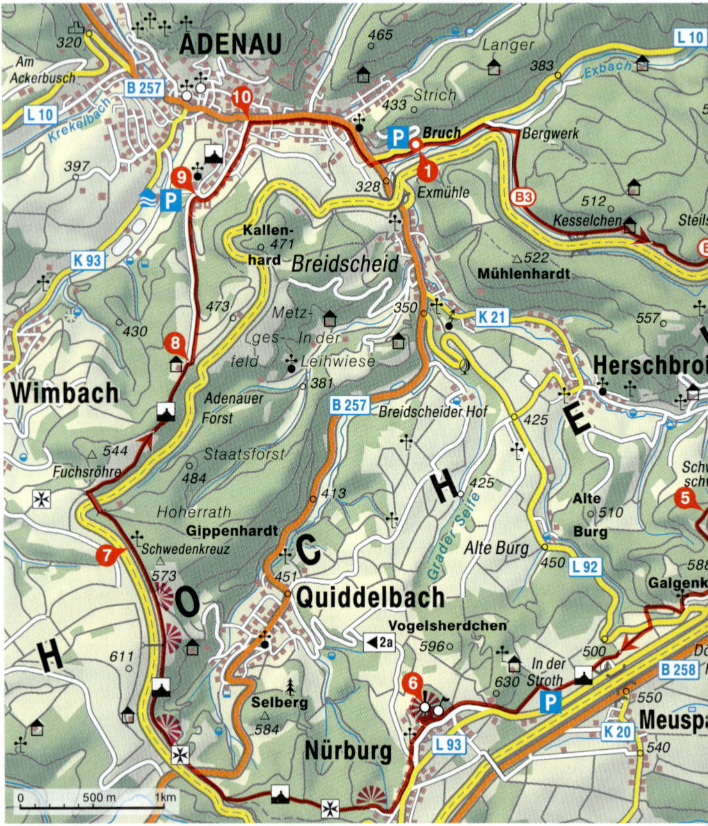

sanft ansteigend zum Höhenpunkt 644 m und ignorieren alle Abzweige. Später gesellt sich Wegweiser H2 + H3 hinzu und wir kommen zu einem Teerweg. Hier leitet uns der Ww. »Kaiser-Wilhelm-Turm« steil aufwärts auf Teerpfad zu einem Picknickplatz und hinauf zur **Hohen Acht** 3, 747 m. Zurück am Picknickplatz folgen wir nach links dem Logo »Eifelverein/Ville-Eifel-Weg + Malteserkreuz + Hocheifelweg« (sie begleiten uns bis in den Ort Nürburg, nur ab dem Schwalbenschwanz bis hinter den Galgenkopf nicht) bergab und zweigen nach etwa 350 m am Wegweiser »Nürburg 9,4 km« rechts ab zum **Brünnchen** 4. Von dort geht es links am Parkplatz entlang zu einer Unterführung der Rennstrecke und dahinter nach links (Ville-Eifel-Weg/Malteser/Hocheifel) zu einer weiteren Unterführung der Rennstrecke.

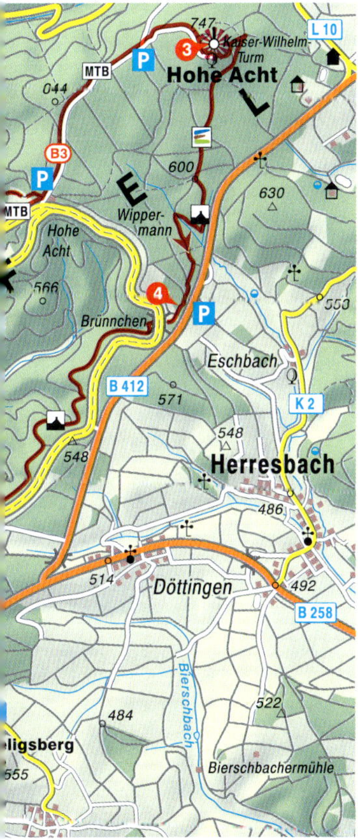

Vor dieser gehen wir nach rechts an einem rot-weißen Schlagbaum vorbei zum **Schwalbenschwanz** 5 und verlassen für knapp 1 km den »Ville-Eifel-Weg« (Malteserkreuz/Hocheifel). Hier sind wir wieder direkt an der Rennstrecke, der wir etwa 400 m an der Einzäunung entlang folgen. Weiter auf Weg (Ww. MTB) an einem Sendemast vorbei um den Galgenkopf zu einem Sträßchen und rechts hinunter zur Landstraße 92, wieder dem Ww. »Ville-Eifel-Weg/Malteser/Hocheifel« folgend. An der L92 kurz (30 m) rechts abwärts, biegen wir erneut rechts ab hinunter auf einen Weg und steigen am Anfang eines Fichtenwaldes links hinunter. Achtung, kurz darauf, etwa 25 m vor dem Ende des kleinen Fichtenwaldes, biegen wir nach links aus dem Wald hinauf auf einen Pfad zu einer Wiese. Über diese halten wir uns halb links steil hinauf zu einer sichtbaren Öffnung einer Leitplanke und überqueren die L92 nach rechts zu einem Weg. Diesem folgen wir durch Flur und ein Wäldchen hinauf bis zu einer Straße an einer Unterführung. Vor dieser bringt uns ein Grasweg nach rechts weiterhin hinauf zu einem

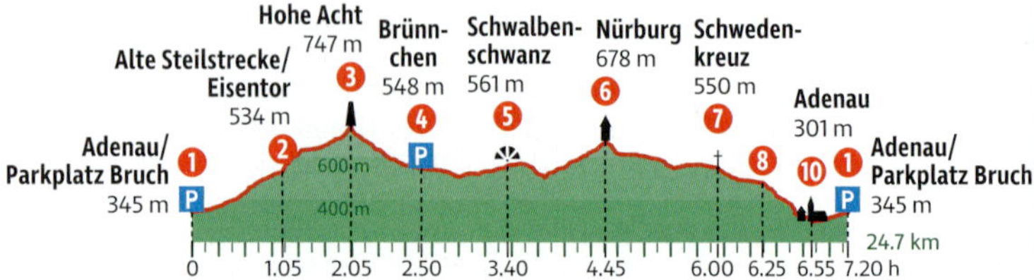

Parkplatz vor der Zufahrt zur legendären Nordschleife **Grüne Hölle**. Direkt hinter dem Parkplatz, am Anfang eines Sträßchens, zweigen wir nach rechts ab auf einen Weg aufwärts mit herrlichem Blick rechts auf die Hohe Acht und biegen kurz darauf vor einem Fichtenwald an einer Wegeverteilung links auf einen Grasweg ab. An Wald und Wiesen entlang kommen wir vor der L93 zu einer Infotafel »Orchideenreiche Feuchtwiesen – In der Stroht«. Diese Tafel erläutert, wie hier durch stauende Lehmschichten Feuchtwiesen entstanden sind, in deren nährstoffarmen Böden Tausende Orchideen wachsen. Viele der hier vorkommenden Arten sind selten und gelten als besonders schutzwürdig.

Weiter die Landstraße rechts aufwärts, vorbei am Hotel-Restaurant Altes Forsthaus zur Burgstraße. Diese bringt uns schließlich hinauf durch den gleichnamigen Ort zur **Nürburg** 6, 678 m. Nach dortigen Ein- und Ausblicken spazieren wir durch den Ort abwärts vorbei am Bergfrieden- und Lärchenweg und kommen zur Hauptstraße. Auf dieser geradeaus, biegen wir rechts in die Hatzenbacherstraße, erneut rechts in das Sträßchen »Waldweg« und folgen dem Wegweiser »Malteserkreuz/Hocheifel« (das Logo Hocheifel begleitet uns bis nach Adenau).

Die »Grüne Hölle« Nürburgring am »Schwalbenschwanz«, dahinter die Hohe Acht.

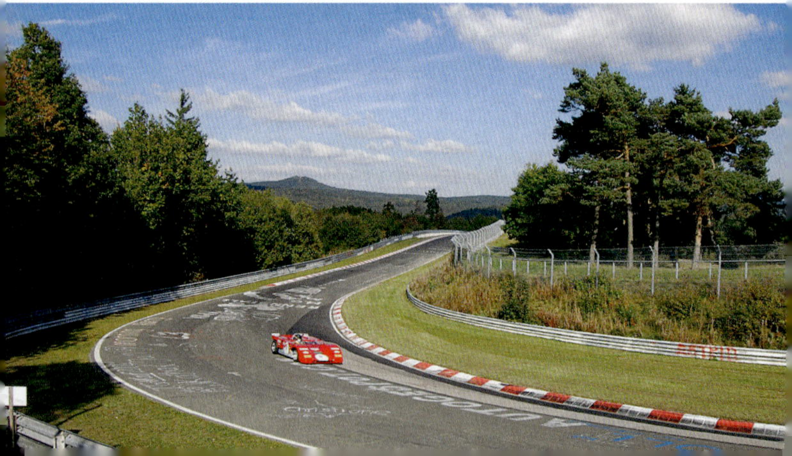

Wir verlassen den Ort und es geht auf einem Weg durch kahlgeschlagenen Wald mit gigantischen Blicken rechts auf die Nürburg. Bald darauf bietet sich von einer Anhöhe ein weiteres Mal das Panorama der Hocheifel und es geht durch den Wald »Hochwegen«. Wir kommen wieder zur Rennstrecke, gehen an dieser abwärts, überqueren die B 257 und wandern weiterhin an der Quiddelbacher Höhe entlang, immer in der Nähe der Rennstrecke. Unterwegs ergeben sich mehrere tolle Ausblicke auf die Hohe Acht und auf Nürburg.

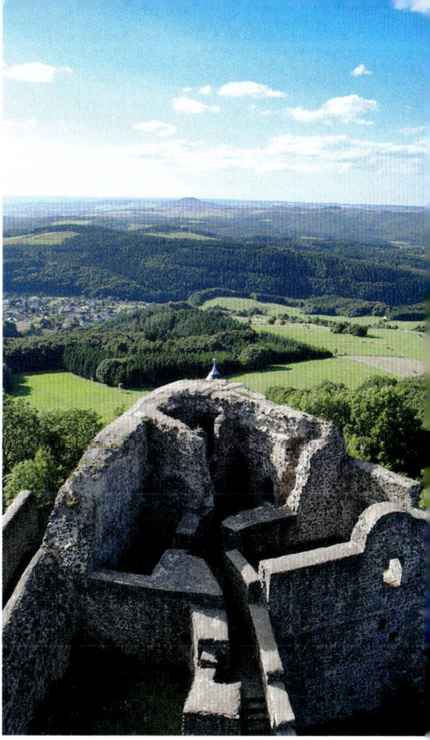

Aussicht vom Bergfried der Nürburg auf die Ruine und den Aremberg.

Wieder direkt an der Rennstrecke entlang kommen wir zum **Schwedenkreuz** **7**, 550 m. Hinter diesem geht es durch Fichtenwald abwärts und wir überqueren die Rennstrecke über eine Brücke. Wir verlassen das Malteserkreuz-Logo und folgen einem Schotterweg rechts abwärts (Ww. Hocheifel) mit Blick auf die Hohe Acht. Entlang der Fuchsröhre erreichen wir an einem Schlagbaum und Leitplanken, vorbei am Schild »Landschaftsschutzgebiet«, den Adenauer Forst. Kurz darauf (230 m) machen wir am Anfang eines Teerweges einen kurzen Abstecher (40–50 m) nach rechts zur Rennstrecke **Adenauer Forst** **8**, 481 m. Dieser beliebte und interessante Streckenabschnitt gehört mit zu den schönsten am Nürburgring.

Wieder zurück am Teerweg folgen wir diesem abwärts, kommen am Wanderparkplatz Adenauer Forst (mit Schutzhütte) vorbei und kurz darauf nach **Adenau** zur **Realschule** **9**. Vor einem Parkplatz an der Schule verlassen wir das Logo »Hocheifel«, folgen nach rechts der Kallenbachstraße und später der Alten Poststraße abwärts zur **Hauptstraße** **10** (B 257), 301 m. An dieser nach rechts über den Bürgersteig, passieren wir das Restaurant Zur gemütlichen Ecke und kommen an einer Kapelle vorbei zu einer Straßenkreuzung beim Rewe-Markt. Diese überqueren wir nach links und folgen der Landstraße zur Hohen Acht (Straßenschild) etwa 400 m hinauf zurück zum **Parkplatz Bruch** **1**.

↗ 350 m | ↘ 350 m | 9.0 km

33 Ettringer Lay und Kottenheimer Winfeld

3.00 h

Auch hier grüßt der Vulkanpark

Diese landschaftlich abwechslungsreiche Wanderung führt uns zuerst zu den ehemaligen Steinbrüchen der Ettringer Lay. Die mächtige, 40 Meter hohe »Große Wand« aus Basaltlava ist heute eine Station im Vulkanpark und ein beliebtes Klettereareal. Weitere Highlights sind die Kraterhöhlen »Sieben Stuben«, in denen die Menschen im Zweiten Weltkrieg Schutz suchten, sowie die Grubenlandschaft Kottenheimer Winfeld und der Ettringer Bellberg mit seinem herrlichen Ausblick über die Vulkanlandschaft.

Ausgangspunkt: 56729 Ettringen, Parkplatz an der Ettringer Lay, 362 m (GPS: N50.347101 E7.223039).
Anfahrt: Mit Pkw: A61, bei der Ausfahrt 34 Mendig auf der B262, in Kottenheim auf die K20 nach Ettringen und dort auf die L82 in Richtung Mayen.
Mit ÖPNV: Regio Bus 390 von Mayen nach Ettringen, Haltestelle Mayener Straße. Auf dieser 100 m nach Norden zur Kreuzung, dort rechts und 400 m der Straße »In den Wiesen« folgend ist der Toureneinstieg beim Basaltwerk/Am Layenpfad möglich.
Anforderungen: Leichte Wanderung, die etwas Trittsicherheit erfordert.
Einkehr: Gastronomie in Ettringen (Abstecher).

Das Kottenheimer Winfeld ist ein beliebtes Klettereareal.

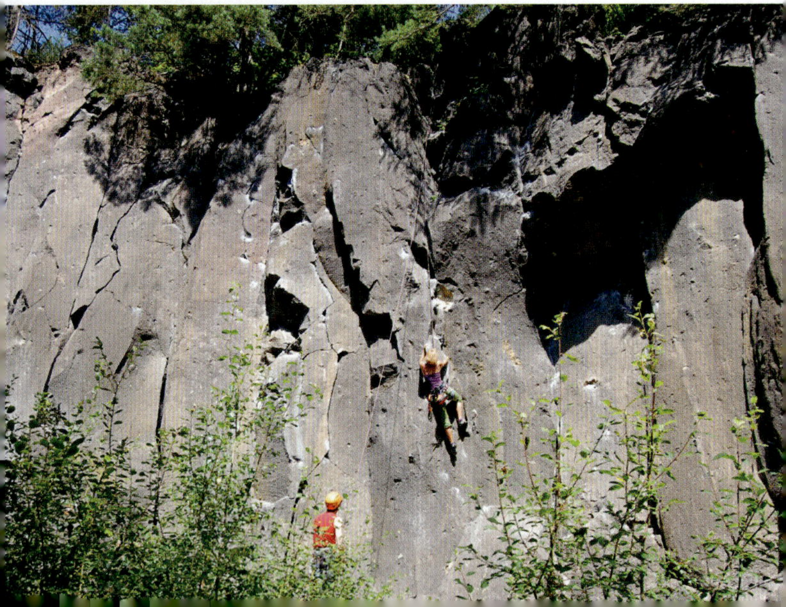

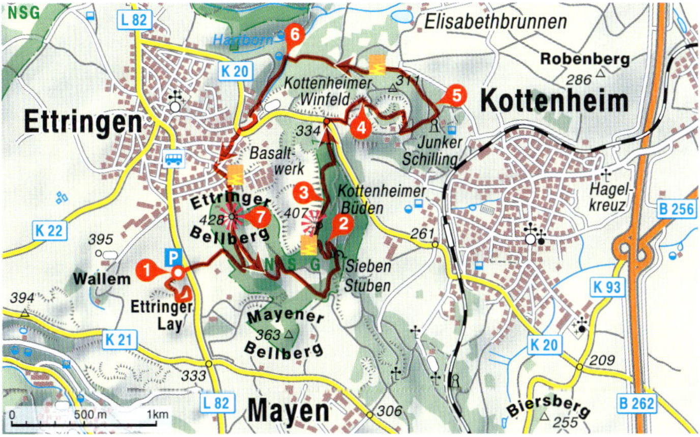

Vom **Parkplatz** ❶ an der **Ettringer Lay** machen wir zuerst einen 5-minütigen Abstecher zu den **Kletterfelsen**. Dabei passieren wir die Schutzhütte und gehen an der Verzweigung nach 70 m nach links abwärts.

Zurück am **Parkplatz** ❶ folgen wir dem Ww. »Zum Vulkanpfad 0,7 km« vor dem Überqueren der L82 zum Weg »Am Lunnen« (das Traumpfade-Logo begleitet uns nun auf der gesamten Tour). Dabei durchstreifen wir ein kleines Eichenwäldchen bis zum Kraterrand. Der Ww. »Sieben Stuben 1,4 km« bringt uns nach rechts auf einen Pfad, bevor es dann kurz steil bergab geht. Hier führt der Weg zuerst links, dann rechts (Ww. Sieben Stuben 0,8 km) durch Wald und später an Flur entlang zu einem Wegetreff am Schild »Sieben Stuben 0,4 km«, dort nehmen wir den ersten nach links. An einem Picknickplatz beim Naturschutzgebiet-Hinweisschild wandern wir aufwärts durch Nadelwald in Richtung »Siewe Stuwe« (Sieben Stuben) und passieren einen Sprengstoffbunker. An den 13 Infotafeln steigen wir über Stufen zu den als **Sieben Stuben** ❷ bekannten Höhlen bergan.

Nun folgt ein Anstieg zum Aussichtspunkt »Kottenheimer Büden« oberhalb der Höhlen, von dem man einen schönen Blick auf die Vulkanlandschaft hat. Ein Picknickplatz lädt zum Verweilen ein, bevor wir den **Kottenheimer Büden** ❸, 407 m, mit einer Sinnesliege erreichen. Von dort haben wir interessante Einblicke in den Steinbruch des Bellberges. Weiter steil abwärts folgen wir dem Ww. »Kottenheimer Winfeld 0,6 km« zur K20, die wir überqueren. Alsbald erreichen wir

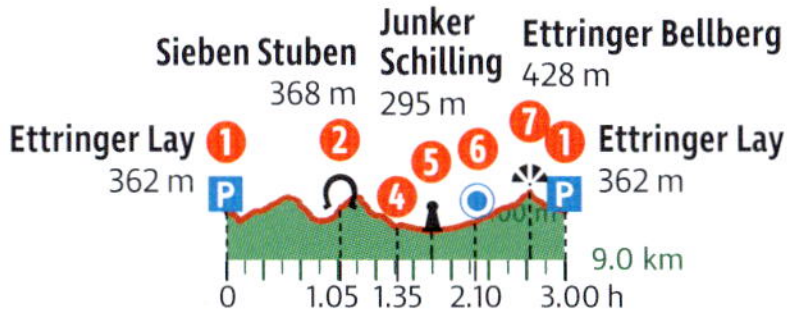

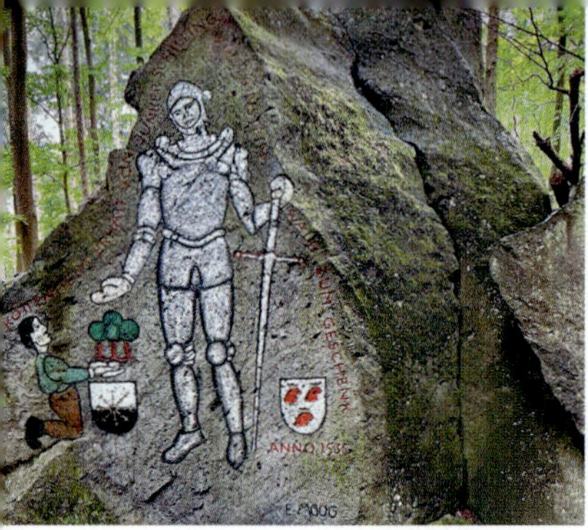

Das Felsdenkmal Junker Schilling.

die Kletterfelsen des **Kottenheimer Winfelds** ❹, 308 m. Nun geht es am Ww. »Junker Schilling 0,8 km« nach rechts zum Brechwerk und hinter diesem am Vierwegetreff links abwärts (Traumpfade). Wir überqueren eine Kreuzung geradeaus und kommen an einer Ruhebank vorbei. Kurz darauf bringt uns ein Pfad nach links zum **Felsdenkmal Junker Schilling** ❺. Von hier folgen wir dem Logo »Traumpfade« zur Hochsimmerhalle, zuerst kurz nach rechts auf Weg, dann weiter nach links durch Mischwald auf einem Pfad, der in einen Weg mündet. Dieser Weg quert einen Bachlauf, und wir gelangen an die **Mineralquelle Hartborn** ❻. Nach 500 m kommen wir nach links zur Hochsimmerhalle in Ettringen (hier auch große Infotafel).

Wir wandern auf der K20 nach rechts am Basaltwerk vorbei, folgen dem Ww. »Ettringer Bellerberg« und den Straßen »In den Wiesen«, »Am Layenpfad« sowie »Am Bellerberg« (Ww. Ettringer Bellberg 0,3 km). Wir verlassen den Teerweg und steigen halb links steil auf einem Wiesenpfad zum **Ettringer Bellberg** ❼. Eine herrliche Rundsicht erwartet uns hier oben, bevor wir dann abwärts zum bereits sichtbaren **Parkplatz Ettringer Lay** ❶ gelangen.

Die Große Wand der Ettringer Lay.

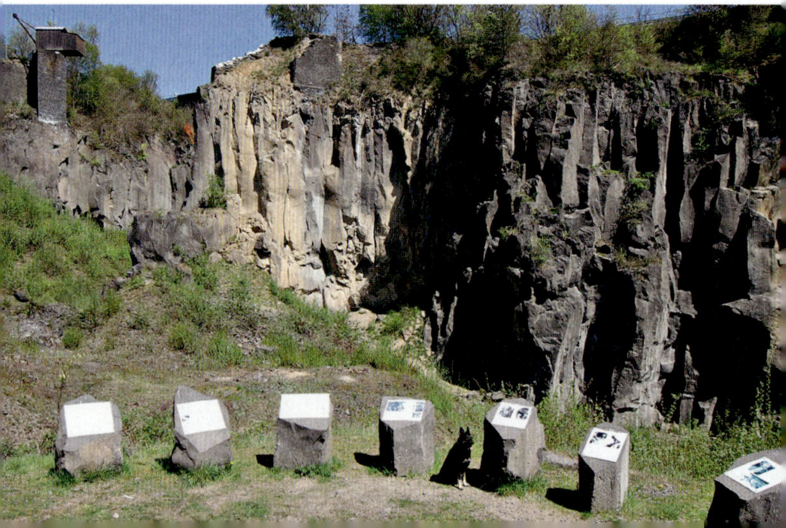

↗ 200 m | ↘ 200 m | 4.0 km

1.50 h

Fachwerkperle Monreal

34

Zur Löwenburg und Philippsburg

Diese kurze, aber teilweise etwas anspruchsvolle Rundtour führt durch und um das malerisch im Elzbachtal gelegene Monreal, das überragt wird von der Löwenburg und der Philippsburg. Die Attraktionen im historischen Ortskern sind rund 40 Fachwerkhäuser sowie die mittlere der drei Steinbrücken mit der Statue des heiligen Johannes von Nepomuk und dem spätgotischen Löwendenkmal. Vom Aussichtsturm der Löwenburg genießen wir einen herrlichen Blick auf das Städtchen.

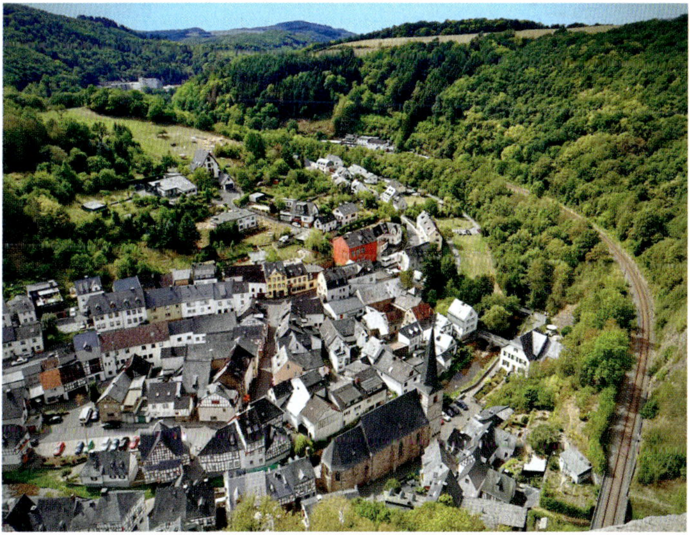

Blick auf Monreal vom Bergfried der Löwenburg.

Ausgangspunkt: 56729 Monreal, 291 m, Parkplatz am Bahnhof (GPS: N50.296058 E7.153209).
Anfahrt: Mit Pkw: A 48 bis Kaisersech, dann in Richtung Mayen, oder A 61 bis Mendig, dann Richtung Mayen und nach Monreal, dort dem Wegweiser zum Bahnhof folgen.
Mit ÖPNV: Regionalzüge bis Bahnhof Monreal, Station der Lahn-Eifel-Bahn Andernach–Kaisersesch.
Anforderungen: Kurze Rundtour, aber auf teilweise etwas anspruchsvollen Pfaden mit steilen Anstiegen und Abstiegen.
Einkehr: Gastronomie in Monreal.
Tipp: Die Tour ist während der Ginsterblüte, bekannt als »Eifelgold«, Ende Mai–Anfang Juni besonders empfehlenswert.

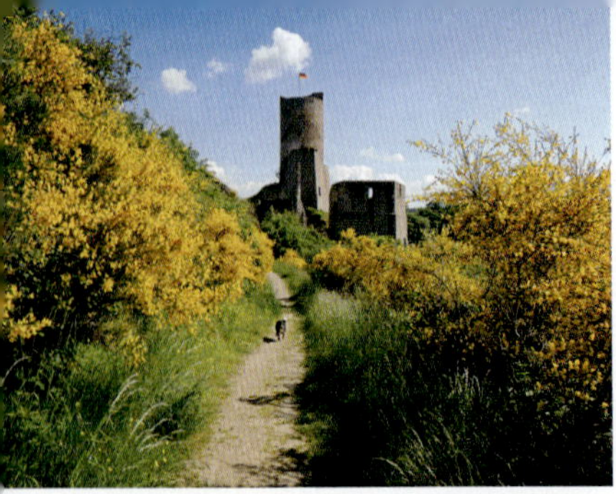

Die Löwenburg mit Ginster am Wegrand.

Vom **Bahnhofsparkplatz** 1 am Stellwerk in **Monreal** wandern wir an der Schule vorbei zu einem weiteren Parkplatz, auf einem Pfad am Elzbach entlang (Logo Traumpfade/Zuweg + K) und über die Brücke. Am jenseitigen Ufer folgen wir weiterhin dem Bachlauf, richtungsweisend ist der Wegweiser »Zum historischen Ortskern« (Elzer Weg), und erspähen bald danach die Burgen. An einem Abzweig folgen wir links dem Schild »Monrealer Ritterschlag 0,1 km«. Bald darauf überqueren wir den Elzbach und blicken auf die Obere Schlossbrücke. Es geht am Alten Pfarrhaus vorbei, mit Blick auf die Löwenburg, und an der Kirche rechts auf einem Fußweg, mit eindrucksvollem Blick auf die Fachwerkhäuser am Elzbach. Über Steinstufen kommen wir hinauf zur Kirchstraße, auf dieser kurz nach rechts und dann den nächsten Abzweig rechts in die Obertorstraße. Wie überqueren die Elz auf der historischen **Steinbrücke** 2 (Mittlere Elzbrücke) mit Löwendenkmal und Nepomuk-Statue. Von der Brücke bietet sich erneut ein herrlicher Blick auf die Fachwerkhäuser am Elzbach, bevor wir nach links in die Straße »Am Markt« gehen (geradeaus wäre ein kurzer Abstecher von 50 m zum schönen Fachwerkhaus-Café Brixius Eck möglich). Wir passieren den Schandbaum von 1588 mit dem Viergiebelhaus, das 1452 erbaut worden ist. Der Weiterweg führt an einem schönen kleinen Fachwerkhaus (Nr. 3) aus dem 16. Jh. vorbei und an einem weiteren Fachwerkhäuschen einer Eifeler Tagelöhnerfamilie aus dem 18. Jh.; zeitweise lebten hier drei Generationen unter einem Dach.

Kurz darauf überqueren wir die Elz über die **Untere Schlossbrücke**, wiederum vor eindrucksvoller Kulisse mit der Elz und Fachwerkhäusern. Wir gelangen zum Begegnungsplatz (Sitzbänke) und biegen rechts ab in die Untertorstraße. Dieser folgen wir kurz nach rechts (25 m) und steigen gegenüber Haus Nr. 28 links über Stufen (Ww. Zur Burg + K + Traumpfade) und auf einem Pfad in Serpentinen hinauf. Später passieren wir das Holz-Weinfass »mons regalis 2002« und steigen an einer Verzweigung weiterhin auf Pfad zum 1229 erbauten Bergfried der **Löwenburg** 3, 372 m. Von deren Turm bietet sich

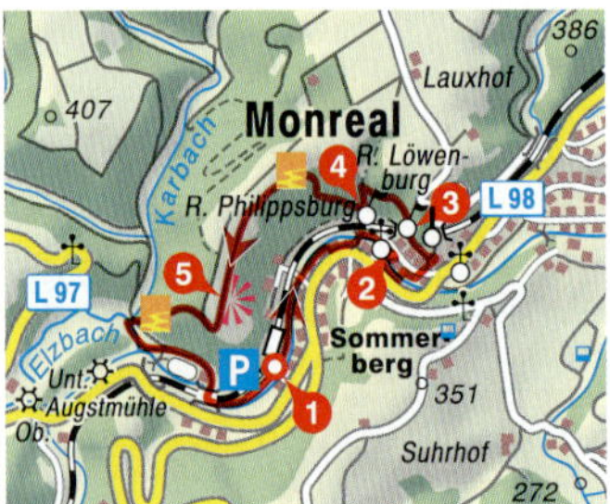

eine besonders schöne Aussicht auf Monreal und die Philippsburg.
Vom Turm kehren wir wieder zurück, halten auf die Ruinen zu, gehen zwischen diesen hindurch und folgen geradeaus einem Pfad (nicht links absteigen) mit dem Logo »Traumpfade«, das uns bis zum Sportplatz von Monreal begleitet.

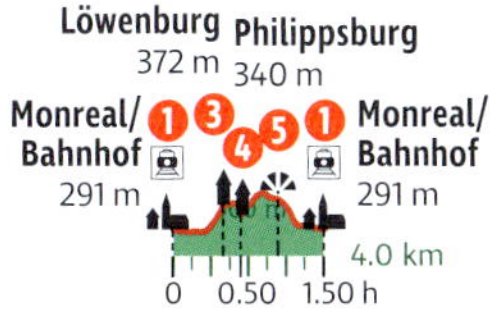

Wir gehen in Richtung Philippsburg, unserem nächsten Ziel, und kommen im Wald zu einem Querweg. Diesem folgen wir links hinunter zu Schildern an einem Abzweig. Bevor wir mit dem Ww. »Elzlaybrücke« fortsetzen, machen wir einen kurzen Abstecher geradeaus abwärts zur **Ruine Philippsburg** (100 m). Direkt vor dieser halten wir uns rechts um die Burg herum und hinauf zu einem **Aussichtsplateau** **4**, 340 m, mit Sitzbank, wiederum mit Panorama auf die Löwenburg und Monreal.
Wieder zurück am bekannten Schild folgen wir diesem nach links über teilweise felsigen Pfad mit tollen Ausblicken auf die Löwenburg und Monreal. Durch eine steile Hanglage steigen wir durch Eichenwald hinauf in Flur. An einer Wiese gehen wir auf einem Weg mit Ginster am Wegesrand abwärts zu einer **Sinnesliege** **5**, 389 m, abermals mit grandiosem Blick auf die Löwenburg. Wir steigen wieder aufwärts zum Wald. Erneut geht es durch Eichenwald in Serpentinen auf Pfad hinunter, vorbei an einer Sitzbank zu einem Querweg und einer Brücke des Karbaches. Vor dieser folgen wir dem Weg nach links und verlassen das Logo »Traumpfade« vor dem Sportplatz (biegt rechts ab). Wir gehen am Sportplatz vorbei und gelangen durch die Bahnunterführung zur Elz und zum **Bahnhofsparkplatz** **1** in **Monreal** zurück.

Im Fachwerkdorf Monreal mit der Philippsburg (links) und der Löwenburg (rechts).

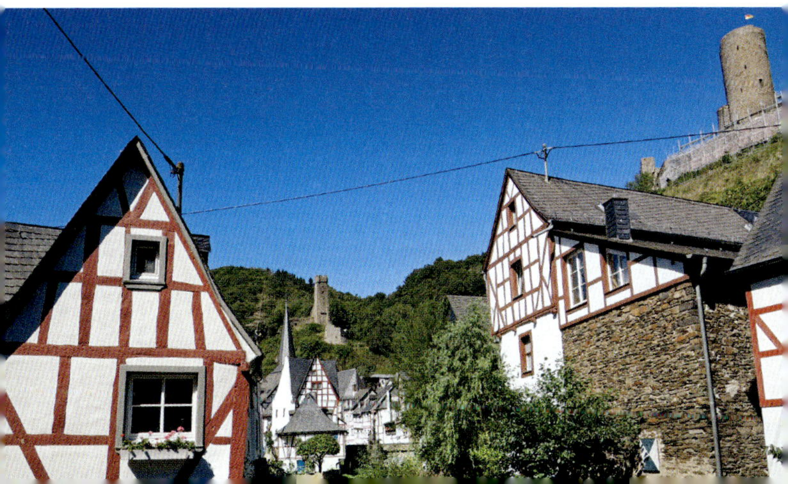

TOP 35

↗ 250 m | ↘ 250 m | 9.5 km

Naturschutzgebiet Nettetal und Trimbser Schweiz

3.40 h

Auf dem Nette-Schieferpfad – einem der schönsten Traumpfade der Osteifel

Abwechslungsreicher kann eine Wanderung kaum sein auf einem der schönsten »Traumpfade« der Osteifel, sehr gepflegt und beschildert von Wegepaten. Erstes Ziel ist der Wasserstollen des Moselschiefer-Bergwerks Margareta, bevor wir kräftig hinaufsteigen zum Burgberg. Dort bietet sich uns ein Panorama auf Trimbs. Vom Burgkopf genießen wir das wohl schönste Panorama auf die Osteifel. Der Weiterweg führt uns durch den ehemaligen 250 Meter langen Eisenbahntunnel ins romantische Nettetal zum Nette-Wasserfall. Über herrliche Pfade gelangen wir zu den ehemaligen Schiefergruben und zum Aussichtspunkt Kretzers Lay. Durch die Felder kommen wir dann zum Aussichtspunkt Burgberg. Wir erreichen die Trimbser Schweiz und steigen bergan zum Aussichts- und Rastplatz Mühlenberg, bevor es wieder ins Nettetal hinabgeht.

Ausgangspunkt: 56753 Trimbs, »Auf dem Reusch«, 176 m, an der kleinen Infotafel zum Portal des Traumpfades (Start- und Zielpunkt des Nette-Schieferpfads), bei der Basaltfigur »Kaulemann«, am Bach (GPS: N50.323173, E7.299831).
Anfahrt: Mit dem Pkw: A 48 Koblenz–Trier, Abfahrt Polch, dort auf der L 113 nach Trimbs, vor dem Ortsschild nach links in den Ort abbiegen und der Beschilderung »Traumpfade Nette-Schieferpfad« folgen zum Parkplatz unter der langen Straßenbrücke am Bach Nette. Mit ÖPNV: RegioBus 360 von Mayen nach Trimbs, Haltestelle Nettebrücke.
Anforderungen: Schöner Rundweg, steiler Anstieg zum Burgberg, sonst ohne schwierige Passagen, nur bei Nässe rutschig.
Einkehr: Unterwegs keine; Trimbser Mühle, Gast- und Reiterhof (Hauptstr. 1, Tel. +49/265/41616, trimbsermuehle.de).

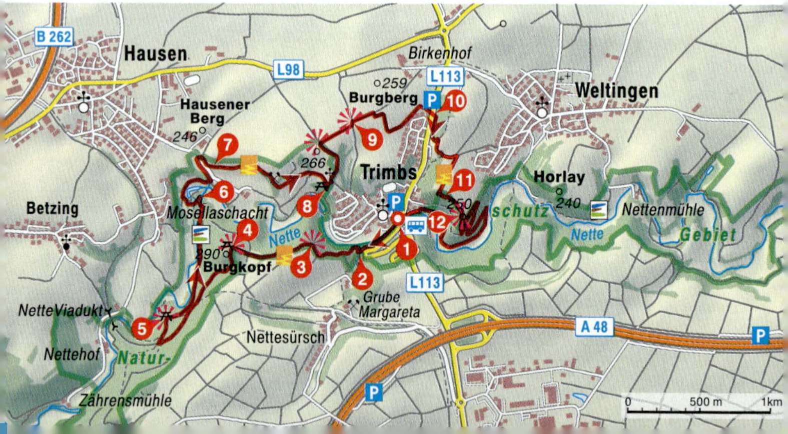

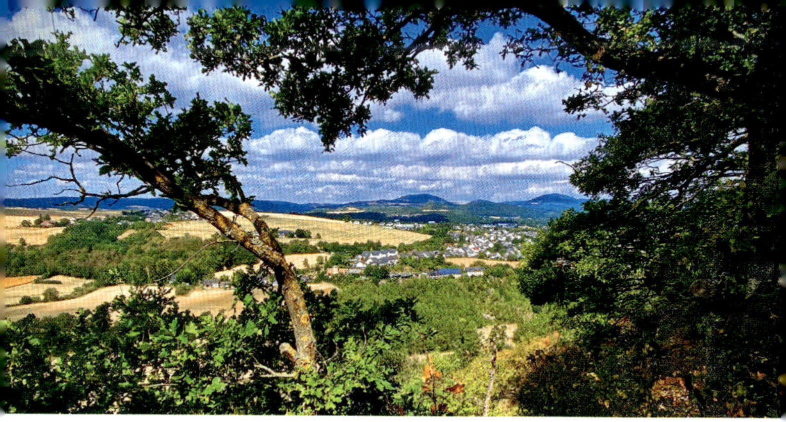

Aussicht vom Burgkopf auf die Osteifel.

Vom Parkplatz in **Trimbs** 1 folgen wir dem Rundweg im Uhrzeigersinn an der Infotafel zum Portal des Traumpfades (Start- und Zielpunkt Nette-Schieferpfad) bei der Basaltfigur »Kaulemann«. Wir unterqueren die lange Straßenbrücke und biegen hinter den drei Schieferblöcken mit Gravierungen nach links in die Hauptstraße ein. Wir überqueren die Nette über die historische Steinbrücke und gehen vor der langen Straßenbrücke nach rechts. Wir passieren die Infotafel »Nette-Schieferpfad« und gelangen ins Naturschutzgebiet, auf einem Pfad in den Wald. Bergab erreichen wir den **Wasserstollen** 2 des ehemaligen **Moselschiefer-Bergwerks Margareta**; eine Infotafel erläutert uns mehr dazu.
Dort folgen wir dem Pfad an einer Verzweigung nach rechts (nicht links) bis fast vor den Nettebach, biegen aber vor diesem nach links ab. Es folgt nun ein längerer steiler Anstieg, zum Teil über Stufen, durch den Wald hinauf. An einem kleinen Felsplateau haben wir einen hübschen Blick auf Trimbs und kommen in Flurlandschaft. Dort biegen wir rechts auf einen Weg bergan ab und haben nach kurzer Zeit vom **Aussichts- und Rastplatz Im Burgberg** 3 eine tolle Sicht auf Trimbs; einige Stufen führen hinunter zu einer Sitzbank. Weiter hinauf passieren wir den **Aussichts- und Rastplatz Nettehof**. Kurz danach geht es in den Wald ab und hinauf, wir folgen dem Ww. »Nette-Viadukt 1,2 km« und machen nach kurzer Zeit einen sehr lohnenswerten Abstecher (50 m) nach rechts über Stufen hinauf zu der schönsten Ausblickstelle des Nette-Schieferpfads, zum **Aussichts- und Rastplatz Burgkopf** 4. Dort erwartet uns ein herrliches Panorama auf die Osteifel mit den Hochsimmer (587 m); zwei Sitzbänke laden zum Verweilen ein.

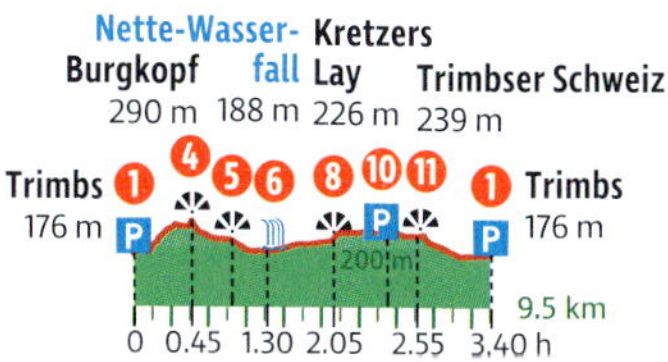

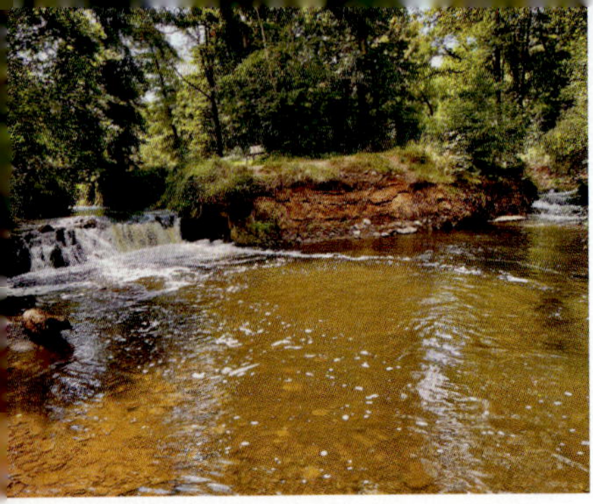

Der Nette-Wasserfall.

Der Weiterweg führt uns auf einem Pfad hinunter, an einem Hochsitz vorbei, zu einem Teerweg. Diesem folgen wir nach rechts über das Hangviadukt (Achtung: Radweg) und kommen dann durch den 253 m langen beleuchteten **Hausen-2-Tunnel**. Dahinter, an einem Picknickplatz, wenden wir uns nach rechts, folgen dem Logo »Traumpfade« auf einem Pfad durch den Wald und haben bald darauf von einer **Sitzbank** ❺ einen Blick auf das **Nette-Viadukt**. Weiter hinunter kommen wir wieder ins romantische Bachtal der Nette, der wir für längere Zeit auf einem Pfad folgen, bis wir sie über ein Stahlbrückchen überqueren und nach rechts (50 m) den **Nette-Wasserfall** ❻ erreichen; eine Sitzbank lädt zum Verweilen ein.

Dem Pfad folgend überqueren wir auf einem Holzsteg die durch eine Insel geteilte Nette, und gelangen auf einem festen Weg geradeaus aus dem Wald zu einem Teerweg. Auf diesem geht es gut 150 m nach links (Ww. Burgberg 2,0 km) mit Blick auf den Hochsimmer (587 m) und dann nach rechts auf einen Gras-/Schotterweg. Wir passieren die **ehemaligen Schiefergruben** ❼ (Abstecher 20 m nach links über Stufen hinauf). Wir wandern auf dem herrlichen Pfad weiter, an Sträuchern entlang sowie mit Blick auf den Nettehof, und passieren die Abbaukammern. Dem Pfad folgend kommen wir an einem Picknickplatz vorbei und weiter bergauf zum **Aussichts- und Rastplatz Kretzers Lay** ❽; kurzer Abstecher (30 m) nach rechts zu zwei Sitzbänken, mit Blick übers Nettetal.

Ehemalige Schiefergrube.

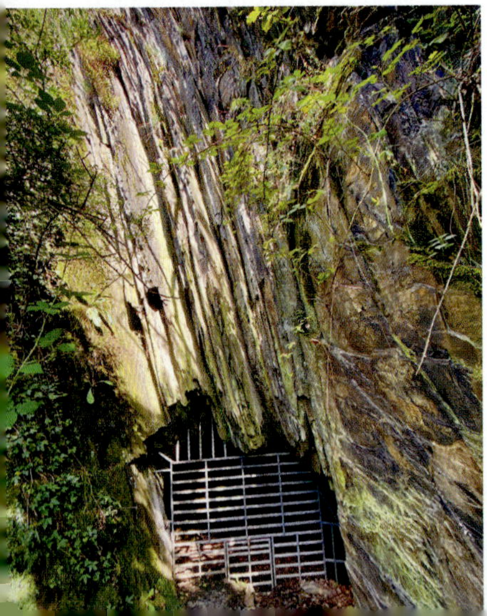

Weiter bergan über einen Schieferpfad kommen wir aus dem Wald hinaus in Felderflur. Bald darauf halten wir uns rechts und erreichen den **Burgberg** ❾, dort erläutert uns eine Infotafel die Aussicht. Weiterhin auf dem Weg sanft aufwärts, dann nach rechts,

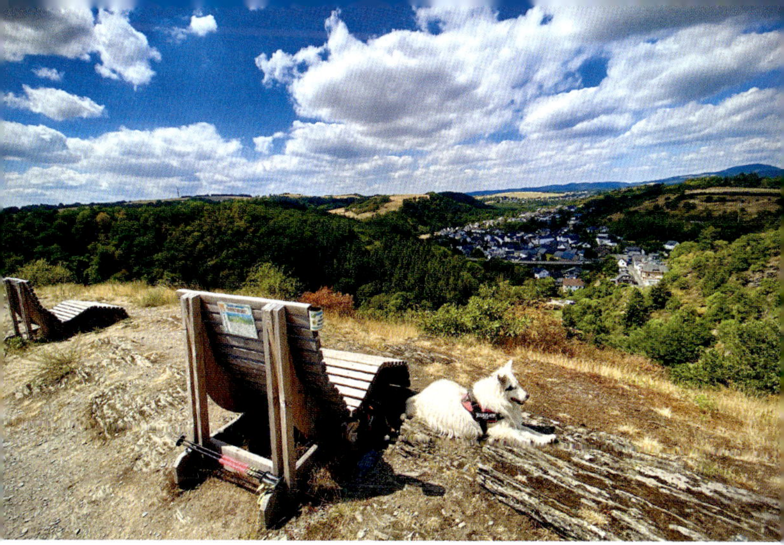

Am Mühlenberg: Sinnesliegen mit Panorama in Richtung Trimbs.

vor dem Ort Trimbs nach links und zum Schluss durch Buschwerk kommen wir zur Hauptstraße (L113), die wir zu einem **Parkplatz ⑩** (Nebenparkplatz Nette-Schieferpfad) überqueren. Dort folgen wir, an einem Wartehäuschen vorbei, einem Pfad, der bald steil hinauf in den Wald führt. An einer Magerwiese haben wir von einer Sitzbank einen schönen Blick auf Trimbs. Danach steigen wir über einen Schieferpfad hinunter in Felder zu einem Weg, dem wir an einer Wegeteilung nach rechts in ein Naturschutzgebiet hinein folgen. Dort kommen wir auf einem Pfad durch den Wald zu einer Sitzbank, von der wir einen herrlichen Blick ins Nettetal und auf Trimbs genießen. Weiterhin dem Pfad folgend gelangen wir zum **Aussichtspunkt Trimbser Schweiz ⑪**; von einer Sitzbank bietet sich wiederum ein tolles Panorama. Kurz darauf passieren wir einen Abzweig an der Infotafel »Ehemalige Schiefergrube Fuchsloch« (Abstecher 100 m) und steigen kräftig bergan zum **Aussichtsplateau Antike Treppe**. Kurz unterhalb befinden sich diese und eine Sitzbank, mit toller Aussicht auf Trimbs. Auf einem von Sträuchern gesäumten Weg erreichen wir den **Aussichts- und Rastplatz Mühlenberg ⑫**; zwei Sinnesliegen laden hier zum Verweilen ein. Anschließend steigen wir auf einem felsigen Pfad hinab und erblicken den Mayener Stadtteil Hausen mit seiner Kirche. In kurzen Abständen passieren wir dann zwei Picknickplätze und gelangen abwärts zu einem Querweg am Nettebach. Dort biegen wir nach rechts ab (Ww. Trimbs 0,9 km). Der Weg geht in einen Pfad über und wir gelangen durch das herrliche Nettebachtal nach **Trimbs ❶** zum Ausgangspunkt an der Basaltfigur »Kaulemann« zurück.

↗ 300 m | ↘ 300 m | 8.8 km

36 Die Gerolsteiner Dolomiten

3.00 h

Durch die Dolomitfelsen zum Wildgehege an der Kasselburg

Diese besonders reizvolle Tour durch devonische Riff-Felslandschaft führt über die Munterley, einen steil über der Brunnenstadt emporragenden Felsen, der einst Steinzeitmenschen Zuflucht bot. Ebenfalls während der Altsteinzeit wohnten Menschen in der Buchenlochhöhle, einer 36 Meter langen Karsthöhle. Einen Besuch wert ist schließlich die Kasselburg mit ihrem Adler- und Wolfspark, bevor es zur Hustley mit den Kletterfelsen zurückgeht.

Wagemutige Kletterer an der Hustley.

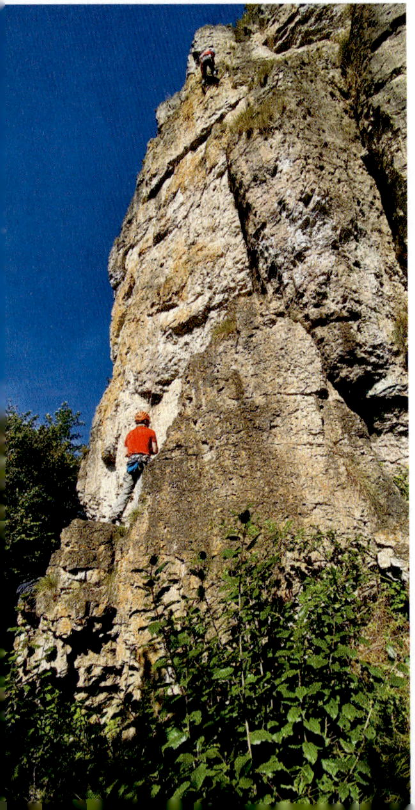

Ausgangspunkt: 54568 Gerolstein, 350 m, Parkplatz, 435 m, ziemlich am Ende der Straße »Unter den Dolomiten«, 365 m, oberhalb von Gerolstein im Wald. (GPS: N50.227345 E6.662563)
Anfahrt: Mit Pkw: Eifelautobahn A1 bis Autobahnende Blankenheim, weiter in Richtung Hillesheim und Gerolstein. Oder über die A48 Koblenz–Trier bis Abfahrt Daun bzw. die B412 bis Daun und weiter auf der B410 nach Gerolstein. Dort folgt man von der Lindenstraße dem Hinweisschild »Krankenhaus und Forstamt« in die Straße »Unter den Dolomiten« ca. 1 km hinauf, passiert ein weiteres Schild »Krankenhaus« und fährt weiter nach links hinauf zum Parkplatz (beschildert).
Mit ÖPNV: Wegen der Flutkatastrophe 2021 wird es noch mindestens bis Sommer 2026 dauern, bis die Eifelbahn von Köln nach Trier wieder in Betrieb geht und auf halber Strecke Gerolstein anfahren kann.
Anforderungen: Leichte Rundtour, zur Munterley aber ziemlich steil.
Einkehr: Restaurant-Café Forsthaus Kasselburg (Mo Ruhetag, forsthaus-kasselburg.de; Restaurant-Café Adlerhorst im Adler. und Wolfspark (s. u.).
Hinweis: Der Adler- und Wolfspark Kasselburg ist geöffnet März–Okt. täglich 10–18, Nov. u. 26.12.–8.1. täglich 11–16 Uhr, sonst Dez.–Feb. Sa/So 11–16 Uhr, adler-wolfspark.de.

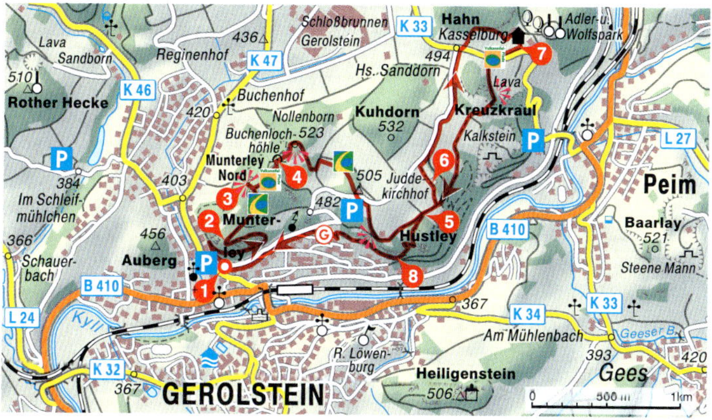

Oberhalb von Gerolstein im Wald spazieren wir vom **Wanderparkplatz 1** die Straße »Unter den Dolomiten« hinab zurück und steigen gegenüber dem Haus Nr. 10 nach rechts bei den Schildern »Buchenloch/Munterley« (Logo Gerolsteiner Felsenpfad) auf einen Pfad in den Wald hinauf zu einen Querpfad. Dem folgen wir nach links etwa 50 m hinunter zu einem Abzweig, der uns in etwa 200 m zu einer Wegekreuzung bringt (Gerolsteiner Felsenpfad). Hier wenden wir uns nach rechts und folgen dem Eifelsteig-Logo unterhalb der Dolomitenfelsen und einen Wolfsschutzzaun entlang zur **Munterley 2**, 482 m. Oben steht eine Schutzhütte und man genießt eine schöne Aussicht auf Gerolstein.

Von der Munterley aus folgen wir dem Ww. »Buchenlochhöhle 0,8 km + Eifelsteig + Gerolsteiner Felsenpfad + Vulkanweg« etwa 500 m zu moosbewachsenen Felsen und steigen in Kehren bergan. Nach etwa 50 m zweigen wir links ab zum **Aussichtspunkt Munterley Nord 3**, 516 m. Dem Eifelsteig weiter folgend erreichen wir nach 300 m die **Buchenlochhöhle 4**. Von hier leitet uns der Ww. »Papenkaule-Vulkanweg + Eifelsteig« an der Infotafel »Hagelskaule – Alles über Bodenbildung« vorbei zu einem Querweg. Hier kurz nach links (50 m), dann nach rechts, passieren wir über

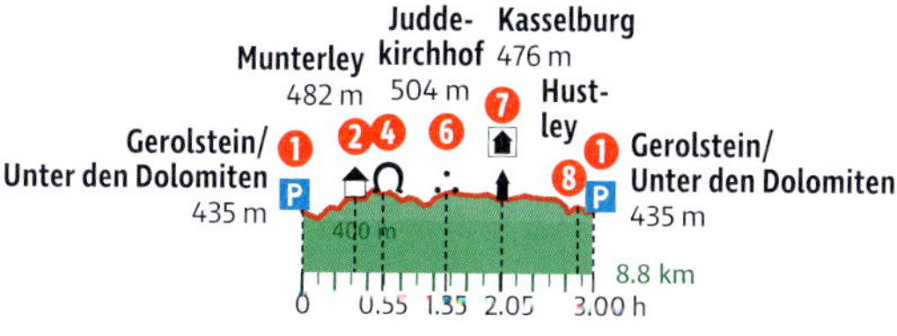

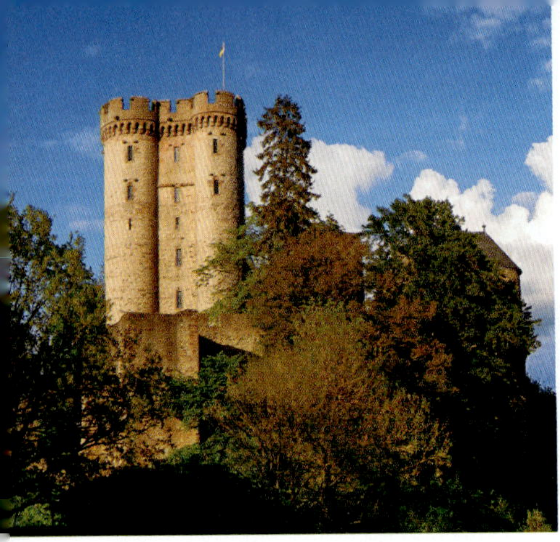

Spätmittelalterliche Baukunst: die Kasselburg.

einen Grasweg die **Papenkaule**, die kreisrunde Senke eines nie ausgebrochenen Vulkans. Dann durch Wald und Gebüsch aufwärts zur Schutzhütte, dort kurz nach links über Teerweg (60 m) und rechts über Grasweg erreichen wir nach knapp 250 m am Waldrand zwei Sinnesliegen mit schönem Blick auf Gerolstein. Nun abwärts durch eine Senke zum Waldrand der **Hustley Nord** ❺, 485 m (Ww. Juddekirchhof 0,3 km).

Dort verlassen wir den Eifelsteig (auf dem Rückweg kommen wir wieder hierher). Wir gehen 150 m geradeaus am Waldrand vorbei und biegen dann nach links auf Weg zum **Juddekirchhof** ❻, einer keltisch-römischen Kultstätte. Weiter zu einem Teerweg, folgen wir diesem nach rechts bis zur Kreisstraße mit Blick auf das Industriegebiet von Gerolstein mit dem Werk »Gerolsteiner Sprudel«. Hier zweigen wir nach rechts ab, dann nach 50 m links zum Waldrand und hinunter zur spätmittelalterlichen **Kasselburg** ❼, 476 m, mit ihrem Adler- und Wolfspark.

Von der Burg wandern wir 200 m die Kreisstraße rechts hinauf und biegen dann, mit Blick auf den 302 m hohen Sendemast »Eifel«, nach links in einen Grasweg (Logo Gerolsteiner Felsenpfad + Eifelverein/Vulkanpfad), der uns in den Wald führt. Wir gelangen zu einem Steinbruch, gehen an der Einzäunung entlang, an Wiesen vorbei abwärts, erneut in den Wald hinein und steigen hinauf zu einer Sitzbank und einer Infotafel »Geopark Gerolsteiner Land«. Nach Verlassen des Waldes erreichen wir wieder den Weg von vorhin und gehen 150 m am Waldrand vorbei zur **Verzweigung Hustley-Nord** ❺, 485 m. Dort folgen wir dem Logo »Gerolsteiner Felsenpfad + Eifelsteig« nach links in den Wald und in steilen Kehren hinunter zur Hustley zu einem Abzweig.

Hier verlassen wir den »Eifelsteig + Gerolsteiner Felsenpfad« geradeaus und nach rechts auf den Pfad unterhalb der Kletterfelsen der **Hustley** ❽. Danach folgen wir dem G-Logo und ignorieren drei Abzweigungen, zuerst eine links abwärts, dann in kurzen Abständen zwei rechts aufwärts. An einem Querpfad nach rechts 140 m aufwärts zu einem Abzweig, folgen wir nach links einem Graspfad und erreichen in 2 Minuten den **Wanderparkplatz** ❶ am Ortsrand von **Gerolstein**.

↗ 300 m | ↘ 300 m | 8.6 km

3.10 h

Rund um die Dauner Maare

37

Das Herz der Vulkaneifel mit ihren Kraterseen

Diese Tour führt zu einem der beliebtesten Wanderziele in der Eifel: zu den Dauner Maaren, bestehend aus drei verschiedenen Kraterseen. Das Gemündener Maar ist mit einem Durchmesser von 325 Meter das kleinste, das Weinfelder Maar (Ø 525 Meter) das jüngste und das Schalkenmehrener Maar (Ø 575 Meter) das älteste und größte im Bunde. Einen herrlichen Panoramablick über die Vulkanlandschaft bietet unterwegs der im Jahr 1902 errichtete Dronketurm auf dem 561 Meter hohen Mäuseberg.

Ausgangspunkt: 54550 Daun, Parkplatz am Gemündener Maar/Restaurant-Café KuliMaarik (GPS: N50.178589 E6.833112).
Anfahrt: Mit Pkw: Autobahn A48 bis zur Abfahrt Daun-Mehren, weiter über die B421 bis Daun, Weg zum Parkplatz ausgeschildert. Mit ÖPNV: Bus 300 von Wittlich-Hauptbahnhof nach Gemünden-Daun, Haltestelle Maarstraße. Von dort ca. 450 m Fußweg zum Ausgangspunkt.
Anforderungen: Unschwierige Rundwanderung.
Einkehr: Restaurant-Café KuliMaarik (kulimaarik.de); Gastronomie in Schalkenmehren.

Am **Parkplatz** ❶ beim **Restaurant-Café KuliMaarik** wenden wir uns nach links zum Kriegerdenkmal »1914–1918«. Gegenüber dem Mahnmal steigen wir nach rechts auf einem Pfad durch Naturschutzgebiet in den Wald hinab zum **Gemündener Maar**. Der Pfad nach links leitet uns zum Parkplatz des

Bootsanlegestelle am Gemündener Maar.

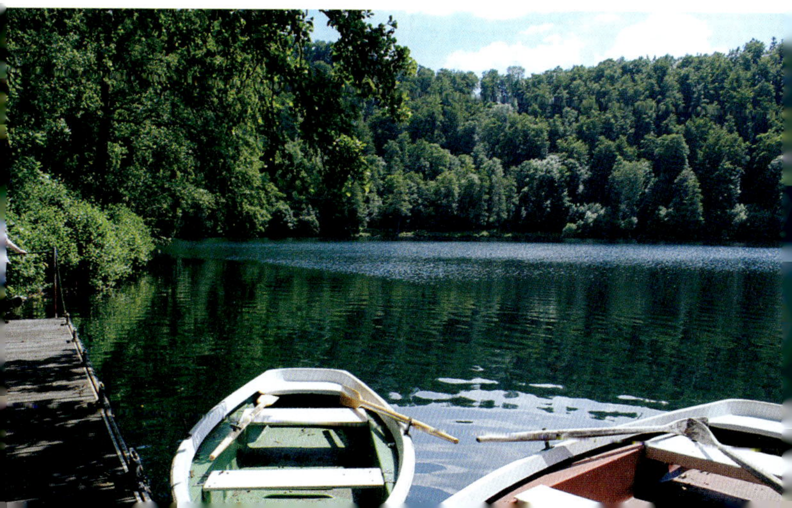

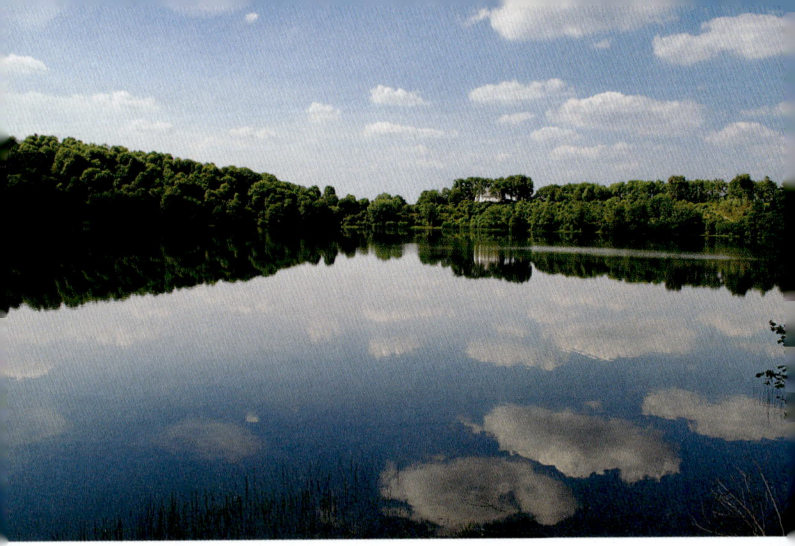

Idylle am Weinfelder Maar – auch bekannt als Totenmaar.

Naturfreibades und zur Bootsanlegestelle. Nun gehen wir etwa 250 m die Straße bergan, bis wir einen weiteren Parkplatz erreichen. Vor ihm spitzwinklig nach rechts aufwärts auf Teerweg (Schild: Maare-Mosel-Radweg 0,8 km), der bald an einer Verzweigung (geradeaus) in einen Schotterweg übergeht. Durch den Wald wandern wir steil bergan, geradeaus am Skilift vorbei bis vor die Landstraße. Dort folgen wir rechts dem Weg zur Weinfelder Kirche am **Weinfelder Maar** ❸ (Totenmaar). Hinter der Kirche und dem Friedhofsparkplatz führen uns die Logos »Eifelsteig + Eifelverein/Vulkanweg + Ville-Maar-Weg« nach rechts auf Pfad auf den »Unteren Maarweg«, etwa 400 m am Weinfelder Maar vorbei, bis wir an einem Abzweig nach links aufwärts zum **Parkplatz Zweimaareblick** ❸ mit der Infotafel »Das Drei-Maare-Dorf« gelangen.

Vor ihm überqueren wir die Landstraße und halten kurz über Pflaster- und befestigten Weg hinunter nach links auf das **Maarkreuz** ❹, 534 m, zu (das Logo MA für MaareGlück begleitet uns bis Schalkenmehren). Weiter geradeaus auf Weg/Pfad (Ww. Schalkenmehren 2,2 km) entlang an Sträuchern, Bäumen und Flurwiesen zu einem Weg, der nach rechts ansteigt; bald haben wir einen Blick auf den Ort Mehren. Kurz darauf geht es steil bergab, an Abzweigen vorbei und wir halten uns geradeaus hinunter zu einem Querweg (Ww. MA + Vulcano-Pfad).

Dort wandern wir links und gelangen nach **Schalkenmehren**. Durch die Straße »Auf Koop« und die rechts abzweigende Mehrener Straße gehen wir an der Kirche vorbei zur **Touristinfo** ❺. Hier wenden wir uns nach rechts in den Weg »Im Bungert« und gelangen in 2 Minuten zum Maar. An der Infotafel »Das Schalkenmehrener Maar – ein natürlicher See« gehen wir nach links über Pfad am Maar entlang und biegen hinter dem Campingplatz vor dem Maarbad über Stufen hinauf zu einem Teerweg, hier nach rechts am Maarbad vorbei. Hinter dem Minigolfplatz biegen wir nach links, folgen dem Ww. »Eifelsteig + Ville-Weg« ca. 500 m auf Weg, bis wir nach links in Serpentinen über einen Pfad zum »Carl-Carstens-Weg« ansteigen, der uns nach rechts wieder zur Landstraße am **Parkplatz Zweimaareblick** ❸ bringt.

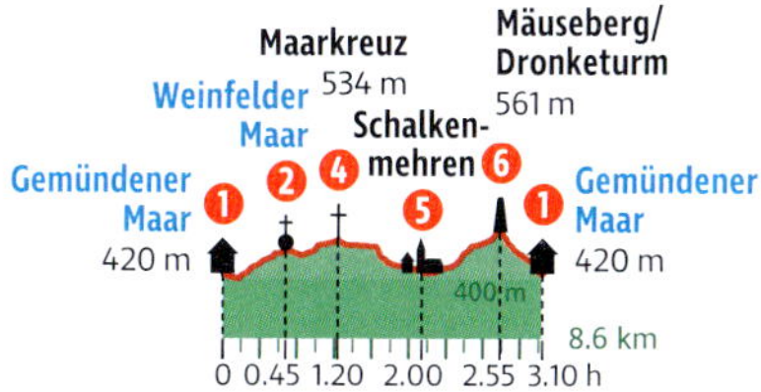

Nach Überqueren der Straße sofort links aufwärts (MTB) durch das Naturschutzgebiet, gelangen wir zu einem Aussichtspunkt, mit grandiosem Blick auf das Weinfelder Maar. Bald danach erreichen wir mehrere Markierungen und steigen links den Pfad (Eifelverein/Vulkanweg) hinauf zum **Mäuseberg** auf die Aussichtsloge des **Dronketurms** ❻. Hinter dem Turm nehmen wir einen Pfad (Ww. Eifelsteig/Eifelverein), der vorwiegend durch Buchenwälder hinabführt, überschreiten zweimal einen Querweg und gelangen nach ca. 500 m zum **Restaurant-Café KuliMaarik** und zum **Parkplatz** ❶ am **Gemündener Maar**.

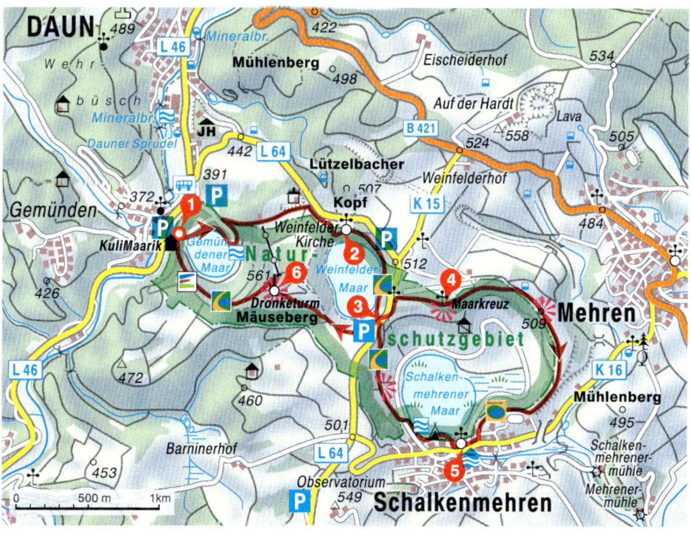

↗ 200 m | ↘ 200 m | 6.5 km

38 Meerfelder Maar und Landesblick

2.00 h

Ein Maar zum Verweilen

Das Meerfelder Maar ist mit einem Durchmesser von 1200 bis 1500 Meter, einer Trichtertiefe von 200 Meter und einer Wassertiefe bis 17 Meter der größte Maarkessel in der Eifel. Oberhalb des Kraterrands starten bei passendem Wetter die Gleitschirmflieger zu ihren Vulkaneifel-Runden. Größter Glanzpunkt dieser reizvollen Tour ist jedoch die spektakuläre Rundsicht vom Aussichtsturm »Landesblick« auf den Maarkessel und ein Dutzend Eifeldörfer.

Ausgangspunkt: 54531 Meerfeld, Parkplatz Meerfelder Maar Ost, 338 m, gebührenpflichtig (GPS: N50.099197 E6.764335).
Anfahrt: Mit Pkw: Autobahn A48 und A1 Koblenz–Trier, Abfahrt Manderscheid (122), weiter auf der L16 nach Manderscheid und von dort über die L16 und K10 nach Meerfeld.
Anforderungen: Leichte Rundtour.
Einkehr: In Meerfeld.
Tipp: Im Sommer Naturfreibad Meerfelder Maar mit Liegewiese (Eintrittsgebühr, meerfeld.net/das-maar).

Vom **Parkplatz Meerfelder Maar Ost** ❶ gehen wir am Schlagbaum vorbei und biegen nach 80 m vom Teerweg links in das Naturschutzgebiet Meerfelder Maar auf Pfad ein und passieren das Naturfreibad. Auf diesem umrunden wir das Maar zur Hälfte. Der Kratersee ist am Ufer mit Schilf bewachsen; wir genießen von den Sitzbänken, die zum Verweilen einladen, einen herrlichen Blick.
Nach 1,3 km verlassen wir das Maar an der Bootsanlegestelle und gelangen zu einem Teerweg (hier Parkplatz nur für Angler). Diesen nehmen wir nach links und steuern geradeaus auf den Ort zu. In **Meerfeld** ❷ gehen wir über eine Kreuzung hinweg und folgen dem Maarweg zur Meerbachstraße. Hier zweigen wir nach rechts ab, passieren das Hotel Zur Post und biegen nach rechts in die Kirchstraße (Ww. Bürgerhaus) ein. Über eine Wegekreuzung hinweg und unterhalb an der Kirche **St. Johannes** vorbei kommen wir zu einer Wegegabelung. Hier zweigen wir nach links in die Straße »Auf'm Stamp« und folgen dem Ww. »Eifelverein/ Vulkanweg« sanft aufwärts in Richtung Landesblick. Wir verlassen den Ort mit schönem Blick auf das Maar und wandern auf dem Teerweg in

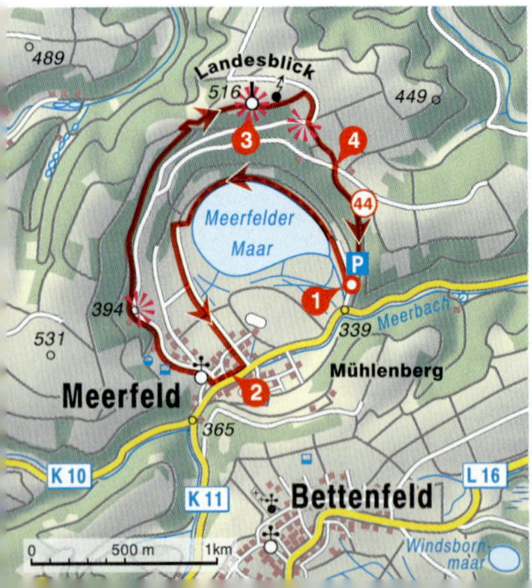

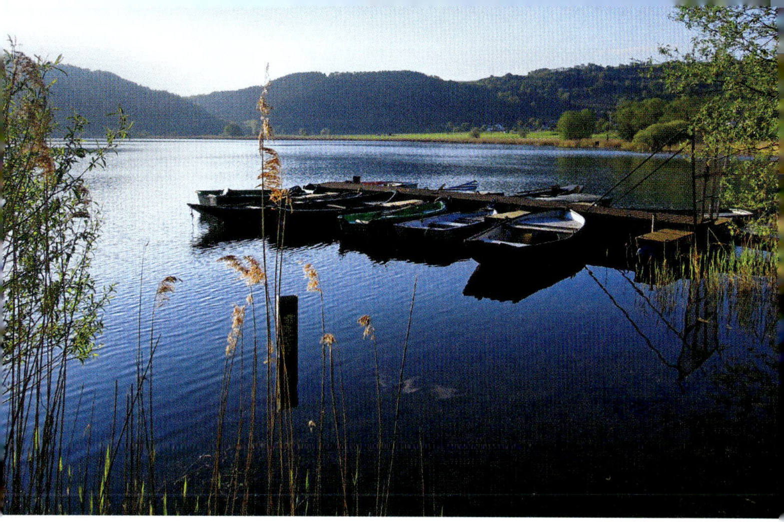

Fischerboote am Meerfelder Maar.

den Wald. Nach kurzer Zeit kommen wir unterhalb an einem Haus vorbei, verlassen den Teerweg nach 80 m an einer Sitzbank und folgen dem Pfad nach links sanft aufwärts (Ww. Landesblick). Über eine X-Kreuzung hinweg erreichen wir nach knapp 700 m einen Querweg. Hier biegen wir kurz (30 m) nach links zu einem weiteren festen Querweg, auf diesem nach rechts in offene Landschaft. Kurz darauf, an einer X-Wegekreuzung und Verzweigung, halten wir uns rechts aufwärts zur Anhöhe **Landesblick** ❸, 516 m, mit Eifelblick. Vom Aussichtsturm haben wir bei klarer Luft einen traumhaften Rundblick über die Eifel.

Weiter geht es über den festen Weg zu einem Teerweg (300 m). Hier verlassen wir den Vulkanweg, gehen nach rechts abwärts (Logo VulkaMaar-Pfad, begleitet uns bis Meerfelder Maar) und biegen 30 m hinter der Rechtskurve, zwischen eingezäunten Wiesen, nach links ab auf einen Grasweg. Auf diesem geht es steil abwärts. Wir erblicken eine Viehstallung, der wir uns bald nähern. Vor der Stallung gelangen wir zu einer **Kreuzung** ❹ mit einem Teerweg, gehen über diese hinweg und folgen dem Grasweg (Nr. 44) abwärts vorbei an Nadelwald und in den Wald zu einer Sitzbank mit Blick auf Meerfeld. Kurze Zeit später erreichen wir die K10, gehen vor ihr nach rechts am Gedenkstein 1890 »Kaiser Wilhelm« vorbei und folgen dem Ww. »Meerfelder Maar« nach rechts in wenigen Minuten zum **Parkplatz** ❶.

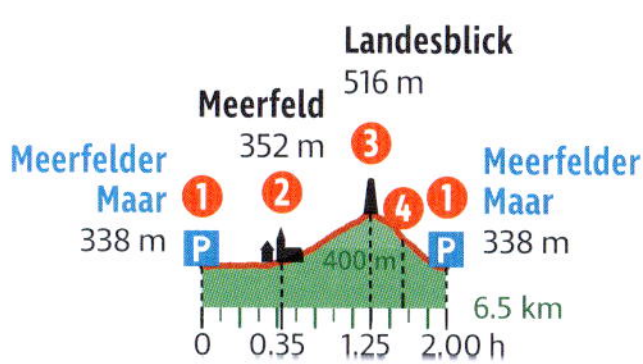

↗ 300 m | ↘ 300 m | 8.8 km

39 Manderscheid – Belvedere – Lieserpfad

3.10 h

Zum Aussichtsplateau Grafenfels und Eifel-Blick Belvedere

Zu Beginn wandern wir vorbei an Manderscheids Burgen und dann hinauf zum Grafenfels, wo wir einen Blick über die Burgen genießen. Weiter geht es zum Belvedere mit Gedenksäule, auch hier wieder ein Panoramablick. Von der Wolfshütte steigen wir hinunter zum Achtergraben und wieder steil hinauf zur Häselhütte, bevor wir die Hahnerflächhütte erreichen. Zuletzt führt uns der schönste Streckenabschnitt des Lieserpfades – zwischen Daun und Manderscheid – zurück zum Parkplatz Burgenblick.

Ausgangspunkt: 54531 Manderscheid, 388 m, Parkplatz Burgenblick (gebührenpflichtig), 362 m, an der Grafenstraße (GPS: N50.091669 E6.814486).
Anfahrt: Mit Pkw: Autobahn A48 Koblenz–Trier bis Abfahrt Manderscheid. Mit ÖPNV: Bus 300 von Wittlich-Hauptbahnhof nach Manderscheid, Haltestelle Dauner Straße. Von dort am Kreisverkehr geradeaus und auf der Kurfürstenstraße zum Rathaus (ca. 400 m Fußweg).
Anforderungen: Etwas Ausdauer. Einige Streckenabschnitte mit fast gebirgigem Charakter; nach Niedermanderscheid steiler Abstieg und von der Holzbrücke am Achtergraben zur Häselhütte steiler Anstieg, bei Nässe rutschig.
Einkehr: Gastronomie in Manderscheid und Niedermanderscheid.
Variante: Tourverkürzung: Vom Achtergraben weiter über die Lieserbrücke und hinauf über Pfad (Logo Manderscheider Burgenstieg) ca. 300 m zum Lieserpfad und Ww. Achtergraben. Hier nach links und weiter wie in der Beschreibung. Tourlänge: 6,3 km, Zeit: 2.10 Std.
Hinweis: Seit 2022 gibt es den Burgenklettersteig in Manderscheid. Er gilt zurzeit als der beste nichtalpine Klettersteig Deutschlands mit der einmaligen Kulisse der beiden Manderscheider Burgen.

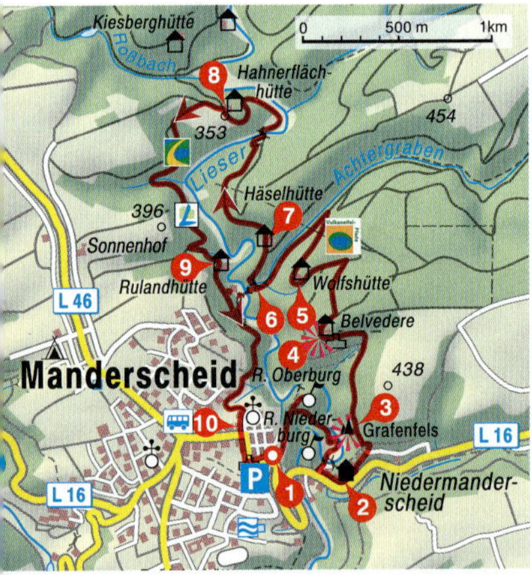

Vom **Parkplatz Burgenblick** ❶ in Manderscheid gehen wir nach links kurz auf dem Bürgersteig an der Grafenstraße und zweigen hinter dem Haus Nr. 20 und vor dem Ortsschild »Stadt Manderscheid« links über Stufen hinab auf Pfad (Ww. Oberburg + Logo Eifelverein) zu einer Gabelung ab. An dieser links kommen wir auf Felspfad zum sogenannten **Kaiserstempelchen**, wo sich ein Blick zur Ruine der Oberburg eröffnet. Weiter wandern wir am **Gipfelkreuz** des Klettersteigs

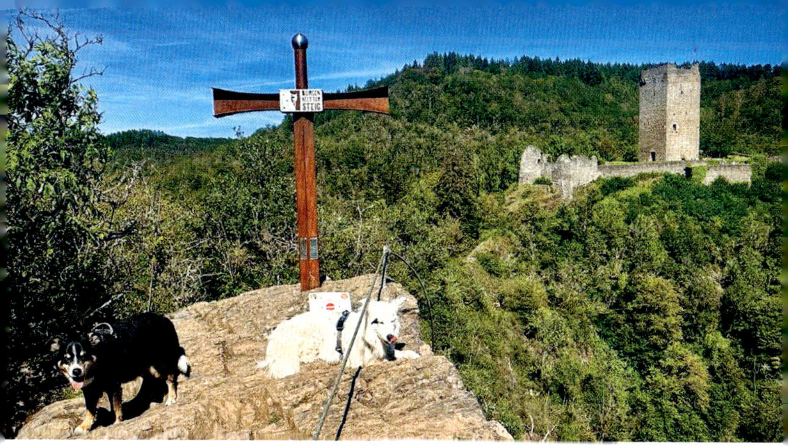

Das Gipfelkreuz am Klettersteig mit der Oberburg.

vorbei auf die Ruine zu und steigen an einer Wegeverteilung am Felsensattel davor den mit dem Logo »Manderscheider Burgenstieg« (begleitet uns bis zum Achtergraben) + »Mosel-Our-Weg« markierten Pfad nach rechts hinab.

Über die **Turnierwiesen** gelangen wir nun über die Brücke der Lieser und weiter hinauf an der Niederburg vorbei und hinab nach **Niedermanderscheid** ❷, 291 m. Dort kurz links passieren wir ein schönes Kruzifix, steigen dann vor dem großen Schild »Der Manderscheider Ritterweg« kurz (40 m) auf einem felsigen, mit einem Drahtseil gesicherten Pfad an und kommen durch den Wald zu einer Wegekreuzung an einem Aussichtspunkt (Sitzbank) mit Blick auf die Burgen und Manderscheid. An dieser Stelle geht es links auf Weg/Pfad an den Felsen vorbei durch eine steile Hanglage etwa 100 m zum Hinweisschild »Grafenfels«, wo wir kurz links hinunter auf Pfad einen Abstecher zum **Aussichtsplateau** ❸, 357 m, unternehmen. Eine grandiose Aussicht bietet sich hier auf das Liesertal mit den Burgen und Manderscheid.

Wieder zurück am Weg folgen wir diesem nach links aufwärts zu einer weiteren Sitzbank mit Blick auf Manderscheid vor einer Gabelung. An dieser links leicht abwärts, steigen wir an einer X-Kreuzung spitzwinklig den Pfad rechts hinauf (Eifelverein/Vulkanweg + Manderscheider Burgenstieg + 9) zum Aussichtspunkt **Eifel-Blick Belvedere** ❹, 415 m, mit Schutzhütte und Gedenksäule »Kronprinz Prior Wilhelm v. Preussen«. Von hier genießen wir einen traumhaften

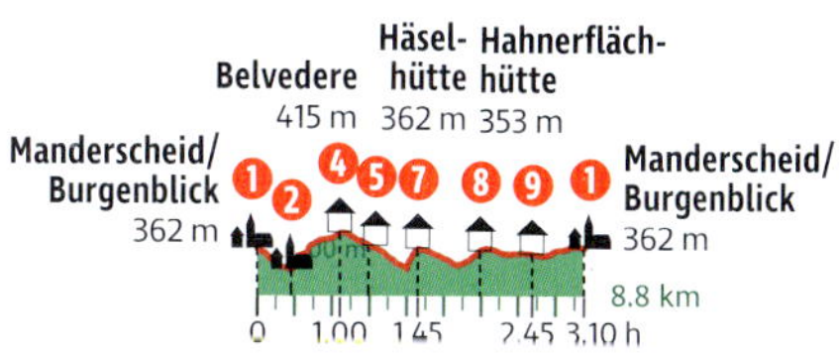

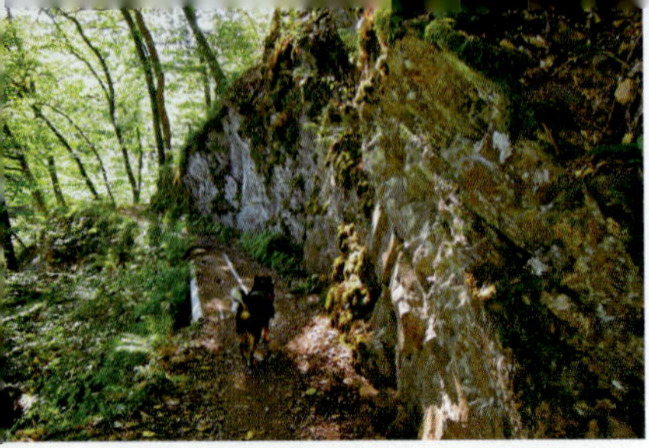

Auf dem Lieserpfad bei der Rulandhütte.

Ausblick auf Manderscheid und seine Burgen. Anschließend folgen wir an der Schutzhütte geradeaus vorbei dem Logo »Manderscheider Burgenstieg (Wolfshütte 0,8 km) + 9« weiter auf Pfad durch den Wald. An einer Gabelung geht es links abwärts (Ww. Achtergraben + Manderscheid) auf Pfad, und wir überqueren einen breiten Weg zu einem weiteren Weg. Auf diesem wenden wir uns nach links hinunter (Ww. 9) zur **Wolfshütte** ❺, 373 m. Weiter auf dem Weg, zweigen wir nach etwa 400 m im spitzen Winkel von diesem ab, hinunter auf einen Pfad (Ww. Achtergraben + 9) zu einem Weg am Achtergraben. Auf diesem links abwärts (Ww. 9), am Wolfsgraben vorbei zu einer Sitzbank und einer Fußgänger-Holzbrücke am **Achtergraben** ❻, 293 m. (Hier ist eine Verkürzung der Tour möglich über die geradeaus sichtbare Lieserbrücke nach 25 m, siehe Variante).

Am Achtergraben verlassen wir den Manderscheider Burgenstieg, überschreiten die Holzbrücke und steigen über einen anspruchsvollen felsigen Bergpfad durch eine steile Hanglage bergan zu einem Weg an einer scharfen Kurve mit Felsen. Hier machen wir einen kurzen Abstecher (knapp 50 m) nach rechts zur schönen **Häselhütte** ❼, 362 m, die oberhalb des Felsens steht. Wieder zurück am Weg folgen wir diesem nach rechts (Ww. Urpferdweg 51). An Felsen vorbei durchstreifen wir einen steilen Hang im Eichenwald zu einem Aussichtspunkt an einer Sitzbank oberhalb des Weges, mit Blick ins Liesertal und auf die Rulandhütte. Auf ginstergesäumtem Weg kommen wir in den Nadelwald und zu einem Querweg. Auf diesem gelangen wir links hinunter (Ww. Hahnefläche – Urpferdweg 51 + 7) zur Lieser und überqueren die Fußgängerbrücke. Auf festem Weg steigen wir hinauf an einer Waldwiese vorbei zur großen **Hahnerflächhütte** ❽, 353 m, am Lieserpfad mit dem Steinkreuz »Sankt Matthias Bruderschaft Köln-Bayenthal 2009«.

Von hier folgen wir dem Lieserpfad nach links (Ww. Eifelsteig + Lieserpfad – bis nach Manderscheid) durch die Wiesen der Hahnerfläch über Schotterweg in den Nadelwald mit grandiosem Blick ins Liesertal und überschreiten den Ammelbach. Nun zweigen wir etwa 20 m vor einer Sitzbank links in einen Pfad ein, der nach Überquerung eines weiteren Baches als Felspfad zur **Rulandhütte** ❾, 342 m, führt. Vorbei am Ww. Achtergraben, mit Blick auf Manderscheids Burgen an einer Sitzbank, kommen wir am Hotel Haus Burgblick zur Klosterstraße und nach rechts, am Feuerwehrhaus vorbei, zum **Rathaus** ❿ in **Manderscheid**. Von dort wandern wir vor der Bäckerei Johann Utters & Sohn nach links in die Kurfürstenstraße und auf der Burgstraße rechts abwärts zum **Parkplatz Burgenblick** ❶ zurück.

↗ 300 m | ↘ 300 m | 5.8 km

2.45 h

Manderscheid – Niederburg – Waidmannslust

40

Burgen und Hütten um Manderscheid

Auf dieser eindrucksvollen Wanderung besuchen wir zuerst die Oberburg, diese ist die ältere der beiden Burgen. Sie wurde 973 erstmals urkundlich erwähnt. Von dort wandern wir hinunter zur Niederburg, die im Jahr 1133 erstmals erwähnt wurde. Der Weiterweg führt zur Waidmannslusthütte mit Panoramablick, bevor es zum malerischen Burgweiher und Lieserpfad geht. Auf diesem sehr schönen Teilstück gelangen wir wieder nach Manderscheid.

Ausgangspunkt: 54531 Manderscheid, 388 m, Parkplatz Burgenblick (gebührenpflichtig), 362 m, an der Grafenstraße (GPS: N50.091718 E6.814475).
Anfahrt: Mit Pkw: Autobahn A48 Koblenz–Trier bis Abfahrt Manderscheid. Mit ÖPNV: Bus 300 von Wittlich-Hauptbahnhof nach Manderscheid, Haltestelle Dauner Straße. Von dort am Kreisverkehr geradeaus und über die Kurfürstenstraße, rechts durch den Kurpark und auf der Grafenstraße zum Ausgangspunkt (ca. 600 m Fußweg).
Anforderungen: Einige Streckenabschnitte mit fast alpinem Charakter, nach Niedermanderscheid und von der Waidmannslust zum Burgweiher steiler Abstieg; vom Burgweiher zum Lieserpfad steiler Anstieg, bei Nässe rutschig.
Einkehr: Gastronomie in Manderscheid und Niedermanderscheid.
Hinweis: Die Niederburg kann gegen Gebühr besichtigt werden, Öffnungszeiten: täglich 10.30–17.00 Uhr, Di Ruhetag, Info: niederburg-manderscheid.de. Sollte das Tor zur Burg geschlossen sein, müssen wir hinunter nach Niedermanderscheid und dort zum Haupteingang gehen.

Die Turnierwiese, überragt von der Niederburg.

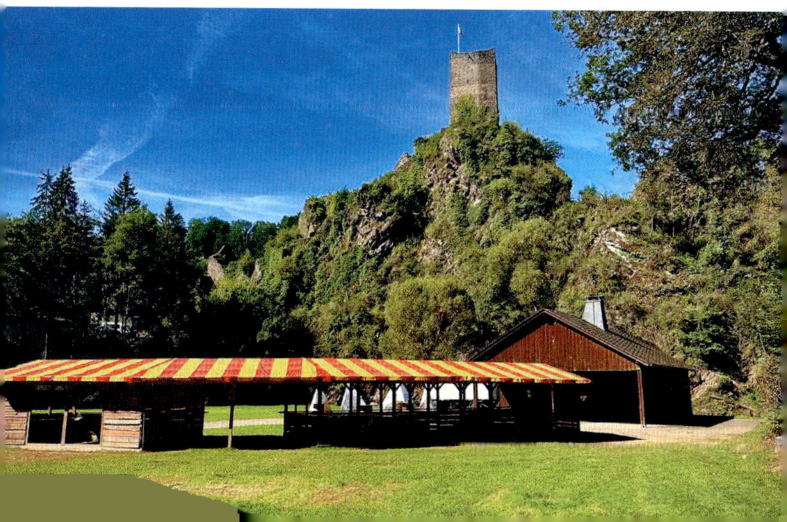

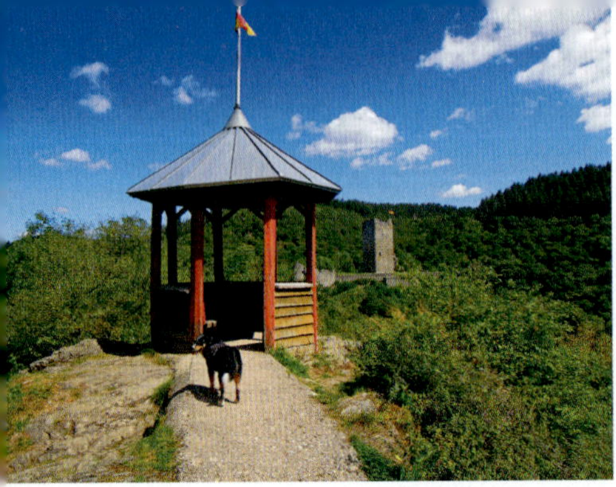

Das Kaisertempelchen mit der Oberburg.

Vom **Parkplatz Burgenblick** ❶ in **Manderscheid** gehen wir kurz nach links auf dem Bürgersteig an der Grafenstraße und zweigen hinter dem Haus Nr. 20, noch vor dem Ortsschild »Stadt Manderscheid«, links über Stufen hinunter ab auf einen Pfad (Ww. Oberburg + Eifelverein). Kurz darauf geht es an der Gabelung links weiter über einen Felsenpfad zum **Kaisertempelchen**, wo sich ein Blick zur Ruine der Oberburg eröffnet. Anschließend wandern wir auf die Ruine zu und steigen an einer Wegeverteilung am Felsensattel hinauf zur **Oberburg** (Abstecher 150 m) und zum **Aussichtsturm** ❷, 370 m, von dem wir einen schönen Blick ins Liesertal genießen.

Wieder zurück an der Wegeverteilung schwenken wir in den markierten Pfad (Eifelverein/Mosel-Our-Weg + Manderscheider Burgenstieg) nach links hinab ein. Über die **Turnierwiesen** gelangen wir nun über die Brücke der Lieser und weiter hinauf zum Nebeneingang der **Niederburg**. Durch ein kleines Holztor kommen wir ins Burggelände (s. Hinweis) und steigen hinauf zum **Aussichtsturm** ❸, 345 m, wiederum mit eindrucksvoller Aussicht ins Liesertal. Wieder zurück, gehen wir durch den Haupteingang (Eisentor) hinunter nach **Niedermanderscheid** und überqueren die Straße zum Mühlenweg. Wir passieren die ehemalige Burgschmiede und biegen nach ca. 30 m vor dem Straßenschild »Anlieger frei« und vor dem Haus Nr. 21 mit den vielen Reklameschildern nach links (am Haus ist ein Hinweisschild »Pantenburg 30 Min.« angebracht, was uns den Weg zeigt) ab. Über einige Stufen (sieht man nicht sofort) geht es dann auf dem Pfad in Kehren steil hinauf in den Wald zu einem Weg (ohne Markierung). Auf

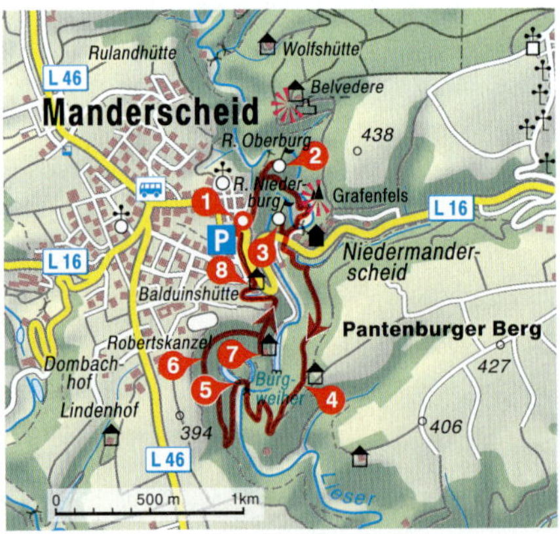

diesem nach rechts und vor einer Gabelung blicken wir an einer Lichtung auf die Burgen. Links haltend wandern wir noch knapp 200 m auf dem Weg hinauf, um ihn am Schild »Zur Waidmannslust« + Logo »Grafschafts-Pfad« nach rechts zu verlassen. Kurz über Pfad kommen wir zur **Schutzhütte Waidmannslust** 4, 376 m, die uns einen Panoramablick auf das Liesertal, Manderscheids Burgen und die Schutzhütte am Lieserpfad (Robertskanzel) gewährt.

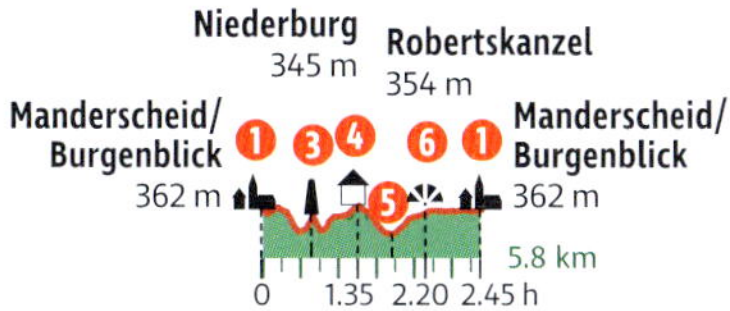

Weiterhin auf dem schönen Pfad kommen wir durch die steile Hanglage abwärts zu einem Weg bei einer Sitzbank von 2013. Der Weg führt uns geradeaus hinunter und geht in einen Pfad über. Oberhalb der Lieser an moosbewachsenen Felsen entlang (mit einem Drahtseil gesichert) kommen wir zur Lieserbrücke. Über diese hinweg erreichen wir links nach 50 m den idyllischen **Burgweiher** 5, 282 m. Vor dem Weiher halten wir uns links, verlassen ihn wieder und steigen auf einem fast alpinen Pfad (Geo-Route) oberhalb der Lieser an bemoosten Felsen hinauf zu einem Querpfad, dem schönen Lieserpfad. Diesem folgen wir nach rechts (Ww. Lieserpfad + Eifelsteig, begleiten uns bis Manderscheid) zur **Robertskanzel** 6, 354 m, die uns einen Blick ins Liesertal ermöglicht. Der Pfad führt uns weiter zur **Pelenzkanzel**, etwas links davon befindet sich eine weitere **Aussichtskanzel** 7, 355 m, mit Blick ins Liesertal und auf die Waidmannslusthütte. Wieder zurück am Lieserpfad erreichen wir an einer Sitzbank und einem Unterstand den wohl schönsten Aussichtspunkt auf Manderscheids Burgen.

Durch Nadelwald geht es nun über die Leo-Bönner-Allee zur **Balduinshütte** 8, 360 m, und nach etwa 350 m mit grandiosem Blick auf die Burgen gelangen wir zurück zum **Parkplatz Burgenblick** 1 in **Manderscheid**.

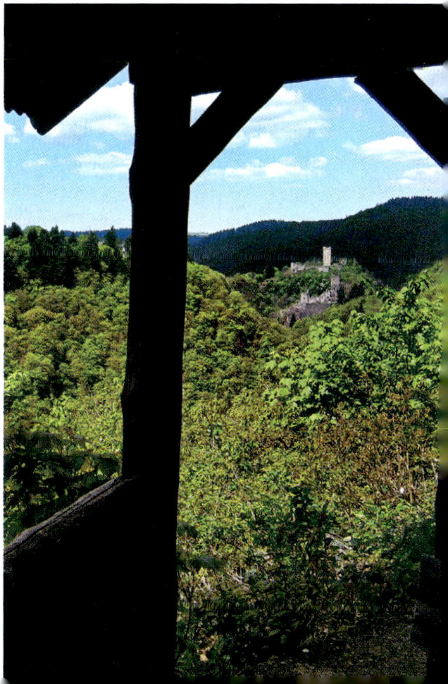

Die Manderscheid-Burgen aus der Perspektive der Waidmannslusthütte.

TOP

41

↗ 420 m | ↘ 420 m | 14.4 km

Mosenberg, 517 m, und Windsbornkrater, 498 m

5.30 h

Über den spektakulärsten Abschnitt des gesamten Lieserpfades

Viel abwechslungsreicher kann eine Tour kaum sein: Zuerst begehen wir fünf Kilometer des schönsten, alpin anmutenden Streckenabschnitts des Lieserpfades. Wir passieren den Wasserfall mit Germanienbrücke, bevor wir in die urwüchsige Wolfsschlucht kommen. Ein langer Anstieg bringt uns zum Aussichtsgipfel Mosenberg, von dem es schließlich zum Windsbornkrater und um dessen Kratersee geht.

Ausgangspunkt: 54531 Manderscheid, 362 m, Parkplatz Burgenblick (gebührenpflichtig), 362 m, an der Grafenstraße (GPS: N50.091584 E6.814223).
Anfahrt: Mit Pkw: Autobahn A48 Koblenz–Trier bis Abfahrt Manderscheid. Mit ÖPNV: Bus 300 von Wittlich-Hauptbahnhof nach Manderscheid, Haltestelle Dauner Straße. Dort ist am Kreisverkehr geradeaus der direkte Toureneinstieg auf der Kurfürstenstraße möglich.
Anforderungen: Ausdauer erforderlich. Einige Streckenabschnitte mit fast alpinem Charakter; zum Mosenberg und von der Heidsmühle nach Manderscheid steile Anstiege. In der Wolfsschlucht bei Nässe rutschig.
Einkehr: Café-Restaurant Heidsmühle (heidsmuehle.de); Gastronomie in Manderscheid.

Nieder- und Oberburg: Blick vom Lieserpfad auf Manderscheids Burgenensemble.

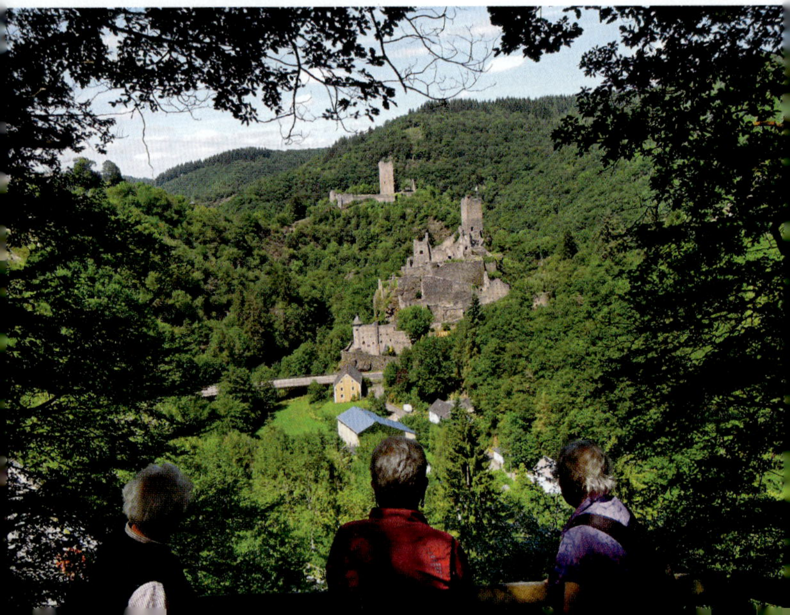

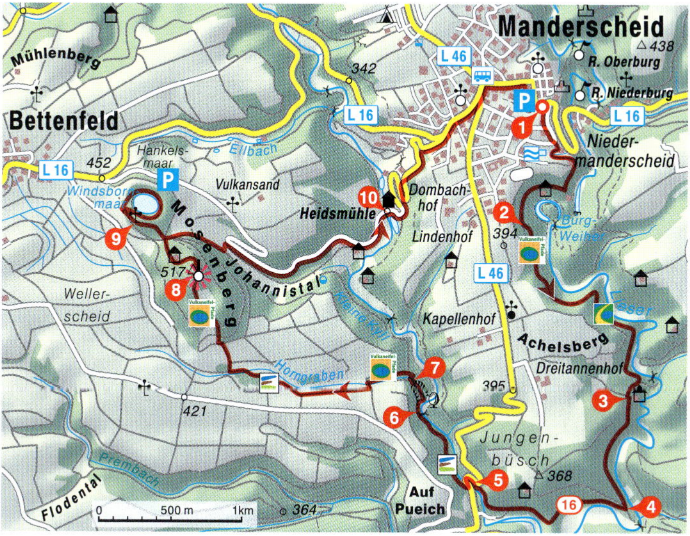

Vom **Parkplatz Burgenblick** ❶ in **Manderscheid** zum Sträßchen »Zur Mariengrotte«. Nach 50 m zweigen wir auf den Lieserpfad ab – mit Blick auf Manderscheids Burgen – und folgen dem Ww. »Eifelsteig + Lieserpfad« in den Wald hinein. An der Balduinshütte vorbei und auf der Leo-Bönner-Allee durch Nadelwald, zwischendurch mit Blick von einer Bank auf die Ober- und Niederburg, erreichen wir die **Pelenzkanzel**. Der Pfad führt uns weiter zur **Robertskanzel** ❷, 354 m, die wiederum einen Blick ins Liesertal ermöglicht. Anschließend wandern wir unterhalb des Achelsberges über felsigen Pfad (mit Drahtseilen gesichert) zur **Weifelsjunk-Schutzhütte** ❸. Hinter dieser ignorieren wir einen Abzweig rechts (Ww. Windsborn Kratersee 6,0 km/Wolfsschlucht & Wasserfall 2,1 km), wandern noch 1 km auf dem Lieserpfad (Eifelsteig) abwärts und kommen an die **Fronert** ❹ genannte Lichtung.

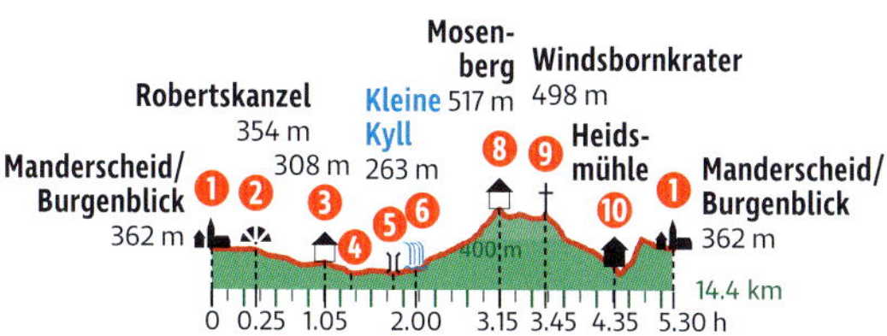

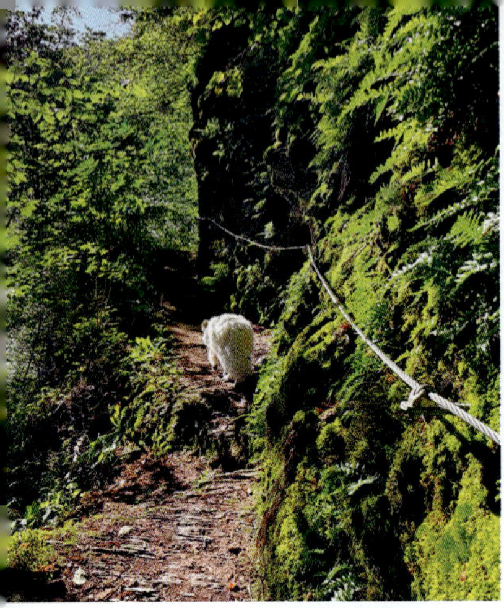

Auf dem zauberhaften Lieserpfad.

Hier verlassen wir nun den Lieserpfad am Schild »Lieserpfad nach Wittlich 20 km« nach rechts auf Weg 16 (Ww. Heidsmühle) am »Jungenbüsch« vorbei zu einem Querweg/Wendeplatz; hier nach rechts bis zu einer Gabelung. Auch hier bleiben wir rechts bis zu einer Landstraße (L46), die wir nach links abwärts nehmen. Hinter der **Brücke** 5 über die **Kleine Kyll** folgen wir dem Wegweiser »Windsborn-Kratersee 5 km/Wolfsschlucht 1 km + Eifelverein/Ville-Eifel-Weg«, wandern durch das Tal an der Kleinen Kyll vorbei und erreichen die Germanienbrücke und den **Wasserfall** 6. Wir gehen zunächst auf dem Weg geradeaus weiter, verlassen diesen aber nach ca. 100 m nach links auf den VulkaMaar-Pfad + Eifelverein/Vulkanweg. Dieser geht in einen Pfad über, der uns zur urwüchsigen **Wolfsschlucht** 7 bringt. Über die Felsenburg steigen wir durch Wald an und treten in Flur hinaus; kurz nach links (70 m), dann über Grasweg (Vulkanweg) nach rechts am Horngraben hinauf am Wald vorbei treffen wir auf eine Verzweigung (Sitzbank). Hier nach rechts überqueren wir einen kleinen Bach und gelangen zu einem Querweg. Diesen 25 m nach rechts (nicht links dem Schild »Windsborn Kratersee 2,1 km« folgen), dann nach links steigen wir auf einem Grasweg durch Flur (ohne Markierung) zum Wald des Mosenbergs an.

Ein Pfad bergan bringt uns über einen Querweg hinweg (Vulkanweg) zu einem weiteren Querweg, dann ca. 80 m nach links und einem weiteren Pfad folgend wieder nach rechts. Hinter einer eingezäunten Wiese erreichen wir bergauf die **Schutzhütte Mosenberg** 8, 517 m, von dort blicken wir auf Manderscheid. Nun folgen wir dem

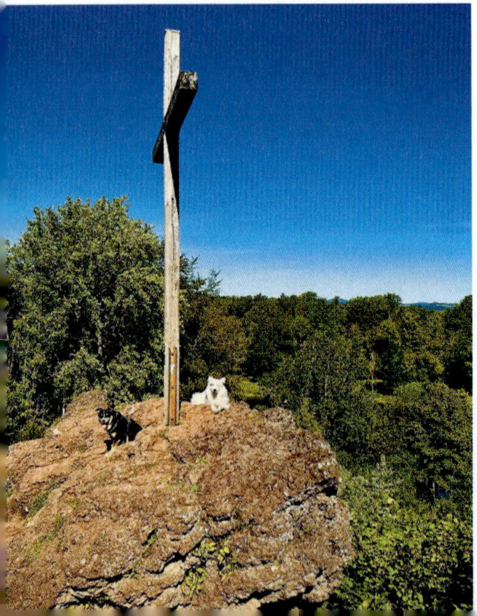

Das Gipfelkreuz am Windsbornkrater.

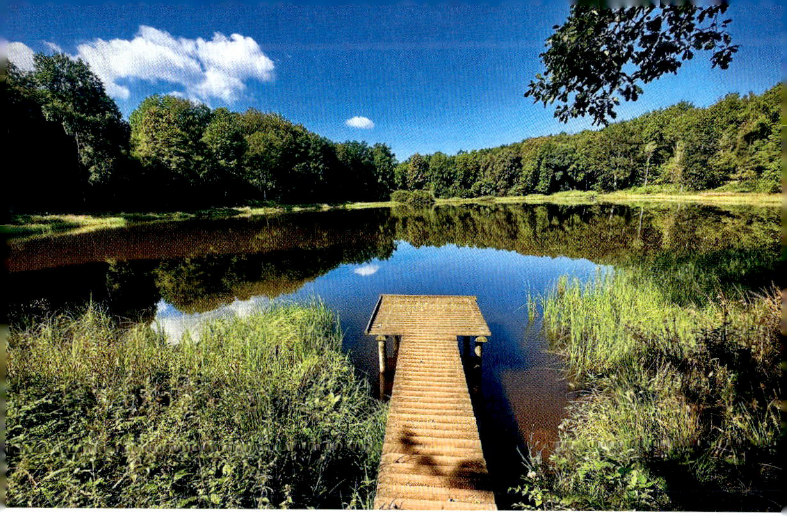

Der Windsborn ist der einzige ständig wasserführende Kratersee nördlich der Alpen.

VulkaMaar-Pfad + Vulkanweg nach rechts an einer Schutzhütte vorbei bis zum Fünf-Wege-Treff, wo wir den Wegweiser »Zum Bergkratersee« beachten und in knapp 5 Minuten am **Windsbornkrater** mit seinen bizarren Schlackenringen und einem **Kreuz** 9, 498 m, gelangen. Von hier hat man einen schönen Blick auf den einzigen Bergkratersee nördlich der Alpen, ein stilles kreisrundes Gewässer mitten im Wald, unser nächstes Ziel.
Dafür folgen wir dem Pfad knapp 200 m abwärts und zweigen an der großen grünen Infotafel „Windsborn-Kratersee" nach rechts ab und folgen dem Pfad in Uhrzeigersinn um den **Kratersee**. Wieder zurück am **Windsbornkrater** 9 und am Fünf-Wege-Treff nehmen wir den zweiten Weg nach links (Ww. Eifelverein/Mosel-Our-Weg + Manderscheid/Heidsmühle). Dieser bringt uns steil hinunter, über eine Kreuzung hinweg, dann nach links kurz durch Wiesen auf den Weg in den Wald zu einer Gabelung. An dieser gelangen wir nach rechts abwärts vorbei am Hotel-Café-Restaurant **Heidsmühle** 10 und überqueren anschließend die Serpentinenstraße. An einer Verzweigung nach links mühen wir uns den steilen Pfad hinauf (ohne Markierung) und müssen die Straße noch zweimal überqueren; beim letzten Mal folgen wir dieser 150 m aufwärts und gelangen zu einem Pfad rechts hinauf nach **Manderscheid**. Der Mosenbergstraße folgend, vorbei am Maarmuseum, stoßen wir auf einige Hinweisschilder zu den Burgen. Über die Kurfürstenstraße, dann biegen wir hinter Haus Nr. 30 rechts ab beim Schild »Kurzentrum Fußweg + Eifelsteig« auf Teerpfad in den Kurpark. Es geht am Kurhaus vorbei zur Grafenstraße und wir erreichen schließlich den **Parkplatz Burgenblick** 1.

↗ 100 m | ↘ 100 m | 3.2 km

42 Pyrmonter Burg und Mühle

1.15 h

Kurze, aber reizvolle Rundtour zum romantischen Wasserfall

Zuerst geht es zur imposanten mittelalterlichen Burg Pyrmont, die man von Mai bis Oktober besichtigen kann. Anschließend passieren wir steile Schieferfelswände auf einem Pfad mit tollen Ausblicken auf das Wahlbachtal. Am Wahlbach entlang kommen wir zum Elzbach, dort erwartet uns ein weiteres Highlight, das wir uns nicht entgehen lassen sollten: Bei der Pyrmonter Mühle liegt der idyllische zweigeteilte Elzbachfall, der größte Wasserfall der Eifel.

Ausgangspunkt: 56754 Roes, Wanderparkplatz, 177 m, oberhalb der Pyrmonter Mühle an der K27 und K35 (GPS: N50.236796 E7.290399).
Anfahrt: Mit Pkw: A48 Koblenz–Trier, Abfahrt Kaifenheim; auf der L109 durch Kaifenheim und am Ort Roes vorbei bis hinter dem Ort zu einem Kreisel. Am Kreisel der Beschilderung »Burg Pyrmont« über die K27 zum Parkplatz oberhalb der Pyrmonter Mühle folgen.
Anforderungen: Einfache Rundtour.
Einkehr: Landgasthof Pyrmonter Mühle (Mo–So 11–23 Uhr, Do Ruhetag, Tel. +49/2672/7325, pyrmonter-muehle.de).
Hinweis: Burg Pyrmont ist geöffnet vom 1. Mai bis 3. Okt., Mo u. Di geschlossen, burg-pyrmont.de.

Der Elzbachfall mit der Pyrmonter Mühle, Burg und Kapelle.

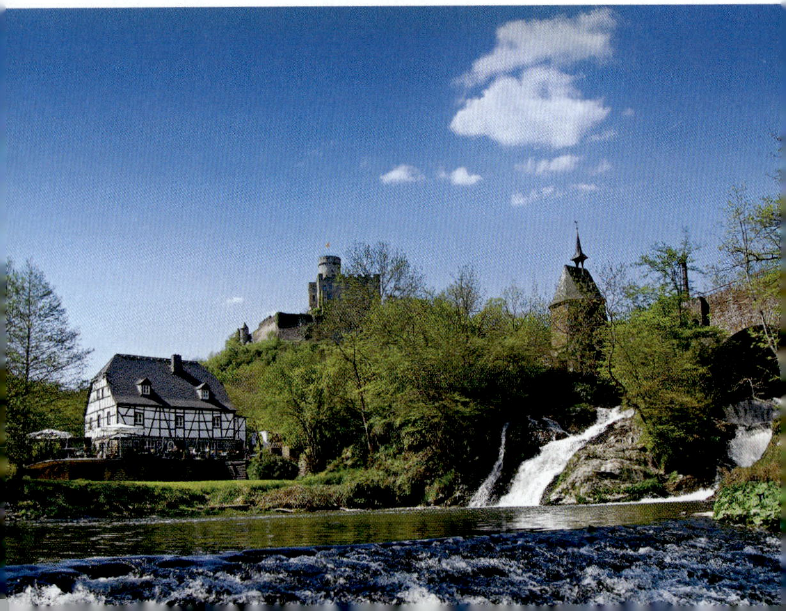

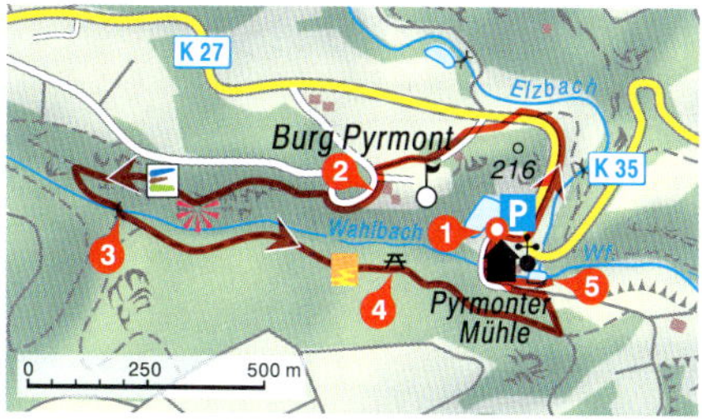

Vom **Wanderparkplatz** ❶ oberhalb der **Pyrmonter Mühle** wandern wir zurück zur Straße (K27). Auf dieser gehen wir bei der Infotafel »Traumpfad Pyrmonter Felsenstieg« nach links zuerst kurz (30 m) auf der Straße, dann neben ihr auf einem schmalen Graspfad aufwärts. Dann zweigen wir erneut links ab auf ein Sträßchen in den Wald und folgen dem Logo »Traumpfade + Eifelverein/Osteifelweg« (Burg Pyrmont 0,5 km) hinauf zu einem Parkplatz. Von dort nehmen wir geradeaus einen Weg zu einer Kopfsteinpflasterstraße, auf der wir spitzwinklig nach links hinauf zur **Burg Pyrmont** ❷, 238 m, gelangen. Diese kann saisonal gegen Entgelt besichtigt werden (s. Hinweis).

Es geht kurz (100 m) auf der alten Kopfsteinpflasterstraße aufwärts zu einer scharfen Rechtskurve, hier folgen wir geradeaus dem Ww. »Pyrmonter Mühle 2,0 km« (Logo Traumpfade, begleitet uns von nun an bis zum Ausgangspunkt) auf Natur- und Felsenpfad durch vorwiegend Eichenwald hoch über dem Wahlbachtal, mit herrlichen Ausblicken, an fast senkrechten Felswänden entlang. Bald darauf wandern wir auf dem Pfad abwärts zum **Wahlbach**, den wir über ein kleines **Holzbrückchen** ❸, 230 m, beim Zusammenfluss der Bäche queren.

Weiterhin leicht aufwärts geradeaus, jetzt durch vorwiegend Buchenwald, kommen wir, an einem Abzweig vorbei, beim Schild »Rundweg Pyrmonter Mühle« zu einer **Sitzbank** ❹. Von hier genießen wir einen grandiosen Blick auf die Burg Pyrmont, bevor es abwärts zu einer Wegekreuzung geht. An dieser zweigen wir links hinunter (Ww. Pyrmonter Mühle 0,3 km) und stoßen nach etwa 100 m auf einen Querweg. Dort erneut links, kommen wir nach 50 m zu einem Abzweig, wo wir spitzwinklig nach rechts nun einen kurzen Abstecher (40 m) bis vor eine Wiese am **Elzbach** ❺ unternehmen, von wo aus sich ein herrlicher Blick auf das Ensemble aus Wasserfall, Brückenkapelle, Burg Pyrmont und Pyrmonter Mühle bietet.

Wieder zurück am Abzweig, halten wir uns geradeaus, passieren die **Pyrmonter Mühle** rechter Hand (in dem Landgasthof mit schöner Terrasse lohnt sich eine Einkehr) und gelangen über den Zufahrtsweg der Mühle aufwärts in etwa 3 Minuten wieder zurück zu unserem Ausgangspunkt am **Wanderparkplatz** ❶.

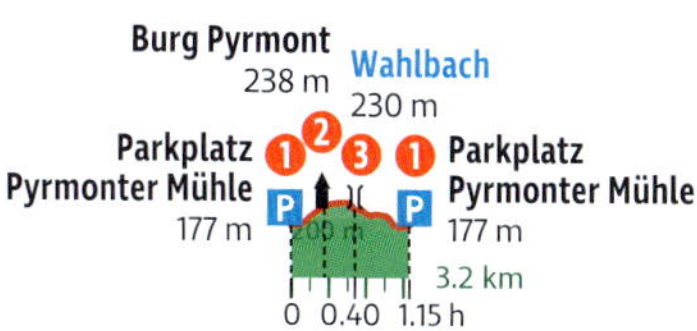

↗ 540 m | ↘ 540 m | 13.2 km

43 Oberfell – Burg Thurant – Bleidenberg

5.00 h

Ein romantisches Bachtal und Panoramablicke von Burg Thurant und dem Bleidenberg

Gleich zu Beginn gilt es, 250 mitunter steile Höhenmeter auf einem steinigen Pfad zu einer Schutzhütte zu bewältigen. Weiter steil hinauf durch den Wald gelangen wir zu einer weiteren Schutzhütte, passieren eine Waldwiese und kommen zur Hütte Dickenberg. Im weiteren Verlauf geht es an Wald und Feldern entlang und wir gelangen ins romantische Alkener Bachtal zur Helmutseiche und dann zur Link-Eiche mit Schutzhütte. Auf einem Pfad hinauf erreichen wir die mächtige mittelalterliche Burg Thurant, die man gegen Entgelt besichtigen kann. Weiter geht es über einen Pfad hinunter und oberhalb an den Weinbergen entlang mit grandiosen Ausblicken auf das Moseltal und Alken. Nach einem steilen Abstieg auf einem alpinen Pfad kommen wir zur alten Stadtmauer und zur über 1000 Jahre alte St. Michaelskirche; wenn diese geöffnet ist, lohnt sich eine Besichtigung. Von dort steigen wir hinunter nach Alken, anschließend geht es kräftig bergan auf dem Wallfahrtsstieg (Siebenfußfälle) durch die Weinberge des Bleidenbergs zur Wallfahrtskirche. Weiter auf einem Pfad mit herrlichen Ausblicken übers Moseltal und die Burg Thurant, passieren wir die schöne Bleidenberger Hütte und steigen nach kurzer Zeit nach Oberfell hinunter.

Blick auf Alken und die Burg Thurant vom Bleidenberg.

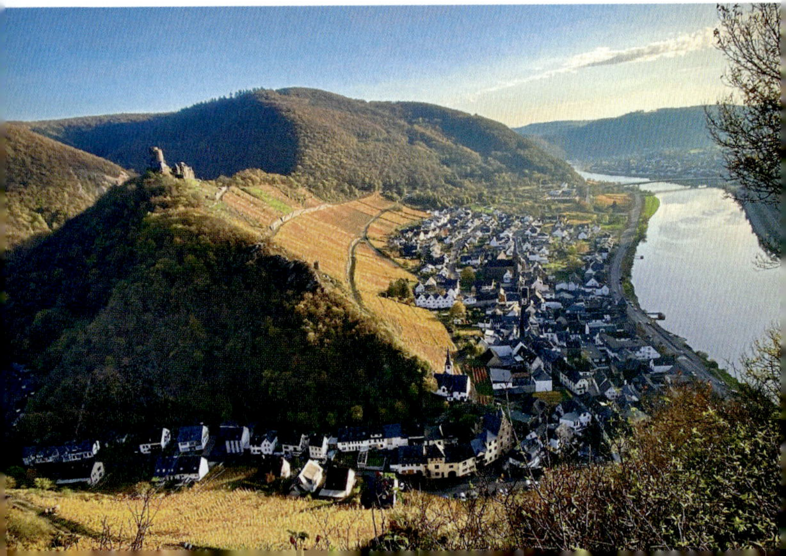

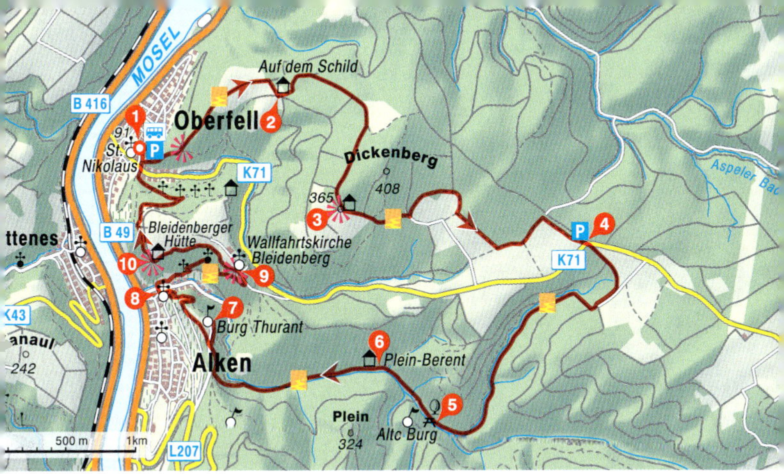

Ausgangspunkt: 56332 Oberfell, Parkplatz oberhalb der Kirche, 91 m, in der Straße »Im Kirchenstück« (GPS: N50.258567, E7.446389).
Anfahrt: Mit Pkw: A 61 Abfahrt Koblenz/Dieblich, weiter auf B 411 zur B 49. Auf der B 49 an der Mosel entlang nach Oberfell, dort zur Kirche und Straße »Im Kirchenstück«, mit Parkmöglichkeit. Mit ÖPNV: Bus 31 von Koblenz nach Oberfell, Haltestelle Hauptstraße. Von dort über die Hauptstraße und links in die Straße »Im Kirchenstück« zum Ausgangspunkt (ca. 400 m Fußweg).
Anforderungen: Direkt zu Beginn sehr steiler Ansteig, ebenso von Alken auf dem Pfad Siebenfußfälle zur Wallfahrtskirche Bleiderberg. Vom Weißen Kreuz, steiler Abstieg auf einem felsigen Pfad nach Alken.
Einkehr: Gastronomie in Alken und Oberfell.

Unser Rundweg beginnt in **Oberfell** am **Parkplatz** ❶ oberhalb der Kirche **St. Nikolaus**, in der Straße »Im Kirchenstück« an der Infotafel »Traumpfade«. Wir folgen dem Logo »Traumpfade/Bleidenberger Ausblicke« (begleitet uns auf dem gesamten Rundweg) und »Moselsteig + Ww. Hütte Dickenberg 2,7 km« über Betonstufen und einen sehr steilen steinigen, fast alpinen Pfad aus dem Ort zu einer Schutzhütte mit Blick ins Moseltal. Dort folgen wir einem Weg steil hinauf in den Wald, durchstreifen Felder am Schildberg, mit Blick in die Eifel, und gelangen an einer Streuobstwiese entlang zur **Schutzhütte »Auf dem Schild«** ❷ (HVV Oberfell). Weiterhin auf dem Weg durch schönen Wald zu einer Verzweigung (Schild: Anfahrtspunkt für Rettungsfahrzeuge 5710-170).

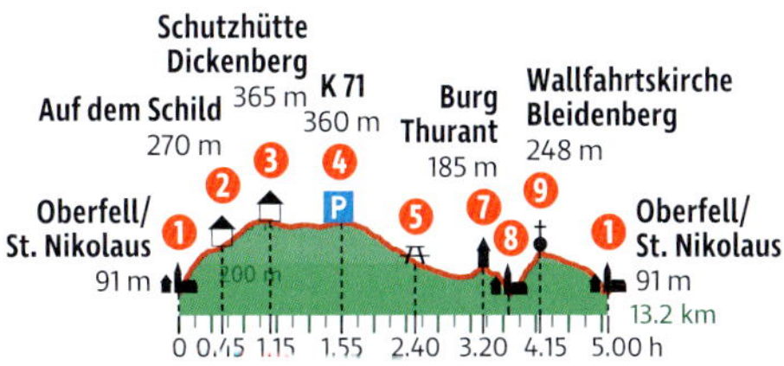

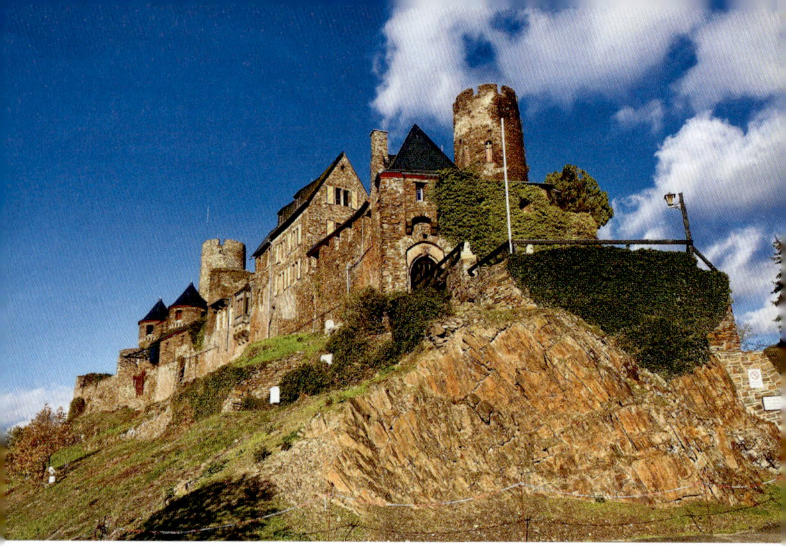

Die mächtige Burg Thurant.

Hier verlassen wir den Moselsteig und folgen nach rechts stetig hinauf dem Traumpfade-Logo (Ww. Hütte Dickenberg 1,2 km). Wir passieren eine Waldwiese und gelangen abwärts zur **Schutzhütte Dickenberg** ❸, mit Picknickplatz und schöner Fernsicht. Weiter abwärts auf dem Weg biegen wir nach 400 m vor einer großen Wiese nach links ab (Ww. Helmutseiche 4,0 km), folgen dem Weg an Feldern und Wald entlang und kommen zur **Kreisstraße 71**, die wir zu einem kleinen **Parkplatz** ❹ hin überqueren. Nach 400 m treffen wir auf einen Teerweg, dem wir nach rechts abwärts folgen. Am Anfang eines Waldes erneut rechts auf einem Waldweg hinunter (Ww. Helmutseiche 1,7 km) gelangen wir in ein schönes Bachtal und zur **Helmutseiche** ❺, inklusive zwei Sitzbänken.

Der Weiterweg führt uns weiterhin durch das schöne romantische Alkener Bachtal und wir kommen nach 700 m zur Schutzhütte **Wald-Rastplatz Plein-Berent** ❻ und zur **Link-Eiche**. Dem Weg folgend, passieren wir nach gut 700 m eine kleine Schutzhütte und steigen nach weiteren 400 m an einer Sitzbank nach links auf einem schmalen Pfad hinauf (Ww. Burg Thurant 0,7 km). Es geht kräftig bergan auf dem Moselsteig und Traumpfad zum Parkplatz und zur prächtigen **Burg Thurant** ❼. Von dort genießen wir das Panorama auf Alken, Kattanes und über die Mosel.

Wir gehen vor der Burg links hinunter auf dem Moselsteig und Traumpfad (Ww. Alken 0,8 km), oberhalb an den Weinbergen entlang, über Stufen und einen Pfad steil hinunter und kommen auf einem Weg/Pfad hinauf zu einer alten Sitzbank, mit Blick auf das Weiße Kreuz, Alken und die Mosel. Von dort geht es auf einem alpinen Pfad steil hinunter durch den Wald, an bemoosten Felsen entlang, zu einem weiteren schönen **Aussichtspunkt**, ebenfalls mit einer alten Sitzbank. Weiterhin steil hinunter (Ww. Alken 0,2 km) auf einem gesicherten felsigen Pfad (Stahlseile), kommen wir zu einem Bogentor (Stadtmauer, erbaut um 1250) und zur Alten St. Michaelskirche. An der Kirche rechts die Stufen hinunter in den Ort **Alken** 8. Weiter nach rechts in die Von-Wiltberg-Straße und in die Bachstraße. Gleich darauf nach links über Stufen auf dem Wallfahrtsstieg Siebenfußfälle kräftig bergan verlassen wir den Ort.

Durch die Weinberge des Bleidenbergs folgen wir dem Pfad in einem schweißtreibenden Anstieg an den Kreuzwegstationen vorbei zu einem Weg. An diesem kurz (35 m) rechts und spitzwinklig nach links auf einem Pfad hinauf durch Gebüsch zu einem Teerweg. Bevor wir nach links am Schild »Oberfell 1,9 km« dem Pfad folgen, machen wir einen kurzen Abstecher (70 m) zur **Wallfahrtskirche Bleidenberg** 9, die man besichtigen kann.

Zurück am Schild »Oberfell 1,9 km« folgen wir dem Pfad sanft abwärts und genießen die schönen Ausblicke übers Moseltal und auf die Burg Thurant, Sitzbänke laden zum Verweilen ein. Wir kommen zur **Bleidenberger Hütte** 10, wiederum mit tollen Panoramablicken übers Moseltal. Weiter dem Pfad folgend, passieren wir ein **Aussichtsplateau** mit Metallskulpturen, dem sogenannten Ensemble »Altsteinzeit« am Bleidenberg, darunter dem mächtigen »Waldelefanten«. Im Wald zweigen wir dann an zwei Sitzbänken spitzwinklig nach links hinunter (Ww. Oberfell 0,5 km). Wir kommen nach **Oberfell**, kurz nach links (Hauptstraße) und gleich nach rechts in die Straße »Im Kirchenstück« zum **Parkplatz** 1, unserem Ausgangspunkt.

Aufstieg auf dem Kreuzweg Siebenfußfälle am Bleidenberg.

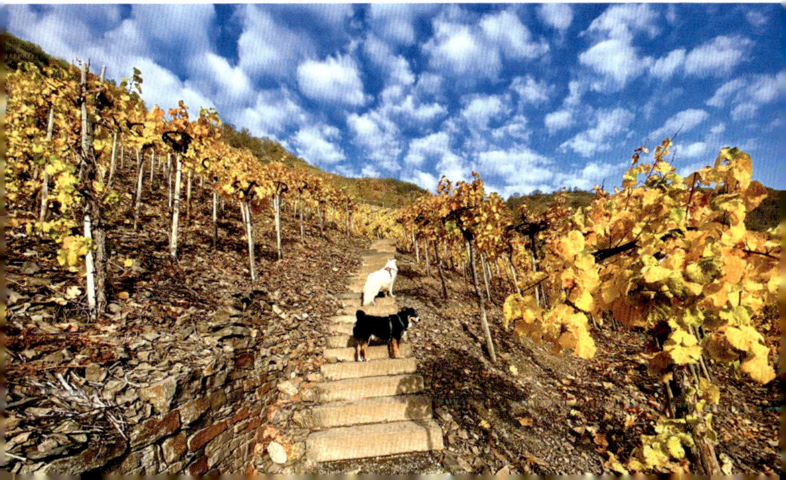

↗ 240 m | ↘ 240 m | 5.3 km

44 Hatzenport – Rabenlay – Kreuzlay

2.10 h

Fabelhafte Ausblicke über die Mosel von der Rabenlay und Kreuzlay

Auf dieser schönen kurzen Rundtour geht es am Anfang über eine kleine Klettereinlage mit seilgesichertem Abschnitt sowie auf einem schönen Pfad mit herrlichen Ausblicken auf Hatzenport, die Weinberge und auf die Mosel. Wir passieren die Winzerhütte und blicken ständig auf die schön gelegene Alte St. Johanneskirche. Wir kommen zur Rabenlay. Von hier genießen wir, wie auch schon vorher, ein traumhaftes Panorama über die Mosel mit der Campinginsel Sonnenwerth, auch bekannt als Hatzenporter Werth. Der Weiterweg führt uns an Feldern entlang zur Kreuzlay, wiederum mit fantastischem Panoramablick über die Mosel und Hatzenport.

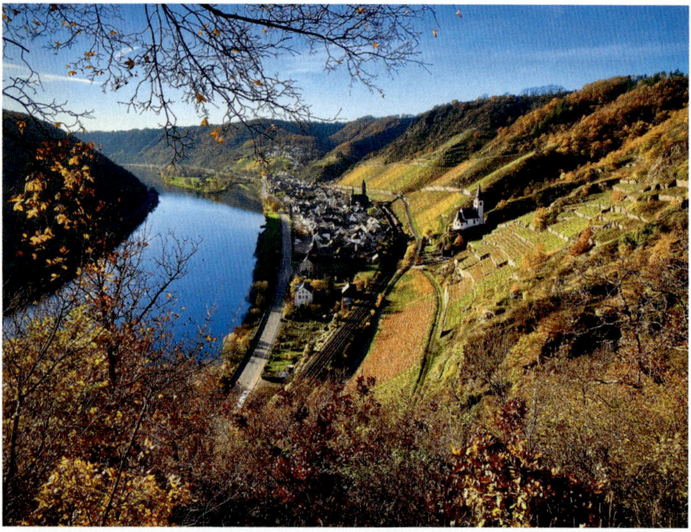

Auf dem Weg zur Rabenlay mit Blick über Hatzenport und die Mosel.

Ausgangspunkt: 56332 Hatzenport, Bahnhof, 80 m, Oberstraße/Schrumpftal
Anfahrt: A48 Koblenz–Trier, Abfahrt Polch, weiter auf der L113 über Polch und Münstermaifeld nach Hatzenport, dort zur Oberstraße am Bahnhof (GPS: N50.227726, E7.412566). Mit ÖPNV: Züge der Moseltalbahn RB 81 Koblenz–Hatzenport–Trier.
Anforderungen: Zu Beginn eine kurze steile Passage, die mit einem Stahlseil gesichert ist, sonst ohne Schwierigkeiten.
Einkehr: Unterwegs keine Möglichkeit; Gastronomie in Hatzenport.

In **Hatzenport** an der Straße »Schrumpftal« hinter der Bahnunterführung am kleinen **Parkplatz** ❶ beginnt unser Rundwanderweg. Wir folgen den Logos »Moselsteig, Traumpfade/Laysteig« und dem Ww. »Rabenlay 1,7 km« kurz in die Straße »Unterer Bannweg«, gleich darauf nach links über eine kurze anspruchsvolle Passage des Laysteigs, über Stufen und eine gesicherte Felspassage (Stahlseil) kräftig hinauf zu einem Teerweg. Auf diesem kurz nach rechts und gleich nach links über Betonstufen hinauf zu einer Wetterstation. Weiterhin auf dem Laysteig geht es durch die Weinberge und in Serpentinen hinauf zu der Infotafel »Äävvese unn Laijekappes«; sie erläutert uns die Felsen der Kreuzlay.

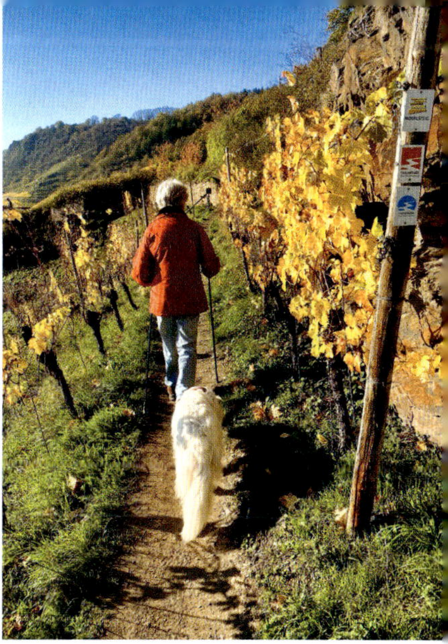

Auf dem Pfad zur Rabenlay.

Dem Pfad folgend überbrücken wir den Naafgraben, passieren in kurzen Abständen zwei Weinberghäuschen (Wingatshäsje) und gelangen auf dem felsigen Laysteig in Auf und Ab zur schön gelegenen **Winzerhütte** ❷; von dieser genießen wir die Aussicht über Hatzenport und die Mosel. Es geht kurz durch den Wald, danach in offene Landschaft, und wir blicken auf die Alte St. Johanneskirche. Bald darauf kommen wir zur Infotafel »Terrassen im Weinbauklima«; von dort haben wir von einer Sitzbank aus ein herrliches Panorama über die Mosel und Hatzenport. Weiterhin auf dem Pfad gelangen wir hinauf zum Logenplatz **Rabenlay** ❸, mit Schutzhütte, Feuerstelle und Sitzbänken.

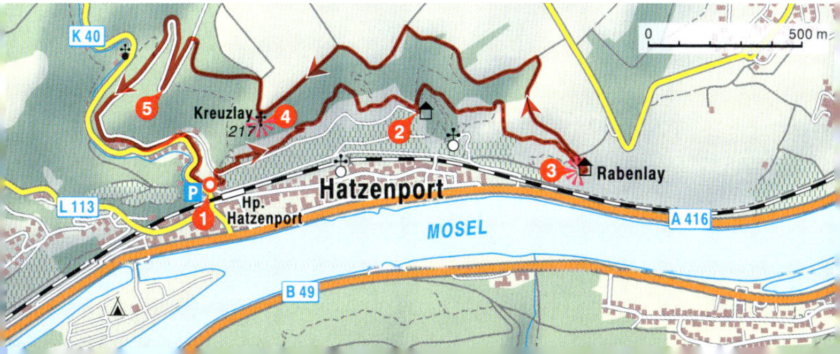

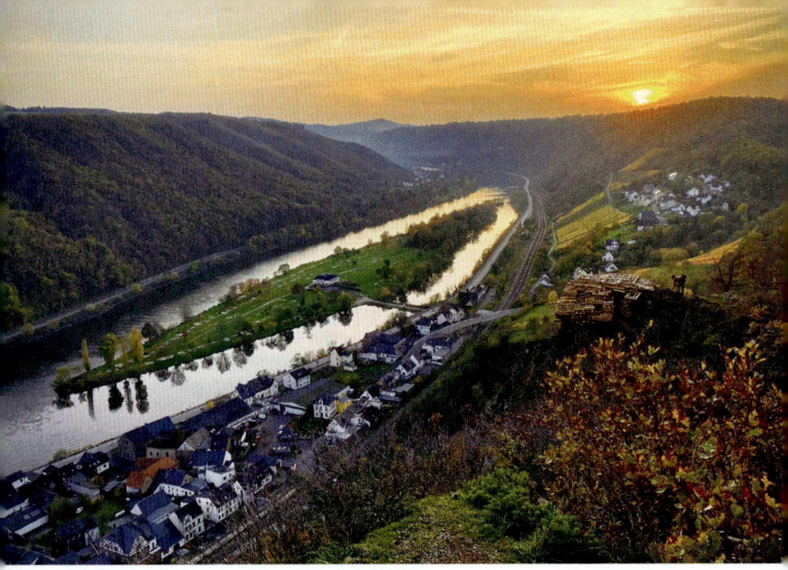

Sonnenuntergang an der Kreuzlay mit Blick auf die Mosel mit der Campinginsel Sonnenwerth.

Nachdem wir den traumhaften Ausblick genossen haben, folgen wir einem Weg hinauf an Feldern und Wiesen entlang (Logos Moselsteig + Traumpfade) und verlassen nach etwa 500 m das Moselsteig-Logo. Wir folgen weiterhin dem Logo »Traumpfade« nach links auf einem Grasweg und ignorieren an einem kleinen Wald in kurzen Abständen zwei Abzweiger nach links (Traumpfädchen). Weiterhin am Waldrand entlang gelangen wir aufwärts zu mehreren Schildern (Traumpfade). An diesen unternehmen wir nach links einen lohnenswerten Abstecher (25 m) zur **Kreuzlay** 4, mit einem großen Kreuz und Picknickplatz; auch hier erwartet uns ein großartiges Panorama über das Moseltal.
Zurück an den Schildern, folgen wir dem Laysteig (Traumpfade) noch etwa 200 m, bis wir an einer Verzweigung das Traumpfade-Logo verlassen. Wir nehmen nach links einen Grasweg (ohne Markierung) durch den Wald hinab zu einem Sträßchen, dem wir abwärts folgen zu einer **Sitzbank** 5 hinter einer Leitplanke, von wo wir eine tolle Aussicht auf das Moseltal haben. Weiter hinunter gelangen wir auf dem Sträßchen nach **Hatzenport** und folgen schließlich der Straße »Schrumpftal« abwärts zu unserem Ausgangspunkt am **Parkplatz** 1.

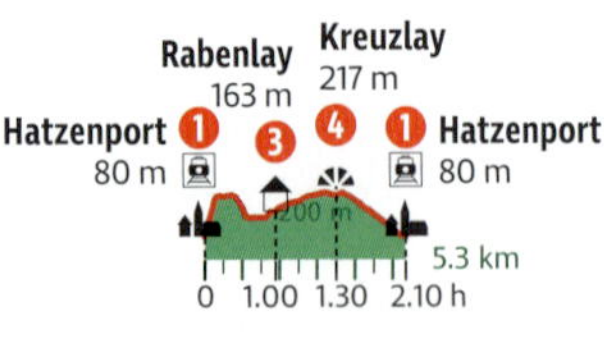

↗ 500 m | ↘ 500 m | 15.5 km

5.30 h

Karden – Burg Eltz – Buchsbaumweg

Zur schönsten Burg der Eifel und zu einem großen Buchsbaumgebiet

Eine Rundtour, die alles bietet, was ein Wanderherz begehrt: Vom historischen Moselort Karden mit seiner weißen Stiftskirche St. Castor geht es über eine aussichtsreiche Hochebene zum Elzbachtal und zur imposanten Burg Eltz. Im 12. Jahrhundert auf einem 70 Meter hohen Felskopf erbaut, ist sie sicher eine der schönsten Eifelburgen. Weiter führt die Tour durch das wildromantische Elzbachtal Richtung Moselkern und auf der »Mosel-Erlebnis-Route« mit ständigem Moselblick nach Müden. Ein frühfränkisches Gräberfeld und der Rückweg, teilweise über Weinberg und Felspfade, durch das größte Buchsbaumgebiet nördlich der Alpen, komplettieren das Erlebnis.

Ausgangspunkt: 56253 Treis-Karden an der Mosel, 84 m, Parkplatz an der Moselstraße beim Gästehaus Stiftstor (GPS: N50.182081 E7.301439).
Anfahrt: Mit Pkw: Autobahn A48 Koblenz–Trier bis Abfahrt 5 Kaifenheim, dann in Richtung Treis-Karden auf der L109, L110 und L108 (Kernstraße).
Mit ÖPNV: Züge von Koblenz/Trier bis Bahnhof Bahnhof Treis-Karden. Von dort 300 m entlang der Moselstraße zum Ausgangspunkt.

Anforderungen: Relativ lange Rundwanderung, die etwas Ausdauer erfordert. Am Buchsbaumpfad ein sehr steiler Anstieg (Seil).
Einkehr: Unter- und Oberschänke in Burg Eltz; Café-Restaurant Ringelsteiner Mühle (ringelsteiner-muehle.de, Abstecher ca. 300 m); Gastronomie in Müden und Karden.
Hinweis: Besichtigung Burg Eltz Ende März–1. Nov. täglich 9.30–17.30 Uhr, burg-eltz.de.

Vom **Parkplatz** ❶ an der Moselstraße in **Karden**, beim Gästehaus Stiftstor, biegen wir links in die Schulstraße ein und dann rechts in die St.-Castor-Straße. Vorbei am Hotel Weinhaus am Stiftstor zweigen wir danach links zur Stiftskirche, genannt »Castors Dom«, ab. Vor dieser spazieren wir über den Lindenplatz hinauf, biegen hinter der Kirche nach rechts »Am Buttermarkt« ein und queren die Kernstraße. Hier folgen wir dem Ww. »Burg Eltz« kurz auf der Straße »Burg-Eltz-Weg«, dann nach links auf Pfad (Ww. Burg Eltz 5,2 km) steil hinauf durch die Weinreben (Markierung

Unvergleichliche Architektur und Lage: die berühmte Burg Eltz mit ihren acht bis zu 35 Meter hohen Wohntürmen.

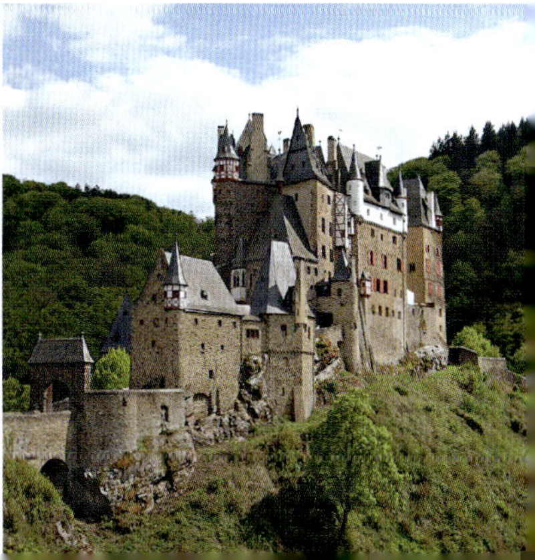

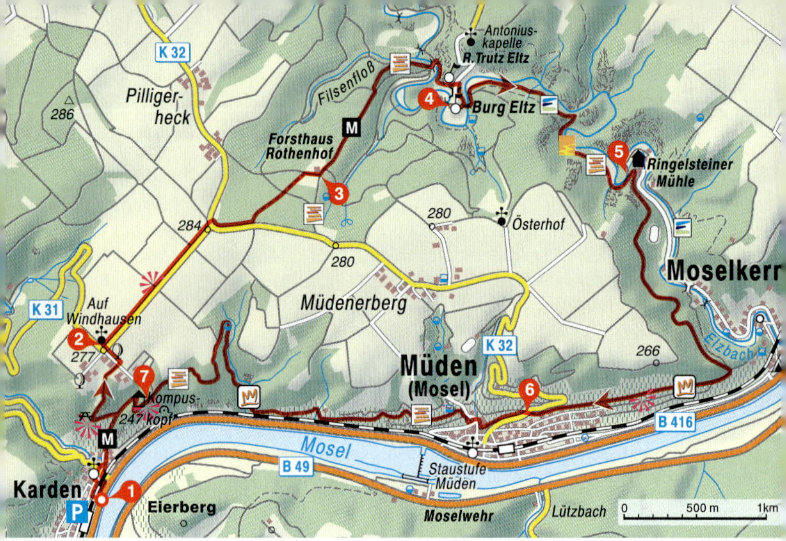

M = Moselhöhenweg + Moselsteig). An einem Wegabzweig nach links auf Weg »M + Burg Eltz 6,1 km (rechts geht es auf dem Moselsteig zum Buchsbaumweg + Burg Eltz 5,0 km) steuern wir auf die **Aussichtsplattform Wolfgangsruh** mit Picknickplatz zu. Von hier haben wir einen herrlichen Panoramablick auf Karden und die Mosel.

Wir steigen weiter bergan zum Klickerterhof und zweigen nach links ab zum Hofgut und zur Dorfkapelle **Auf Windhausen** ❷, 277 m. An der Kreuzung folgen wir Weg M (Ww. Burg Eltz) nach rechts auf Sträßchen durch Flurlandschaft etwa 1,2 km zur Kreisstraße 32. An dieser geht es nach rechts etwa 300 m am Waldrand vorbei, bis wir auf dem nächsten Weg an einem Schlagbaum nach links abwärts durch vorwiegend schönen Buchenwald das **Forsthaus Rothenhof** ❸ erreichen. Dahinter halten wir uns links abwärts durch Mischwald und folgen dem Moselsteig (begleitet uns bis zum Elzbach) zuerst auf Weg, dann auf Pfad steil hinunter über einen Bergkamm mit Blick auf die Burg Eltz zum Elzbach. Nachdem wir die Brücke gequert haben, biegen wir nach rechts auf den Pfad zur **Burg Eltz** ❹ ab. Wie ein Märchenschloss erhebt sich die Anlage über dem Elzbachtal. Der Weg führt nun über Stufen hinab zum Elzbach, den wir überqueren, und auf Pfad durch das romantische Tal

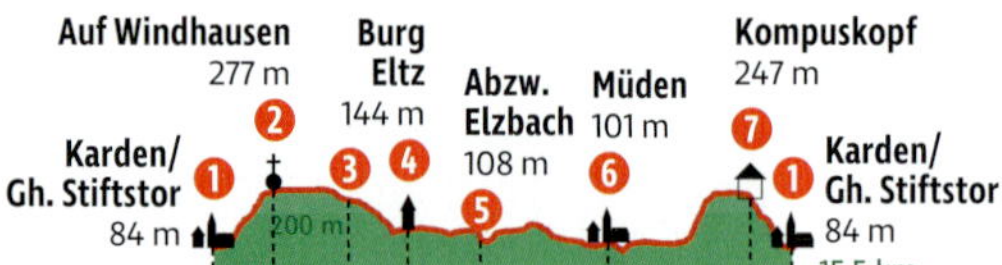

(Logo Traumpfade + Eifelverein/Osteifelweg + Moselsteig). Wir ignorieren einen ersten Abzweig nach rechts Richtung Müden. Dann heißt es aufpassen: Nach weiteren 1,5 km verlassen wir vorerst den Moselsteig, halten uns am zweiten **Abzweig** 5 beim kleinen Schild mit der Markierung weißer Pfeil und schwarzer Hintergrund an einem Baum nach rechts hinauf; zur Orientierung: etwa 12 m vor einem Eisenhandlauf oberhalb am **Elzbach**. Wir steigen nach rechts auf schmalem Pfad bergan, durch Mischwald und bald am Hang entlang oberhalb von der Ringelsteiner Mühle vorbei. Der Pfad geht später in einen Weg über. Nach etwa 2 km, an einem Vierwegetreff, zweigen wir nach rechts aufwärts ab (Ww. Moselsteig-Zuweg + Funkenbergweg), verlassen bald den Wald und wandern durch die Weinberge mit Blick auf die Mosel, Müden und Karden mit seiner markanten Stiftskirche. Der Weg wird zum Teerweg und trifft oberhalb von Müden auf die Kreisstraße 32. Hier halten wir uns links abwärts bis zum Ortseingangsschild von **Müden** 6. Dahinter queren wir die Straße nach rechts, folgen dem Sträßchen »Zur Lohmühle« oberhalb am Ort vorbei zu einer Querstraße und zum schönen Fachwerkhaus Lohmühle aus dem 17. Jh. An diesem biegen wir kurz nach rechts und wieder links in die Straße »Sonnenring« (Ww. Buchsbaumweg/frühfränkisches Grab) ab, die wir aber sofort wieder verlassen. Am **Heiligenhäuschen** nach rechts bergan steigend bringt uns der »Buchsbaum-Wanderpfad + Moselsteig-Zuweg« – an Kreuzwegstationen vorbei – zu einem Teerweg. Diesen queren wir zuerst nach rechts und bald darauf nach links zum Frühfränkischen Gräberfeld. Der Weiterweg führt an der Infotafel »Buchsbaum-Wanderpfad« vorbei und folgt wieder dem Moselsteig (bis nach Karden). Zuerst auf Teer, dann auf Weg, passieren wir mehrere Infotafeln zum Naturschutzprojekt »Auf der Krabaun«, mit Blick auf die Schleuse Müden.

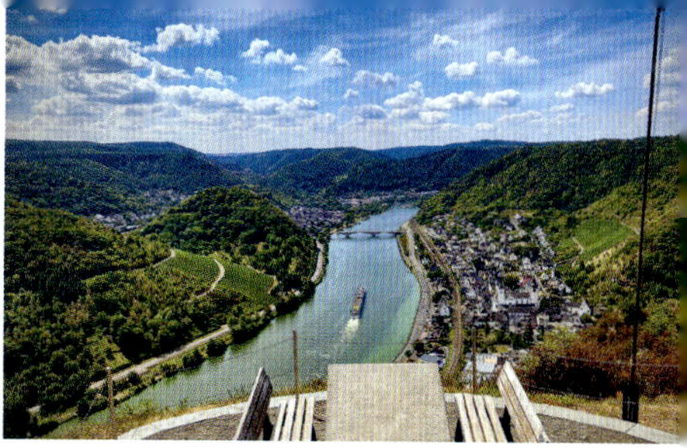

Das Moseltal vom Kompuskopf Richtung Karden.

Die Wanderung wird nun anspruchsvoller: Nach einer Infotafel »Flora und Fauna« ist der Buchsbaumpfad mit zwei Drahtseilen gesichert. Nach der Querung des kleinen Krailsbachs geht es alpin-steil bergan über Stufen und ein weiteres Seil zur Infotafel »Buchsbaum«. Es folgen ein Aufstieg durch das Krailsbachtal und eine Passage durch Wald in einem Linksbogen kurz an Flur vorbei (Blick auf den Klickerterhof), bevor wir wieder links in den Wald eintauchen und zur schön gelegenen großen **Schutzhütte Kompuskopf** 7, 247 m, gelangen, mit Aussichtsplateau und tollem Mosel-Panorama. Dahinter geht es steil hinab auf Pfad, wir überqueren den Kreilsbach und wandern an diesem entlang durch Buchsbaumgebiet und dann wieder über den Burg Eltz Weg zum Ausgangspunkt in **Karden** 1.

↗ 300 m | ↘ 300 m | 7.0 km

46 Naturschutzgebiet Dortebachtal

3.00 h

Wanderung für Naturliebhaber durch ein einzigartiges Seitental an der Mosel

Diese kurze, aber anspruchsvolle Wanderung wird Naturliebhaber begeistern, denn unterwegs erleben wir Erholung und Ruhe. Das Tal wurde schon 1930 zum Naturschutzgebiet ernannt. Zu entdecken gibt es seltene Pflanzen und Tiere wie den Apollofalter und die Smaragdeidechse, somit auch ein Paradies für Natur- und Tierfotografen. Der Pfad führt uns an bemoosten Felsen am Dortebach entlang und auf einem alpinen felsigen Pfad zum Wasserfall, der in heißen Sommern wenig Wasser hat. Bei anhaltenderem Regen wird er jedoch zum imposanten Wasserfall und in harten Wintern zu einer Eisskulptur. Danach steigen wir weiter durch einen sehr steilen, teilweise ausgesetzten Steilhang zu mehreren schönen Aussichtspunkten, von wo wir herrliche Ausblicke ins Moseltal genießen.

Ausgangspunkt: B 49 an der Mosel vor Klotten, am Hinweisschild »Naturschutzgebiet Dortebachtal«, 82 m. Begrenzte Parkmöglichkeit (ca. 10 Autos) (GPS: N50.168494, E7.213195).
Anfahrt: A 48, Abfahrt Kaisersesch, über Cochem, weiter auf der B 49 in Richtung Koblenz und ca. 800 m hinter Klotten zum kleinen Parkplatz (Schild »Naturschutzgebiet Dortebachtal«).
ÖPNV: Mit der Regionalbahn von Koblenz/Trier bis Bahnhaltepunkt Klotten. Von dort zur Mosel und dieser in Fließrichtung ca. 800 m auf dem Rad-/Fußweg an der B 49 entlang zum Ausgangspunkt folgen.
Anforderungen: Anspruchsvolle Wanderung. Vor dem Wasserfall auf einem alpinen und danach auf einem schmalen, steilen und teilweise ausgesetzten Pfad, Schwindelfreiheit und Trittsicherheit sind unabdingbar. Vom Kasteschkopp steiler Abstieg ins Dortebachtal, bei Nässe rutschig.
Einkehr: Unterwegs keine; Gastronomie in Klotten.

Vom kleinen **Parkplatz** ❶ an der **B 49** folgen wir den Logos »Eidechse + Moselsteig« durch die Bahnunterführung auf einem schmalen steinigen Pfad in das enge, tief eingeschnittene, bewaldete **Naturschutzgebiet Dortebachtal**. Wir wandern steil hinauf am Dortebach entlang, den wir mehrmals über kleine Brückchen überqueren, und passieren die Infotafel »Naturschutzgebiet Dortebachtal«, die uns das Tal erläutert. Hinter einer Sitzbank an einem Brückchen verlassen wir vorerst den Moselsteig (auf dem Rückweg kommen wir nachher zurück) und folgen dem Eidechse-Logo und Schild »Wasserfall« geradeaus durch das

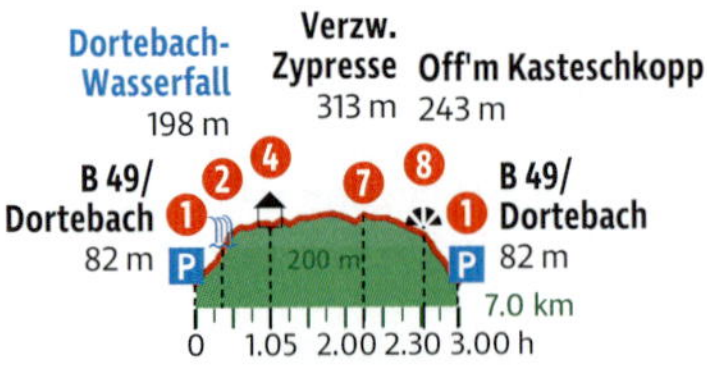

wildromantische Tal. Wir passieren bemooste Felsen, eine Sitzbank und der Pfad geht in einen alpinen Pfad über. Es geht auf Felsstufen hinauf, die mit einem Drahtseilhandlauf gesichert sind, und erreichen den malerischen **Dorterbach-Wasserfall** ❷; eine Sitzbank lädt hier zum Verweilen ein.

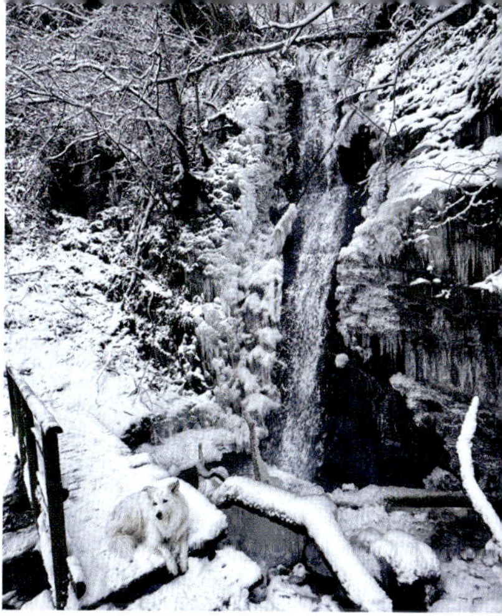

Der Dortebach-Wasserfall ist auch im strengen Winter reizvoll.

Der Weiterweg führt uns weiterhin alpin auf einem schmalen Pfad in 15 Spitzkehren durch eine sehr steile Hanglage steil bergan (bei Nässe rutschig, Trittsicherheit erforderlich). Wir passieren eine Sitzbank am Beginn der sechsten Kehre und wandern an bemoosten Felsen entlang. Bald danach steigen wir über eine Betontreppe hinauf und gelangen in weiteren Kehren hinauf zum Ende des steilen Anstiegs zu einer weiteren **Sitzbank** an einer Einzäunung. An dieser kurz (15 m) nach rechts zu einer Verzweigung; dort weist uns ein Holzschild »Klotten« den Weg nach links weiterhin vorerst an der Einzäunung entlang durch den Neuewald zu einem Querpfad/Weg. Hier unternehmen wir am Schild »Aussichtspunkt« nach links einen lohnenswerten Abstecher (70 m) und erreichen eine **Sitzbank** ❸, von der wir ein grandioses Panorama auf Mosel, Klotten und die Burgruine Coraidelstein genießen. Wieder zurück, folgen wir dem Holzschild »Klotten« geradeaus, halten uns vor einer Schutzhütte nach links (alte Markierung 8 an einem Baum), folgen einem Weg mit Ginster am Wegesrand zu einem Querweg. Dem folgen wir nach links abwärts zu einer **Schutzhütte** ❹, wiederum mit herrlicher Aussicht auf die Mosel, Klotten und die Ruine Coraidelstein.

Weiterhin dem Weg nach links folgend, geht es zum Schluss steil hinauf zu einer Wegekreuzung. Bevor wir hier nach rechts hinaufwandern, besteht die Möglichkeit für einen

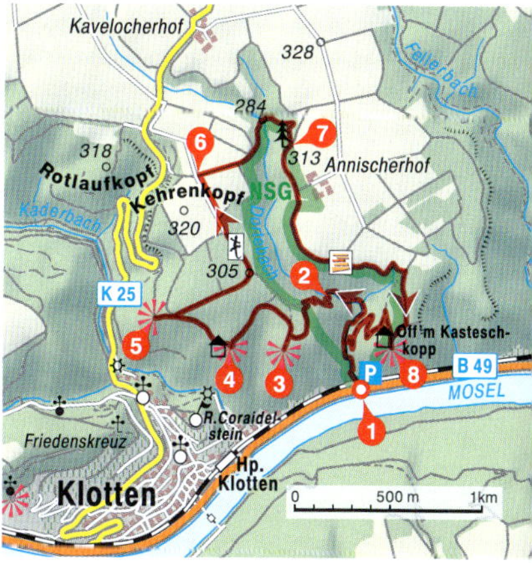

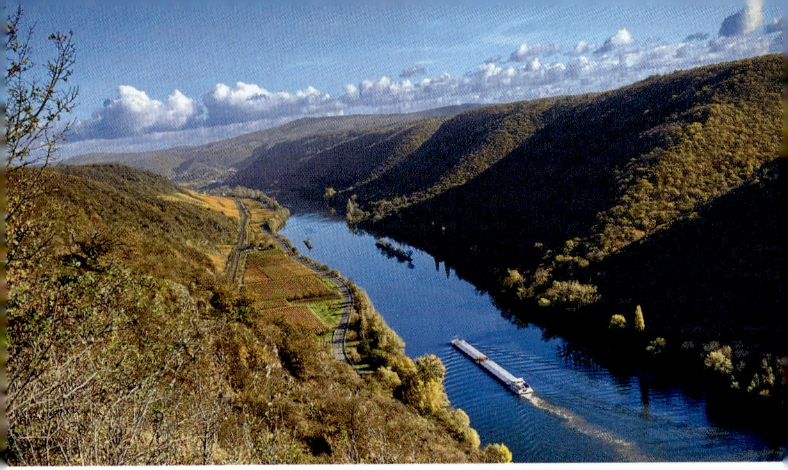

Vom Kasteschkopp überblickt man die längste gerade Strecke der gesamten Mosel.

Abstecher (100 m): Nach links hinab zu einer ersten Rechtskurve, erspähen wir einen **Aussichtspunkt** ❺ mit zwei Sitzbänken auf der linken Seite, von wo wir einen tollen Blick auf die Burg Coraidelstein, Klotten und die Mosel haben. Zurück an der Wegekreuzug, folgen wir geradeaus aufwärts dem Weg durch den Neuewald zu einer Verzweigung. An dieser nach links befinden wir uns wieder auf dem Weg mit der Markierung »Eidechse und Annischerhof«; diese sieht man aber erst am Ausgang des Waldes in die Felder. Gut 350 m folgen wir einem Teerweg zu einer **Wegekreuzung** ❻ und den Schildern »Annischerhof/Schutzhütte/Dortebachtal«. An dieser zweigen wir rechts ab auf einen Grasweg, vorerst noch durch die Felder, wandern am Naturschutzgebiet-Schild in den Wald, überqueren den Dortebach und steigen hinauf zu den Feldern zu einem **Querweg** ❼ an einer **Zypresse**.
Hier folgen wir nach rechts wieder dem Logo »Moselsteig« (begleitet uns bis zum Parkplatz) auf einem Grasweg für längere Zeit am Waldrand entlang; wir blicken über die Felder auf den Annischerhof. Am Schild »Naturschutzgebiet« gehen wir nach rechts in den Wald, an einer Wiese entlang, und wandern bald auf einem Pfad wieder in den Wald hinunter zu mehreren Schildern (Moselsteig). An diesen unternehmen wir nach links einen sehr lohnenswerten Abstecher (50 m) zum Panoramablick **Off'm Kasteschkopp** ❽, ein überdachter Picknickplatz lädt zum Verweilen ein. Von hier sehen wir das längste gerade Teilstück der Mosel vom ganzen Flussverlauf. Zurück zu den Schildern, folgen wir dem Pfad nach links durch eine sehr steile Hanglage in Kehren steil hinunter (Ww. Dortebachtal 0,7 km) und kommen wieder zu dem uns bekannten Brückchen über den Dortebach. Hinter diesem nach links am Bach entlang erreichen wir in wenigen Minuten unseren Ausgangspunkt am **Parkplatz** ❶.

↗ 300 m | ↘ 300 m | 7.7 km

2.50 h

Cochem – Hubertushöhe – Drei Kreuze – Reichsburg

47

Beeindruckende Ausblicke vom Tummelchen und auf die weltberühmte Reichsburg

Diese landschaftlich großartige Wanderung führt uns zuerst in Cochem zum Marktplatz und weiter hinauf zum Tummelchen. Dort bietet sich uns ein herrliches Panorama auf Cochem und die Reichsburg. Auf einem schmalen Pfad steigen wir bergan am Märtscheltsbach entlang und gelangen schließlich zur Hubertushöhe, wiederum mit schönen Ausblicken ins Moseltal. Ein schöner schmaler Pfad bringt uns an einer Hangkante mit toller Aussicht übers Märtscheltbachtal entlang zu einem Weg, auf dem wir unter der B 259 hindurch zur Lescherlinde kommen. Weiter hinunter und über die B 259 folgt mit den Drei Kreuzen der nächste Aussichtpunkt. Und alsbald blicken wir auf die majestätische Reichsburg, unser nächstes Ziel. An der Pestkapelle vorbei mit herrlichen Ausblicken über die Mosel, laufen wir wieder in Cochem am Marktplatz ein und spazieren durchs Enderttor zurück.

Ausgangspunkt: 56812 Cochem, 85 m, Parkhaus an der Endertstraße (hier auch Feuerwehrhaus), etwa 200 m von der Mosel (N50.147437, E7.163126).
Anfahrt: Autobahn A 48 bis Ausfahrt Kaisersesch und über die L98 nach Cochem. ÖPNV: Bahnlinie Koblenz–Cochem–Trier, etwa 30 Züge am Tag mit Halt am Bahnhof Cochem. Von dort der Ravennastraße nach Süden folgen und Toureneinstieg beim Enderttor (ca. 750 m Fußweg), oder Bus bis Endertplatz.
Anforderungen: Steiler und teilweise ausgesetzter Anstieg auf Pfad im Märtscheltbachtal, bei Nässe rutschig.
Einkehr: Burgschänke in der Reichsburg; Gastronomie in Cochem.
Hinweis: Besichtigung der Reichsburg nur im Rahmen von Führungen, Mitte März–1. Nov. täglich 10–17 Uhr, im Winter 10–15 Uhr, Anfang Jan.–Anfang Feb. geschlossen, reichsburg-cochem.de.

Blick vom Tummelchen auf das Pinnerkreuz, Cochem mit der Martinskirche und dem Kapuzinerkloster sowie ins Moseltal.

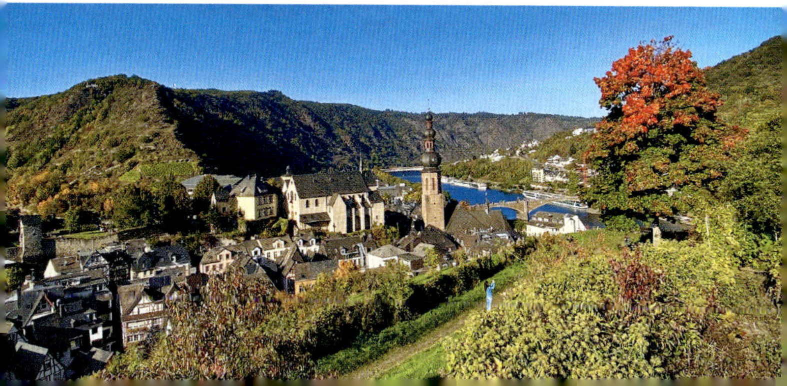

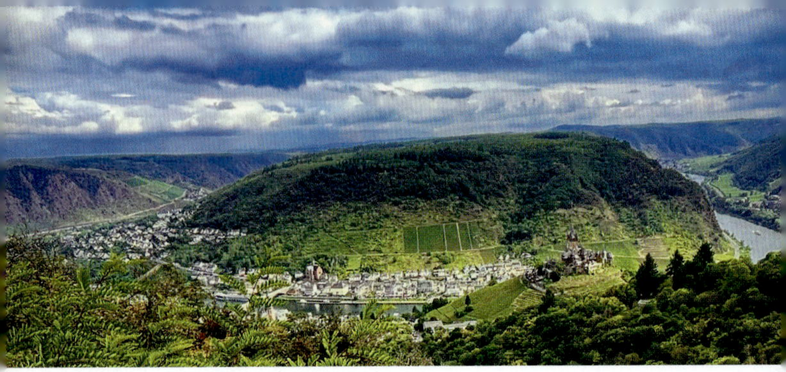

Panorama von der Hubertushöhe übers Moseltal.

Vom **Parkhaus** ❶ in **Cochem** überqueren wir am Zebrastreifen die Endertstraße, folgen dieser nach links, unterqueren die Einfahrt der Eisenbahn in den Kaiser-Wilhelm-Tunnel und spazieren hinter dem **Enderttor** bei der Alten Thorschenke geradeaus auf der Liniusstraße bis zum Hotel-Restaurant Alt Cochem. Dort zweigen wir rechts ab in die Bernstraße und gehen durch die Unterführung des Kirchturms St. Martin zum **Marktplatz** ❷ mit seinen historischen Häusern und dem Rathaus (hierher kommen wir wieder zurück). Weiter nach rechts aufwärts, kurz (50 m) auf der Oberbachstraße, dann links in die Schlaufstraße, folgen wir dieser über Kopfsteinpflaster hinauf zur Straße »In der Märtschelt«. Kurz darauf, an einer Kreuzung, machen wir nach links einen sehr lohnenswerten Abstecher (150 m) auf der Straße »Am Tummelchen«. Nach ca. 100 m halten wir uns nach links auf einen sichtbaren Pfad steil hinauf zum **Tummelchen** ❸ mit seinem »Zuckertürmchen« genannten kleinen Wachturm. Von dort bietet sich uns ein grandioses Panorama auf Cochem, Mosel und die imposante Reichsburg.
Wieder zurück an der Kreuzung, zweigen wir nach links hinauf ab, weiterhin auf der Straße »In der Märtschelt«, und verlassen bald den Ort. Wir steigen bergan auf einem Pfad in den Wald ins romantische **Märtscheltbachtal**, mit kurzen ausgesetzten Passagen. In kurzen Abständen überqueren wir den Bach viermal über kleine Holzbrückchen und erreichen einen Querpfad bei einem weiteren Brückchen. Diesem folgen wir nach rechts weiterhin steil bergan in Kehren (Holzschild Hubertushöhe) und später dem sichtbaren Logo »Seitensprung – Cochemer Ritterrunde« zu drei Schildern der Cochemer Ritterrunde. Dort machen wir nach rechts einen sehr lohnenswerten Abstecher (50 m)

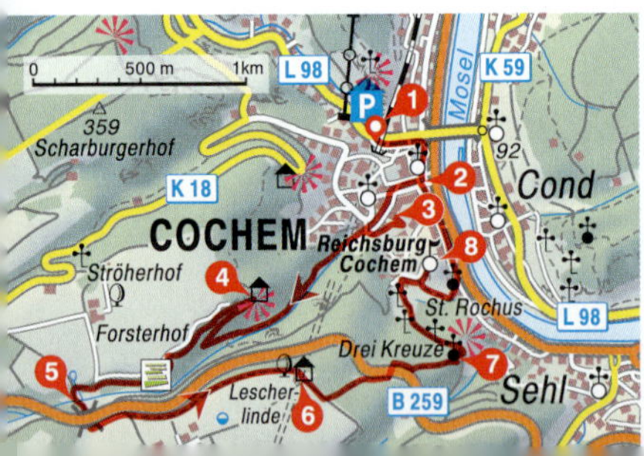

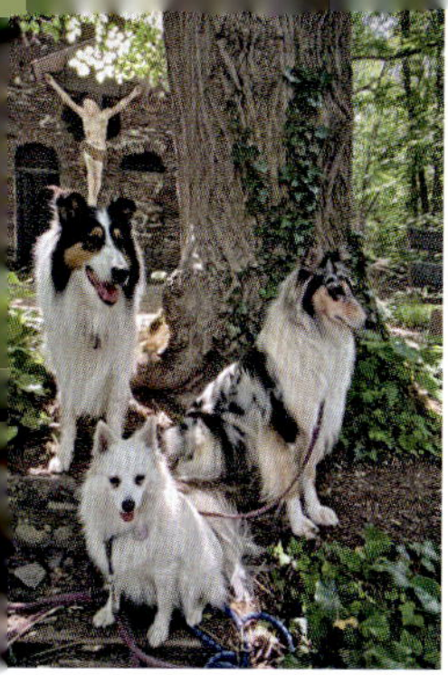

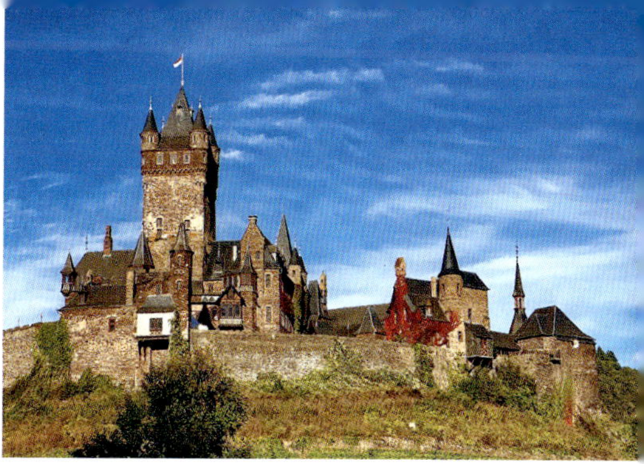

Pause bei den Drei Kreuzen (links) auf dem Weg zur mächtigen Reichsburg (rechts).

zur **Hubertushöhe** 4 (Sitzbänke), mit herrlichem Panoramablick ins Moseltal und auf die Reichsburg. Wieder zurück an den Schildern folgen wir dem Logo »Seitensprung« nach rechts weiter auf dem Pfad an einer Hangkante entlang, mit Blick ins Tal der Märtschelt, zu einem Weg. Diesem folgen wir kurz (50 m) nach links zu einem **Querweg** 5. An diesem verlassen wir das Seitensprung-Logo, wandern erneut nach links (Holzschild Lescherlinde) und unterqueren nach gut 100 m die B 259. Hinter dieser folgen wir nach links der Markierung 3, zuerst auf einem festen Weg, dann nach 170 m links ab auf einen Pfad in den Wald zur riesigen **Lescherlinde** 6, in die seit 1668 ein Steinkreuz eingewachsen ist; hier steht auch eine Schutzhütte.
Oberhalb führt uns der Weg nach links erst am Waldrand und nach 150 m links einbiegend hinunter in den Wald zur B 259. Wir folgen dieser 30 m nach rechts bis zu einer Lücke in der Leitplanke auf der anderen Straßenseite. Dort hindurch gelangen wir auf einem Pfad in Kehren hinunter zu den **Drei Kreuzen** 7 mit einer Kapelle, wo wir etwas unterhalb von einem Picknickplatz eine schöne Aussicht auf die Reichsburg und Mosel genießen. Wir steigen weiter hinunter an den Kreuzwegstationen entlang und verlassen den Wald mit Blick auf die imposante Reichsburg. Was für ein Anblick! Nun steigen wir steil hinauf zur **Reichsburg** 8 (Burg Cochem) – ein Abstecher lohnt sich unbedingt (siehe Hinweis). Wieder zurück, nehmen wir den nächsten Abzweig am Schild »Stadtmitte 1,0 km« nach links auf Pfad, gehen die Betonstufen hinunter und genießen das schöne Panorama auf die Mosel bei der **Pestkapelle St. Rochus**. Weiter geradeaus kommen wir in **Cochem** zum **Marktplatz** 2. Wir gehen wieder durch die Unterführung des Kirchturms St. Martin bis zum Hotel-Restaurant Alt Cochem, dort links durch das **Enderttor** und schließlich zum **Parkhaus** 1 an der Endertstraße.

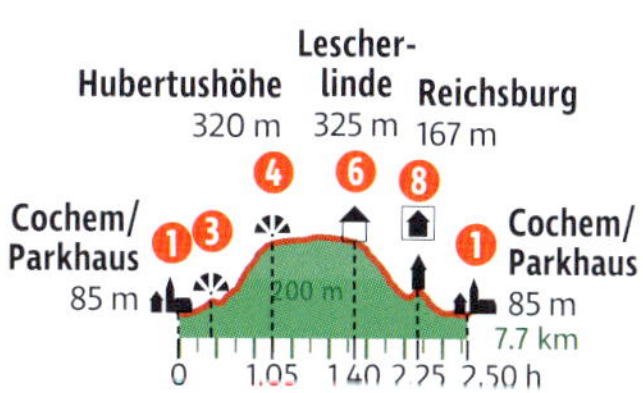

↗ 530 m | ↘ 530 m | 13.1 km

48 Cochem – Valwigerberg – Valwig

5.15 h

Tolle Panoramen von Brauselay, Breva Wein & Weg und Apolloweg

Diese attraktive und anspruchsvolle Wanderung führt uns von Cochem durch eine der schönsten Landschaften der Mosel und bietet alles, was ein Wanderherz begehrt. Zuerst geht es auf dem Kreuzweg hinauf ins Naturschutzgebiet zur Brauselay, auch bekannt als »Loreley der Mosel«, mit wunderschönen Ausblicken übers Moseltal. Weiter durch den Conder Wald, mit mehreren tollen Aussichtspunkten übers Moseltal, steigen wir anschließend auf einem anspruchsvollen Pfad steil hinunter zum Apolloweg. Dieser ist benannt nach dem Mosel-Apollofalter, einer der schönsten heimischen Schmetterlingsarten in Deutschland, aber auch eine der gefährdetsten. Auf dem Apolloweg, auch bekannt als Moselsteig, kommen wir hinauf zum kleinen Höhendorf Valwigerberg. Dort steigen wir auf dem Apolloweg und auf dem sehr anspruchsvollen Breva Wein & Weg steil hinunter, mit wunderbaren Ausblicken übers Moseltal zur Kirche in Valwig. Auf dem Zippammerpfad wandern wir bergan, teilweise durch die Weinberge, wieder zum Apolloweg und mit herrlicher Aussicht über die Mosellandschaft zur Apollohütte. Durch Weinberge, weiterhin mit traumhaften Ausblicken auf die Mosel, geht es auf einem anspruchsvollen Pfad zur Talsohle der Brauselay. Bald darauf erblicken wir die imposante Reichsburg und die Runde schließt sich in Cochem.

Ausgangspunkt: 56812 Cochem, 85 m, Parkhaus an der Endertstraße (hier auch Feuerwehrhaus), etwa 200 m von der Mosel (GPS: N50.147481 E7.163032).
Anfahrt: Autobahn A48 bis Ausfahrt Kaisersesch und über die L98 nach Cochem. ÖPNV: Bahnlinie Koblenz–Cochem–Trier, etwa 30 Züge am Tag mit Halt am Bahnhof Cochem. Von dort der Ravennastraße nach Süden folgen und Toureneinstieg beim Enderttor (ca. 750 m Fußweg), oder Bus bis Endertplatz.
Anforderungen: Anspruchsvolle Wanderung mit steilen An- und Abstiegen an der Brauselay, am Breva Wein & Weg und am Apolloweg.
Einkehr: Cochem, Cond, Valwigerberg und Valwig.

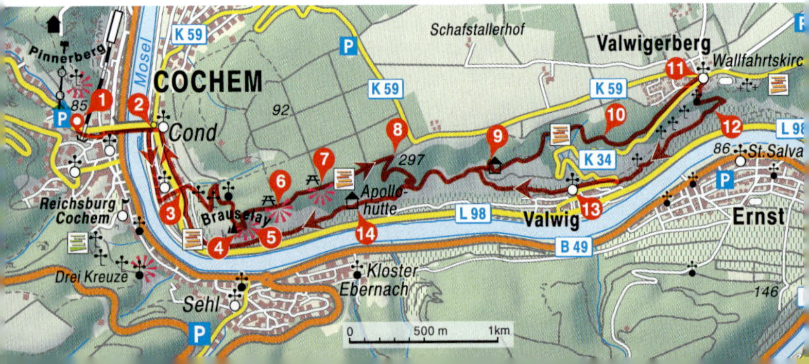

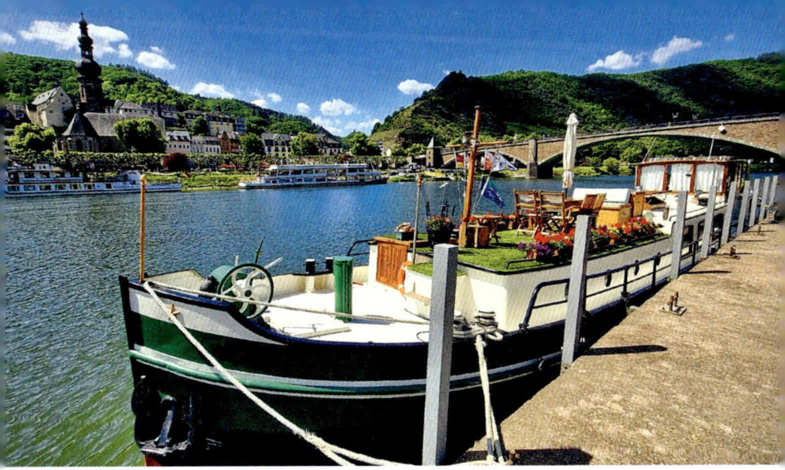

Cochem mit der Martinskirche und der Alten Moselbrücke.

Vom **Parkhaus** ❶ in **Cochem** überqueren wir die Endertstraße am Zebrastreifen, folgen dieser nach links, unterqueren die Einfahrt der Eisenbahn in den Kaiser-Wilhelm-Tunnel und halten uns hinter dem **Enderttor** bei der Alten Thorschenke nach links zur Moselbrücke. Auf dem Bürgersteig gehen wir über die **Alte Moselbrücke** (Skagerrak-Brücke), mit zauberhaftem Blick auf die Mosel, Reichsburg und Cochem. Am Ende der Brücke kommen wir nach **Cochem-Cond** ❷; hier wenden wir uns nach rechts und steigen die Steintreppe hinunter zur Uferstraße. Auf dem Bürgersteig gehen wir an dieser nach links und haben einen fabelhaften Blick über die Mosel, Cochem mit seinen bunten Häusern sowie die darüber thronenden Reichsburg.
Vor dem Haus »Zur Linde« biegen wir nach links hinauf in die Talstraße, passieren das Hotel Gute Quelle und überqueren die Valwiger Straße vor dem **Hotel Am Rosenhügel** ❸ (nachher kommen wir zurück). Weiter die Talstraße steil hinauf, passieren wir Haus Nr. 15/17 und gehen vor dem Haus 26 kurz (20 m) nach rechts. Dort folgen wir nach links einem Pfad (Holzschild – Alle Richtungen) zwischen den Häusern Nr. 26 und 28 hinauf aus dem Ort zu einem Teerweg, den wir überqueren. Dort nehmen wir einen Pfad mit alpinem Charakter steil bergan an Kreuzwegstationen entlang (Schild: Brauselay). An einer Sitzbank vor einer Gabelung folgen wir weiterhin dem Pfad kräftig hinauf, oberhalb an einem Sendemast vorbei in den Wald (Schild: Brauselay). Wir gelangen zu zwei kurzen optionalen Abstechern: Der erste führt nach rechts zu einer Sitzbank mit Panoramablick auf die Reichsburg, der zweite links steil hinauf (40 m) zur Kreuzwegkapelle.
Weiter geradeaus folgen wir dem Pfad, vorerst ohne Steigung, und kommen zu einer Verzweigung. Bevor wir hier hinaufsteigen, machen wir zuerst nach rechts einen sehr lohnenswerten Abstecher (40 m), zum Schluss über

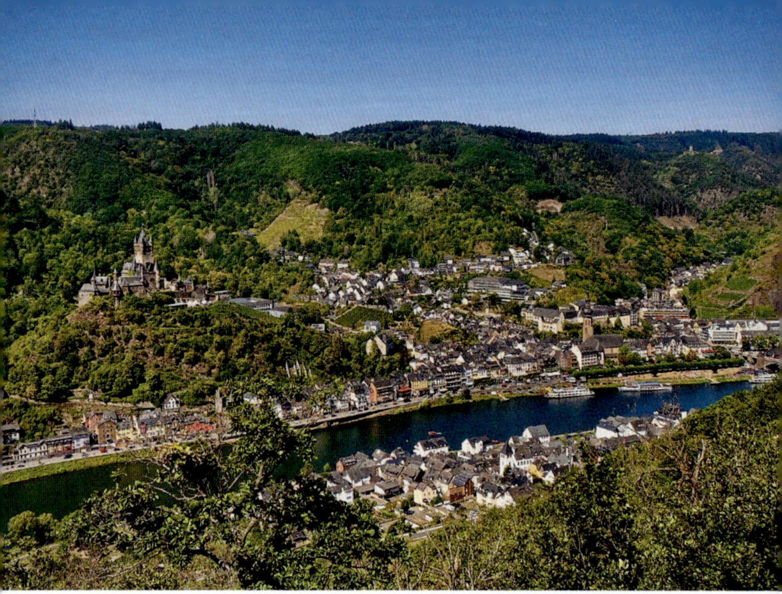

Panorama von der Brauselay über die Mosel auf Cochem und die Reichsburg.

steile Betonstufen hinunter zu der Kanzel am **Brauselay-Steilfelsen** ❹, mit tollem Panorama auf den Ort Sehl und die Mosel. Zurück an der Verzweigung, steigen wir nach rechts spitzwinklig hinauf und gelangen zum Fahnenmast mit dem Wappen von Cochem an der **Brauselay-Kanzel** ❺, wiederum haben wir einen fantastischen Blick über das Moseltal und Sehl. Weiter auf dem Pfad hinauf, passieren wir den Gedenkstein »Erich Zens«, der an dieser Stelle im Jahre 1903 abgestürzt ist, als er den Hilferufen seiner Schwester folgte. Wir gelangen bergan zu einer **Sitzbank**; hier sollten wir eine Rast einlegen und das zauberhafte Panorama auf Cochem mit seiner Burg und die Mosel genießen.

Dem Pfad folgend, die Steigung wird bald weniger, kommen wir zum Schild »Naturschutzgebiet«; dort machen wir nach rechts einen kurzen Abstecher (10 m) zu einer **Sitzbank** ❻ mit Blick auf das Kloster Ebernach. Wir folgen dem Weg/Pfad nach rechts sanft aufwärts durch den Wald und unternehmen bei zwei Schildern (Naturschutzgebiet + Nature.Fitness.Park), auf der rechten Seite einen kurzen Abstecher (20 m) zur **Infotafel »Der Niederwald«** ❼ mit einer **Sitzbank**. Auch hier haben wir einen gigantischen Blick auf die Dörfer Valwig sowie Ernst an der Mosel.

Zurück am Weg, weiter nach rechts aufwärts (Schild: 1 + Wanderparkplatz), passieren wir in kurzen Abständen zwei Infotafeln (Unser Mitgliederwald + Heimische Spechte). Es geht weiterhin geradeaus, in einer leichten

Linkskurve achten wir auf der rechten Seite an einem Baum auf **zwei Holzschilder** 8 (Valwigerberg/Moselhöhenweg + Brauselay/Cochem-Cond); dort zweigen wir spitzwinklig rechts hinunter auf einen Weg (Holzschild Apolloweg) ab, der an einer Sitzbank in einen schmalen Pfad übergeht. Auf diesem steil hinab (Achtung, bei Nässe rutschig) gelangen wir zum Apolloweg (195 m), dem wir nach links hinauf folgen (Logos Moselsteig + Apolloweg, begleiten uns bis Valwigerberg). Bald darauf genießen wir das Panorama übers Moseltal und auf den Ort Valwig. An der Infotafel »Apolloweg« verlassen wir den Weg, folgen nach links über Stufen (Ww. Valwigerberg 2,0 km) einem Pfad steil hinauf durch den Wald zu einer **Schutzhütte** 9. Weiterhin auf einem Pfad/Weg ansteigend passieren wir eine Abzweigung, die Infotafel »Buchsbaum und Felsen Ahorn« und gelangen abwärts auf einem Weg zu einem **Wendeplatz** 10. Dort steigen wir nach links auf einem Pfad (Apolloweg/Moselsteig) durch den Wald hinauf zur Talstraße/Bergstraße K34, der wir nach links hinauf folgen zum Bergdorf **Valwigerberg** und seiner **Wallfahrtskirche** 11 (St. Maria und Maria Magdalena). Diese sollten wir uns von innen ansehen. Wir passieren das ehemalige Pfarrhaus (Kapellenweg 3) und zweigen beim **Landgasthaus Kaster** nach rechts ab auf einen Schotterweg (Moselsteig) in den Wald.

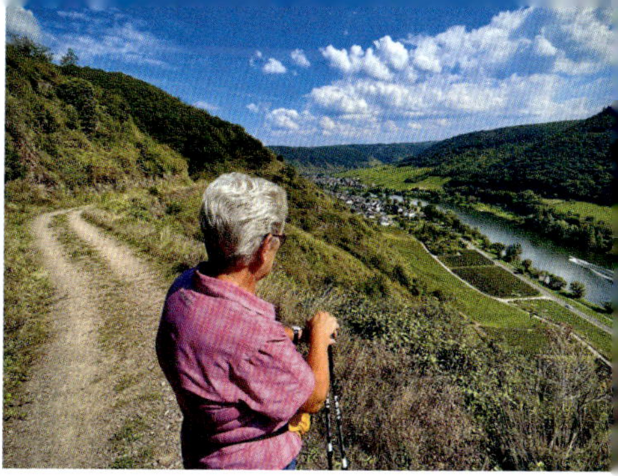

Auf dem Apolloweg mit Blick ins Moseltal auf Valwig und Ernst.

Dort verlassen wir vorerst den Moselsteig, folgen nach rechts hinunter dem Apolloweg auf einem Weg an einer Schranke vorbei und genießen kurz darauf das traumhafte Panorama über die Mosel und den Ort Ernst. Weiterhin steil knapp 130 m hinab, zweigen wir an einer Hinweistafel »Breva Wein & Weg« (diese erläutert uns den anspruchsvollen Pfad) nach links am Anfang auf einem per Handseillauf gesicherten Steig steil hinab (Achtung bei Nässe rutschig) und folgen dem Breva Wein & Weg etwa 1,4 km. An mehreren Schildern folgen wir dem **Wegweiser »Ausstieg Valwig 0,7 km«** 12 geradeaus weiterhin auf anspruchsvollem Pfad mit tollen Ausblicken. Wir passieren eine kleine Schutzhütte und Solarleuchten am Wegesrand.

An einer weiteren Hinweistafel verlassen wir den Breva Wein & Weg. Es geht hinunter

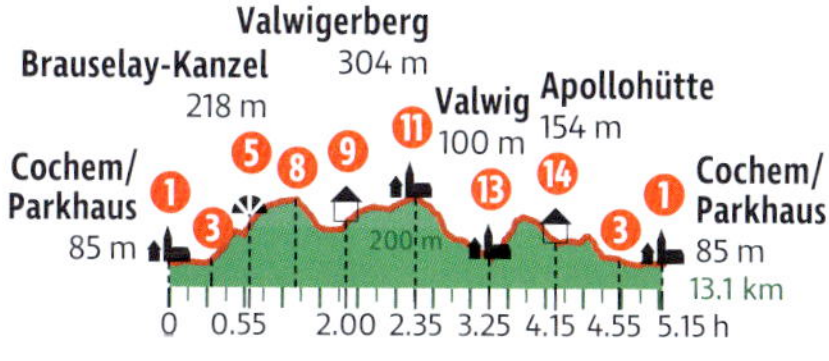

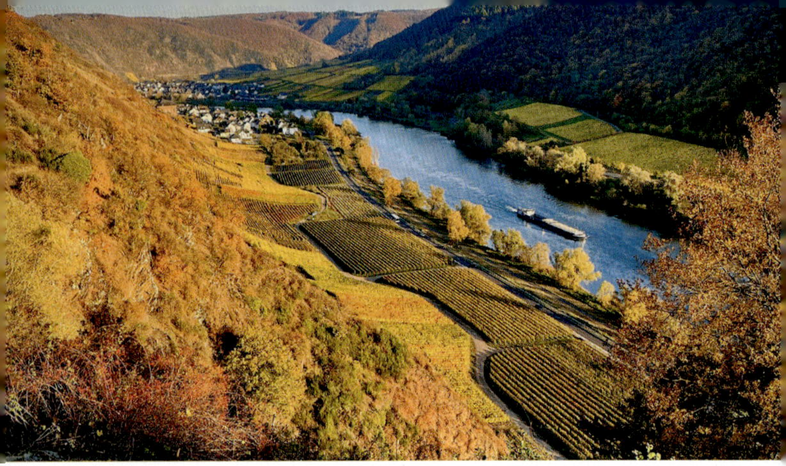

Herrliche Aussicht vom Apolloweg über die Mosel im Spätherbst.

auf einem Pfad an Kreuzwegstationen entlang zur Bergstraße/Talstraße K34, der wir abwärts folgen nach **Valwig** zur **Kirche St. Martin** ⓭. An dieser steigen wir die Steintreppe hinauf zum Friedhof und verlassen diesen an der Leichenhalle durch ein verzinktes Eisentor. Wir folgen zuerst dem Zippammerweg gut 100 m, dann steigen wir nach rechts hinauf durch die Weinberge auf dem Zippammerpfad, dieser führt uns wieder zum Apolloweg und Moselsteig (200 m). Dem folgen wir nach links hinunter und gelangen zu zwei Sitzbänken, mit herrlichen Ausblicken über die Mosel und zur Apollohütte, unserem nächsten Ziel.

An der **Apollohütte** ⓮ geht der Weg in einen schmalen Pfad über, der steil hinabführt. An der Infotafel »Apolloweg« folgen wir dem Ww. »Cochem« nach rechts. In einem ständigen Auf und Ab wandern wir durch die Weinberge, mit tollen Ausblicken, und gelangen zur Talsohle der imposanten **Brauselay** mit ihrer weißen Madonna. Bald darauf haben wir von den Weinbergen einen tollen Blick auf das Wahrzeichen von Cochem, die Reichsburg. Kurz darauf passieren wir den Cochemer Himmelssteig am Nikolausberg (Schild: Privatgrundstück – Betreten auf eigene Gefahr) und kommen zu einem Picknickplatz, der zum Verweilen einlädt.

Weiter geht es zu einem Teerweg, dem wir nach links abwärts folgen, und an Schrebergärten entlang zur Valwiger Straße. An dieser folgen wir dem Bürgersteig rechts aufwärts nach **Cond** und passieren das **Hotel Am Rosenhügel** ❸. Hinter diesem zweigen wir nach links in die uns bekannte Talstraße hinab zur Uferstraße. Auf dieser nach rechts bis vor die **Moselbrücke** ❷, steigen wir die Steintreppe hinauf und verlassen Cond über die Mosel. In **Cochem** spazieren wir dann durchs **Enderttor** zum **Parkhaus** ❶ zurück.

↗ 250 m | ↘ 250 m | 12.0 km

4.30 h

Ernst – Bruttig-Fankel – Beilstein – Ellenz

49

Moselkrampen, historische Orte und das Dornröschen der Mosel

Diese Rundtour wird Moselliebhaber begeistern. Zwischen Cochem und Bremm fließt die Mosel in mehreren markanten Schleifen, die man auch als Moselkrampen bezeichnet. Der Weg beginnt in Ernst an der Kirche St. Salvator, durch den historischen Ort und über die Moselbrücke gelangen wir in den schönen Ort Bruttig-Fankel. Der Weiterweg führt über einen anspruchsvollen Pfad. Wir werden aber mit herrlichen Aus- und Weitblicken belohnt, bevor wir in Beilstein ankommen, auch bekannt als das »Dornröschen der Mosel«. Der Ort ist mit seinen malerischen engen Gassen und blumengeschmückten Fachwerkhäusern für viele der schönste an der Mosel. Ein Dorf wie eine Filmkulisse. Und tatsächlich drehten an der berühmten 110-stufigen Klostertreppe schon Filmgrößen wie Heinz Rühmann, Willy Millowitsch, Curd Jürgens oder Maria Schell. Unbedingt lohnt sich ein Besuch der Karmeliterkirche St. Josef mit ihrer Schwarzen Madonna, oder des Zehnthauskellers, einem uralten Weinkeller am Marktplatz. Oberhalb von Beilstein befindet sich die Burg Metternich. Die Ruine, von der man einen zauberhaften Blick auf Beilstein und die Mosel hat, diente ebenfalls schon als Filmkulisse. Mit der Fähre überqueren wir die Mosel, und weiter geht es in den historischen Ort Ellenz, auf schmalem Waldpfad ins Sterbachtal und gegen Ende der Tour zur Bruttiger Götterlay, mit herrlicher Aussicht auf die Mosel und Bruttig-Fankel.

Die Karmeliterkirche St. Josef in Beilstein, überragt von Burg Metternich.

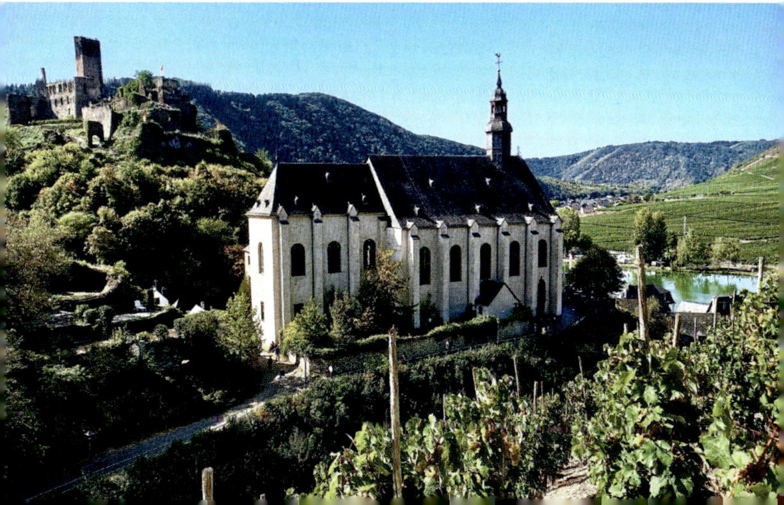

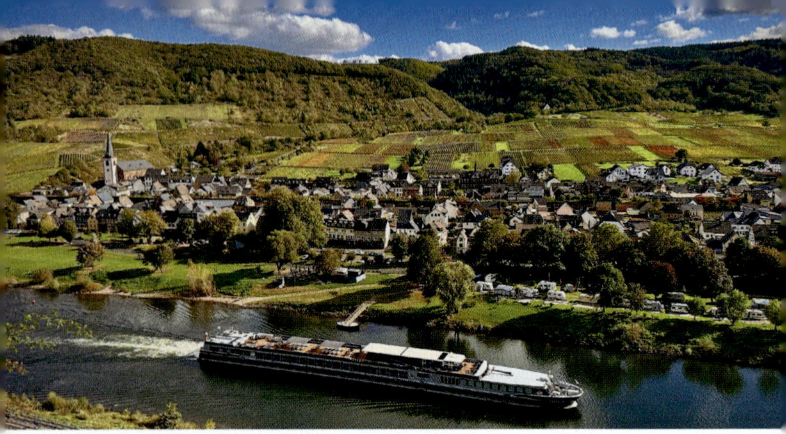

Blick von der Bruttiger Götterlay über die Mosel auf Bruttig.

Ausgangspunkt: 56814 Ernst an der Mosel, 86 m, bei der doppeltürmigen Kirche Sankt Salvator, große Infotafel »Erlebnis Moselkrampen« an der Moselstraße (B 49). Parkplatz entlang der Moselstraße (GPS: N50.144898 E7.224725).
Anfahrt: Mit Pkw: Aus Richtung Koblenz A 48 bis Kaisersech, L 98 nach Cochem. Weiter auf der B 49 in Richtung Alf/Trier moselaufwärts nach Ernst.
Mit ÖPNV: Züge von Koblenz/Trier nach Cochem und mit Bus 711 bis Haltestelle Ernst Oberdorf.
Anforderungen: Auf dem schmalen Pfad vom Plaatskopf nach Beilstein Trittsicherheit und Schwindelfreiheit. Von Ellenz nach Ernst im Wald Trittsicherheit, bei Nässe rutschig.
Einkehr: Ernst, Bruttig-Fankel, Beilstein, Burg Metternich und Ellenz.
Tipp: In der beliebten Beilsteiner Winzerschenke von Marie Luise Sausen gibt es hausgemachten Speckkartoffelsalat und andere deftige Winzerspezialitäten (winzerschenke-beilstein.de).
Hinweis: Die Fähre Beilstein verkehrt Ostern bis Ende Okt. tgl. 9.00–12.00 und 13.00–18.00 Uhr, beilstein-mosel.de.

Unserer Rundwanderung startet in **Ernst** zwischen der einzigartigen doppeltürmigen Kirche **St. Salvator** ❶ und dem Bürgerhaus (Tourist Information). Von der dortigen großen Infotafel »Erlebnis Moselkrampen« leitet uns das Logo »Zuweg Moselsteig 1,7 km« auf dem Bürgersteig die Moselstraße (B 49) entlang. Nach 200 m zweigen wir rechts ab in die Raiffeisenstraße und folgen dem Logo »Erlebnis Moselkrampen/historischer Ortsrundgang« aufwärts in den Ort. Weiter links in die Weingartenstraße passieren wir das Gästehaus Reitz und das **Moselland Museum** (hierhin kommen wir zurück). Dahinter rechts aufwärts (Auf der Bor) und über die Brückenstraße hinweg verlassen wir den Ort. Wir steigen aufwärts in die Weinberge, an einer weiteren Wegekreuzung folgen wir dem Ww. »Bruttig-Fankel 2,0 km« nach links, passieren den Edeka-Markt und kommen zu einer Straße. Auf deren Bürgersteig nach rechts aufwärts gelangen wir über die Moselbrücke, die **Peter-Altmaier-Brücke** ❷, zum Doppelort **Bruttig-Fankel**.

An dessen Ortseingang folgen wir dem Ww. »Bruttig Touristinfo + Moselsteig« auf der Hauptstraße, am Bahndamm (Bogenbrücke) nach rechts und weiter nach links. Auf dem Bürgersteig an der Straße »Moselufer« passieren wir die Alte Winzerschenke und das **Alte Rathaus Bruttig** ❸ (das Logo Moselsteig führt hier gegenüber der Straße auf dem Fuß-/Radweg nach links). Weiter an der Straße entlang, verlassen wir bald vorerst den Moselsteig, biegen links in die Straße »Fausenburg« und kommen auf dieser, den Bahndamm unterquerend, zur Hauptstraße. Dieser folgen wir nach rechts, überqueren die K36, die Bruttig und Fankel trennt, und dann der Schulstraße, bis wir nach links hinauf in die Rathausstraße kommen. Wir passieren das Engelporter Hofhaus und das **Rathaus Fankel** ❹, das in einem mittelalterlichen Zehenthaus seinen Sitz hat. Weiter geradeaus (Brunnenstraße, Logo Moselsteig) gehen wir am schönen Hofhaus der Stetzgis vorbei und auf der alten Kopfsteinpflasterstraße, bis wir

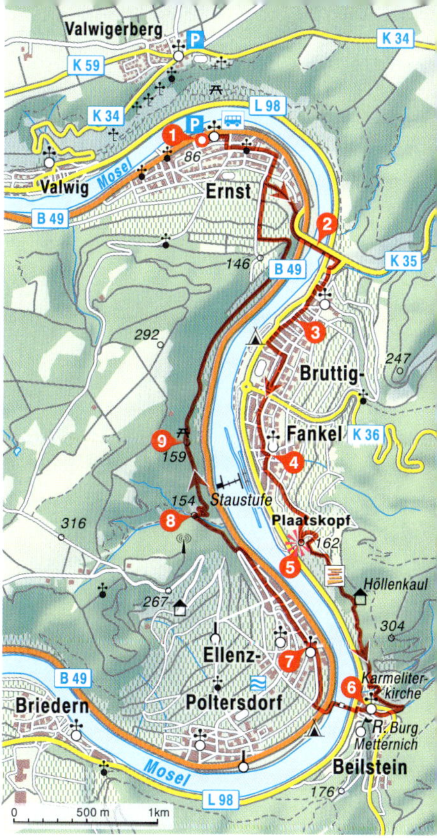

am Alten Spritzenhaus nach links hinauf (Ww. Plaatskopf 1,0 km) bald den Ort verlassen. Wir folgen einem Teerweg geradeaus in die Weinberge und gelangen in einer Linkskurve zur Infotafel »Die Schwimmende Mehlmühle bei Fankel«. Hier unternehmen wir geradeaus einen lohnenswerten kurzen Abstecher (25 m) auf einem Pfad zu zwei Sitzbänken, von wo wir ein tolles Panorama auf die Mosel, Beilstein und Ellenz genießen.

Wieder zurück, kommen wir aufwärts zu einem Wegeverteiler; an diesem biegen wir rechts ab auf einen Schotterweg und kommen in zwei Minuten zum **Aussichtspunkt Plaatskopf** ❺, 162 m, mit Blick auf die Mosel, Ellenz und Beilstein. Im weiteren Verlauf kommen wir zur Hinweistafel »Moselkrampen«, wo der Weg in einen schmalen und ausgesetzten Pfad übergeht; schwierige Passagen sind mit einem Seil oder Handlauf gesichert.

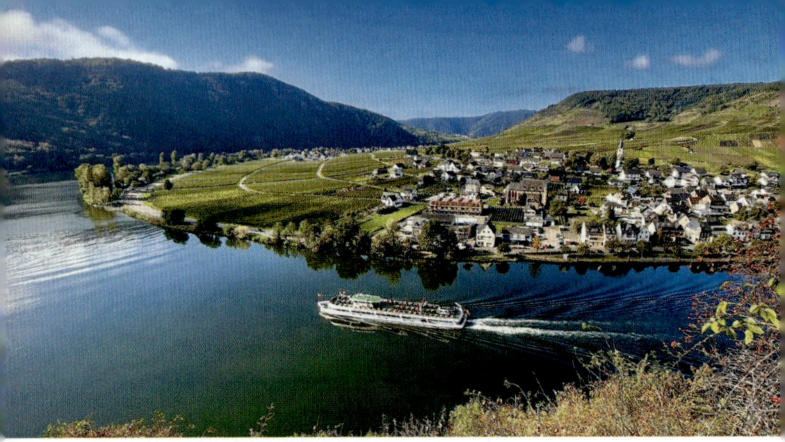

Herrliche Aussicht vom Moselsteig ins Moseltal und auf Ellenz.

Vorbei an der **Schutzhütte Höllenkaul** folgen wir weiterhin dem ausgesetzten Pfad, bis er in einen Weg übergeht. Von einer Panoramatafel haben wir einen hübschen Blick auf Beilstein und die Mosel. Kurze Zeit später verlassen wir den Moselsteig, folgen dem Weg hinauf und haben bald darauf erneut ein tolles Panorama auf die Burg Metternich, die Karmeliterkirche und Beilstein – unser nächstes Ziel. Wir kommen zur Alten Wehrstraße, die wir nach rechts überqueren, und steuern auf dem Klostersträßchen auf die Kirche in **Beilstein** zu. An dieser halten wir uns rechts zum **Klosterrestaurant** und zum Eingang der **Karmeliterkirche** 6. Diese sollten wir uns von innen ansehen, ein Highlight ist die Schwarze Madonna. Zurück am Klosterrestaurant, bietet sich uns von der Terrasse ein hübscher Blick über die Dächer von Beilstein und die Mosel. An der linken Seite der Terrasse steigen wir die lange **Klostertreppe** (110 Stufen) hinunter, an romantischen Fachwerkhäusern mit der urigen Winzerschenke (siehe Tipp) entlang – ein traumhafter Anblick.

Fachwerkhäuser an der berühmten Klostertreppe von Beilstein.

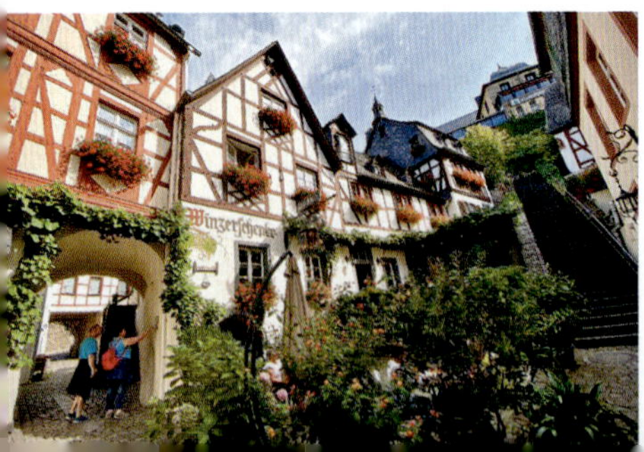

Weiter nach links, sollten wir einen Abstecher durch die schönen engen Gassen oder zur Burg Metternich unternehmen, bevor wir nach rechts zur Straße und zum Fähranleger gehen. Mit der **Fähre Beilstein** (siehe Hinweis) setzen wir zum anderen Moselufer über. Dort überqueren wir die B49 nach links zu der großen Infotafel »Erlebnis Moselkrampen«. An dieser folgen wir kurz (80 m) dem Logo »Moselkrampen« entlang der Weinreben auf einem ausgeschilderten Fußweg, dann an einer Wegekreuzung dem Teerweg nach rechts (Ww. Ellenz 0,4 km). So gelangen wir in den Ort **Ellenz** zur katholischen Kirche **St. Martin** 7. Weiter geradeaus der Hauptstraße folgend passieren wir die Alten Weinstuben Steinfelder Hof und das spätgotische Hofhaus. Es geht weiter über eine Kreuzung hinweg (Ww. Ernst 4,5 km), nach wie vor auf der Hauptstraße, bis wir auf eine Querstraße (Am Stausee) treffen. Auf dieser nach links hinauf und sogleich nach rechts »Auf Mertesborn« (Ww. Ernst 4,1 km) verlassen wir Ellenz. Es geht in den Wald kurz auf dem Sträßchen, dann geradeaus hinauf auf einem Pfad zu einer Hinweistafel »Moselkrampen«; diese erläutert uns den anspruchsvollen Pfad.

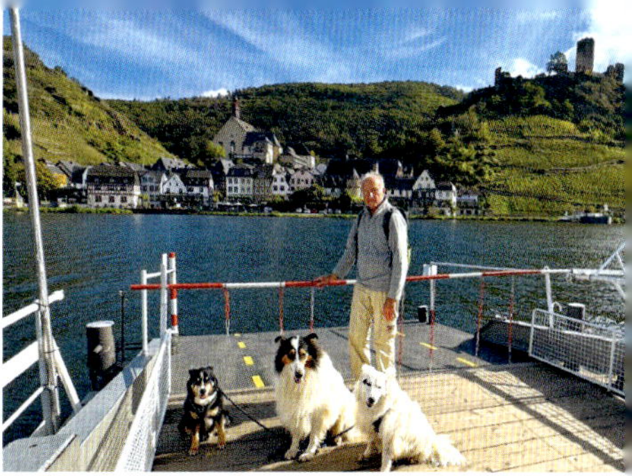

Der Autor und seine treuen Begleiter auf der Fähre von Ellenz-Poltersdorf nach Beilstein.

Auf dem schmalen Pfad geht es wechselnd auf und ab und wir steigen steil hinunter ins Sterbachtal (auch bekannt als Sternbachtal). Wir überqueren den **Sterbach** 8 und steigen in Serpentinen steil hinauf, passieren Weinbergpfirsiche und kommen zur Infotafel »Staustufe Fankel« (Sitzbank). Weiterhin auf dem schmalen Pfad gelangen wir im Auf und Ab zu einem überdachten **Picknickplatz** 9 mit Blick auf die Schleuse Fankel. Kurz vom Picknickplatz zurück (10 m) geht es weiterhin auf und ab und wir kommen zu einer Sitzbank, von der wir einen tollen Blick auf die Schleuse genießen. Nach kurzer Zeit treffen wir auf ein kleines Eisentor (Sitzbank); hier folgen wir einem Weg durch die Weinberge und später durch die **Bruttiger Götterlay**, mit ständigem Blick auf die Mosel, Bruttig-Fankel und die Schleuse. Hinter einer Linkskurve blicken wir auf Ernst, gehen weiterhin an Weinreben entlang und biegen an einer Wegekreuzung rechts hinunter auf einen Teerweg ab. Über mehrere Kreuzungen hinweg erreichen wir den Ort **Ernst**, wo wir vor dem uns bekannten **Moselland Museum** links abbiegen in die Weingartenstraße. Auf dieser kommen wir zum gut erhaltenen Fachwerkhaus aus dem Jahre 1548 und zweigen nach rechts in die Raiffeisenstraße. Auf dieser gelangen wir geradeaus zur Moselstraße (B 49), an dieser gehen wir nach links und kommen in wenigen Minuten zur Kirche **St. Salvator** 1 und zum Parkpatz.

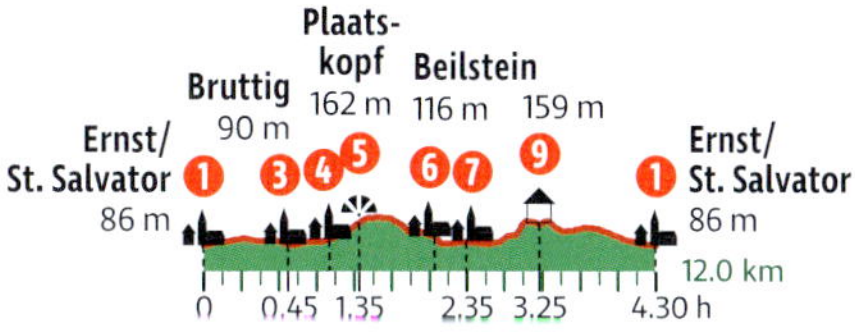

TOP

↗ 230 m | ↘ 230 m | 5.0 km

50 Cochem – Conder Wetterfahne – Brauselay

2.30 h

Zur Brauselay, die Loreley der Mosel – eine wahre Schönheit

Diese kurze, aber anstrengende Rundtour bietet dem Auge viele fantastische Ausblicke. Die Brauselay, auch bekannt als »Loreley an der Mosel«, ist ein Naturschutzgebiet, das sich durch seine mediterrane Flora auszeichnet. Eine Gedenktafel am Wegesrand der Brauselay erinnert an den sechsjährigen Erich Zenz, der an dieser Stelle im Jahre 1903 abgestürzt ist, als er den Hilferufen seiner Schwester folgte.

Ausgangspunkt: 56812 Cochem, 85 m, Parkhaus an der Endertstraße (hier auch Feuerwehrhaus), etwa 200 m von der Mosel (GPS: N50.147438 E7.163129).
Anfahrt: Autobahn A48 bis Ausfahrt Kaisersesch und über die L98 nach Cochem. ÖPNV: Bahnlinie Koblenz–Cochem–Trier, etwa 30 Züge am Tag mit Halt am Bahnhof Cochem. Von dort der Ravennastraße nach Süden folgen und Toureneinstieg beim Enderttor (ca. 750 m Fußweg), oder Bus bis Endertplatz.
Anforderungen: Sehr steiler Anstieg von Cond zur Conder Wetterfahne. An der Brauselay steile Abstiege.
Einkehr: In Cochem und in Cond.

Grandiose Aussicht von der Conder Wetterfahne ins Moseltal, auf Cochem und die Reichsburg.

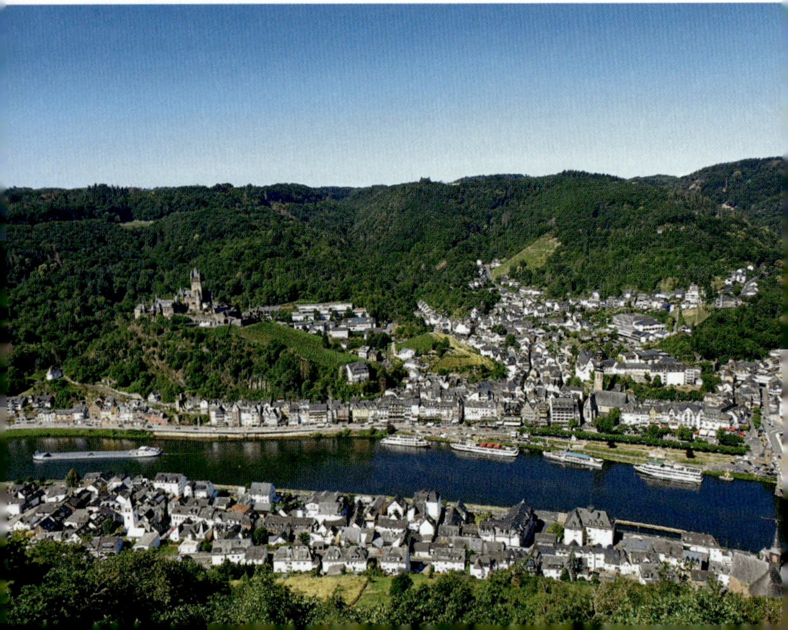

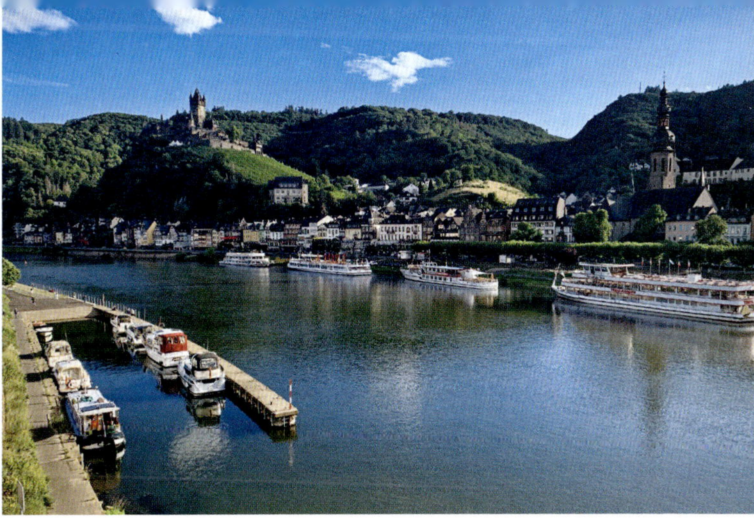

Cochem und die Reichsburg, von der Moselbrücke aus gesehen.

Vom **Parkhaus** ❶ in **Cochem** überqueren wir die Endertstraße am Zebrastreifen, folgen dieser kurz (25 m) nach links und unterqueren die Einfahrt der Eisenbahn in den Kaiser-Wilhelm-Tunnel. Wir halten uns Richtung **Enderttor** bei der Alten Thorschenke, hinter dieser nach links und gehen über die **Moselbrücke** (Skagerrak-Brücke), mit traumhaftem Blick auf die Mosel, Reichsburg und Cochem. Am Ende der Brücke kommen wir nach **Cochem-Cond** ❷ (hierher kommen wir zurück) und biegen rechts ab in die Valwigstraße. Wir passieren die Kirche St. Remaclus und zweigen hinter Haus Nr. 31 an der Bushaltestelle links auf einen Pfad steil hinauf ab. Nun beginnt ein schweißtreibender Anstieg, auf dem in den nächsten 800 Metern gut 170 Höhenmeter zu überwinden sind. Wir kommen zu einem Querweg, hier gut 70 m nach links, dann rechts wieder steil hinauf an Weinreben entlang (Schild: Wetterfahne) und überschreiten erneut einen Weg. Weiterhin auf Pfad geht es steil hinauf durch den Wald, so langsam nimmt die Steilheit ab und wir steuern auf den Logenplatz **Conder Wetterfahne** ❸ mit Picknickplatz zu. Hier bietet sich uns ein zauberhaftes Panorama auf Cochem mit seiner imposanten Reichsburg sowie auf die Mosel.

Weiter auf dem Weg passieren wir die Conder Schutzhütte und kommen zum Waldkindergarten »Klosterbergzwerge«. Wir folgen hier dem Pfad geradeaus (Schild: Moselhöhenweg/Brauselay), überqueren einen kleinen Bach, der im Sommer evtl.

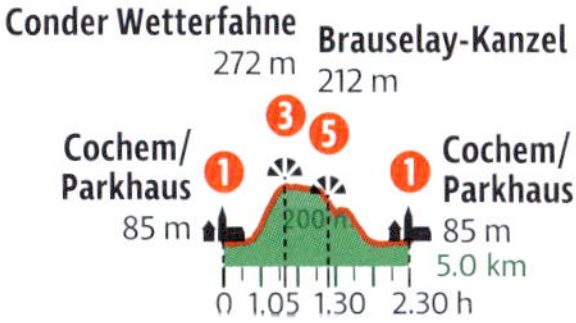

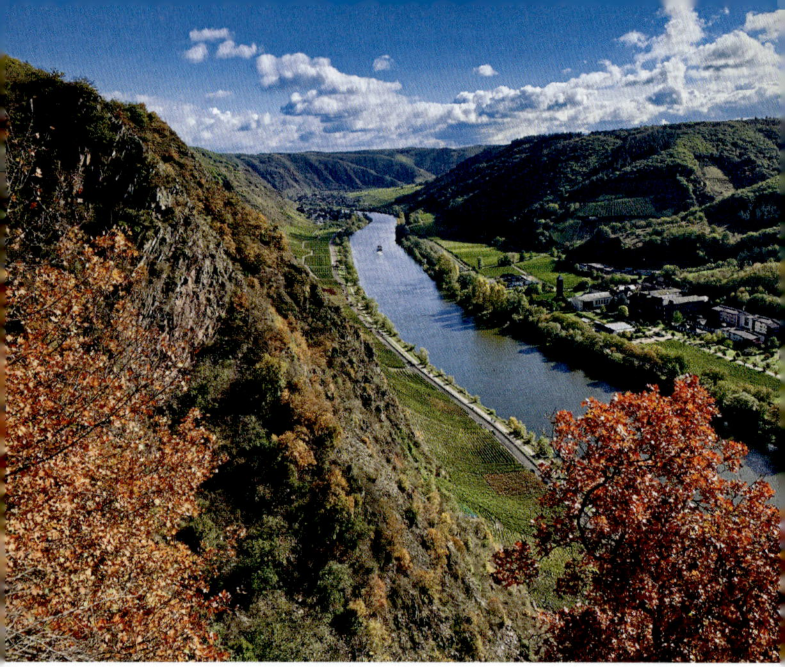

Aussicht von der Brauselay-Kanzel über die Mosel.

ausgetrocknet ist, und kommen hinauf zu einem Weg. Diesem folgen wir geradeaus aufwärts, kommen zu einem Querpfad und gelangen kurz (15 m) dahinter zu einem **Aussichtspunkt** ❹ an einer Sitzbank, mit tollem Blick auf den Ort Sehl und das Kloster Ebernach. Zurück am Pfad, folgen wir diesem nach links (Schild: Brauselay-Cond) und kommen an einer Lichtung zu einer Sitzbank mit grandiosem Panoramablick auf Cochem. Weiter hinab auf dem Pfad mit alpinem Charakter gelangen wir zur Fahne mit dem Wappen von Cochem an der **Brauselay-Kanzel** ❺, wiederum mit fantastischem Ausblick über das Moseltal, Brauselay und Sehl.
Weiterhin steil hinunter auf dem Pfad gelangen wir zu einem Abzweig nach links, dem wir kurz (40 m) folgen, zum Schluss über steile Betonstufen hinunter zu einer weiteren Kanzel am **Brauselay-Steilfelsen** ❻, erneut bietet sich uns ein tolles Panorama auf die Brauselay, Sehl und die Mosel. Zurück, weiter geradeaus dem Pfad folgend, durchstreifen wir kurz einen dichten Wald und gelangen zu einer Kreuzwegstation. Hier besteht die erste Möglichkeit, nach rechts steil hinauf zur Kreuzwegkapelle zu steigen (40 m). Die zweite Möglichkeit lädt uns nach links hinab (15 m) zu einer Sitzbank zum Verweilen ein.

Zurück am Pfad folgen wir weiter steil hinunter dem Stationenweg, passieren einen Sendemast, überqueren einen Teerweg und kommen steil hinab nach **Cond**. Dort folgen wir der Talstraße geradeaus hinab, mit ständigem Blick auf die Reichsburg. Zum Schluss queren wir die Uferstraße und steigen an einem Eisengeländer die Betonstufen hinunter zum **Mosel-Uferweg** 7 (Achtung: Radfahrer!).

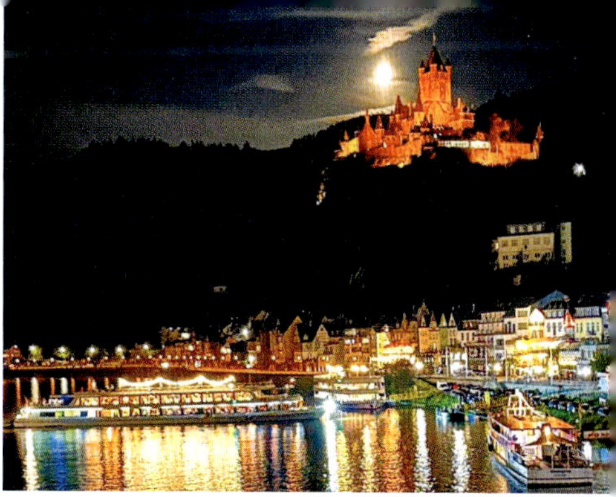
Traumhafter Blick von der Moselbrücke auf das nächtlich illuminierte Cochem.

Nun geht es nach rechts mit tollen Ausblicken auf die Mosel und Cochem, viele Sitzbänke laden zum Verweilen ein. Am Anfang des Hafens steigen wir spitzwinklig nach rechts über Betonstufen hinauf und folgen nach links der Uferstraße bis vor die Moselbrücke. Vor ihr steigen wir die Steintreppe hinauf und kommen wieder zum Ende der **Moselbrücke** in **Cochem-Cond** 2. Entsprechend dem Hinweg geht es nun wieder zurück über die Moselbrücke, mit traumhaftem Ausblick nach **Cochem** mit seinen vielen schönen Einkehrmöglichkeiten, bevor wir zum **Parkhaus** 1 kommen.

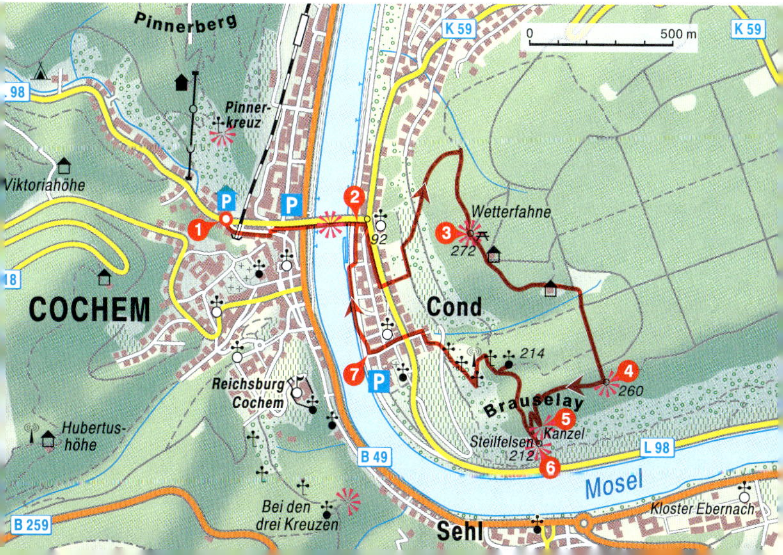

↗ 350 m | ↘ 350 m | 6.7 km

51 Valwigerberg – Eiserner Mast – Breva Wein & Weg 3.30 h

Durch das romantische Kabeiner Bachtal und auf dem Breva-Panoramasteig durch die Steillage Valwiger Herrenberg

Vom kleinen Höhendorf Valwigerberg wandern wir durch den Wald zum Logenplatz Eiserner Mast, mit zauberhaftem Panorama auf die Moselschleife um den Ort Ernst. Hinunter geht es durch das herrliche Kabeiner Bachtal zum Breva Wein & Weg. Die Namensgeber des Breva Wein & Weg sind die Anfangsbuchstaben der schönen Orte Bruttig, Ernst und Valwig, die sich beidseitig an der Moselschleife befinden. Von diesen Orten wurde der Breva Wein & Weg von Winzern am Herrenberg in einer der besten Weinlagen der Mosel angelegt. Im Steilhang des schieferigen Valwiger Herrenbergs (19,3 Hektar) geht es gut 3 Kilometer über schmale Pfade mit traumhaften Panoramablicken auf die Mosel wieder nach Valwigerberg.

Grandioses Panorama vom Eisernen Mast über die Moselschleife.

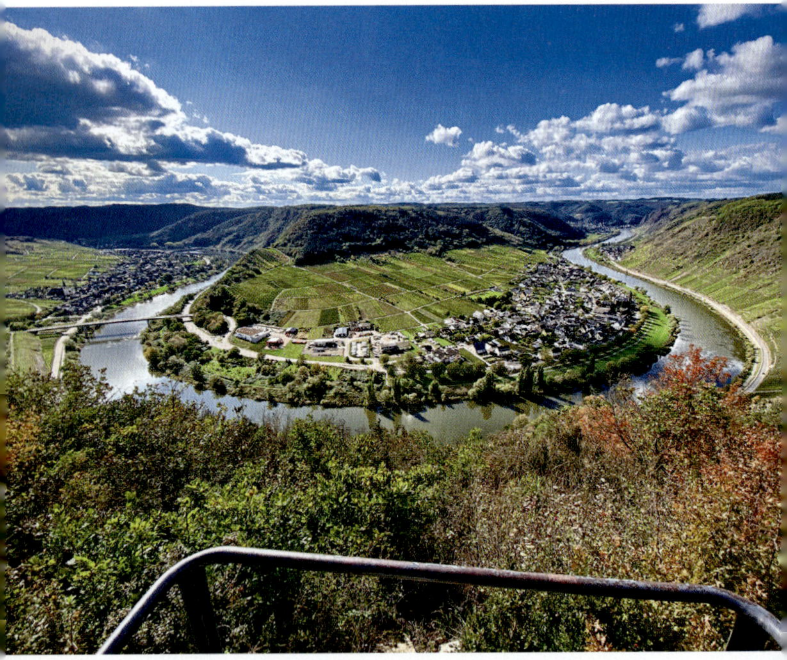

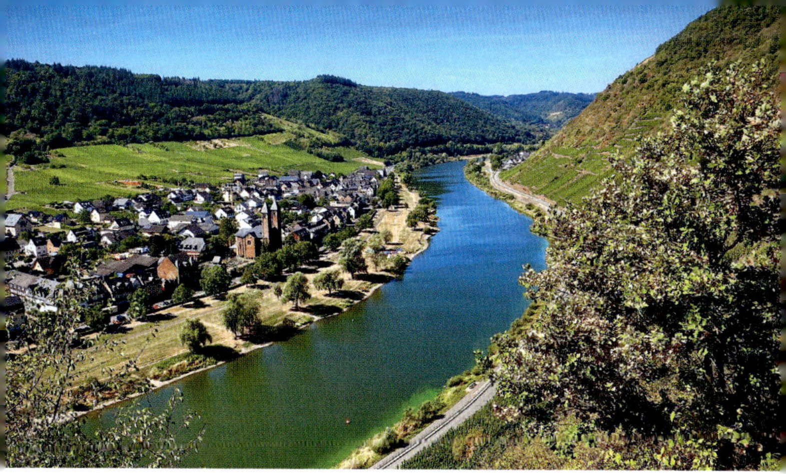

Blick vom Breva Wein & Weg ins Moseltal mit dem Weinort Ernst.

Ausgangspunkt: 56812 Valwig-Valwigerberg, 305 m, Parkplatz am Kapellenweg am Ortsausgang, in unmittelbarer Nähe des Landgasthauses Kaster und der Wallfahrtskirche St. Maria und Maria Magdalena (GPS: N50.150152 E7.223702). **Anfahrt:** Mit Pkw: Autobahn A48 bis zur Ausfahrt Kaisersesch und über die L98 nach Cochem. Hier geradeaus über die Moselbrücke nach Cochem-Cond und nach links der Bergstraße folgend hinauf nach Valwigerberg, durch den Ort, auf dem Kapellenweg an der Wallfahrtskirche vorbei, zum Ortsende und Parkplatz.
Anforderungen: Anspruchsvolle Rundwanderung, im Kabeiner Bachtal und auf dem gesamten Breva-Steig; Weg nach länger anhaltendem Regen bei Nässe rutschig.
Einkehr: Unterwegs keine Möglichkeit; in Valwigerberg das Landgasthaus Kaster.
Tipp: Die Wallfahrtskirche St. Maria und Maria Magdalena besitzt auch ein sehenswertes Kircheninneres.

Vom **Parkplatz** ❶ am Kapellenweg am Ortsrand des kleinen Ortes **Valwigerberg**, gegenüber dem Sportplatz und in unmittelbarer Nähe des »Landgasthauses Kaster« und der Wallfahrtskirche, beginnt unsere anspruchsvolle Rundtour. Wir überqueren den Kapellenweg und folgen dem Logo »Moselsteig« (dieses begleitet uns bis zur Hälfte der Rundtour) auf einem Schotterweg an der Garage (Feuerwehrausfahrt) und am Sportplatz vorbei in den Wald zu einer Verzweigung (hierher kommen wir später wieder zurück). Dort wandern wir nach links auf einem Pfad, passieren einen schönen Aussichtspunkt sowie den Waldfriedhof und kommen zu einem weiteren Aussichtspunkt. Kurz darauf folgen wir dem Ww. »Eiserner Mast 1,4 km« auf einem Weg/Pfad durch einen schönen Wald. Wir wandern kurz an Feldern entlang und erneut in den Wald hinein. An einem Querweg biegen wir rechts ab (Ww. Eiserner Mast) und an einem weiteren wiederum rechts (Logo Moselsteig).

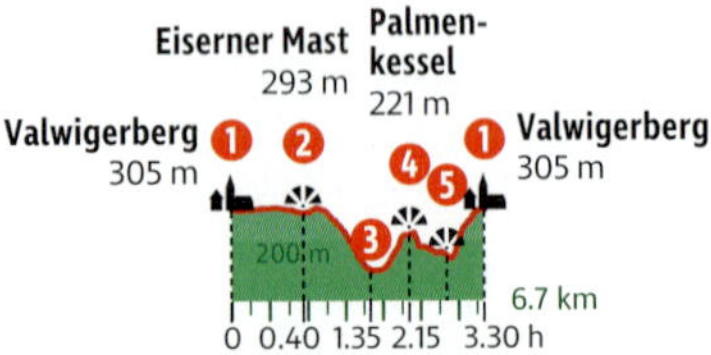

Bevor wir am Schild »Kabeiner Bachtal 0,6 km« nach links abbiegen, machen wir geradeaus einen sehr lohnenden Abstecher (100 m) zum **Eisernern Mast** ❷, einem Aussichtspunkt unterhalb eines Hochspannungsmastes. Von hier genießen wir das grandiose Panorama auf den Ort Ernst und die Moselschleife. Sitzbänke, Sinnesliege und eine Schutzhütte laden hier zum Verweilen ein. Zurück am Schild steigen wir nach rechts hinauf, halten uns an einer Verzweigung links (Logo Moselsteig) und wandern auf einem anspruchsvollen Pfad nach rechts steil hinunter ins Kabeiner Bachtal. Gut 1 km geht es auf einem schmalen Pfad durch das romantische Bachtal steil hinunter (Achtung: bei Nässe rutschig!). Im weiteren Verlauf überqueren wir den Bach über Brückchen, schwierige Passagen sind mit einem Seilhandlauf gesichert.

Wir kommen aus dem Bachtal an Weinreben entlang, gehen vor einer Unterführung nach links hinauf und verlassen den Moselsteig am **Hinweisschild »Breva Wein & Weg«** ❸. Wir folgen dem Schild »Einstieg 400 m« spitzwinklig nach rechts auf einem Weg durch die Weinberge und kommen zur Hinweistafel »Breva Wein & Weg«; diese erläutert uns die Sicherheitshinweise. Über eine Treppe steigen wir hinauf auf einen anspruchsvollen, spannenden schmalen Pfad und gewinnen in Serpentinen rasch an Höhe, schwierige Passagen sind mit einem Stahlseilhandlauf gesichert. Wir passieren die Infotafel »Weinbergslagen« und kommen weiter hinauf an

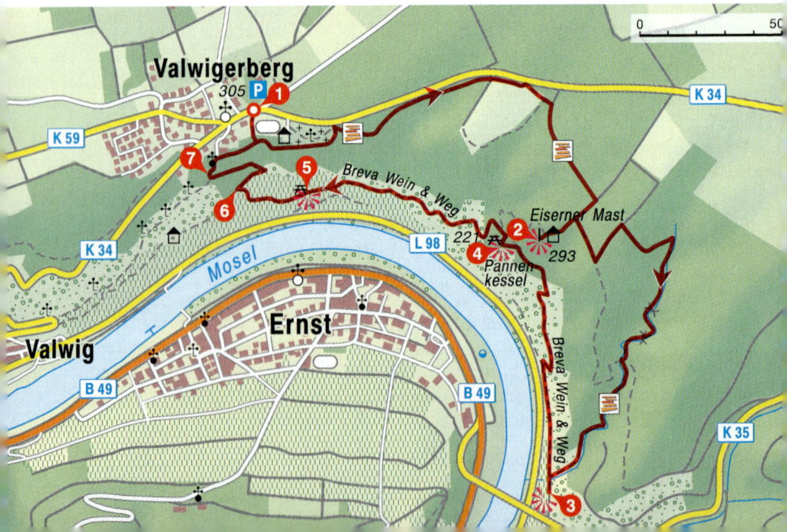

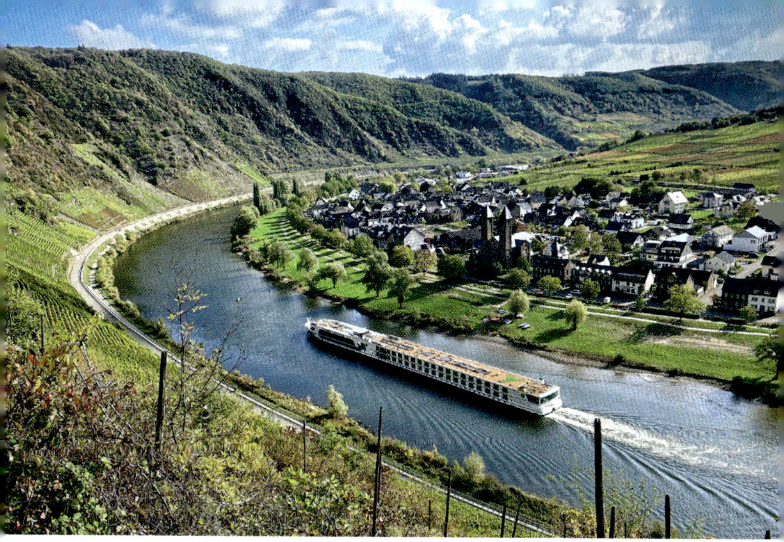

Vom Breva-Steig: Ein Mosel-Kreuzfahrtschiff passiert Ernst mit seiner markanten Kirche.

Buchsbaum entlang zum schön gelegenen **Rastplatz im Palmenkessel** ❹ inmitten eines wilden Buchsbaumbestandes, mit herrlichem Panoramablick ins Moseltal.
Bevor es auf dem Pfad weitergeht, machen wir nach links einen kurzen Abstecher (20 m), abermals mit Blick über die Mosel. Weiter durch Wald und Buchsbaumbüsche passieren wir das Schild »Eiserner Mast« und steigen auf einem sehr schmalen und ausgesetzten Pfad in Serpentinen bergab (Achtung: bei Nässe glitschig!). Wir erreichen Weinreben, passieren eine Sinnesliege und kommen in Auf und Ab zur Infotafel »Valwiger Herrenberg«, von wo wir ein tolles Panorama über die Mosel und den Ort Ernst genießen. Weiterhin auf dem Pfad, begleitet von schönen Ausblicken, gelangen wir zu einer ausgesetzten Passage, die mit einem Stahlseilhandlauf gesichert ist. Wir kommen zu zwei Sitzbänken an der **Infotafel »Kirche«** ❺; diese erläutert uns die Kirche von Ernst. Bald darauf kommen wir an der Infotafel »Monorackbahn« vorbei und es geht steil bergan zu einem **Querpfad** ❻, mit mehreren Wegweisern. Dort folgen wir nach rechts dem Ww. »Ausstieg Valwigerberg 0,7 km« weiterhin kräftezehrend bergan und kommen zum Schluss auf einem per Handseillauf gesichertem Steig zum **Apolloweg** ❼. Auf diesem nach rechts hinauf kommen wir bald an einem Wohnhaus vorbei, von wo wir einen schönen Blick über das Moseltal haben. Kurz darauf passieren wir eine Schranke und zweigen dahinter links hinauf ab und gehen auf dem uns bekannten Weg am Sportplatz vorbei nach **Valwigerberg** zum Ausgangspunkt am **Parkplatz** ❶ zurück.

↗ 750 m | ↘ 750 m | 17.0 km

52 Cochem und seine Burgen

6.20 h

Ein Klassiker an der Mosel – von Natur aus schön

Die anstrengende, aber lohnende Wanderung führt uns von Cochem zur Aussichtsloge Pinnerkreuz und weiter auf tollem Pfad zur Wakelei. Vom Hotel Winneburg geht es hinauf zur Burgruine Winneburg, erstmals erwähnt 1304, und durch das schöne Faitschtal. Es folgen weitere herrliche Moseltal-Blicke von der Wilhelmshöhe oder weiter unterhalb von der Victoriahöhe, von wo man eine tolle Perspektive auf Cochem und die Reichsburg hat. Ein Highlight ist die Aussicht von der Hubertushöhe auf das Moseltal. Abwärts gelangen wir zu einem weiteren Höhepunkt: der wuchtigen Reichsburg Cochem aus dem 11. Jahrhundert, die majestätisch gut 100 Meter über der Mosel thront.

Ausgangspunkt: 56812 Cochem, 85 m, Parkhaus an der Endertstraße (hier auch Feuerwehrhaus), etwa 200 m von der Mosel (GPS: N50.147481 E7.163032).
Anfahrt: Autobahn A48 bis Ausfahrt Kaisersesch und über die L98 nach Cochem. ÖPNV: Bahnlinie Koblenz–Cochem–Trier, etwa 30 Züge am Tag mit Halt am Bahnhof Cochem. Von dort der Ravennastraße nach Süden folgen und Toureneinstieg beim Enderttor (ca. 750 m Fußweg), oder Bus bis Endertplatz.
Anforderungen: Sehr steiler Anstieg zum Pinnerkreuz, steile Anstiege zur Wakelei, Winneburg, Wilhelmshöhe, Hubertushöhe und Reichsburg.

Panorama vom Pinnerkreuz über die Mosel Richtung Cochem mit der Reichsburg.

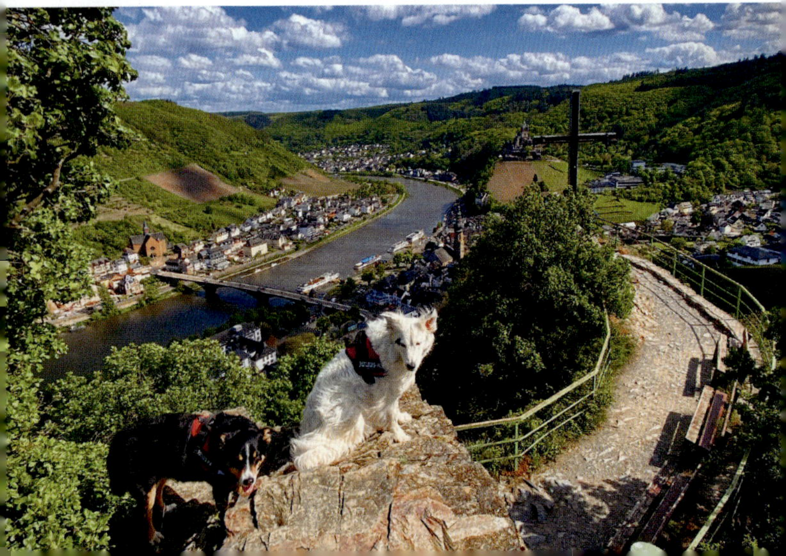

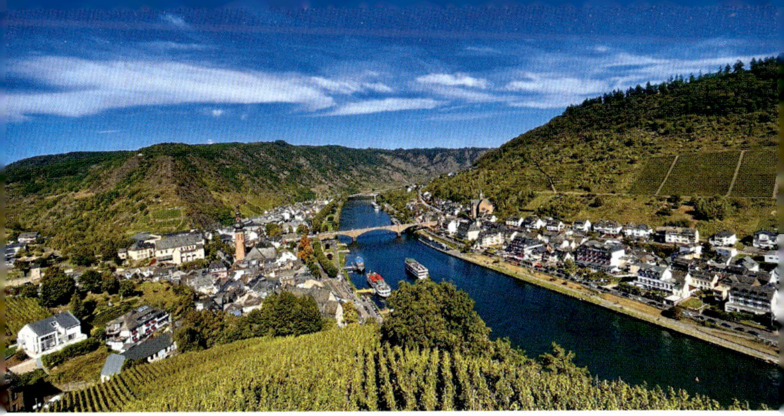

Blick von der Reichsburg auf Cochem.

Bei hochsommerlichen Temperaturen nicht zu empfehlen.
Einkehr: Terrassencafé Bergstation am Pinnerkreuz; Hotel Winneburg; Burgschänke Reichsburg Cochem.
Hinweise: 1) Für Nutzer der Cochemer Sesselbahn sind die Parkplätze an der Talstation kostenlos; Betriebszeiten von April bis Anfang Nov. täglich, cochemer-sesselbahn.de. 2) Besichtigung der Reichsburg nur im Rahmen von Führungen, Mitte März–1. Nov. täglich 10–17 Uhr, im Winter 10–15 Uhr, Anfang Jan.–Anfang Feb. geschlossen, reichsburg-cochem.de.

Vom **Parkhaus** ❶ in **Cochem** folgen wir der Endertstraße etwa 170 m aufwärts zur Sesselbahn. Dort gehen wir über den Parkplatz und folgen dem Logo »Moselsteig + »Seitensprung Cochemer Ritterrunde« (Letzeres begleitet uns auf dem gesamten Rundweg bis nach Cochem). Nach der Überquerung der Endert beginnt ein sehr steiler Aufstieg (135 Höhenmeter auf 600 m Strecke) über Stufen und Pfad bis zu einem beschilderten Querpfad. An diesem unternehmen wir einen sehr lohnenden Abstecher (100 m) zum **Pinnerkreuz** ❷ mit einmaligem Blick auf Cochem.
Wieder zurück am Pfad geht es rechts weiter auf Stufen hinauf über den Pinnerberg zur Bergstation der Sesselbahn. Hinter dieser verlassen wir den Moselsteig, biegen spitzwinklig ab, passieren das Restaurant-Café und folgen nach links dem Pfad (Logo Seitensprung + Wakelei) durch Eichenwald. Wir kommen an einer Sitzbank mit Blick auf das Enderttal vorbei, überqueren einen Weg im Dekerntal und steigen weiterhin auf dem Pfad an. An einer Sitzbank rechts gewinnen wir über Kehren rasch an Höhe bis zum Plateau der **Wakelei** ❸ mit Blick auf die Reichsburg und Winneburg.
Weiter auf dem Pfad gehen wir über Serpentinen hinab zu einem Querweg und hier rechts, bald an bemoosten Schieferfelsen entlang, auf einem tollen Pfad hinunter zur Landstraße 98. Diese überqueren wir hin zum **Hotel Winneburg** ❹ und biegen Richtung Enderttal ab (Schild). Am Hotel vorbei zweigen wir kurz dahinter, vor dem Campingplatz »Zur Winneburg«, nach

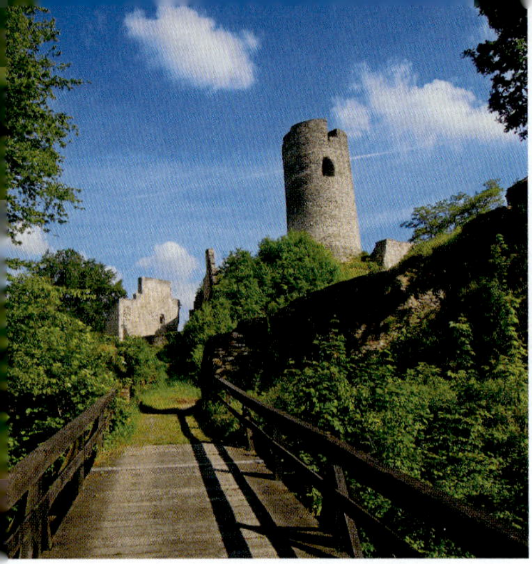

Über eine Holzbrücke kommt man zur einsam auf einer Anhöhe gelegenen Ruine Winneburg.

links auf einen Forstweg hinauf in prächtigen Wald. Nach kurzer Zeit blicken wir auf das Hotel Weißmühle hinab. An einem Querweg halten wir uns rechts, an einer weiteren links (Logo Seitensprung) und erreichen so an einem Abzweig nach links über eine Holzbrücke die **Ruine Winneburg** 5.
Wieder zurück über die Holzbrücke, dann wandern wir nach links weiter (Ww. Wilhelmshöhe 2,4 km), folgen dem Weg und halten uns hinter einer anschließenden scharfen Linkskurve über einen Pfad steil hinab (Logo Seitensprung). Zum Schluss geht es über steile (und bei Nässe gefährlich rutschige) Stufen hinab zum **Winzerhaus** 6. Hier biegen wir nach rechts hinauf (Ww. Faitschtal/Faid) durch das schöne Faitschbachtal.
Nach etwa 850 m zweigen wir am ersten Abzweig spitzwinklig links ab (Schild: Wilhelmshöhe) und folgen diesem Weg steil hinauf, bis wir bei mehreren Schildern nach links einen Abstecher (100 m) zur **Wilhelmshöhe** 7 unternehmen, mit Schutzhütte und Blick ins Moseltal. Wieder zurück zu den Schildern, folgen wir dem Ww. »Cochem 6,5 km« weiter hinauf durch den Wald, über eine Kreuzung hinweg (Cochem 5,8 km) und gelangen hinter einem Hochsitz nach rechts auf einem Pfad in Serpentinen hinab zu einem Weg. Auf diesem hinauf zu einer Verzweigung und dort nach links kommen wir bald in Flur, mit Blick zurück ins Moseltal. Am Anfang eines Waldes gelangen wir zum **Rastplatz Antoniuskopf** 8. Hier kurz (30 m) nach links, dann rechts, überqueren wir die Kreisstraße 18 und

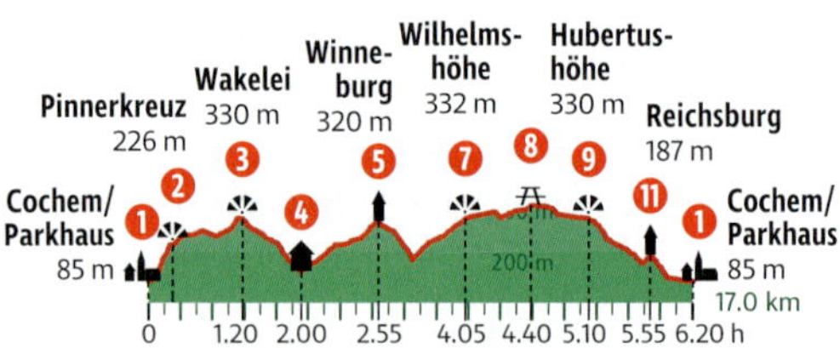

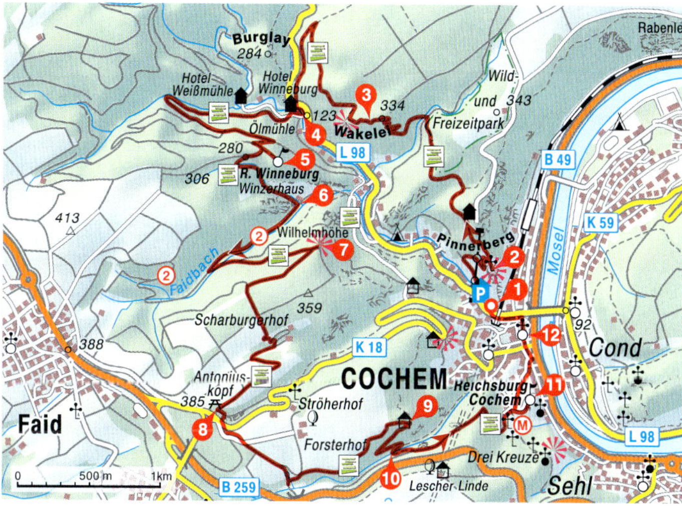

folgen einem breiten Weg durch den Wald und später an Feldern entlang geradeaus hinunter in ein bewaldetes Tal. Dort biegen wir spitzwinklig links und nach weiteren 30 m rechts ab auf einen Pfad, auf dem wir später an einer Hangkante entlangwandern, mit toller Aussicht ins Märtscheltstal und auf die Reichsburg. Wir kommen zu mehreren Schildern, bei denen wir einen lohnenswerten kurzen Abstecher (35 m) zur **Hubertushöhe** 9 machen. Auch hier genießen wir die eindrucksvolle Aussicht auf die Reichsburg und über das Moseltal.

Wieder zurück folgen wir dem schönen Pfad hinunter zum **Märtscheltsbach** 10. Diesen überqueren wir über einen Steg und steigen hinauf zu einem Weg. Auf diesem gehen wir abwärts, passieren das Schild »Knipp-Montag« und verlassen den Wald mit Blick auf die imposante Reichsburg. Nun steigen wir steil hinauf zur **Reichsburg** 11 (Burg Cochem) – ein Abstecher lohnt sich unbedingt (siehe Hinweis).

Wieder zurück am Schild »Stadtmitte 1,0 km« biegen wir nach links auf Pfad, gehen die Betonstufen hinunter und genießen das tolle Panorama auf die Mosel bei der Pestkapelle St. Rochus. Weiter geradeaus kommen wir in **Cochem** zum **Marktplatz** 12 mit seinen historischen Häusern und dem Rathaus. Wir gehen durch die Unterführung des Kirchturms von St. Martin, vor dem Restaurant Alt Cochemé links und durch das **Enderttor** bei der Alten Thorschenke. Kurz darauf unterqueren wir die Einfahrt der Eisenbahn in den Kaiser-Wilhelm-Tunnel und kommen zum **Parkhaus Endertstraße** 1, unserem Ausgangspunkt.

↗ 250 m | ↘ 250 m | 19.0 km

53 Durch das Enderttal nach Maria Martental

6.15 h

Auf Pfaden durch das wildromantische Enderttal

Das Enderttal, in dem einst 36 Mühlen in Betrieb waren, ist eines der romantischsten Täler in dieser Region. Der Weg verläuft vom Hotel Weißmühle teils auf Stegen immer am tief eingeschnittenen Endertbach entlang. An historischen, zum Teil restaurierten Mühlen, die heute auch als Wochenendhäuser dienen, geht es zum Wasserfall der »Wilden Endert«. Von hier führt uns ein schöner Pfad zur renovierten Wallfahrtskirche Maria Martental.

Ausgangspunkt: 56812 Cochem, 86 m, Wanderparkplatz am Hotel Weißmühle, 170 m (GPS: N50.159508 E7.139437).
Anfahrt: Mit Pkw: Auf der Autobahn A48 bis zur Abfahrt Kaisersesch, dort in Richtung Cochem auf der Landstraße 98 bis ca. 2 km vor Cochem. Dort auf die Beschilderung »Enderttal« (grünes Schild mit weißer Schrift) achten; nach 250 m rechts ab auf einer schmalen Straße. Am Hotel Winneburg wiederum dem grünen Hinweisschild »Enderttal« folgen.
Anforderungen: Ausdauer, relativ lange Streckenwanderung. Bei Nässe rutschig.
Einkehr: Restaurant Müllerstube im Hotel Weißmühle (hotel-weissmuehle.de); Göbelsmühle (Do Ruhetag, Nov.–April auch Mi); Pilgergaststätte Maria Martental (Mo u. Mi Ruhetag).

Entgegen der Fließrichtung der Endert wandern wir von der **Weißmühle** ❶ dem Logo »Wilde Endert + Eifelverein/Karolingerweg« folgend ins Enderttal über Weg. Wir passieren moosbewachsene Felsen, bevor wir nach 2,4 km den Rastplatz Pilz erreichen. Nach knapp 250 m zweigen wir vom Weg ab

Wintertaugliche Tour: im Enderttal bei der ehemaligen Thönnesgensmühle.

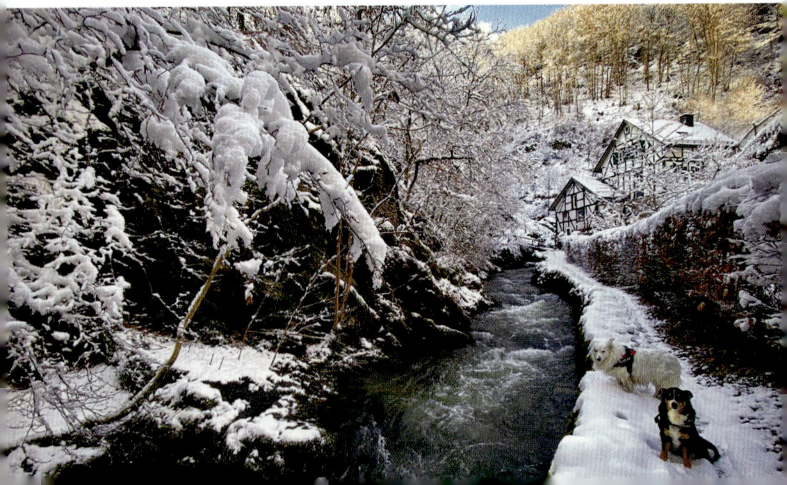

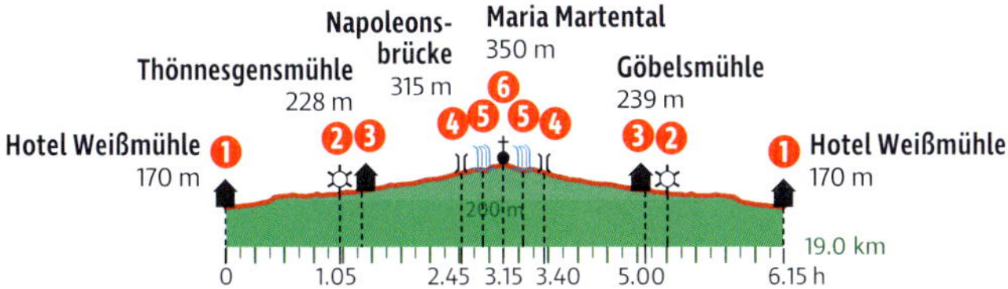

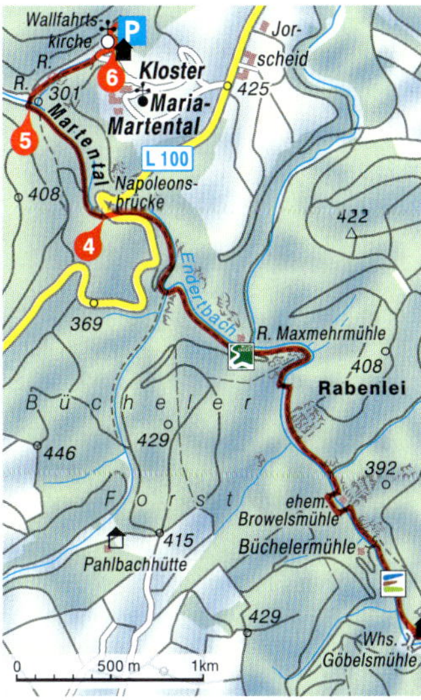

und folgen rechts abwärts dem recht anspruchsvollen Pfad (bis zur Landstraße) zur Schneidersmühle. Hinter einem Haus der **Thönnesgensmühle 2** kommen wir zu einem Heiligenhäuschen (1723) und Kreuz (1718). Nach der Ostermühle erreichen wir die **Göbelsmühle 3**, im weiteren Verlauf halten wir uns längs dem Logo »Wilde Endert« nach rechts Richtung »Ulmen + Martental 4,9 km« und gelangen an Fischteichen vorbei zur Browelsmühle. Der Pfad bringt uns schließlich zur Maxmehrmühle (mit Kapelle) und weiter zur Landstraße. Dieser folgen wir rechts haltend etwa 200 m.

Vor der **Napoleonsbrücke 4** verlassen wir die Straße und erreichen so das Martental. An einem **Wasserfall 5** überqueren wir auf einer Holzbrücke die Wilde Endert in Richtung Kirche und wandern auf einem Pfad, an einem Kreuzweg vorbei, in wenigen Minuten zur Wallfahrtskirche **Maria Martental 6**.
Auf demselben Weg geht es zurück zum Wanderparkplatz an der **Weißmühle 1**.

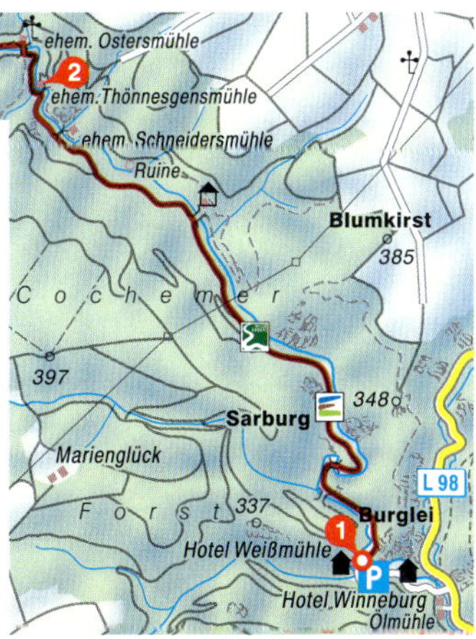

TOP

↗ 490 m | ↘ 490 m | 6.6 km

54 Calmont-Klettersteig und -Höhenweg

3.30 h

Klettersteig durch Europas steilsten Weinberg

Der Calmont, der sich entlang der Mosel von Eller bis Bremm erstreckt, ist mit 378 Metern Höhe und bis zu 65° Neigung die steilste Wein-Einzellage Europas. Durch diese führt der Klettersteig, unwegsame Felspartien werden mittels Kletterhilfen überwunden. Der Calmont-Höhenweg mit dem Gipfelkreuz und »Vierseenblick« bietet fantastische Aussichten, in der Saison lädt an Wochenenden eine Straußwirtschaft am Kreuz zur Einkehr. Von dort starten auch Gleitschirmflieger zu ihren luftigen Ausflügen über das Moseltal.

Der Autor in Begleitung von Amy und Melly am Aussichtspunkt Moselschleife Bremm.

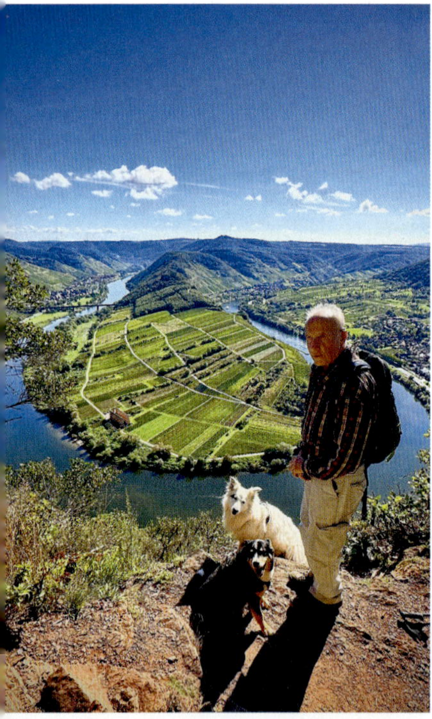

Ausgangspunkt: 56814 Ediger-Eller, 90 m, Wanderparkplatz am Ortsende bei der Eisenbahnbrücke (GPS: N50.101803 E7.140243).

Anfahrt: Mit Pkw: A48 Koblenz–Trier bis Abfahrt Ulmen, weiter auf der B259 in Richtung Cochem. In Brauheck Richtung Ediger-Eller, dann über die B49 nach Eller.
Mit ÖPNV: Züge von Koblenz/Trier zum Bahnhof Ediger-Eller. Von dort ca. 350 m zur Eisenbahnbrücke (Toureneinstieg).

Anforderungen: Anspruchsvolle Tour. Steige mit künstlichen Versicherungen, Tritt- und Halteeisen an Felsen, Drahtseilsicherungen und sechs Kletterleitern. Griffige Wanderschuhe, Schwindelfreiheit und Trittsicherheit sind unabdingbar, eine spezielle Klettersteigausrüstung ist aber nicht erforderlich. Bei hochsommerlichen Temperaturen und Nässe ist die Tour nicht zu empfehlen.

Einkehr: In Eller; am Bremmer Gipfelkreuz Weingut-Straußwirtschaft Michael Franzen (Sa, So, Fei von Ostersamstag bis Okt., michael-franzen.de).

Hinweis: Nicht nur zum Verschnaufen empfiehlt es sich, mehrere Pausen einzulegen, sondern auch, um die angebrachten Schautafeln zu studieren, wofür man entsprechend zusätzliche Zeit einkalkulieren sollte.

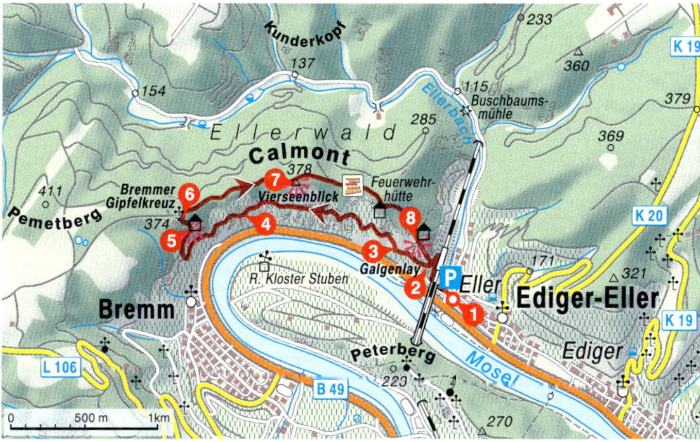

Vom **Wanderparkplatz** ❶ in **Eller** geht es hinter der Eisenbahnbrücke an der Infotafel auf leicht ansteigendem Steig zur **Schutzhütte Galgenlay** ❷. Dort beginnt der Klettersteig, auf dem wir in nordwestlicher Richtung an Felsen entlang in die Calmont-Weinberge absteigen. Dann folgen wir dem schmalen Steig durch die Weinberge. Nachdem wir einige schwierige Passagen (Leitern) überwunden haben, führt der Steig jetzt leicht, aber ständig bergauf und nach einigen Minuten ist die Abzweigung an einem Kreuz in Richtung Bremm erreicht. Von hier geht es zunächst ohne schwierige Stellen über einige Felsvorsprünge.

Wir kommen an Bänken und Schautafeln vorbei zu einem mehrstufigen Halbrund, dem **Wolfgang-Wabnitz-Amphitrion** ❸, 200 m, das dem Förderer der Calmont Region gewidmet ist und sich als Rastplatz mit Aussicht eignet. Der Steig führt nun ständig auf und ab. Im weiteren Verlauf folgen wir einigen sehr steilen Passagen zur sogenannten Bremmer Todesangst. Wir erreichen die letzte Leiter in einer luftigen Passage und in einem steilen Anstieg ein weiteres, mit einem 26 m langen Drahtseil gesichertes Teilstück. Der Steig wendet sich nun immer mehr in Richtung Bremm, dabei kommen wir an die Hinweistafel »Kloster Stuben«; hier eröffnet sich der Blick auf die Klosterruine.

Bald danach erreichen wir die **Infotafel »Flora und Fauna«** ❹; hier nach rechts auf Steig 7 zum Gipfelkreuz. Nach einem weiteren steilen Anstieg kommen wir an einen Weg,

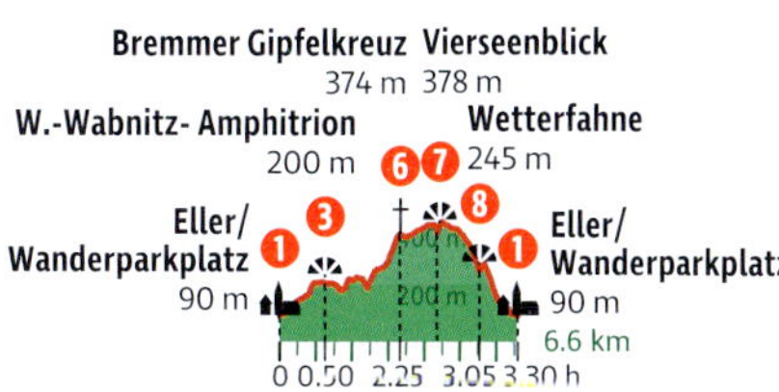

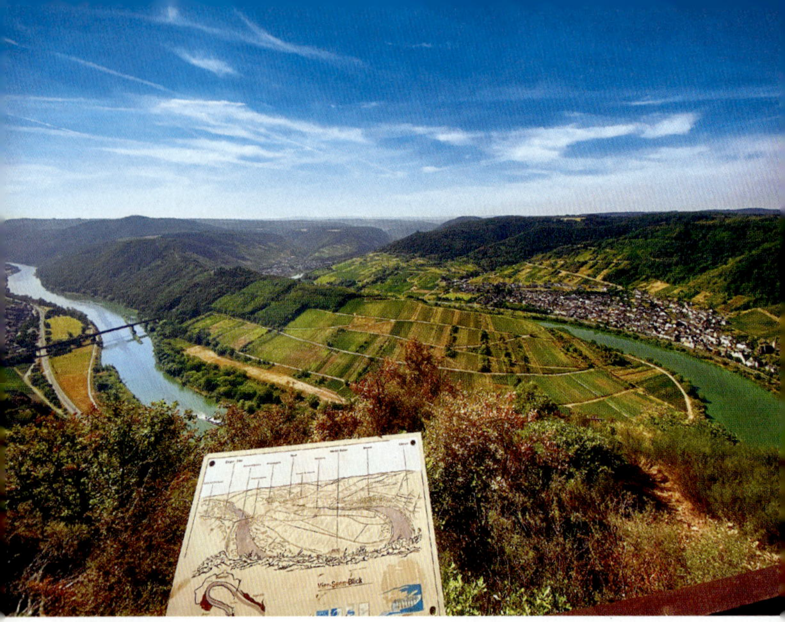

Zwei Höhepunkte der Tour mit einmaligem Panorama: Vom Aussichtspunkt Vierseenblick hat man vier Abschnitte der Mosel vor Augen (oben), vom Wolfgang-Wabnitz-Amphitrion blickt man ins Moseltal und auf die Steillage des Calmont (rechts).

den wir bald wieder verlassen, um erneut nach rechts auf Steig 7 zu gelangen. Jetzt geht es alpin-steil hinauf zum **Aussichtspunkt Moselschleife Bremm** ❺, 245 m, dem wohl schönsten unserer Wanderung, kurz vor einer Schutzhütte. Hinter dieser halten wir uns an einer Gabelung links und erreichen in wenigen Minuten das Bremmer Gipfelkreuz ❻, 374 m.
Weiter geht es an der Schutzhütte vorbei nach rechts über den »Moselsteig« (begleitet uns bis nach Eller) in 800 m zur archäologischen Stätte »Römisches Höhenheiligtum« und über Pfad zum **Aussichtspunkt Vierseenblick** ❼, 378 m. Von hier folgen wir dem Pfad, später ab einer Sitzbank dem Moselsteig, nach rechts zur Feuerwehrschutzhütte. Nun geht es weiter auf Pfad an der Verzweigung (Ww. Galgenlay + Moselsteig) nach rechts steil hinunter bis zum Schild »Todesangst«. Hier sollten wir einen ca. 5-minütigen Abstecher zur schwarz-rot-goldenen **Wetterfahne** ❽ machen (Achtung: Fahne dreht sich).
Wieder zurück am Pfad 5 steigen wir weiter nach rechts abwärts zu einem großen Betonfundament und hinter diesem direkt nach rechts steil bergab über Pfad zur **Schutzhütte Galgenlay** ❷. An dieser vorbei erreichen wir wieder den **Parkplatz** ❶ an der Eisenbahnbrücke von **Eller**.

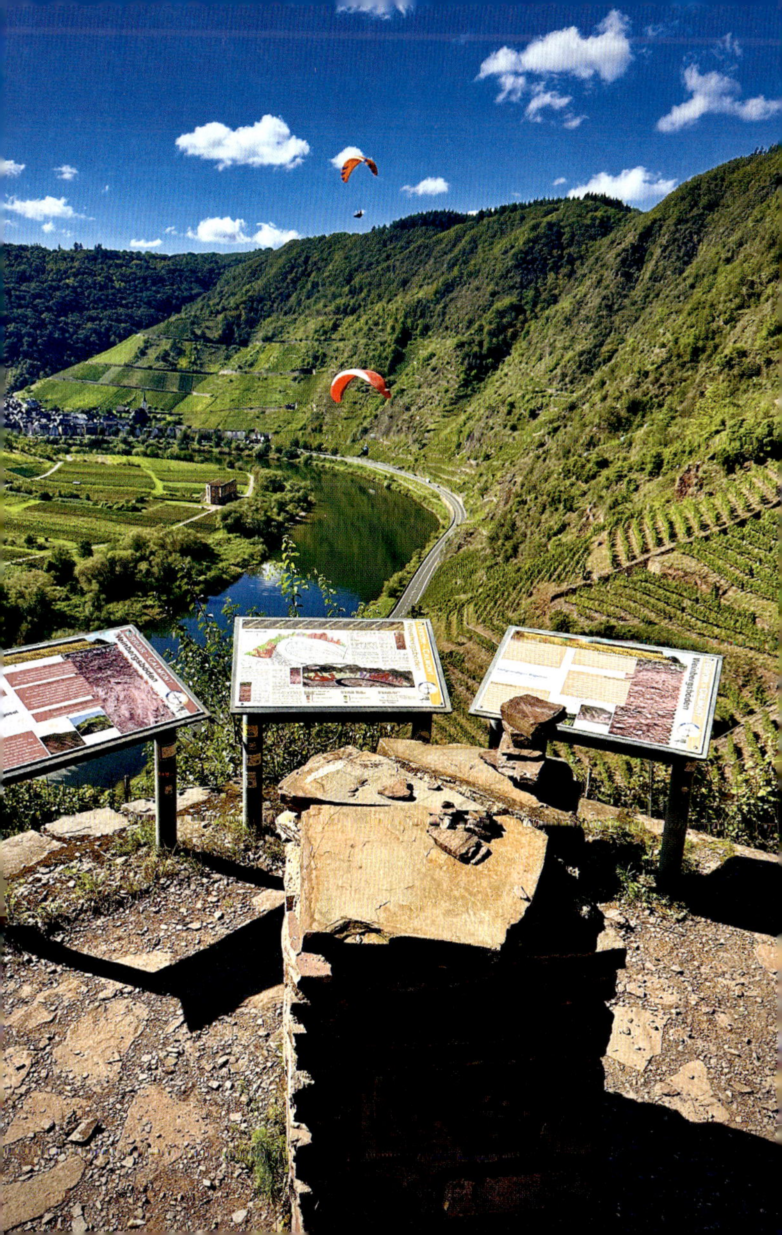
Weinbergsboden

↗ 170 m | ↘ 170 m | 4.4 km

55 Marienburg – Prinzenkopfturm

1.40 h

Grandiose Ausblicke vom Zeller Hamm

Um das Zeller Hamm windet sich die längste Schleife der Mosel von über 13 Kilometern, auf die uns diese reizvolle kurze Rundtour immer wieder grandiose Ausblicke bietet. Hinab und entlang der Mosel, führt der Weg vorbei am Viadukt der »Kanonenbahn«. Deren Name stammt aus der Zeit nach dem Deutsch-Französischen Krieg 1870/71, als Preußen aus militärstrategischen Gründen diese Eisenbahnteilstrecke der Linie Berlin–Metz zwischen 1875 und 1879 baute. Weitere Attraktionen sind der Prinzenkopfturm, der zu Recht als einer der schönsten Aussichtspunkte an der Mosel gilt, sowie Marienburg, das 1157 erstmals erwähnte und 1515 aufgehobene Kloster der Augustinernonnen. Heute befindet sich dort eine Jugendbildungsstätte.

Ausgangspunkt: 56856 Zell-Marienburg, 203 m; großer Parkplatz 1, 150 m, ca. 300 m vor dem Café Marienburg bzw. 50 m vor dem Ortsschild Marienburg und Haus Nonnekehr (GPS: N50.041730 E7.142176).
Anfahrt: Mit Pkw: A48 Koblenz–Trier, Abfahrt 121 Mehren, dann auf die B421 in Richtung Zell. In Hontheim links abbiegen nach Bad Bertrich (3,0 km), dann rechts auf die Landstraße 103 zur B49/B421, dort links nach Alf. Am Kreisel Richtung Zell (B53), dann nach etwa 2 km rechts zur Marienburg (1 km) und weiter zum Parkplatz 1.
Anforderungen: Einfache kurze Rundtour mit Anstieg zur Drieschhütte.
Einkehr: Café-Restaurant Marienburg (Mo geschlossen); Drieschhütte (geöffnet abhängig vom Wanderwetter, wenn blaue Fahne gehisst ist, Infos unter Tel. +49/171/4123292, drieschhuette.de).

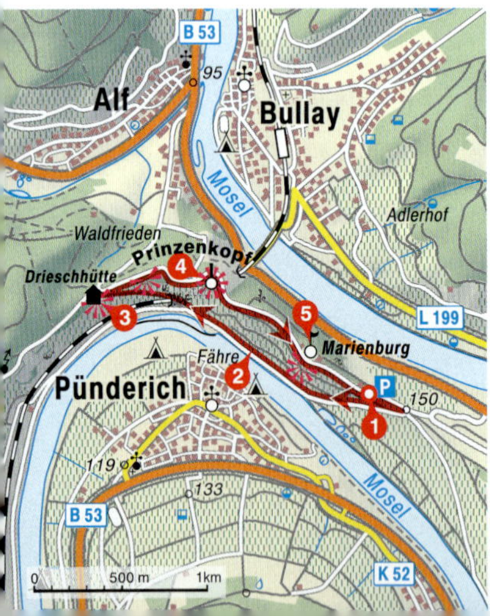

Vom **Parkplatz Marienburg ①** gehen wir nach links etwa 200 m das Sträßchen abwärts zu einem Wegeverteiler. Hier zweigen wir nach rechts (Ww. Pünderich) ab und weiter auf einem Sträßchen hinunter durch die Weinreben zur Mosel. Am Flussufer folgen wir dem Teerweg (Fahrradweg) nach rechts mit Blick auf den Ort Pünderich und das mit 786 m längste Eisenbahn-Hangviadukt Deutschlands, das zur »Kanonenbahn« gehört. Wir kommen an der **Fähranlegestelle ②** und dem Alten Fährhäuschen vorbei und verlassen den Teerweg nach etwa 500 m beim 459 m langen Prinzen-

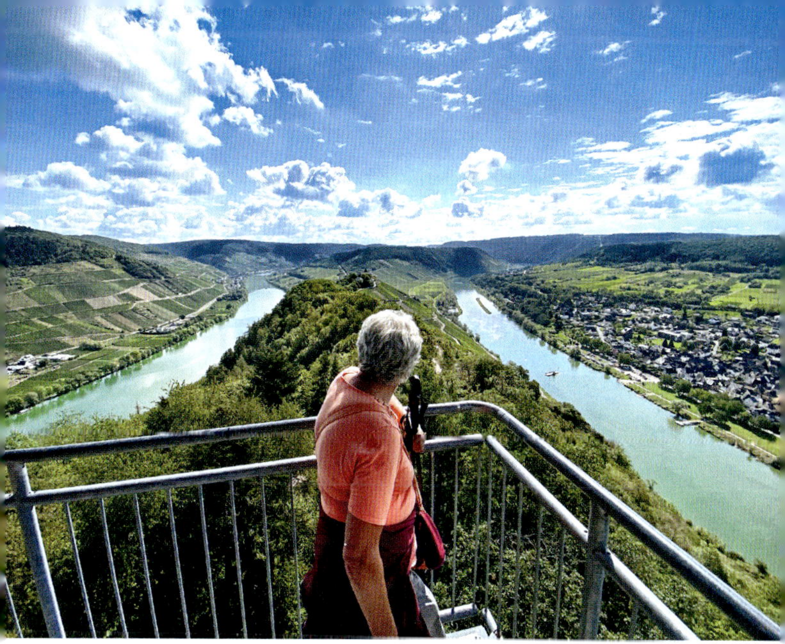

Panorama vom Prinzenkopfturm auf die Mosel am Zeller Hamm mit der Marienburg.

kopftunnel. Wir steigen über Pfad durch die Weinreben hinauf, unterqueren das Hangviadukt und gelangen zur **Drieschhütte** 3 an einem Platz mit drei Eichen.

Hier folgen wir dem Moselsteig (Ww. Marienburg 1,5 km) nach rechts über Schotterweg aufwärts, mit grandiosem Blick über die Mosel und die anliegenden Orte. Anschließend geht es durch Wald zur Ehrenstatte am Prinzenkopf. Hinter ihr zweigen wir vom Teerweg ab, steigen nach rechts über Pfad (Ww. Zum Turm + Moselsteig) hinauf zum **Prinzenkopfturm** 4, 255 m. Nach Überwindung von 113 Stufen bietet sich uns von dessen Spitze eine einmalige Rundsicht von Reil bis zum Bremmer Calmont.

Weiter über Schotterweg wandern wir abwärts nach rechts zu einem Teerweg an einer Gabelung. Hier halten wir uns links aufwärts mit Blick auf Pünderich und das Hangviadukt und kommen zur **Marienburg** 5 auf dem Petersberg. Nach weiteren 6 bis 7 Minuten erreichen wir wieder den **Parkplatz** 1 am Ausgangspunkt unterhalb der Marienburg.

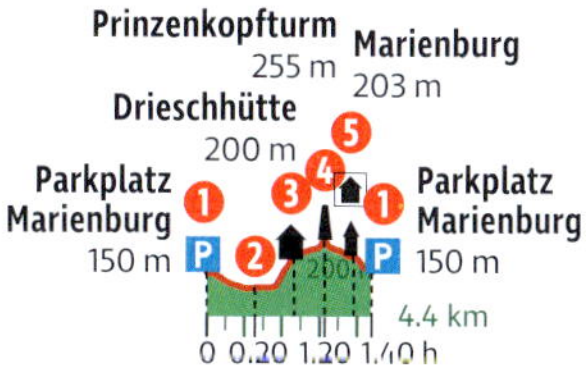

↗ 310 m | ↘ 310 m | 6.2 km

56 Bernkastel – Maria Zill

2.50 h

Durch das schöne Kallenfelstal zum Panoramablick Maria Zill

Von der Tourist-Information Bernkastel-Kues spazieren wir zuerst zum historischen Marktplatz mit seinen romantischen Fachwerkhäusern und weiter durch die Fußgängerzone Römerstraße. Dann verlassen wir den Stadtteil Bernkastel und wandern unterhalb des weltbekannten Weinbergs »Bernkasteler Doctor« entlang, eine der besten Steillagen an der Mosel. Nun beginnt ein langer steiler Anstieg durch das Kallefelstal mit gut 300 Höhenmetern auf Pfad und Weg zum Panoramablick »Maria Zill«, mit herrlichem Ausblick auf die Moselschleife um Kues. Vorbei an der Schutzhütte Maria Zill geht es bald abwärts und wir kommen an der Waldschenke Zur Eisernen Weinkarte vorbei. Weiter hinunter durch die Weinberge geht es durch das Graacher Tor, das einzige noch erhaltene Stadttor von Bernkastel-Kues, zum Ausgangspunkt zurück.

Ausgangspunkt: 54470 Bernkastel-Kues, Tourist-Information/ Mosel-Gäste-Zentrum in Bernkastel, 110 m, Gestade 6 (GPS: N49.916124, E7.074652).
Anfahrt: Mit Pkw: Von Koblenz A48, Abfahrt Wittlich Mitte, dann der Beschilderung »Bernkastel-Kues« und »Zeltingen-Rachtig« folgen. Weiter an der Mosel entlang nach Bernkastel-Kues zum großen Moselparkplatz an der Gestade (gebührenpflichtig).
Mit ÖPNV: Bus 300/301 von Wittlich-Hauptbahnhof nach Bernkastel-Kues, Haltestelle Kues Forum. Von dort über die Moselbrücke nach Bernkastel und links zur Tourist-Information (ca. 500 m Fußweg).
Anforderungen: Längerer steiler Anstieg im Kallefelstal.
Einkehr: Waldschenke Zur Eisernen Weinkarte (waldschenke-bernkastel.de); Gastronomie in Bernkastel-Kues.

Panorama vom Aussichtspunkt Maria Zill auf das Moseltal mit dem Stadtteil Kues.

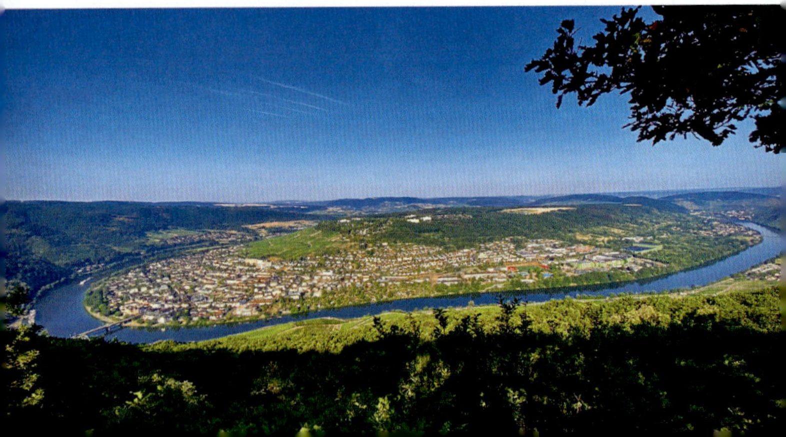

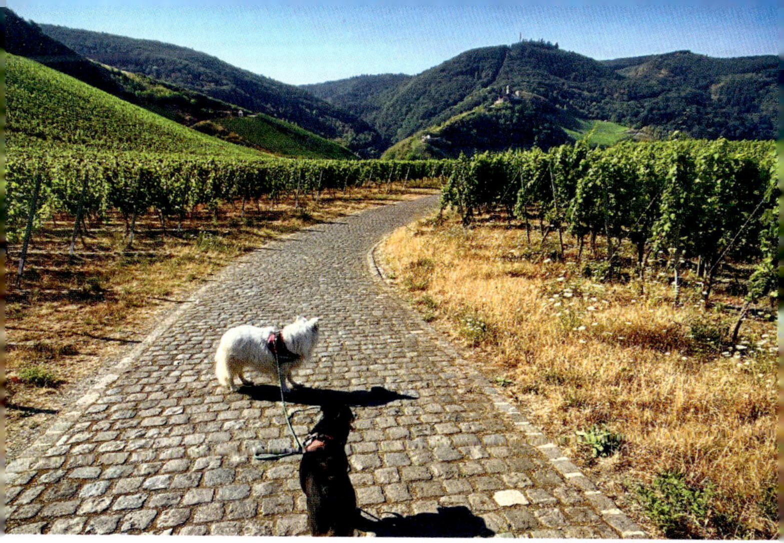

Auf altem Kopfsteinpflaster durch Weinberge mit Blick auf die Burg Landshut.

Wir beginnen unsere Wanderung in **Bernkastel** an der **Tourist-Information** 1 und folgen dem Logo »Maria-Zill-Panoramaweg« auf dem Rundweg. Wir überqueren uns rechts haltend am Brunnen vorbei den Karlsbader Platz und gelangen auf der Moselstraße zum Kölschen Eck. An diesem nach rechts zum **Marktplatz**, weiter kurz nach links auf der Straße »Markt« und auf der Römerstraße aufwärts, an vielen Geschäften vorbei, zur Ecke Burgstraße. Dort biegen wir links ab, passieren das Märchenhotel und folgen geradeaus hinauf der Kallenfelsstraße auf Kopfsteinpflaster unterhalb am Weinberg »Bernkasteler Doctor« entlang, und das Moselsteig-Logo gesellt sich hinzu. Wir verlassen den Ort, steigen auf dem Förster-Schell-Pfad steil hinauf durch das schöne **Kallenfelstal** in den Wald.

Wir gelangen zu einer Sitzbank am **Kallenfelsbach** und überqueren den Bach nach 130 m über eine **Holzbrücke** 2. Dahinter steigen wir auf einem steinigen Weg nach links bergan, dann bergab und wieder hinauf zu einer Sitzbank an eine Wegeverteilung. An dieser folgen wir dem Weg nach rechts hinauf (Ww. Maria Zill 0,2 km) und kommen zum **Panoramablick Maria Zill** 3, mit grandiosen Panorama auf die Moselschleife bei Bernkastel-Kues. Mehrere Sitzbänke laden hier zum Verweilen ein.

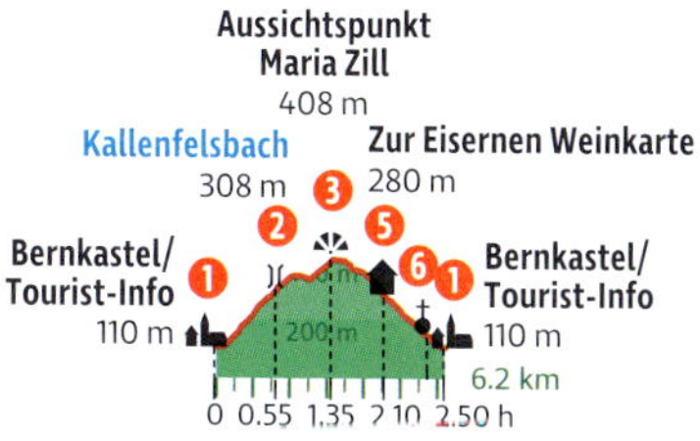

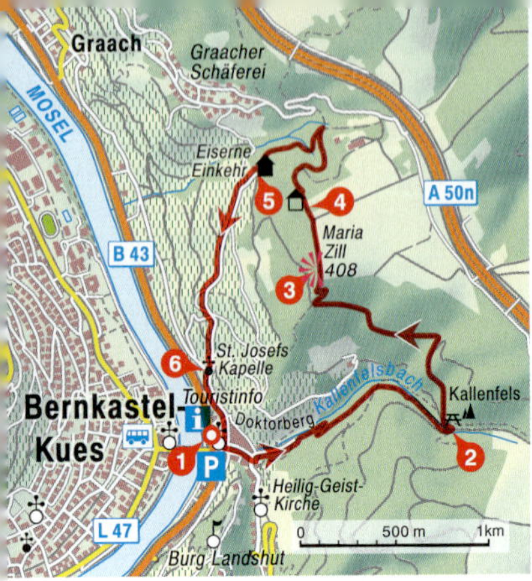

Nach weiteren 350 m an Wiesen entlang gelangen wir zur **Wanderschutzhütte Maria Zill** ❹. Von hier wandern wir auf einem Pfad/Weg durch den Wald hinunter zu einer Wegekreuzung bei mehreren Schildern. Dort verlassen wir den Moselsteig und folgen einem steinigen Weg spitzwinklig nach links hinunter zur **Waldschenke Zur Eisernen Weinkarte** ❺. Weiterhin dem Logo »Maria-Zill-Panoramaweg« folgend, geht es durch die Weinberge hinab, zuerst auf einem Teerweg und danach auf Kopfsteinpflaster zur **St.-Josefs-Kapelle** ❻. Bergab kommen wir auf dem Alter Graacher Weg zum **Graacher Stadttor** in **Bernkastel**. Durch dieses gelangen wir zum Bärenbrunnen, das Stadtwappen von Bernkastel-Kues. Von dort weiter passieren wir die Kneipe Kölsches Eck, weiter nach rechts auf der Moselstraße zum Karlsbader Platz und zur **Tourist-Infoinformation** ❶.

Am Marktplatz in der Altstadt von Bernkastel-Kues: der Michaelsbrunnen vor der Spätrenaissance-Fassade des im 17. Jh. erbauten Rathauses.

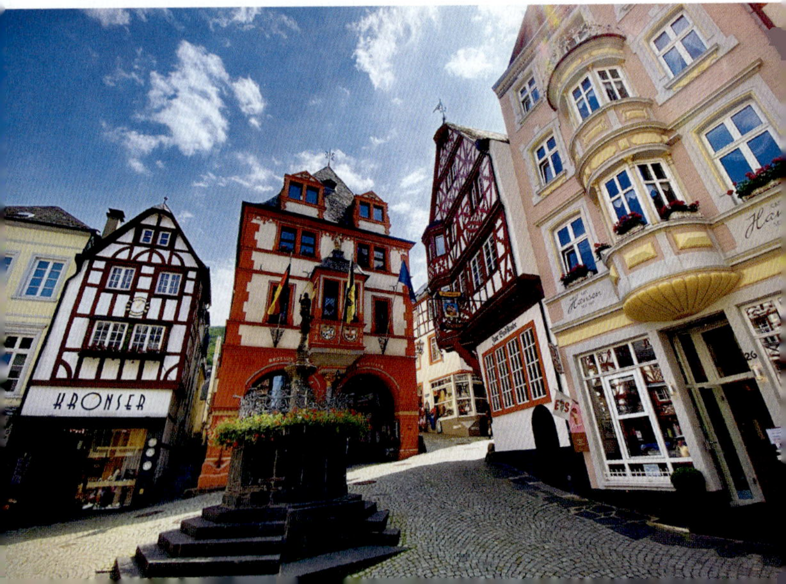

↗ 130 m | ↘ 130 m | 4.4 km

1.50 h

Bernkastel – Tiefenbach-Wasserfall – Burg Landshut

57

Von Bernkastel, der Perle der Mittelmosel, zur Burg Landshut

Die Burgruine Landshut ist das Wahrzeichen der Stadt Bernkastel-Kues, das jährlich von rund zwei Millionen Menschen besucht wird. Der Rundweg führt von der Tourist-Information durch die Fußgängerzone Römerstraße, am Restaurant Alt Bernkastel vorbei in den Wald hinauf zum schönen kleinen Wasserfall des Tiefenbachs. Weiter hinauf gelangen wir zur Tinken-Kapelle und durch den Wald zur sehr gut erhaltenen Burgruine Landshut. Dort bietet sich uns ein fabelhaftes Panorama auf die Mosel und Bernkastel-Kues. Unser nächstes Ziel ist die St.-Anna-Kapelle mit dem imposanten Mosaikbild an der Außenfassade, ein echter Blickfang. Von dort geht es wieder hinab nach Bernkastel, wir passieren das einmalige Spitzhäuschen, das schmalste Haus in Bernkastel, ein zauberhaftes Häuschen, und schon sind wir am mittelalterlichen Marktplatz mit seinen malerischen historischen Fachwerkhäusern, wo viele Restaurants und Cafés zur Einkehr einladen.

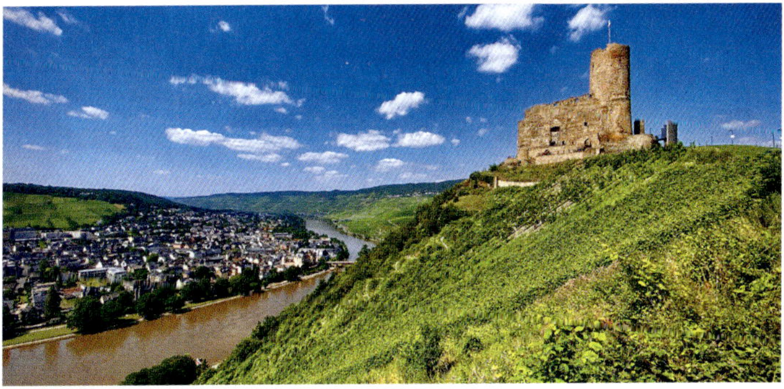

Die Burgruine Landshut über der Mosel mit dem Stadtteil Kues.

Ausgangspunkt: 54470 Bernkastel-Kues, Tourist-Information in Bernkastel, 110 m, Gestade 6 (GPS: N49.916104 E7.074979).
Anfahrt: Mit Pkw: Von Koblenz A48, Abfahrt Wittlich Mitte, folgen wir der Beschilderung Bernkastel-Kues und Zeltingen-Rachtig. Weiter an der Mosel entlang nach Bernkastel-Kues zum großen Moselparkplatz an der Gestade (gebührenpflichtig).
Mit ÖPNV: Bus 300/301 von Wittlich-Hauptbahnhof nach Bernkastel-Kues, Haltestelle Kues Forum. Von dort über die Moselbrücke nach Bernkastel und links zur Tourist-Information (ca. 500 m Fußweg).
Anforderungen: Leichte Rundtour, auch für Kinder geeignet, aber nicht für Kinderwagen.
Einkehr: Restaurant Burg Landshut (burglandshut.com); Gastronomie in Bernkastel-Kues.

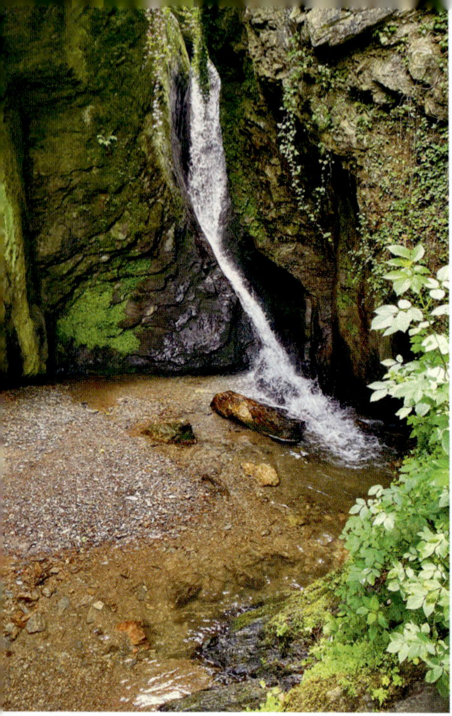

Der Wasserfall im Tiefenbachtal.

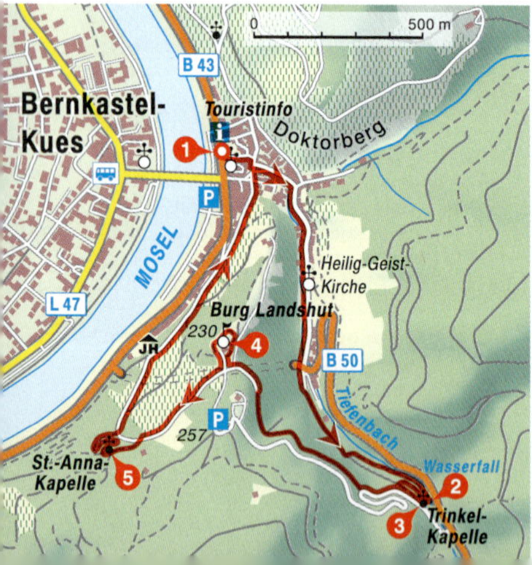

In **Bernkastel** an der **Tourist-Information ❶** beginnt unsere Rundwanderung, auf der uns das Logo »Familien-Rundweg« begleitet, nur an der Burg Landshut nicht. Wir überqueren den Karlsbader Platz, halten uns am Brunnen und Restaurant-Hotel Moselblümchen rechts vorbei auf der Moselstraße zum Kölschen Eck. Dort nach rechts und direkt hinter der Hausnummer 2 (Trend Shop) nach links in die (Alte) Römerstraße. Dieser folgen wir aufwärts an vielen kleinen Geschäften entlang. Weiter nach rechts in die Burgstraße, passieren wir das Kapuzinerkreuz (Doppelkreuz), das Feuerwehrhaus und die **Heilig-Geist-Kirche**. An einer Fußgängerampel überqueren wir die Bundesstraße beim Burgbergtunnel, steigen auf einer Kopfsteinpflasterstraße hinauf und verlassen Bernkastel (Ww. Tinken-Kapelle/Wasserfall 550 m). Auf einem steinigen Weg geht es durch den Stadtwald an bemoosten Felsen hinauf, dann folgen wir nach links hinunter einem Pfad zum **Tiefenbach**. An diesem entlang kommen wir zum **Wasserfall ❷**. Wir wandern auf einem Pfad hinauf zu einem Weg, dem wir nach links bergan folgen zu einer Straße. Auf dieser machen wir einen kurzen Abstecher (25 m) zur sichtbaren **Tinkel-Kapelle ❸**.

Wieder zurück folgen wir der Straße aufwärts und verlas-

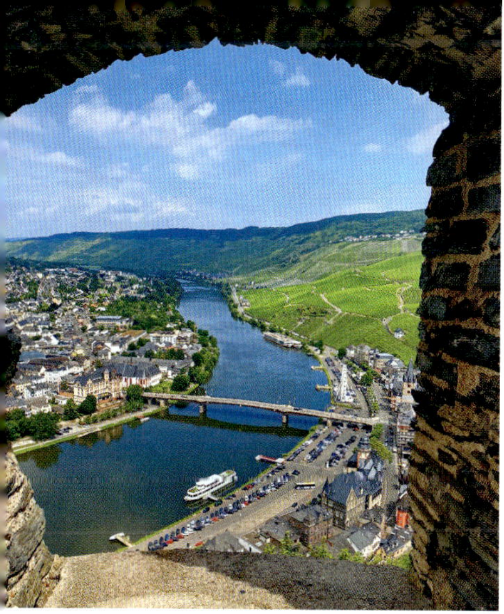

Ausblick von der Burg Landshut über Bernkastel-Kues und die Mosel.

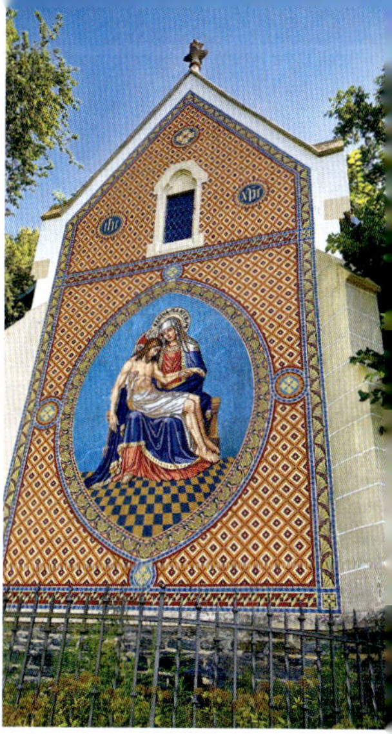

Die St.-Anna-Kapelle ziert ein kunstvolles Mosaikbild.

sen sie in einer Spitzkehre. Es geht geradeaus hinauf auf einem steinigen Weg durch den Stadtwald; der Weg geht in einen Teerweg über und wir kommen zu den Schildern »Moselsteig«. Nun steigen wir hinauf zur **Burg Landshut** 4 – ein Abstecher lohnt sich unbedingt. Nach Ein- und Ausblicken an der Ruine gehen wir wieder zurück zu den Schildern »Moselsteig« (Ww. St. Anna Kapelle 0,4 km) und folgen dem Teerweg nach rechts bergab (Logo Familien-Rundweg). Vor einem alten Schuppen wandern wir nach links auf einem schmalen Pfad durch den Wald zur **St.-Anna-Kapelle** 5, mit eindrucksvollem Mosaikbild an der Außenwand.

An der Kapelle halten wir uns rechts, folgen den Kreuzwegstationen in Kehren hinunter wieder zum Teerweg und gelangen hinunter nach **Bernkastel**. An einem Abzweig folgen wir nach rechts (Logo Familien-Rundweg) dem Schild »Fußgängerzone« zum Spitzhäuschen und zum mittelalterlichen **Marktplatz** mit seinen Fachwerkhäusern. Dort halten wir uns rechts, spazieren zwischen zwei Fachwerkhäusern (Maßen's Weinstube) zur Kneipe Kölsches Eck, weiter nach links zum Karlsbader Platz und zur **Tourist-Information** 1, unserem Ausgangspunkt.

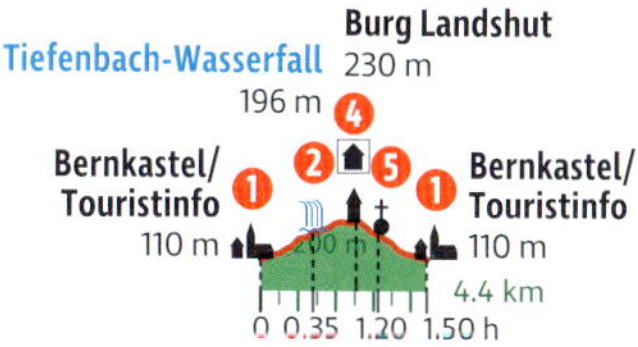

↗ 350 m | ↘ 350 m | 10.6 km

58 Vom Butzerbachtal zur Genovevahöhle

3.30 h

Archäologischer und naturhistorischer Rundwanderweg

Die 30 Meter lange Hängebrücke über den Butzerbach ist die Attraktion des archäologischen und naturhistorischen Wanderweges. Über sie gelangen wir zu den Pützlöchern – Relikten römischen Bergbaus. In der Genovevahöhle, die vermutlich schon in der späten Altsteinzeit als Zuflucht genutzt wurde, soll einer Sage nach die Gemahlin des Grafen Siegfried mit ihrem Sohn sieben Jahre gehaust haben. Von ihr bekam die Höhle ihren Namen.

Ausgangspunkt: 54306 Kordel, Wanderparkplatz, 150 m, am Butzerbach neben der Kreisstraße von Kordel zur Burg Ramstein (GPS: N49.824866 E6.645551).
Anfahrt: Mit Pkw: Von Bitburg über die B 51 Richtung Trier. Abzweig nach links auf die B 422 nach Kordel, ab dort ausgeschildert.
Anforderungen: Leichte Rundwanderung; bei Nässe im Butzerbachtal ist der Pfad aber rutschig. Die 30 m lange Hängebrücke erfordert Schwindelfreiheit.
Einkehr: Hotel-Restaurant Burg Ramstein (Do–So 12–20 Uhr, mit Reservierung, Tel. +49/6505/7393076, burgramstein.de).

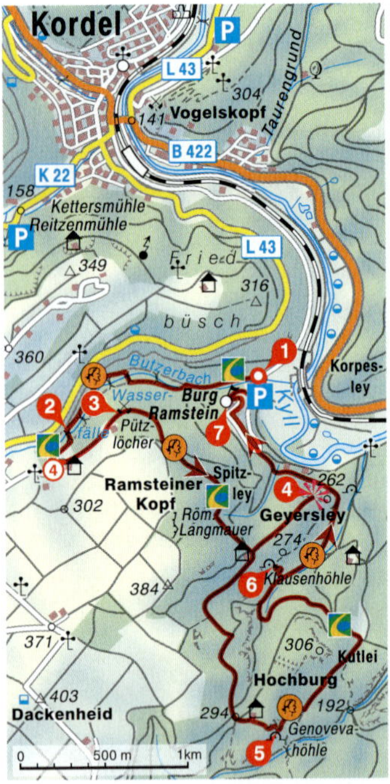

Vom **Parkplatz** am **Butzerbach** ❶ unterhalb der Burg Ramstein folgen wir dem Ww. »Eifelverein/Felsenweg + Eifelsteig + Römerpfad« zu den Wasserfällen rechts entgegen der Fließrichtung des Baches und passieren eine Holzbrücke mit dem Ww. »Burg Ramstein 250 m«. Wir bleiben immer am Butzerbach auf dem Pfad, abwechselnd mal rechts, mal links geht es durch das urige Tal. Wir erreichen den Wasserfall und bald danach die 30 m lange **Hängebrücke** ❷ zu einem Picknickplatz an der Infotafel »Erlebniswandern Butzerbachtal«, bis wir den Butzerbach noch einmal über eine Brücke überqueren.
Danach gehen wir kurz über Stufen steil hinauf zu einem Weg, hier nach rechts (Ww. Röm. Bergwerk 700 m)

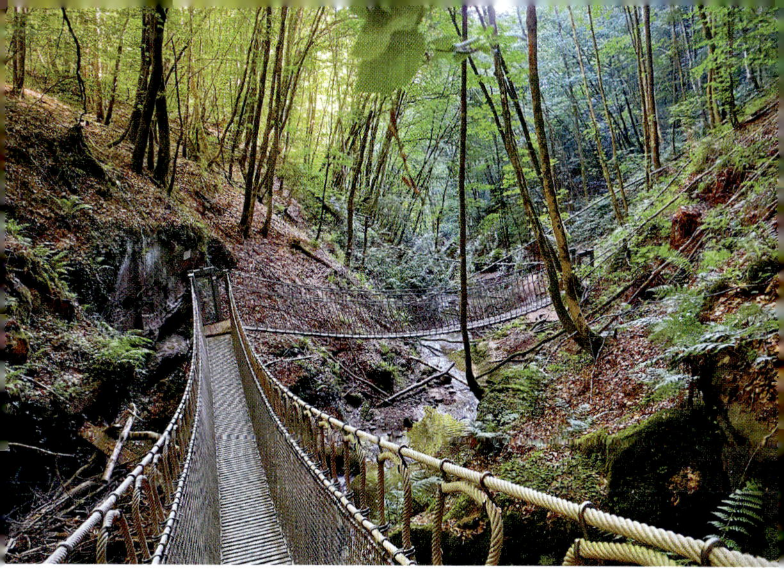

Die 30 Meter lange Hängebrücke im Butzerbachtal erfordert Schwindelfreiheit.

bergan und nach links auf einem Teerweg, der dann in einen unbefestigten Weg übergeht (Ww. Pützlöcher 0,7 km + Eifelsteig). Nach etwa 470 m passieren wir ein grünes Häuschen, dahinter zweigt der Weg nach links abwärts zu den **Pützlöchern** ❸ ab. Von dort folgen wir an einer Abzweigung weiter dem Felsenweg und dem Logo »Eifelsteig«, zuerst wieder links abwärts, ehe wir an einer weiteren Verzweigung rechts aufwärts steigen (Eifelsteig). Es geht vorwiegend durch Buchenwald.
An einem Fünfwegetreff machen wir einen lohnenden Abstecher nach links zur **Geyersley** (0,5 km). 30 m nach dem Wegetreff, bei einem Picknickplatz an einer Gabelung, verlassen wir vorerst den »Eifelsteig + Felsenweg«. Wir folgen hier links dem Schild »Geyersley 0,4 km«, dort genießen wir vom **Aussichtsplateau** ❹, 262 m, den Panoramablick in den Talkessel der unteren Kyll und auf die Burg Ramstein. Wieder zurück am Fünfwegetreff, wandern wir links an der Infotafel »Erlebniswandern Butzerbachtal« und

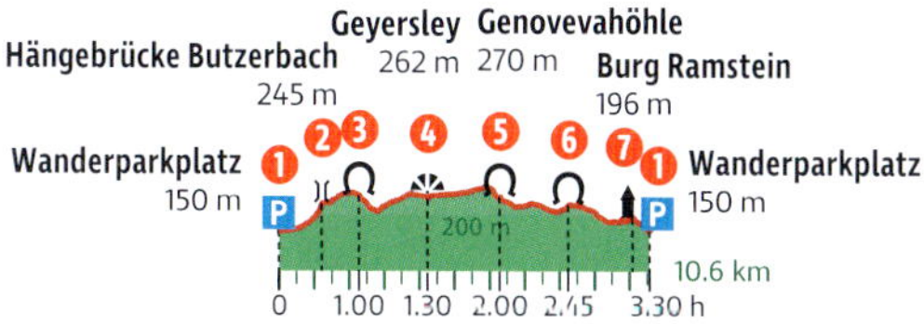

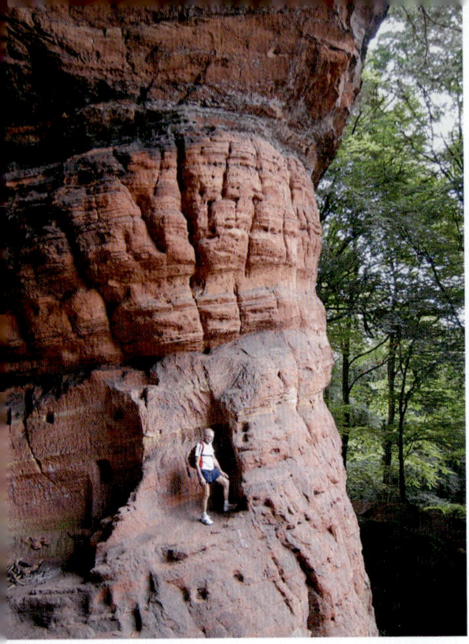

Legendenumrankt: die Genovevahöhle.

Mittelalterlich: die Ruine Burg Ramstein.

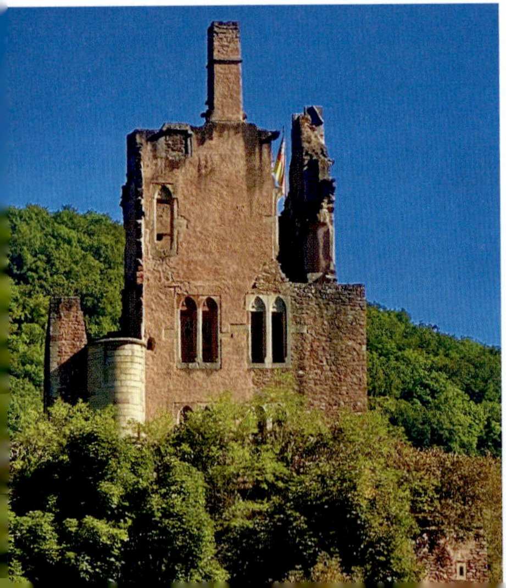

an der Schutzhütte vorbei und gehen unter einer Hochspannungsleitung hindurch zu einer Wegekreuzung; an dieser nach links in 50 m zur nächsten Schutzhütte. Dort folgen wir der Römerpfad-Markierung rechts auf Weg und an einer Verzweigung erneut rechts auf Pfad zur **Genovevahöhle** 5.
Der Rückweg zum Parkplatz führt uns dann zunächst zur Klausenhöhle (2,0 km): Wir folgen dem Ww. »Eifelsteig/Römerpfad + Felsenweg« zuerst auf Pfad links abwärts, dann nochmals links über Weg zu einer Kreuzung. An dieser links und nach 50 m am nächsten Abzweig rechts gelangen wir nach ca. 800 m zum Wegweiser »Klausenhöhle 100 m«. Hier machen wir einen Abstecher mit kräftigem Anstieg über Pfad zur **Klausenhöhle** 6.
Zurück zum Weg gehen wir links abwärts, bis wir an einer Verzweigung auf das Schild »Ramstein-Kordel« treffen. Dort folgen wir dem weißen Schildchen mit Römer (»Marcus weist Ihnen den Weg!«) nach links kurz aufwärts auf Weg. An einer Gabelung hinabsteigend erreichen wir eine schmale Straße, die uns nach links zur **Burg Ramstein** 7 hinaufbringt. Schließlich steigen wir, vorbei am KräuterHotel Villa Vontenie und am Hotel Burg Ramstein, hinter der Burg über einen Römerpfad ab und gelangen wieder zurück zum **Parkplatz** am **Butzerbach** 1.

↗ 650 m | ↘ 650 m | 15.0 km

5.45 h

Schloss Vianden, Burg Falkenstein und Waldhof

59

Spektakuläre Pfade mit alpinen Abschnitten und grandiosen Ausblicken

Auf dieser abwechslungsreichen und anspruchsvollen Rundtour besuchen wir zuerst Schloss Vianden, das vom 11. bis 14. Jahrhundert auf einem Felsvorsprung über dem Ourtal erbaut wurde. Geprägt von den Hohenstaufen, handelt es sich bei dem Schlosspalast um eine der größten und schönsten feudalen Residenzen der romanischen und gotischen Zeit in Europa. Im Jahr 1977 wurde das Schloss entsprechend seiner ehemaligen Pracht restauriert, heute zählt es zu den bedeutendsten Baudenkmälern Europas. Weiter geht es zu einer Schutzhütte und steil hinunter zur Bildchenkapelle, bevor wir zum Ourtal-Stausee gelangen. Das Pumpspeicherwerk Vianden wurde von 1954 bis 1964 errichtet und ist das größte seiner Art in Europa. Über den Bivelser Steg erreichen wir die auf einem hohen Bergsporn gelegene Burg Falkenstein, sie stammt vermutlich aus dem 11. Jahrhundert Vom kleinen Ort Waldhof (20 Einwohner) genießen wir eine traumhafte Aussicht auf die Ourtalschleife und vom Lätgesberg führt uns der spannende, alpin anmutende Grenzsteig wieder hinab zum Ourtal-Stausee.

Ausgangspunkt: L-9401 Vianden (Luxemburg), 209 m, an der Straße »Rue du Vieux Marché« unterhalb des Ourtal-Staudamms (GPS: N49.939564 E6.204743). Oder in Deutschland Waldhof-Falkenstein am Wanderparkplatz (siehe Variante).
Anfahrt: Mit Pkw: Über die Autobahn A1 bis zum Autobahnende bei Blankenheim. Weiter auf der B51 über Prüm in Richtung A60, über diese hinweg auf der L11 nach Schloßheck. Dort links abbiegen auf die K119 nach Lünebach, hier links auf die B410 nach Arzfeld. Hinter dem Ort links auf die L13 nach Karlshausen, weiter auf der L10 und L1 nach Dawelshausen und Rodershausen. Danach rechts abbiegen auf die K47 nach Waldhof (2,0 km; hier besteht die Möglichkeit, links in die Waldstraße abzubiegen, um nach 50 m den Wanderparkplatz mit Grillhütte zu erreichen und die Tour dort zu starten). Weiter nach Keppeshausen/Stolzenbourg (Grenze), dort links abbiegen auf die N10 nach Vianden. Vor dem Ortsschild rechts (Schild: Parkplatz und Friedhof) in die »Rue du Vieux Marché«, hier Parkmöglichkeit auf den Parkstreifen oder Parkplatz vor dem Friedhof unterhalb der Staumauer.
Anforderungen: Anspruchsvolle und schwere Rundtour mit steilen Auf- und Abstiegen. Von der Schutzhütte zur Bildchenkapelle sehr steiler Abstieg, bei Nässe rutschig. Zur Burg Falkenstein und zum Wanderparkplatz Waldhof langer steiler Anstieg. Ein steiler Abstieg am Lätgesberg/Grenzsteig erfordert bei Nässe große Aufmerksamkeit (sehr glitschig).
Einkehr: Buvette du Télésiège, an der Bergstation des Sessellifts (Abstecher 50 m); Gastronomie in Vianden.
Variante: Alternativer Ausgangspunkt der Rundtour kann auch der Wanderparkplatz Waldhof-Falkenstein, 462 m, sein (GPS: N49.974017 E6.189283).
Hinweis: Besichtigung Schloss Vianden: täglich geöffnet Jan./Febr. und Nov./Dez. 10–16 Uhr, März u. Okt. 10–17 Uhr, April–Sept. 10–18 Uhr, castle-vianden.lu.

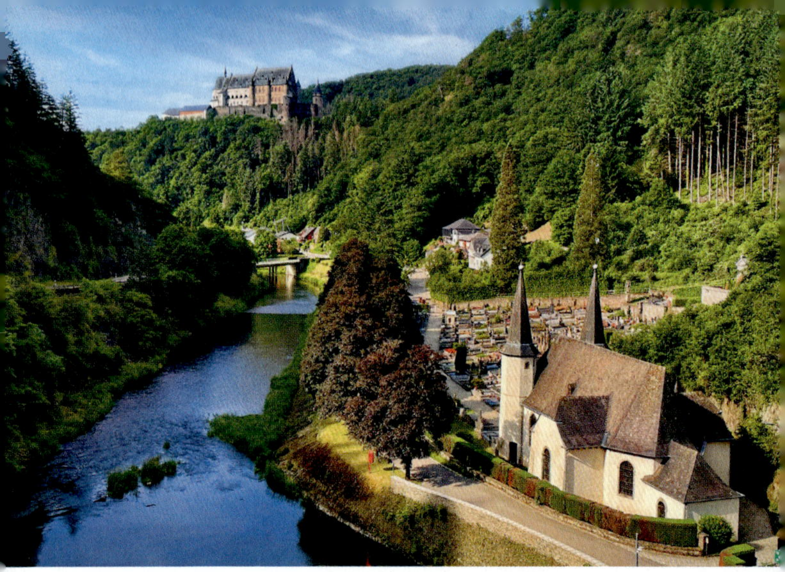

Beim Ausgangspunkt in Vianden: die Neiikirch vor Château de Vianden.

In **Vianden** gehen wir vom **Parkplatz** ❶ (Kierficht), 209 m, vor dem Friedhof kurz (50 m) die Straße zurück mit Blick auf das Schloss Vianden und zweigen bei Haus Nr. 43 nach rechts steil hinauf auf einen Pfad (Ww. Château de Vianden 0,6 km). Das Logo »NaturWanderPark delux« begleitet uns auf der gesamten Tour. Es geht durch den Wald auf einen alten Kreuzweg, wir unterqueren den Sessellift und kommen zur Schlosszufahrt. Dort unternehmen wir einen Abstecher (200 m) zum imposanten **Schloss Vianden** ❷, 296 m, das man besichtigen kann (s. Hinweis). Wieder zurück an der Zufahrt folgen wir einem Sträßchen nach rechts kurz (100 m) aufwärts (Ww. Bivels 3,5 km) zu einer Sitzbank. Dort biegen wir auf einen felsigen Pfad spitzwinklig nach links hinauf (Ww. gelber Punkt + grünes Dreieck + NaturWanderPark delux). Weiterhin durch den Wald, in Serpentinen stetig bergan, mit Ausblicken auf das Schloss kommen wir unterhalb der Bergstation (Ww. Télésiège) des Sesselliftes von Vianden vorbei, den wir erneut unterqueren. Nun folgen wir einem Weg durch Eichenwald über eine Wegekreuzung hinweg aufwärts zu einem **Aussichtspunkt** mit Sitzbank und **Schutzhütte** ❸, 390 m, die 15 m weiter rechts steht. Vom Aussichtspunkt bietet sich ein tolles Panorama mit dem Ourtal und dem Ort Bivels.

An der Schutzhütte steigen wir auf einem schmalen, spektakulären Pfad in Serpentinen durch eine steile Hanglage (Achtung: bei Nässe rutschig) zu einem Sträßchen hinab. Auf diesem nach links erreichen wir nach 50 m die **Bildchenkapelle** ❹, 305 m, mit Muttergottesstatue, von der man auf den Our-Stausee blickt. Hinter der Kapelle folgen wir dem Pfad abwärts und steigen hinter der Pumpturbine auf einem schmalen Pfad auf und ab durch den Biergerbësch, um schließlich zu einem Weg auf der anderen Talseite zu wechseln. Auf diesem nach rechts aufwärts, weiterhin durch den Wald, bis wir nach knapp 400 m beim Ww. »Bivels 1,5 km + Nat'Our-Route 4/5« rechts auf einen Pfad absteigen, der uns zu einer Straße vor der Brücke über den Our-Stausee bringt. Wir überqueren die Straße N10 und gehen nach links auf einem Fußweg an einem Campingplatz vorbei zum Straßenschild »Bivels 1 km«. Diesem folgen wir nach rechts und wandern bald neben der Straße auf einem Fußweg (Ourdall Promenade) zum Ort **Bivels** 5, 244 m, mit der Kirche linker Hand.

Weiterhin auf dem Fußweg mit Blick auf die Brücke »Bivelser Steg« und Burg Falkenstein kommen wir bald am Friedhof vorbei und zum Our-Stausee. Diesen überqueren wir über den **Bivelser Steg** 6 mit schönen Seeblicken und passieren damit die Grenze von Luxemburg nach Deutschland. Hinter der Brücke folgen wir einem Pfad nach links (Ww. Burg Falkenstein 1,1 km + Eifelverein/Mosel-Our-Weg) durch den Wald, zuerst am Ufer entlang, dann in einem steilen Anstieg zu einem Querweg. Dort nach links an Felsen vorbei kommen wir zur **Burg Falkenstein** 7. Die Burgruine ist in Privatbesitz, daher führt der

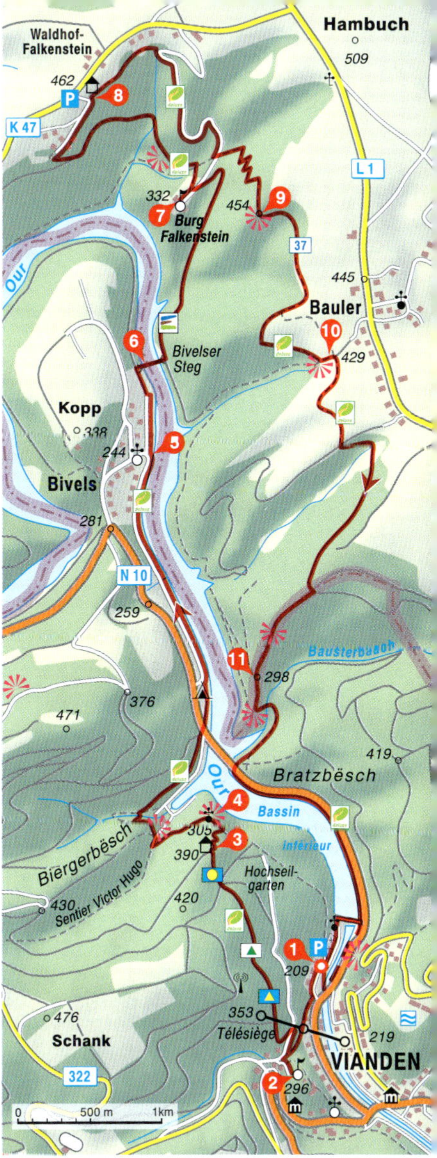

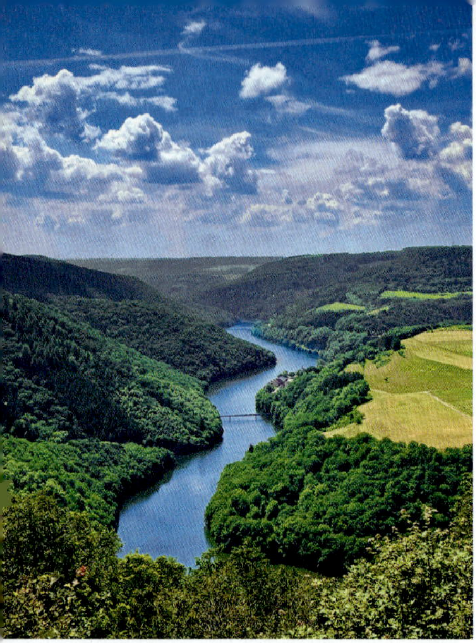

Am Wanderparkplatz Waldhof hoch über dem Our-Stausee.

Weg am großen Tor in einer Kehre daran vorbei.

Kurz darauf (25 m) verlassen wir den Weg und zweigen am Schild »Keppeshausen« (Logo NaturWanderPark delux) links auf einem Pfad in Serpentinen hinab zu einem Abzweig, den wir ignorieren. Geradeaus (Ww. Waldhof Falkenstein 1,3 km) überbrücken wir einen kleinen Bach und steigen auf Pfad zu einer Lichtung mit einer alten Sitzbank auf, von wo man einen herrlichen Blick auf den Ourtal-Stausee und die Burg Falkenstein genießt. Wir überqueren einen weiteren kleinen Bach (Reutersdell) und es geht auf dem Pfad steil hinauf durch eine Hanglage zu einem Querweg. Auf diesem nach rechts aufwärts gelangen wir zur Waldstraße im Wohngebiet von **Waldhof-Falkenstein** und nach rechts aufwärts in 20 m zu einer Sitzbank, diese lädt zum Verweilen ein mit wunderschöner Aussicht auf den Stausee. Nun weiter aufwärts stehen wir nach 5 Minuten am **Wanderparkplatz** 8, 462 m, mit Grillhütte, Infotafel »Nat'Our Route 4« und »Nat'Our Themeninsel« (Skulptur). An der Grillhütte vorbei zeigt sich dahinter ein außergewöhnliches Panorama mit der Ourtalschleife.

Weiter aufwärts auf Weg geht es am Hang entlang durch Wald mit weiteren Blicken auf den Stausee und hinunter zu einem Weg in einer Kurve. Auf diesem rechts abwärts (Ww. Burg Falkenstein 1,0 km + Eifelverein/Mosel-Our-Weg), mit tollen Ausblicken ins Ourtal, gelangen wir nach 800 m zum Ww. »Lätgesberg 3,6 km« (Schild auf der linken Seite des Weges). Dort verlassen wir den Weg, biegen spitzwinklig nach links ab (Logo NaturWanderPark delux + 37), zuerst über einen schmalen felsigen Pfad, dann auf einem eventuell (je nach Jahreszeit) teilweise zugewachsenen Pfad in Serpentinen hinauf zu einer Sitzbank, von der man noch mal einen Blick auf die Burg Falkenstein werfen kann. Weiter durch Eichenwald bergauf kommen wir zu einer Magerwiese und einer **Sitzbank** 9, 454 m; dort genießen wir das Panorama bis weit ins Luxemburger Land mit dem Ort Bivels, rechts auf einer Anhöhe sehen wir die Häuser von Waldhof-Falkenstein.

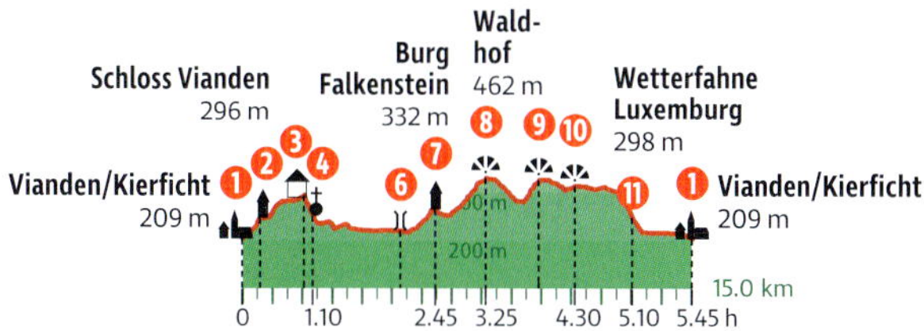

Weiter ab und hinauf auf dem schmalen Pfad durch den Wald, kurz (50 m) an einer offenen Wiese entlang wieder in den Wald an einer Sitzbank vorbei. Es geht wieder über einen eventuell (auch hier je nach Jahreszeit) teilweise zugewachsenen Pfad und an einer Verzweigung links hinauf (Ww. K+ NaturWanderPark delux) zu einer eingezäunten Wiese und einer **Sitzbank** ⑩, 429 m; von dort haben wir neuerlich eine grandiose Aussicht. Nun geht es 15 m steil aufwärts, dann zweigen wir hinter der eingezäunten Wiese nach rechts auf einen Pfad ab. Oberhalb von uns erkennen wir die Häuser von Bauler; wir wandern an eingezäunten Wiesen und Feldern entlang zu einem Schild »Naturschutzgebiet« an einem Querweg, den wir überschreiten. Dem Ww. »Lätgesberg 1,4 km« auf Weg abwärts wieder in den Wald folgend biegen wir nach etwa 900 m in einer Linkskurve auf einen Pfad nach rechts abwärts (Logo NaturWanderPark delux). Bald wird der Pfad spektakulärer, an einem Kamm führt er entlang des **Lätgesberges** steil hinunter über grasbesetzte Felsabschnitte (Achtung: bei Nässe rutschig) mit tollen Ausblicken auf den Our-Stausee. Dann wieder bergauf, steigen wir über Stufen auf dem gesicherten, felsigen Grenzsteig hinauf zur **Wetterfahne Luxemburg** ⑪, 298 m.

Weiter über den Grenzsteig des Lätgesberges, ein wahrlich alpiner und spannender Abschnitt! Mit traumhaften Ausblicken von exponierten Stellen geht es zu einer braunen Sitzbank und in Serpentinen hinab. Wir überqueren den Bausterbaach über eine Holzbrücke und biegen auf den Weg (Ww. Vianden 2,6 km) nach rechts ab, gehen am Ufer des Our-Stausees entlang zur Straße N10, die wir vor der Bivelser Brücke nach links überqueren. An der Straße entlang wandern wir auf der Ourdall-Promenade zur Staumauer, mit Blick auf das monumentale Schloss. Nun über die Staumauer und nach links oberhalb am Friedhof vorbei zum **Parkplatz** ① in **Vianden**.

Auf dem Grenzsteig am Lätgesberg mit Blick auf Our-Stausee und Bivelser Brücke.

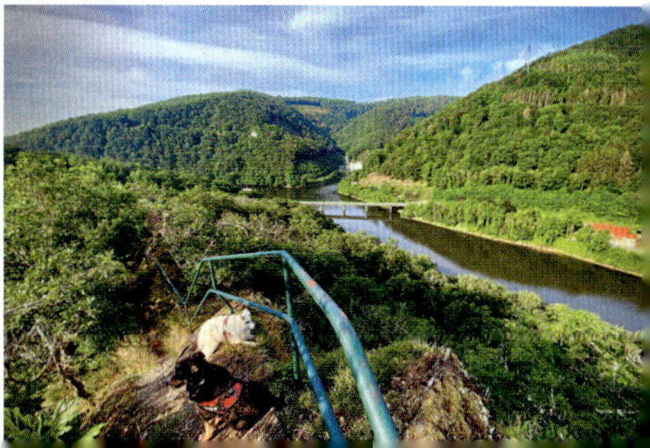

TOP

60 Durch die Bollendorfer Schweiz (Sauerschweiz)

↗ 250 m | ↘ 250 m | 6.9 km

3.00 h

Durch die Grüne Hölle – ein Klassiker in der Südeifel

Diese Wanderung oberhalb von Bollendorf durch die Grüne Hölle ist ein Klassiker und hinterlässt unvergessliche Eindrücke. Im Jahre 1911 wurde dieser Landstrich schon als reizvollster und schönster Teil an der Sauer beschrieben und »Sauerschweiz« genannt. Ein Pfad leitet uns an bizarren moosbewachsenen Felsgebilden vorbei, durch klammartige grüne Schluchten und zu beeindruckenden Felstürmen mit Gipfelkreuzen. Von Aussichtsplateaus genießen wir die tollen Ausblicke über das Sauertal – die Sauer ist der Grenzfluss zwischen Deutschland und Luxemburg. Auf dem gesamten Rundweg laden viele Sitzbänke zum Verweilen ein.

Ausgangspunkt: 54669 Bollendorf, 171 m, kleiner Wanderparkplatz, 298 m, oberhalb des Waldhotels Sonnenberg am Wald (GPS: N49.855438 E6.347966).

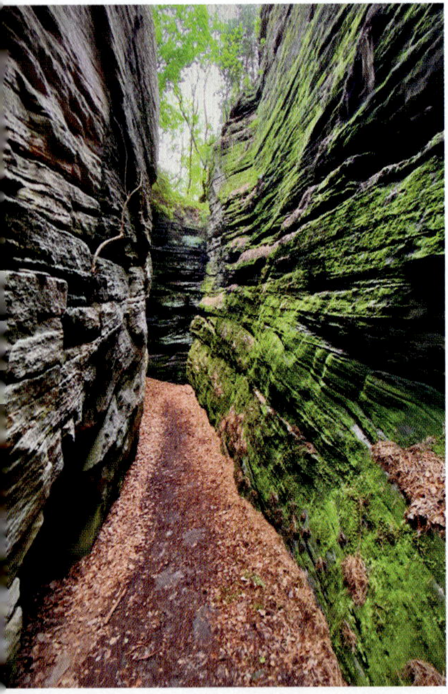

Anfahrt: Mit Pkw: Über die Autobahn A1 bis zum Autobahnende bei Blankenheim. Weiter auf der B51 über Prüm auf die A60 Richtung Bitburg. Über die B257 in Richtung Echternach (Luxemburg). Vor der Grenze nach Echternacherbrück und dort rechts ab nach Bollendorf. Dort auf der Straße »Sauerstaden« bis vor die Brücke und nach rechts, dann links in Richtung Wallendorf. Am Ende von Bollendorf in einer scharfen Linkskurve folgen wir dem Schild »Waldhotel Sonnenberg + Mariensäule« auf einem Sträßchen hinauf, am Waldhotel etwa 50 m oberhalb vorbei zum Parkplatz am Wald.

Anforderungen: Auf dem Pfad bei Nässe stellenweise rutschig.

Einkehr: Unterwegs keine; Restaurant Bellevue im Waldhotel Sonnenberg beim Ausgangspunkt; Gastronomie in Bollendorf.

Variante: Am Maria-Theresien-Stein kann die Tour verkürzt werden: An der Kreuzung folgt man dem Weg (Logo Eifelverein/Matthiasweg) nach links ca. 800 m wieder zur Schutzhütte am Eulenhorst (Schilder: Bollendorf + Waldhotel Sonnenberg). Tourlänge: 1.40 Std., 3,9 km, 160 Hm.

Grüne Hölle Bollendorf: die imposante Schlucht Eulenhorst.

Vom **Wanderparkplatz** ❶ an der Infotafel »NaturWanderPark delux« oberhalb des Waldhotels Sonnenberg steigen wir auf einem Schotterweg in den Wald hinauf (Logo NaturWanderPark delux) zu einem Wegestern an einem Schild »Audio Tour Grüne Hölle«. Dort folgen wir dem Hohlweg bergan (schwarzer Keil + D + NaturWanderPark delux) zu einer **Schutzhütte** ❷, 358 m, am **Eulenhorst** (hier kommen wir auf dem Rückweg wieder vorbei). Vor dieser beginnt unser Rundweg, wir folgen der Markierung (39 + 55 + D) spitzwinklig nach rechts auf einen Pfad hinauf. Es geht ständig auf und ab und an moosbewachsenen Felsen entlang zum **Eingang Grüne Hölle** ❸, einer schmalen Felspassage mit bemoosten Felswänden. Dem Pfad folgend passieren wir die **Nikolauslay** mit ihren imposanten Felsformationen und durchstreifen die grüne **Heidenlay**. Auf dem Pfad (39 + 55 + D) gelangen wir zu einem weiteren Highlight, dem **Eulenhorst**. Hier wandern wir durch eine zauberhafte schmale moosbewachsene Felsspalte und an bizarren Felsen entlang. Wir passieren weiterhin schöne bemooste Felsen und es geht aufwärts zu einem Abzweig. Bevor wir hier links abbiegen, machen wir geradeaus hinauf einen Abstecher (40 m) zum Aussichtsplateau **Kreuzlay** ❹, 385 m (Logo 55 + Audiotour). Hier steht ein großes Gipfelkreuz mit Gipfelbuch, von dem man einen herrlichen Blick auf das Sauertal hat.

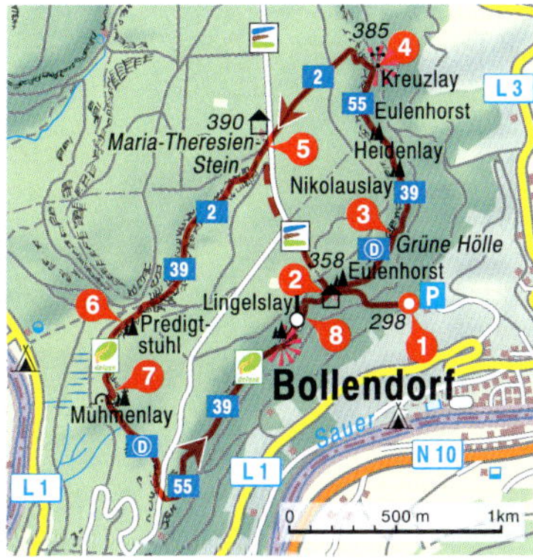

Wieder zurück am Abzweig folgen wir dem Pfad 39 + 55 zwischen zwei Felsen hindurch und hinauf zu einem Plateau. Dort gehen wir auf einem Grasweg geradeaus (2 + 39 + D +55) und erreichen nach etwa 600 m den **Maria-Theresien-Stein** ❺, 390 m, mit Schutzhütte an einer Wegekreuzung (siehe Variante). Hier erinnert ein Grenzstein aus dem Jahr 1772 an Kaiserin Maria-Theresia, die gleichzeitig die Herzogin des damals zu Österreich gehörenden Luxemburg war. Über die Kreuzung hinweg zweigen wir nach 50 m links auf einen Pfad (2 + 39 + 55) ab und bleiben auf diesem abwärts durch die Moarkendell (dort standen früher mal Kohlenmeiler) gut 1 km durch schönste bemooste Felsenlandschaft bis zu einer Verzweigung. Nun folgen wir wieder dem Logo »NaturWanderPark delux« (begleitet uns bis zum Parkplatz) und der Markierung (39 + 55 + D) nach

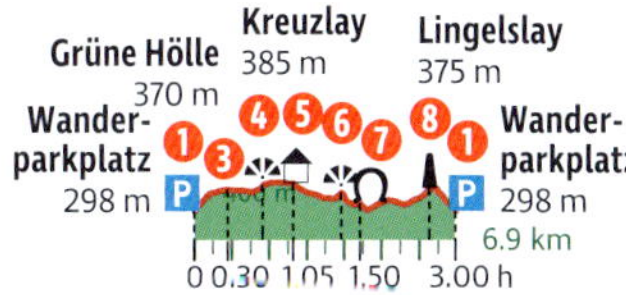

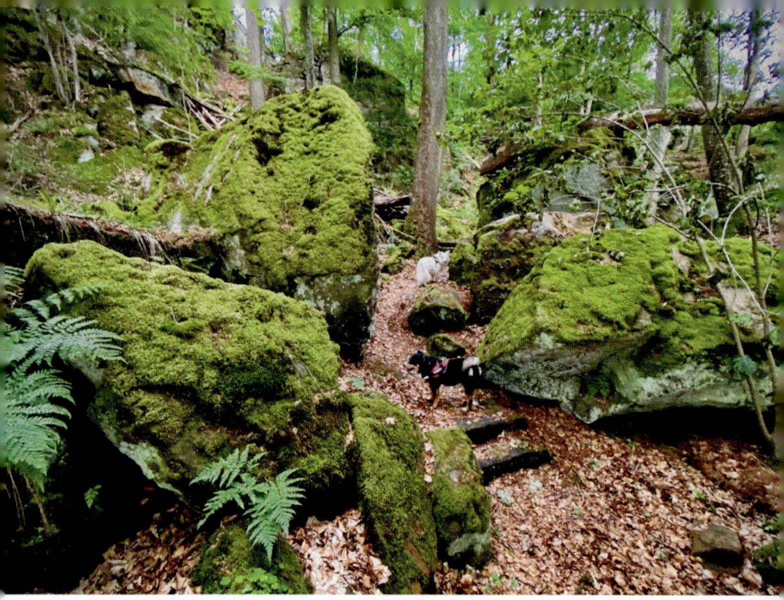

Durch faszinierende bemooste Felsenlandschaft bei der Muhmenlay.

links auf Pfad hinauf an Felsen vorbei zu einem Abzweig zur frei stehenden Felsformation Predigtstuhl, die man allerdings nicht direkt besteigen kann. Hier lohnt sich ein Abstecher (80 m) über Stufen steil hinauf zum benachbarten **Aussichtsplateau** 6, 358 m, mit Picknickplatz oberhalb des **Predigtstuhls**. Auch hier genießen wir das Panorama und die Tiefblicke auf das Sauertal sowie einen tollen Blick auf den Predigtstuhl mit dem Gipfelkreuz. Vom Abstecher wieder zurück, gehen wir nach links, unterhalb des Predigtstuhls bergab an mächtigen Felsen und an moosbesetzten Steinbrocken entlang, die uns immer wieder in ihren Bann ziehen, zur **Muhmenlay** 7. In der Höhle soll früher eine alte »Muhme« (Tante) gelebt haben.
Der Pfad schlängelt sich weiter an urigen moosbewachsenen Felsen vorbei und wir überqueren einen Forstweg. Dem Pfad folgend (Ww. Lingelslay 1,2 km + 39 + 55 + D) passieren wir beeindruckende Felsformationen und an einer kleinen Lichtung im Buchenwald blicken wir auf Bollendorf. Hinab und hinauf geht es wieder eingekeilt zwischen Felswänden und dann steil hinauf zum Plateau **Lingelslay** mit bereits sichtbarem **Aussichtsturm** 8, 375 m. Von diesem bietet sich eine besonders schöne Aussicht auf Bollendorf und das Sauertal. Weiter dem Pfad folgend zu einem Weg und gleich wieder rechts abwärts auf Pfad erreichen wir in knapp 5 Minuten wieder die bekannte **Schutzhütte** 2 am **Eulenhorst**. Entsprechend dem Hinweg geht es nun wieder hinab zum **Wanderparkplatz** 1.

↗ 840 m | ↘ 840 m | 21.5 km

7.40 h

Felsenweg Nr. 2 Bollendorf – Beaufort – Grundhof

61

Grenzenloses Wandererlebnis in einer einmaligen Landschaft

Diese anstrengende und lange Rundwanderung bietet vieles, was sich ein Wanderherz wünscht. Von Aussichtsplateaus genießen wir tolle Ausblicke über das Sauertal. Ein Pfad leitet uns durch die Bollendorfer Schweiz an bizarren moosüberwachsenen Felsengebilden und beeindruckenden Felstürmen vorbei durch klammartige moosgrüne Schluchten. Auf der Luxemburger Seite kommen wir zur imposanten Burg Beaufort, dahinter das Schloss. Durch die wildromantischen Bachtäler von Haupeschbach und Hallerbach, zwei Perlen der Luxemburger Schweiz, gelangen wir an vielen Felsgebilden entlang nach Grundhof. Von dort bringt uns ein schweißtreibender Anstieg zur Aussichtskanzel Casselt, mit Panoramablick auf das Sauertal. Nach Durchquerung der Mandrack-Passage haben wir einen hübschen Blick von einer Sinnesliege auf Bollendorf und erreichen schließlich Bollendorf-Pont.

Ausgangspunkt: L-6655 Bollendorf-Pont, 171 m, gegenüber der Tankstelle (GPS: N49.850171 E6.358123).

Anfahrt: Mit Pkw: Eifelautobahn A1 bis zum Autobahnende und weiter B51 über Prüm auf die A60. Vor Bitburg auf der B257 in Richtung Echternach bis zur Ausfahrt nach Echternacherbrück und weiter nach Bollendorf. In Bollendorf überqueren wir die Grenzbrücke »Sauer«, und direkt dahinter gegenüber der Tankstelle an der Straße N10 zum kleinen Parkplatz in Bollendorf-Pont.

Mit ÖPNV: Vom Hbf. Trier mit dem Zug in Richtung Luxemburg Stadt bis nach Wasserbillig. Von Wasserbillig Gare fährt die Buslinie 271 nach Echternach; von Echternach Gare die Buslinie 190 nach Bollendorf-Pont und Grundhof und zurück (Info: mobiliteit.lu).

Anforderungen: Relativ lange und anstrengende Rundtour, die eine gute Kondition erfordert. In den Bachtälern bei Nässe rutschig.

Einkehr: Gastronomie in Beaufort, Dillingen und Bollendorf.

Variante: Diese Tour kann in Grundhof abgebrochen werden (siehe Busverbindung bei Anfahrt).

Die beeindruckende, frei stehende Felsformation Predigtstuhl.

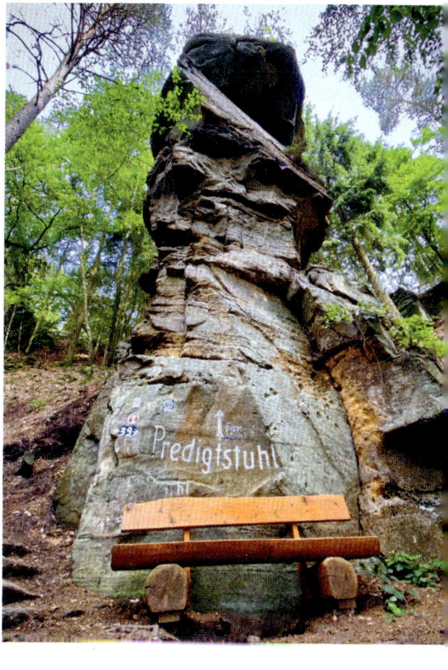

Vom Wanderparkplatz im luxemburgischen **Bollendorf-Pont** ❶, an den zwei Infotafeln »Am Eingang zur kleinen Luxembourger Schweiz + Region Mullerthal«, folgen wir dem Logo »NaturWanderPark delux« (Felsenweg 2) auf dem gesamten Rundweg. Wir überschreiten die Straße N10 und den Grenzfluss Sauer über die Steinbrücke nach **Bollendorf**. Dort gehen wir geradeaus auf der Neuerburger Straße an der Touristinfo (Haus des Gastes) vorbei und bald danach links in die Wallendorfer Straße. Dort halten wir uns rechts hinauf (Im Beitberg) und gleich darauf geradeaus zwischen Haus Nr. 2 und 4 bergan auf einem Weg. So verlassen wir den Ort und kommen zur 5 m aufragenden **Mariensäule** ❷.
Auf einem Sträßchen weiterhin steil hinauf passieren wir das Hotel Sonnenberg und gehen oberhalb vorbei zum kleinen Wanderparkplatz am Wald. Hier können wir uns an einer großen Infotafel über den Felsenweg 2 informieren. Durch den Wald geht es steil hinauf zu einem Wegestern, dort folgen wir dem Hohlweg bergan zur **Schutzhütte Eulenhorst**. Hinter

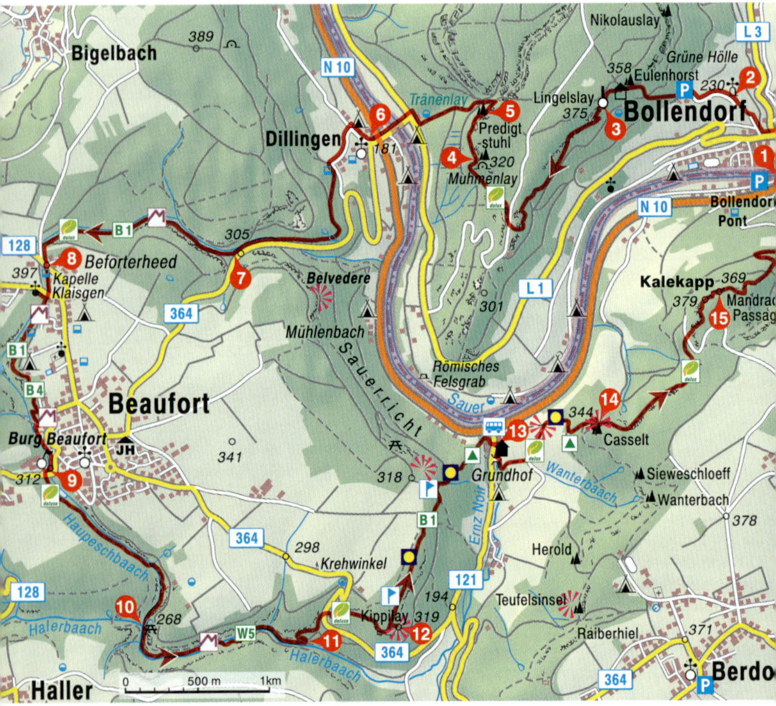

dieser steigen wir über Stufen hinauf und weiter auf Pfad nach links zum Plateau **Lingelslay** mit einem **Aussichtsturm** ❸, 375 m. Von diesem bietet sich ein besonders schöner Blick auf Bollendorf und das Sauertal. Weiter auf dem Pfad steigen wir kurz zwischen eingekeilten Felswänden und durch Buchenwald hinab, über einen Forstweg hinweg und an moosbesetzten Steinbrocken zur **Muhmenlay** ❹. In der Höhle soll früher eine alte »Muhme« (Tante) gelebt haben. Weiterhin geht es an bemoosten Felsen und Steinbrocken entlang, die uns immer wieder in ihren Bann ziehen. Wir gelangen zum frei stehenden Predigtstuhl, den man allerdings nicht direkt besteigen kann. Hier sollten wir einen lohnenswerten Abstecher (80 m) über Stufen hinauf zum benachbarten **Aussichtsplateau** ❺, 358 m, mit Picknickplatz oberhalb des **Predigtstuhls** unternehmen. Auch hier genießen wir das Panorama und die Tiefblicke auf das Sauertal sowie einen tollen Blick auf den hoch aufragenden Felsen und das Gipfelkreuz.

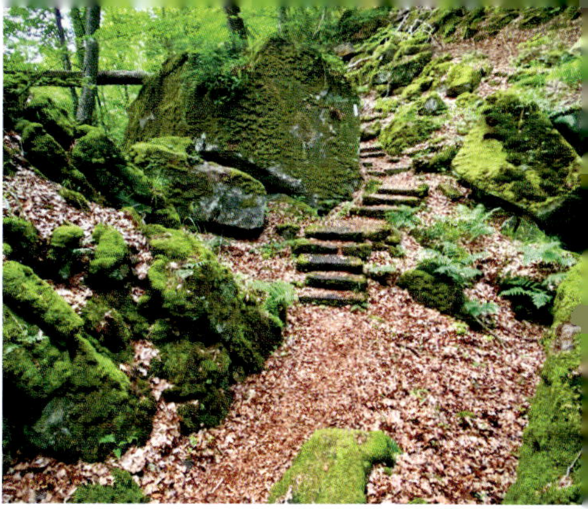

Wildromantischer Treppenweg bei der Muhmenlay.

Vom Abstecher wieder zurück, folgen wir dem Pfad nach rechts weiter hinunter, an einem Querweg geht es erneut auf Pfad links kräftig hinab. Dabei überqueren wir in kurzen Abständen zwei Wege und kommen nach Dillingerbrück (Ww. Tränenlay 0,6 km). Wir erreichen an der Straße L1 bei einem Haus (Dillingerbrück) die **Tränenlay**, eine Kalktuffquelle mit herabstürzenden Wassertropfen. Kurz (30 m) auf der Straße nach rechts, dann links und wir überqueren erneut den Grenzfluss Sauer über eine Steinbrücke nach Luxemburg in den Ort **Dillingen**. Dort queren wir die Straße N 10 und gehen bis vor die **Kirche** ❻. Hier halten wir uns rechts hinauf auf dem Sträßchen »Chemin de la Forêt«, dann links steil bergan (Montée Hondsbierg) und verlassen den Ort am Sträßchen »Chemin des Sources« in den Wald. Wir biegen spitzwinklig rechts hinauf (Ww. Birkbaach 1,4 km), kurz darauf (30 m) nach links ab, und steigen steil bergan auf einem Weg durch schönen Buchenwald. Wir passieren eine Schranke (Ww. Birkbaach 0,5 km) und folgen geradeaus einem Pfad oberhalb am Birkbach entlang zur Straße (C.R. 364). Zuerst überqueren wir den Birkbach, gehen dann durch einen Durchgang und kommen so zur **Route de Beaufort** ❼ (C.R. 364). Vor dieser wenden wir uns nach links und folgen dem Weg über den Durchgang zu einer Wegekreuzung; hier gesellt sich das M-Logo (Mullerthal Trail ExtraTour) hinzu und wir gehen nach links.

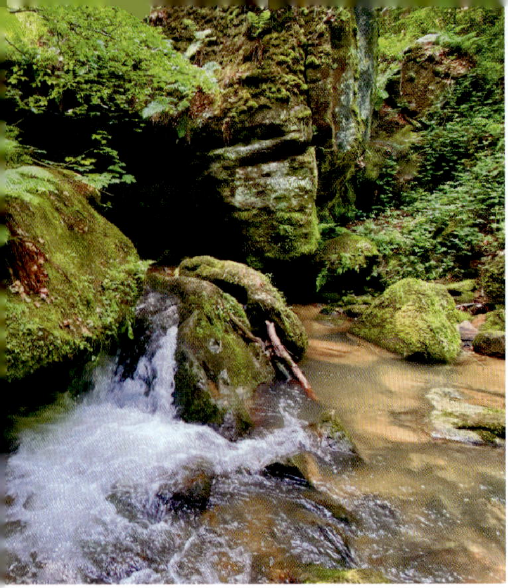

Der Haupeschbach fließt durch bizarre Felsenlandschaft.

Nach gut 130 m zweigen wir nach rechts auf einen Pfad hinauf (Ww. Beaufort 2,6 km), wandern durch eine sehr schöne moosbewachsene Landschaft gut 1,2 km an tollen Felsformationen entlang, neben uns rechts fließt der Birkbach. Wir blicken auf einige Häuser von Beforterheed, gehen nach links, überschreiten die Straße **Route de Reisdorf** ❽ (C.R. 128), queren nach knapp 200 m eine weitere Straße (C.R. 357) und wandern durch schönen Mischwald. Wir gehen an einem großen Campingplatz entlang, bald darauf (150 m) nach rechts hinunter (Ww. Château Beaufort 0,6 km) und an einer Wiese nach links über einen Holzsteg und Pfad zur **Burg Beaufort** ❾ (Château de Beaufort), das Schloss ist gleich dahinter. Ein Besuch der mittelalterlichen Burganlage ist auf jeden Fall empfehlenswert.

Der Weiterweg führt nach links über den Parkplatz (Logo M Mullerthal Trail + NaturWanderPark delux) und am Schlossteich vorbei durch das **Haupeschbachtal** abwärts auf einem Naturlehrpfad. Nach 400 m passieren wir das Naturdenkmal »Indigène 1962«, einen Felsen auf der rechten Seite. Wir wandern weiterhin auf der rechten Seite in Fließrichtung des wildromantischen Haupeschbachs, den wir mehrmals über Brückchen überqueren. Dabei erleben wir eine faszinierende Landschaft: Vorwiegend sind die Steinbrocken, Felsen und umgestürzten Bäume dicht mit Moos überzogen, am Bach gibt es mehrere kleine Wasserfälle. Wir kommen zu einem **Picknickplatz** am Zusammenfluss von **Haller- und Haupeschbach** ❿. Der Pfad führt uns entlang eines urigen Bachlaufs und über kleine Holzbrückchen, bis wir nach gut 1,5 km am kleinen **Schild »Hallerbachtal«** ⓫, 238 m, den Mullerthal Trail verlassen. Wir folgen nun dem Wegweiser »Grundhof 2,7 km« und dem Logo »NaturWanderPark delux« nach links und steigen auf Pfad steil hinauf, in Kehren an moosbesetzten Felsen entlang zur Straße C.R. 364. Über diese hinweg kommen wir zum Wanderparkplatz Kippiglay und zu einer Schutzhütte. Über Stufen steigen wir bergan und kommen nach 500 m durch den Wald zu einem Plateau an einem braunen

Pfahl mit mehreren Markierungen. Hier machen wir an einer Gabelung einen kurzen Abstecher (50 m) nach rechts zur **Kippiglay** ⓬ (Kippiglee), mit Picknickplatz. Von diesem haben wir einen tollen Blick auf das Mullerthal. Zurück am Weg folgen wir diesem nach rechts über das Plateau und blicken nach kurzer Zeit auf Viehweiden. Es geht auf Pfad bergab, zuerst an Felsen entlang, dann zwischen eingekeilten beeindruckenden Felswänden über Steinstufen hinunter zu einem Weg, dem wir abwärts folgen zu einem Pfad. Dieser schlängelt sich abwärts über Baumwurzeln, Pflastersteine und Stufen nach Grundhof (Achtung: bei Nässe rutschig!).
In **Grundhof** ⓭ (siehe Variante) gehen wir nach rechts die Straße C.R.121 aufwärts, über die Brücke der Ernz Noir (Schwarze Ernz) und hinter einem Autohaus (Ww. Casselt 1,4 km) auf Pfad steil aufwärts an Hecken vorbei in Flurwiesen. Wir stoßen auf einen Teerweg, in den wir nach links einbiegen; dieser geht nach 30 m in einen Naturweg und Pfad über. Hinter einer Hochspannungsleitung erreichen wir einen schönen Wald; dort geht es kräftig hinauf (Logo NaturWanderPark delux). Nach ca. 600 m gelangen wir in Felsenlandschaft und machen am Wegweiser »Casselt 0,1 km« einen lohnenswerten Abstecher zur **Aussichtskanzel Casselt** ⓮, 344 m, die wir schon nach 30 m erreichen, mit Sitzbank und Blick ins Sauertal.
Wieder zurück am Ww. »Casselt« folgen wir weiter dem Felsenweg 2 + 3 (Ww. Bollendorf-Pont 2,8 km), gehen an einer Hangkante und an Felsen entlang auf Pfad. Wir queren einen Weg, steigen über Stufen hinauf (Ww. Kalekapp 0,5 km) und zu einer Eisentreppe. Über diese geht es zu einem **Aussichtsplateau** inklusive Sitzbank mit Blick ins Sauertal. Zurück am Pfad kommen wir nach kurzer Zeit zur **Mandrack-Passage** ⓯, einem schmalen Felsdurchbruch (ca. 40 cm); hier müssen wir den Rucksack abnehmen und uns seitlich durch die Felsspalte zwängen. Kurz darauf passieren wir den imposanten Felsen **Kalekapp** (Sitzbank) und kommen am Ww. »Berdorf dircet 2,8 km« vorbei zu mehreren Wegweisern. Hier folgen wir dem Ww. »Bollendorf-Pont 1,0 km« hinab und kommen aus dem Wald zu einer Wiese, wo wir auf eine große Sinnesliege treffen, mit schönen Blick auf Bollendorf. Es geht kurz auf einem Teerweg und wieder hinunter auf Pfad über Stufen erneut durch den Wald. Nochmals überschreiten wir einen Teerweg, gehen über weitere Stufen hinab und kommen zu unserem Ausgangspunkt, dem Parkplatz in **Bollendorf-Pont** ❶, zurück.

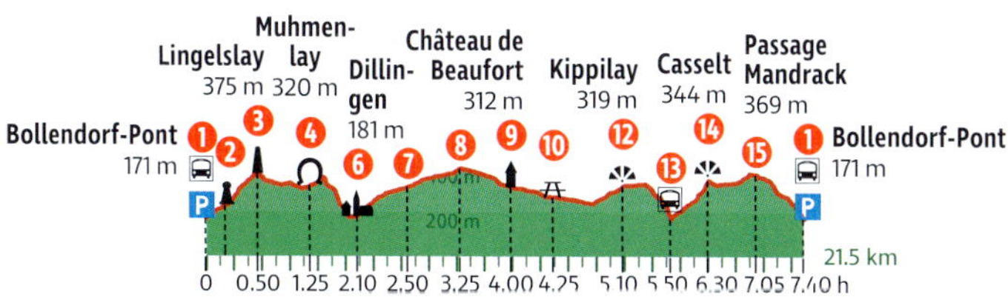

↗ 350 m | ↘ 350 m | 14.2 km

62 Von Consdorf zum Schiessentümpel

5.30 h

An Felsen vorbei zum Wasserfall im Mullerthal

Diese Wanderung dürfte kaum Wünsche offen lassen. Durch wild zerklüftete Felsen kommen wir zur Rammelay, bevor wir das wohl meistfotografierte Motiv der Gegend – den Schiessentümpel – erreichen. Der Wasserfall mit drei Kaskaden, über den sich eine Steinbrücke schwingt, liegt mitten im wildromantischen Müllerthal (franz. Mullerthal), auch bekannt als Kleine Luxemburger Schweiz. Auf dem Weg nach Consdorf geht es weiter an spektakulären Felsen wie Eulenburg, Goldfralay oder Rittergang mit ihren engen Schluchten vorbei und durch die stockfinsteren Höhlen Déwepëtz und Kohlscheuer (Kuelscheier).

Ausgangspunkt: L-6201 Consdorf (Luxemburg), 340 m, Parkplatz an der Kirche Saint Barthélemy (GPS: N49.779393 E6.336823).

Anfahrt: Mit Pkw: Eifelautobahn A1 bis zum Autobahnende und weiter B 51 über Prüm auf die A 60. In Bitburg auf der B 257 nach Echternach (Luxemburger Grenze) und weiter über Berdorf nach Consdorf.
Mit ÖPNV: Vom Hbf. Trier mit dem Zug in Richtung Luxemburg Stadt bis nach Wasserbillig. Von Wasserbillig Gare fährt die Buslinie 271 nach Echternach; von Echternach Gare die Buslinie 261 nach Consdorf, Haltestelle Post (Info: mobiliteit.lu).

Anforderungen: Viele Auf- und Abstiege in Felslandschaft, etwas Trittsicherheit erforderlich; an der Goldfralay »Belle Vue« und Rittergang sehr enge und dunkle Schluchten. Für die stockfinsteren Höhlen Déwepëtz und Kohlscheuer ist eine Taschenlampe erforderlich.

Einkehr: Brasserie-Restaurant Heringer Millen (heringermillen.lu); Gastronomie in Consdorf.

Variante: An der Brücke über den Härdbaach lässt sich die Tour abkürzen: Dafür geht es auf Weg C2 aus dem Wald an Wiesenfluren zurück in den Ort und zur St.-Bartholomäus-Kirche in Consdorf. Tourlänge: 4.30 Std., 12,3 km, 420 Hm.

Hinweis: Solange keine neue Brücke über den Bach Ernz Noire vorhanden ist, gehen wir kurz geradeaus zur Straße und nach rechts zum Hotel Cascades du Mullerthal; von dort weiter wie in der Beschreibung.

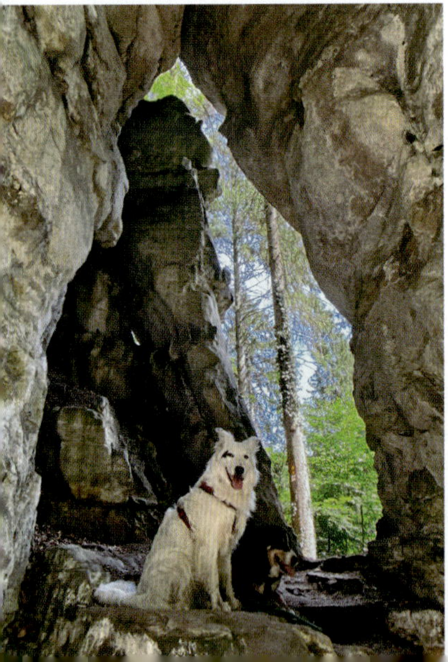

Felsentor an der Kohlscheuer.

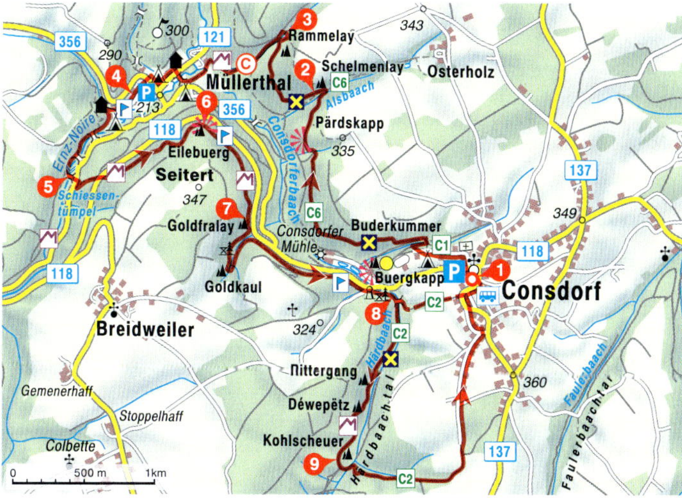

Von der **St.-Bartholomäus-Kirche** ❶ in **Consdorf** spazieren wir über die Straße »Buurgkapp« zum Friedhof, dann die Straße links (Weg Nr. C1) zum Campingplatz »La Pinede«. Hier halten wir uns rechts hinab über Stufen durch vorwiegend Buchenwald und überqueren im Anschluss eine Brücke. Jetzt steigt der Pfad wieder an zu den **Budderkammer-Felsen** (Ww. Nr. C6 + gelbes X), unter denen vorbei wir die Brücke über den Alsbach überschreiten. Dann nach links abwärts zum überhängenden Felsen der **Schelmenlay** ❷ mit Sitzbank. Direkt hinter ihr nach rechts auf Pfad C6 (gelbes X) hinauf an wildromantischer Felslandschaft vorbei, erreichen wir nach etwa 600 m den Ww. »Consdorf 2,3 km/Consdorfer Buurgkapp 3,1 km«. Hier machen wir einen Abstecher (50 m) nach rechts über Stufen hinauf zur engen Schlucht **Rammelay** ❸. Wieder zurück am Wegweiser folgen wir dem gelben X rechts abwärts unterhalb der Rammelay zu einem Querpfad. Hier nach links gelangen wir nach 250 m zu einem Abzweig, dem wir rechts hinunter zum Dosbaach folgen (weiterhin gelbes X).
Nach dessen Überschreitung kommen wir zu einem Querpfad. Diesen nehmen wir nach links und folgen dem Mullerthal Trail (M-Logo) zu einem Bauernhaus am Consdorferbaach; von dort weiter bis zur Straße. Vor ihr folgen wir dem Ww. »Mullerthal« nach rechts abwärts auf Pfad über den Bach Ernz Noire zur Straße (siehe Hinweis). Hier gehen wir nach links am Hotel-Restaurant Le Cigalon vorbei zum **Hotel Cascades du Mullerthal**; dort nach rechts die Straße Richtung Waldbillig (ca. 50 m) und hinter dem Hotel links in die Rue des Moulins (Schild: Heringer Millen). Auf dieser Straße geht es

am Touristcenter und dem Restaurant **Heringer Millen** ❹ vorbei bis zum Ende, dann vor dem Campingplatz nach rechts auf einen Pfad. Wir queren über ein Brückchen den Belleger Bach. Dahinter folgen wir nach links Weg M zum Schiessentümpel: Über eine Brücke queren wir erneut den Ernz Noire und gelangen auf dem Bürgersteig an der Straße C.R.121 in wenigen Minuten zum malerischen **Wasserfall** ❺ des **Schiessentümpels** mit Steinbrücke. Den schönsten Blick hat man auf diesen, wenn wir über die Brücke gehen und über die Stufen absteigen.
Zurück über die Brücke und eine Straße kommen wir über Stufen und Pfad hinauf an Felsen vorbei, weiter auf dem Mullerthal Trail (M) bis zur Kohlscheuer, zu einer weiteren Straße, die wir überqueren, um durch Buchenwald die beeindruckende Eulenburg-Schlucht, die **Eilebuerg** ❻, zu erreichen. Von hier folgen wir M weiter bis zur **Goldfralay** ❼, 348 m, und hier dem Wegweiser »Entrée« durch die enge, dunkle, spektakuläre Schlucht; innerhalb dieser nach rechts, dann links über Stufen zum »Belle Vue«. Wieder zurück, ist es nicht mehr weit zum Felsen der **Goldkaul**, 300 m.
Danach wandern wir noch etwa 1,4 km an weiteren imposanten Felsen vorbei zur Straße, die nach Consdorf führt. Weiter am Schlagbaum vorbei, auf Weg M neben dem Härdbaach entlang in 200 m zu einem Abzweig. Dieser würde uns nach links über eine Brücke des **Härdbaaches** ❽ auf Weg C1 (Ww. Consdorf 0,7 km) zum Ausgangspunkt bringen (siehe Variante).
Wir wandern aber weiter durch das Tal (Ww. Kohlscheuer 1,2 km), zweigen nach etwa 600 m rechts hinauf über Pfad M (Ww. Rittergang 0,4 km) an Felsen entlang zur ca. 40–45 cm breiten Felsspalte **Rittergang**, 327 m. Hier müssen wir den Rucksack abnehmen und uns seitlich durch die Spalte zwängen. 50 m danach können wir die spektakuläre dunkle Felsspalte **Déwepëtz** erkunden (Taschenlampe erforderlich). Nach etwa 300 m kommen wir zu einem Abzweig an einem Schild. Hier folgen wir dem Ww. »Adventure Kohlscheuer« (Circuit Station 1–4: 200 m) rechts hinauf zur Markierung 2 an einer Verzweigung. Hierher kommen wir später wieder zurück; jetzt steigen wir nach rechts über Stufen hinauf zu einer Felsenschlucht. Vor dieser besteht die Möglichkeit zu einem kurzen Abstecher (50 m) zum **Aussichtsplateau Belle Vue**. Von diesem wieder zurück, folgen wir der Markierung 2, 3 und 4 durch die Felsenschlucht zum Eingang (Entrée) der stockfinsteren Höhle **Kohlscheuer** ❾, 346 m. Ohne Taschenlampe sollte

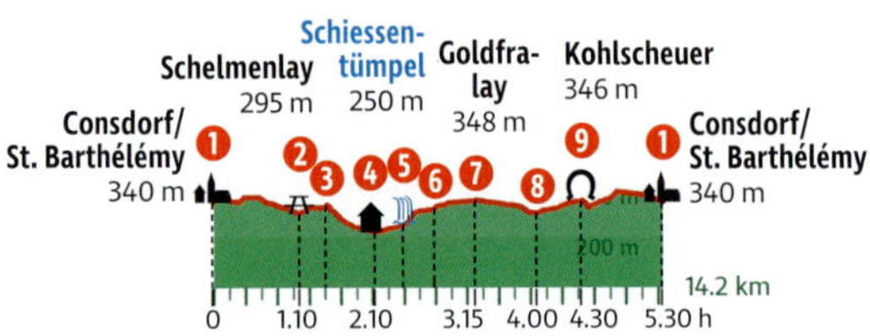

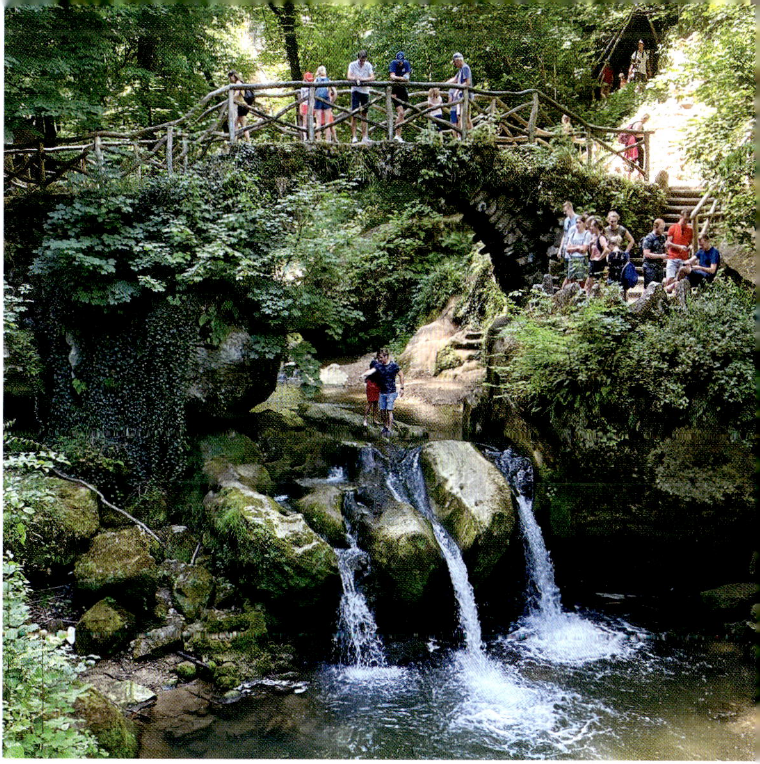

Der fotogene Schiessentümpel ist eine touristische Attraktion des Mullerthals.

man diese trotz der Einbahnrichtung nicht durchqueren, um ein unliebsames Aufeinandertreffen im dunklen Schacht zu vermeiden.
Hinter ihr gelangen wir wieder zum bekannten Schild »Adventure Kohlscheuer«. Dort biegen wir rechts ab, gehen unterhalb an der Kohlscheuer entlang, durchqueren ein Felsentor und verlassen den Ww. »Mullerthal Trail«. Spitzwinklig biegen wir nach links hinab (Ww. Consdorf 1,6 km + C2) zum Teich und Picknickplatz am Härdbaach, wo oberhalb eine Schutzhütte steht. Wir überqueren den Bach und folgen dem Ww. C2 über den am Anfang steinigen Weg durch Wald aufwärts, dann entlang von Wiesenfluren zu einem Teerweg. Auf diesem halten wir am Wald entlang (ohne Markierung) auf den Ort **Consdorf** zu und folgen der Straße »Kuelscheier« geradeaus. Gegenüber von Haus Nr. 7 biegen wir nach links in das Sträßchen »Huelewee« (Ww. C2) und gehen an der Post vorbei auf der »Lêtzebuergerstrooss« zum Parkplatz an der **Kirche** 1.

↗ 300 m | ↘ 300 m | 13.0 km

4.50 h

63 Echternach – Hohllay – Perekop

Durch spektakuläre Naturdenkmäler in der Luxemburger Schweiz

Diese Tour in der Luxemburger Schweiz verläuft vorwiegend durch schönen Buchenwald, ausgehend von Echternach oder dem Perekop-Felsen, einem beliebten Ausflugsziel. Nach schöner Aussicht vom Troosknäppchen führt der Weg durch die Wolfsschlucht, ein herausragendes Naturdenkmal. Nach einer Rast an der Sigelbachhütte geht es zwischen den wild zerklüfteten Felsen des Aesbachtals hindurch. Einen nachhaltigen Eindruck hinterlassen bei Naturfreunden die Hohllay, die Piteschkummer und die Breechkaul (Felsenamphitheater). Hier hatten schon die Römer Steinbrüche eingerichtet. Weitere Felsformationen findet man im wildromantischen Halsbachtal.

Ausgangspunkt: L-6401 Echternach 164 m, (GPS: N49.816379 E6.414957) Parkplätze gegenüber der Texaco-Tankstelle. Wenn die Parkplätze besetzt sind, dann alternativer Ausgangspunkt Parkplatz Perekop (kostenlos), 290 m, an der C.R. 364 zwischen Echternach und Berdorf (GPS: N49.817045 E6.377677).
Anfahrt: Mit dem Pkw: Die Eifelautobahn A1 bis zum Autobahnende und weiter über die B 51 über Prüm auf die A 60. Vor Bitburg auf der B 257 nach Echternach (Parkplätze gegenüber der Texaco-Tankstelle und in unmittelbarer Nähe (gebührenplichtig).
Mit ÖPNV: Vom Hbf. Trier mit dem Zug in Richtung Luxemburg Stadt bis nach Wasserbillig. Von Wasserbillig Gare fährt die Buslinie 271 nach Echternach, Haltestelle Ermesinde (Info: mobiliteit.lu).
Anforderungen: Anspruchsvolle Wanderung. Die Wege können bei Nässe glitschig sein.
Einkehr: Hotel-Restaurant Perekop (geöffnet täglich 12–14 Uhr u. 18–21 Uhr) vor dem Ort Berdorf als Abstecher (300 m); Gastronomie in Echternach.
Hinweis: Wenn man vom Marktplatz (Place du Marché) herkommt, wandert man durch die Fußgängerzone (Rue de La Gare) stadtauswärts ca. 400 m und biegt beim Laden »Eco Bazar« nach links ab in die Rue de Charly; dann weiter wie in der Beschreibung.

Die Hohllay ist ein Werk der alten Römer.

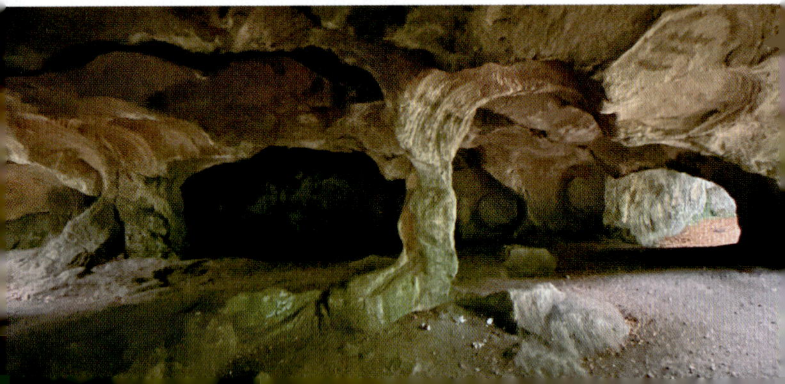

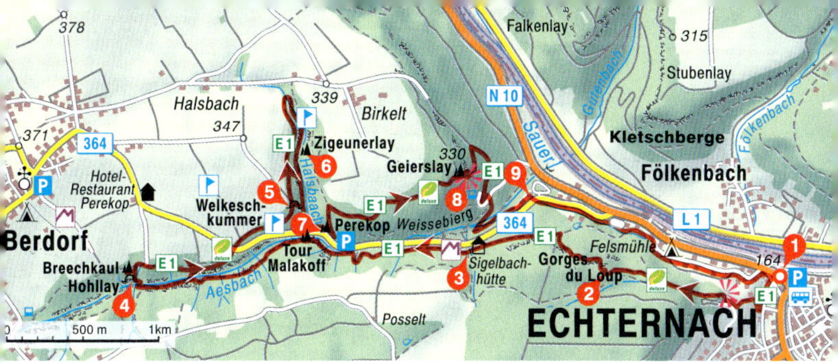

Von den **Parkplätzen** ❶ gegenüber der Texaco-Tankstelle in **Echternach** gehen wir stadteinwärts auf der Straße »Rue de La Gare« ca. 120 m zum Laden »Eco Bazar«. Dort folgen wir dem Logo »M + E1 + Naturwanderpark delux« nach rechts auf der Straße »Rue de Charly« (siehe Hinweis). Wir überqueren die Straße N10 (Rue Ermesinde) und gehen auf einem Weg/Pfad auf Kopfsteinpflaster hinauf in den Wald, an einer Marienstatue vorbei zu einer Straße an Wohngebiet. Auf dieser kurz (70 m) aufwärts, biegen wir am Schild »Berdorf 5,4 km« spitzwinklig rechts hinauf zum Aussichtspunkt Troosknäppchen mit Blick auf Echternach. Weiter auf dem Pfad an einem Haus (Nr. 70) vorbei kommen wir zur **Wolfsschlucht** ❷ (Gorges du Loup) mit traumhaft erscheinender Felsenlandschaft, an deren Ausgang wir zu zwei Ausblicken über Steintreppen hinaufsteigen können – rechts zur Bildcheslay, links zur Paulsplatte mit Blick ins Sauertal.

Zurück am Pfad geht es durch die **Deiwelsschlêff** und hinab zur **Sigelbach-Schutzhütte** ❸. Wir wandern weiter zum (Felsen-)Labyrinth und vorbei am Perekop, der sich gegenüber der Straße befindet (diesen besteigen wir später). Wir überqueren mehrmals den Aesbach über Stege, am Chipkapass über eine lange Brücke, und kommen zur beeindruckenden **Hohllay** ❹, 313 m. Hinter dem ausgehöhlten Felsen steigen wir nach rechts über Stufen zur Felsformation **Piteschkummer** und in einem Abstecher von 30 m nach links zum **Breechkaul** (Amphitheater).

Wieder zurück, gehen wir kurz über einen Pflasterweg zu einem Querweg, wo wir den Mullerthal Trail verlassen und nach rechts dem Ww. »Welkeschkummer 1,0 km + E1 + NaturWanderPark delux« folgen. Kurz darauf ist ein Abstecher nach links zum Hotel-Restaurant Perekop möglich (s. Einkehr). Wir kommen zur Straße C.R. 364 und überqueren diese nach rechts. Nach weiteren ca. 500 m verlassen wir den Weg nach rechts für

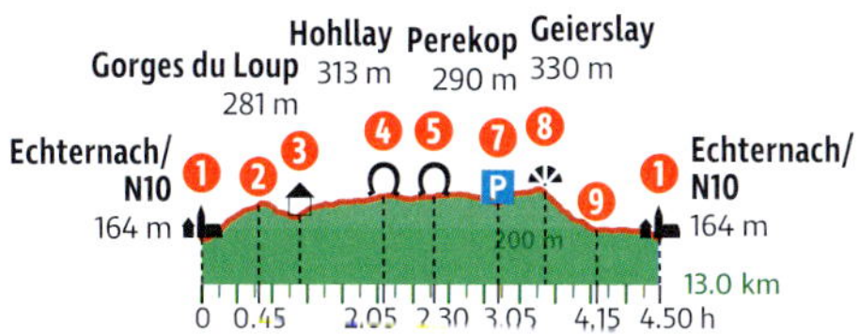

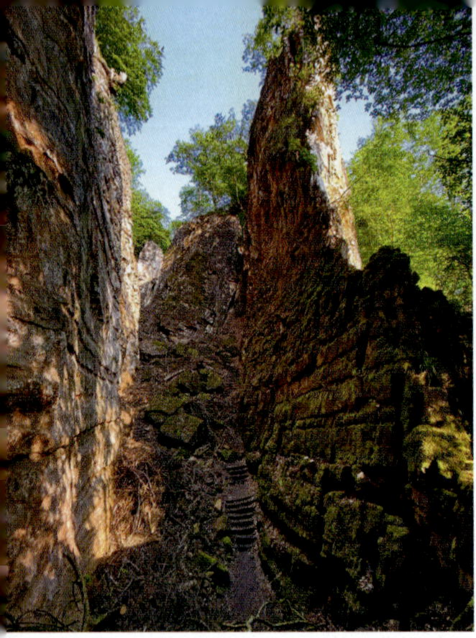

In der wilden Wolfsschlucht mit ihren bis zu 50 Meter hohen Wänden.

einen Abstecher zur Felshöhle **Welkeschkummer** ❺ (Wildkornkammer), die auf Pfad über Stufen beim Schild »Welkeschkummer 50 m« unterhalb erreichbar ist. Hier versteckten die Berdorfer Bauern ihren Weizen vor Napoleons plündernden Soldaten.
Wieder zurück am Weg folgen wir weiter nach rechts dem Weg E1 und gelangen durch vorwiegend Buchenwald zum Halsbach. Hier wandern wir mit dem Ww. blaues Dreieck nach rechts abwärts durch die vielen Felsformationen und erreichen nach 500 m die **Zigeunerlay** ❻ mit Sitzbank. Dort machen wir auf Pfad nach rechts einen Abstecher von etwa 50 m zur Grotte **Lis de la vallée** (Lilie im Tal), die zum Verweilen einlädt, Sitzbank inklusive. Wieder zurück, gelangen wir abwärts nach 400 m zum **Parkplatz Perekop** ❼, an der Straße C.R.364. Dort steigen wir durch die enge Felsspalte über die steilen Stufen und zwei Eisenleitern hinauf und machen einen kurzen Abstecher zur **Aussichtskanzel** auf dem Perekop. Dann steigen wir über Stufen auf Pfad ca. 200 m hinauf zu einem Querweg und folgen nach rechts wieder dem Ww. »Geierslay 1,0 km (Geierslee) + E1 + NaturWanderPark delux«. Durch den Wald Weissebierg gelangen wir nach 1 km zu einer Verzweigung; hier rechts auf Pfad abwärts und über eine Eisentreppe zum offenen Holzpavillon **Geierslay** ❽, 330 m, mit Blick ins Sauertal. Weiterhin auf Pfad steil hinab geht es über Betonstufen zu einem Querweg und einer Gabelung. Hier verlassen wir das Logo »NaturWanderPark delux« und folgen dem Weg E1 bis nach Echternach rechts abwärts (Ww. Aesbach 0,8 km).
Vorbei an einem Wasserbehälter, danach kurz (80 m) auf Teerweg abwärts, gelangen wir wieder nach rechts über Stufen und Pfad hinab zum Aesbach, den wir überqueren. Nun folgen wir links (E1) einem Wasserkanal am Weg zur Straße **C.R.364** ❾, die wir beim **Hotel Bel Air** überqueren. Weiterhin am Kanal entlang queren wir einen Teerweg und gelangen so zur Straße »Op Troo«, der wir zuerst aufwärts, dann abwärts folgen (E1) und so wieder nach **Echternach** kommen. Wir überqueren die Straße **N10** bei der Station Texaco und kommen so zu unserem Ausgangspunkt bei den **Parkplätzen** ❶ zurück.

↗ 600 m | ↘ 600 m | 21.8 km

7.15 h

TOP 64

Die Kleine Luxemburger Schweiz

Auf Pfaden durch wilde Felsschluchten und wildromantische Bachtäler

Welch eine Wanderung: wild zerklüftete Felsen, enge Schluchten und das eigenwillige Felsengebilde des Predigtstuhls, der seinen Namen seinem Aussehen verdankt. Durch die zwei märchenhaften Täler des Hallerbachs und des Haupeschbachs, den Perlen der Kleinen Luxemburger Schweiz, zur imposanten Burg Beaufort, das Schloss ist gleich dahinter; vorbei an der Kapelle Klaisgen zum Waldgebiet Sauerricht, mit schönen Aussichtspunkten ins Tal der Sauer; vom Grundhof zu den spektakulären Felsen und dem Felsenlabyrinth Raiberhiel. Und schließlich durch die malerische enge moosbewachsene Roltzbachschlucht mit ihrer spektakulären, 67 Meter langen Hängebrücke wieder nach Berdorf. Hier kommt jeder auf seine Kosten!

Ausgangspunkt: L-6550 Berdorf (Luxemburg), 356 m, Parkplatz an der Straße »Beim Martbusch« am Kindergarten/ Friedhof (GPS: N49.825668 E6.344682).
Anfahrt: Mit Pkw: Über die Autobahn A1 bis zum Autobahnende bei Blankenheim. Weiter auf der B51 über Prüm auf die A60 Richtung Bitburg. Über die B257 nach Echternach und weiter nach Berdorf.
Mit ÖPNV: Vom Hbf. Trier mit dem Zug in Richtung Luxemburg Stadt bis nach Wasserbillig. Von Wasserbillig Gare fährt die Buslinie 271 nach Echternach; von Echternach Gare die Buslinie 190 und 211 nach Berdorf, Haltestelle Duerfplatz (Info: mobiliteit.lu). Tourenbeginn dann bei der Johanneskirche.
Anforderungen: Ständiges Auf und Ab in der Felsen- und Schluchtlandschaft und den Bachtälern, bei Nässe stellenweise rutschig.
Einkehr: Gastronomie in Berdorf, Beaufort und Grundhof.
Variante: Wer nicht durch die Raiberhiel gehen möchte, kann über die Stufen durch die Roitzbachschlüff (Gorges du Roitzbach) steil zum Aussichtsplateau Roitzbach hinaufsteigen. Hierfür folgt man Ww. Nr. 6/4/3, nach links Ww. Nr. 2 und nochmal links Ww. »Pl. Roitzbach«.
Hinweis: Besichtigung von Schloss Beaufort: April–Ende Okt. 9–18 Uhr; Auskunft bei der Touristinfo Beaufort, Tel. +352/836099301 sowie unter beaufortcastles.com.

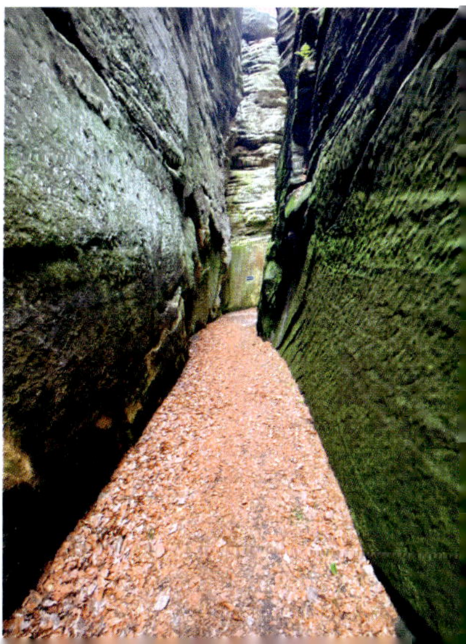

Zwischen steilen Felswänden wandert man durch die Binzeltschlüff.

In **Berdorf** spazieren wir vom **Parkplatz** ❶ am Kindergarten bzw. Friedhof los, überqueren die Straße »Beim Martbusch« und folgen dem Ww. »B5 Berdorf Centre 0,7 km« auf einem Pfad am Feuerwehrhaus (Pompjeesbau) vorbei in den Wald. Nach knapp 100 m biegen wir am Schild »Berdorf Centre 0,7 km« nach links hinauf auf einem Weg (Neie Schoulwee) in Flur und zu der Straße »Um Millewee« in Berdorf. An dieser nach links und nochmals links in die »Grundhafferstrooss« (Rue de Grundhof) passieren wir das Trail-Inn Natur & Sporthotel und kommen zur **Johanneskirche** ❷ (Saint-Jean). Dort folgen wir der Consdorferstraße (Ww. B5) bis zum Ortsende, mit Blick auf den 55 m hohen Aquatower. Wir queren die Straße C.R.137 nach rechts und folgen am Denkmal »1944–1945« und dem Bauhof »Ponts et Chaussees« vorbei der Markierung (gelbes X auf blauem Grund) ins **Mullerthal**. Wir durchqueren nach rechts den Wald (Langebêsch) auf Teerweg, verlassen diesen nach Waldaustritt wieder und gehen geradeaus auf Weg (gelbes X + B5), der uns durch freie Felder in einen schönen Buchenwald führt. Nun

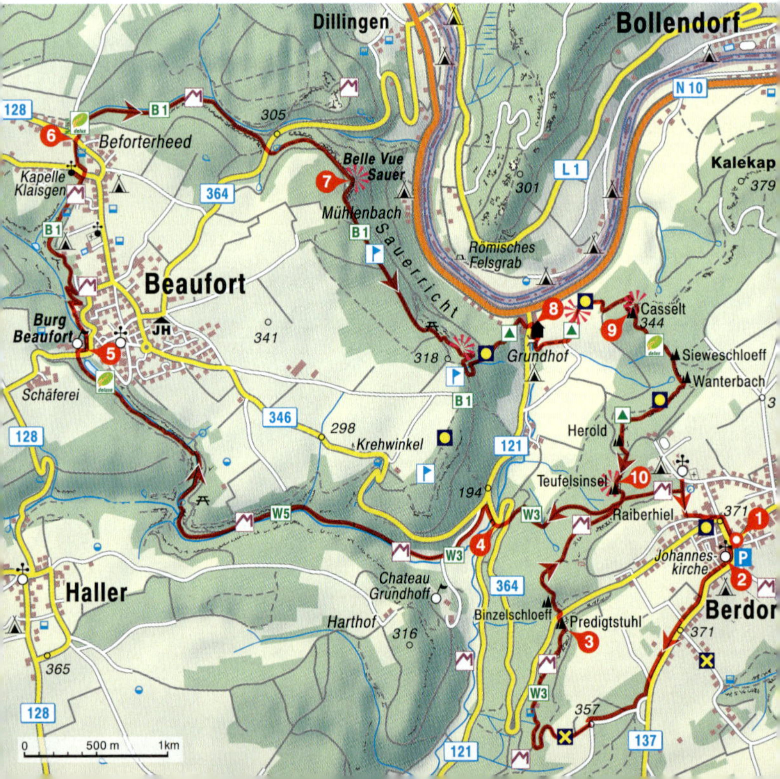

halten wir uns an der Gabelung nach links (weiterhin gelbes X + B5) auf Pfad hinunter zu den Felsen und gelangen nach 220 m zu einer weiteren Gabelung; hier den Mullerthal Trail (M + W3) nach rechts durch imposante Felsenlandschaft zur engen **Werschrummschlüff** und zum Parkplatz am Predigtstuhl. Der Aufstieg zur Aussichtskanzel auf dem **Predigtstuhl** ❸, 331 m, beginnt an der Straße hinter dem Felsen. Am Parkplatz queren wir die Straße C.R. 364 nach rechts und steigen auf einem Pfad (M + W3) an Eisengeländern entlang hinauf zur **Binzeltschlüff**. Wir folgen dem Pfad etwa 1,2 km an schöner Felsenlandschaft vorbei, bis wir 30 m vor dem Roitzbach (Holzsteg) auf den Ww. »Vugelsmillen 1,2 km« treffen. Dort biegen wir links ab und folgen der Markierung W3 auf Pfad abwärts durch Buchenwald. Wir überqueren einen kleinen Bach und wandern auf einem befestigten Weg weiter zur Straße C.R. 364, die wir queren. Bald darauf überqueren wir die Straße C.R. 121 und kommen zur Einmündung der C.R. 364.

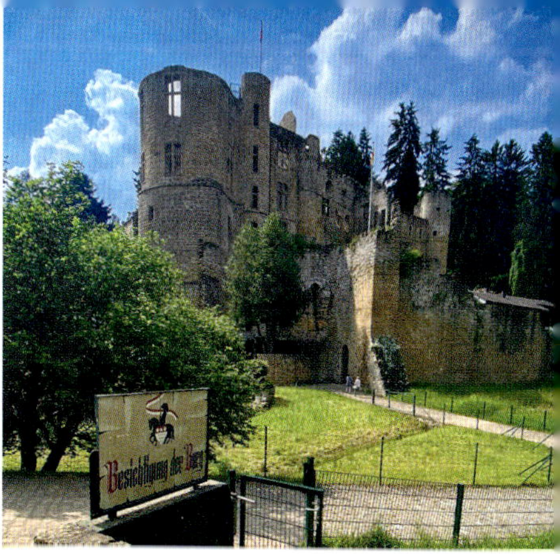

Mittelalterlich: die prächtige Burganlage von Château de Beaufort.

Hier, in **Vugelsmillen** ❹, gehen wir auf der Straße über die Brücke des Baches Ernz Noire (Schwarze Ernz) zum Straßenschild »Beaufort«. Diesem folgen wir nach links etwa 80 m, dann links über den Schlossweg mit Blick auf das Schloss Grundhoff. Vor einer Waldweide an einem Mammutbaum und Picknickplatz auf der rechten Seite verlassen wir den Schlossweg nach rechts auf Weg und Pfad (M + W5) ins Tal entgegen der Fließrichtung des **Hallerbaches** durch Felslandschaft, die teilweise mit Moospolstern überzogen ist. Über Stege wechseln wir öfter über den Hallerbach, bis wir zum Zusammenfluss von Haller- und Haupeschbach kommen (Picknickplatz). Hier geht es den Naturlehrpfad (M + NaturWanderPark delux + Ww. Chateau Beaufort 1,5 km) am **Haupeschbach** aufwärts, wechselnd über Stege zum ca. 1 km entfernten Felsdenkmal »Indigène 1962« (20 m hinter einer Sitzbank an einem überhängenden Felsen). Nach weiteren 400 m erreichen wir den Schlossteich und die Ruine der **Burg Beaufort** ❺, das Schloss (Château de Beaufort) steht dahinter. Ein Besuch der mittelalterlichen Burganlage ist auf jeden Fall empfehlenswert.

Am Eingang zur Burg blicken wir rechts auf ein kleines grünes Gittertor mit mehreren Logos dahinter. Dort folgen wir einem Pfad, der später in einen Holzsteg übergeht zu einem Weg. Diesem und dem Ww. »Extra Tour B«

des Mullerthal Trail folgen wir hinauf in den Wald zu einem Abzweig nach links. Dort orientieren wir uns am Ww. »Beeforterheed 1,4 km und den Logos M + NaturWanderparkdelux + B1« und gelangen zu der Einzäunung des Campingplatzes. An ihm vorbei kommen wir durch schönen Mischwald, queren die Straße C.R. 357 und kurze Zeit später (200 m) die **Route de Reisdorf** 6. Auf Weg M + B1 gelangen wir zum höchsten Punkt, 402 m, unserer Wanderung in den Wald. Nochmals ein Blick auf einige Häuser von Beeforterheed, bevor es nach rechts geht (Ww. Birkbach 0,7 km). Nach 50 m steigen wir bei einer Gabelung auf Pfad durch Nadelwald links abwärts (M + B1) und befinden uns nach 250 m wieder in Felslandschaft. An einem Querweg verlassen wir den Mullerthal Trail/Naturwanderpark-Weg, zweigen nach rechts ab und gleich wieder nach links abwärts zur Straße C.R. 364 (Ww. Belle vue Sauer 0,5 km + B1). Diese queren wir zur Infotafel »La Garde Grand Ducale«. Über Stufen kurz steil aufwärts (Markierung B1 + blaues Fähnchen, begleiten uns bis nach Grundhof), gelangen wir nach 800 m zum Aussichtsplateau **Belle Vue Sauer** 7, 310 m. Eine Sitzbank lädt zum Verweilen ein, mit herrlichem Blick ins Sauertal.

Weiter geht es auf Pfad durch das Waldgebiet »Sauerricht« mit vorwiegend schönem Buchenwald, wo sich am Felsenkamm mehrere Aussichtspunkte mit Blick ins Sauertal bieten, und nach 800 m zu einem Weg, hier biegen wir nach links ab (Picknickplatz). Wir durchschreiten Nadel- und Buchenwald, verlassen diesen nach ca. 500 m wieder und nehmen den nach links hinabführenden Pfad (Ww. Kippiglay 1,6 km + B1 + blaues Fähnchen). Nach einer weiteren Stelle mit Aussicht ins Sauertal gelangen wir, wieder in Felslandschaft, zu einer Verzweigung. Hier verlassen wir Weg B1 und folgen nach links dem Logo »NaturWanderPark delux«/gelber Punkt + grünes Dreieck (begleiten uns bis nach Berdorf) sowie Ww. »Grundhof 0,6 km« + blaues Fähnchen nach links. Der Pfad schlängelt sich abwärts über Baumwurzeln, Pflastersteine und Stufen nach Grundhof (Achtung: bei Nässe rutschig).

Im Ort **Grundhof** 8 gehen wir rechts die Straße C.R. 121 aufwärts, über die Brücke der Ernz Noire und hinter einem Autohaus (Ww. Casselt 1,4 km) auf Pfad steil aufwärts an Hecken vorbei in Flurlandschaft. Wir stoßen auf einen Teerweg, in den wir nach links einbiegen (geht nach 30 m in einen Naturweg und Pfad über). Hinter einer Hochspannungsleitung erreichen wir einen schönen Wald; dort steil aufwärts (NaturWanderPark delux). Nach ca.

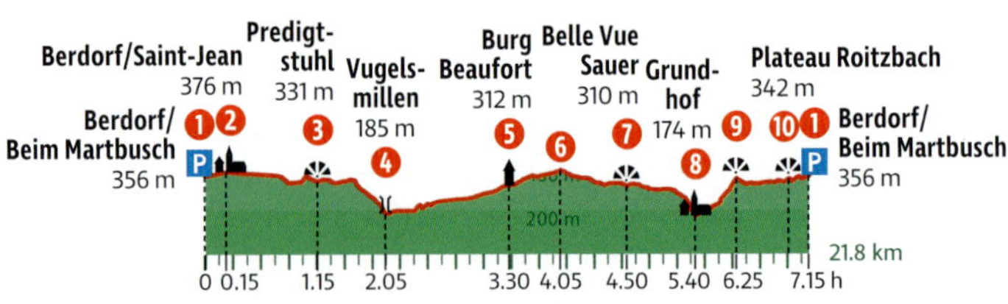

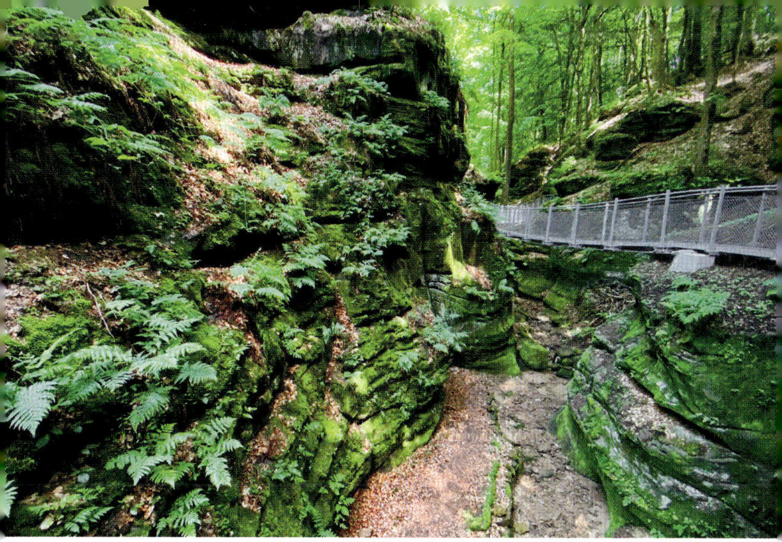

Auf der Hängebrücke geht es durch die bizarre Felslandschaft der Roitzbachschlucht.

600 m gelangen wir wieder in Felsenlandschaft zur Aussichtskanzel **Casselt** 9, 344 m, mit Blick ins Sauertal.

Von Casselt wandern wir auf Pfad durch die spektakuläre Felsenlandschaft mit schönem Buchenwald zur **Sieweschloeff** und dem **Klettergarten Wanterbaach** (Ww. Berdorf 3,0 km). Es geht ständig auf und ab, bis wir einen steinigen Weg nach links queren, wo wir über Stufen mit Holzgeländer aufwärts zum **Herold** (großer überhängender Felsen) gelangen. Bald darauf erreichen wir das Felsenlabyrinth **Raiberhiel** (Räuberhöhle). Hier verlassen wir das Naturwanderpark-Logo für kurze Zeit und achten auf den Wegweiser »Entrée« (Eingang) (siehe Variante). Achtung: Hier geht es ca. 15 m durch eine sehr enge, dunkle Schlucht, zwei Eisenleitern bringen uns zum Adlerhorst. Von hier zu einer Verzweigung, steigen wir nach rechts über Stufen kurz steil hinauf zum **Roitzbach-Aussichtsplateau** 10, 342 m, mit grandiosem Blick auf Beaufort und Mullerthal.

Von hier kurz zurück (20 m) und über Stufen nach rechts abwärts durch die enge **Gorges du Roitzbach**, zum Schluss auf einer Eisenleiter abwärts. Wir blicken auf einen Holzsteg, den wir überqueren, und folgen Pfad M (Ww. Berdorf 1,1 km) nach links aufwärts. Durch die wildromantische Roitzbachschlucht (Ruetzbachschleef) steigen wir nun über Holzstege, die stählerne, 67 m lange **Hängebrücke** und die Stufen aufwärts. An einem breiten Querpfad links aufwärts folgen wir dem Naturwanderpark-Logo an einem Abzweig geradeaus (Ww. Berdorf Centre Maartêsch 0,2 km) und kommen in 2 Minuten zum **Parkplatz** 1, unseren Ausgangspunkt in **Berdorf**.

TOP

↗ 250m | ↘ 250 m | 5.0 km

65 Die Felsenlandschaft bei Berdorf

2.50 h

Durch traumhafte moosbewachsene Felsenschluchten

Ein Klassiker in der Kleinen Luxemburger Schweiz: Auf dieser Tour wandert man teilweise auf dem Naturentdeckungspfad Wanterbaach-Sieweschloeff. Zuerst geht es durch die mystische moosbewachsene Roitzbachschlucht (Ruetzbachschleef) mit dem neuen Highlight, der 67 Meter langen Hängebrücke, dann durch die Räuberhöhle zum Adlerhorst. Am imposanten Felsen Herold vorbei kommen wir zum Klettergarten Wanterbaach, dessen bis zu 50 Meter hohe Felswände bei Sportkletterern aus ganz Europa bekannt sind. Kurz darauf folgen das Felsenlabyrinth Sieweschloeff (»sieben Felsspalten«) und ein Aussichtsplateau. Auf dem Rückweg geht es dann durch die bezaubernde Wanterbaachschlucht wieder zum Klettergarten und hinter dem Herold hinauf zur Totenkammer und Teufelsinsel. Hier kommt jeder auf seine Kosten!

Ausgangspunkt: L-6550 Berdorf, Parkplatz, 356 m, an der Straße »Beim Martbusch« am Kindergarten/Friedhof (GPS: N49.825668 E6.344682).
Anfahrt: Mit Pkw: Über die Autobahn A1 bis zum Autobahnende bei Blankenheim. Weiter auf der B51 über Prüm auf die A60 Richtung Bitburg. Über die B257 in Richtung Echternach (Luxemburg). Vor der Grenze nach Echternacherbrück. Dort weiter am Kreisel geradeaus nach Echternach, dann rechts und weiter auf der N10 (Route Diekirch). Hinter Echternach links ab nach Berdorf auf der C.R.364, dort rechts ab Hammhafterstrooss, an der Kreuzung links und gleich nach rechts auf die Straße »Um Wues« und weiter geradeaus auf der Straße »Beim Martbusch« zum großen Parkplatz gegenüber dem Feuerwehrhaus (Pompjeesbau).
Mit ÖPNV: Vom Hbf. Trier mit dem Zug in Richtung Luxemburg Stadt bis nach Wasserbillig. Von Wasserbillig Gare fährt die Buslinie 271 nach Echternach; von Echternach Gare die Buslinie 190 und 211 nach Berdorf, Haltestelle Duerfplatz (Info: mobiliteit.lu). Von dort nach Nordwesten über die Rue de Grundhof und »An der Ruetsbech«, dann links in die Straße »Beim Martbusch« (ca. 750 m Fußweg).
Anforderungen: Kurze, recht anspruchsvolle Wanderung über viele Steinstufen auf und ab sowie durch enge Felsspalten und mehrere Eisenleitern; bei Nässe rutschig.
Einkehr: Keine. Nur in Berdorf (1 km).
Hinweise: 1) Für Räuberhöhle Taschenlampe mitnehmen. 2) Tourist-Information in Berdorf beim Camping Martbusch, knapp 100 m vom Parkplatz die Straße aufwärts (visitberdorf.lu).

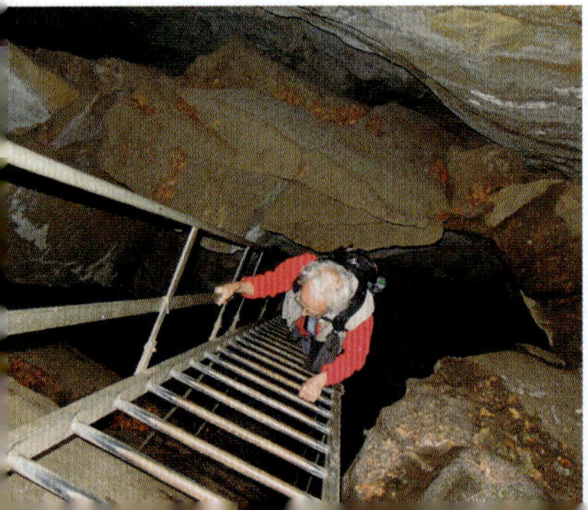

In der Raiberhiel müssen zwei Eisenleitern überwunden werden.

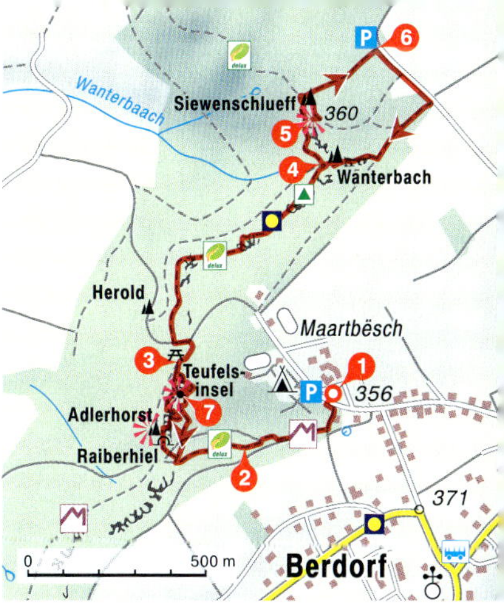

In **Berdorf** überqueren wir vom **Parkplatz ❶** am Kindergarten bzw. am Friedhof die Straße »Beim Martbusch« und folgen dem Ww. »Raiberhiel 0,6 km + NaturWanderPark delux« auf dem Pfad rechts am Feuerwehrhaus (Pompjeesbau) vorbei abwärts in den Wald. Nach gut 400 m gelangen wir in die sagenhafte bemooste Felsenlandschaft der **Roitzbachschlucht ❷** (Ruetzbachschleef) mit ihrer 67 m langen **Hängebrücke**.

Nach kurzer Zeit halten wir uns am Ww. »Sieweschloeff 1,1 km« nach rechts, überqueren ein Brückchen und gelangen nach ca. 100 m zum grünen Hinweisschild mit weißer Schrift zur **Räuberhöhle** (Raiberhiel). Wir verlassen vorerst den Weg mit dem Logo »NaturWanderPark delux« und gehen zum Eingang (Entrée) der Höhle. Achtung, hier geht es ca. 15 m durch eine sehr enge und dunkle Schlucht. Zwei Eisenleitern bringen uns zum Adlerhorst. Hinter diesem steigen wir nach links über Steinstufen wieder hinab zum Pfad und folgen dem Logo »NaturWanderPark delux« nach rechts zum großen überhängenden **Felsen Herold ❸**. Hier lädt eine Sitzbank zum Verweilen ein. Weiter aufwärts kommen wir zu einem Holzgeländer. Dort steigen wir über Stufen hinunter zu einem Weg, gehen auf diesem kurz (20 m) nach links und wieder rechts weiter auf einem Pfad (Ww. Wanterbaach 0,6 km). In ständigem Auf und Ab wandern wir an vielen imposanten Felsformationen entlang und treffen auf den **Klettergarten Wanterbaach ❹** – »Toit du Monde« (hierher kommen wir zurück).

Kurz darauf erreichen wir die fantastische Felsenlandschaft der **Sieweschloeff**. Hier verlassen wir den Weg mit dem Logo »NaturWanderPark delux« wieder und steigen nach rechts durch die enge Felsspalte Nr. 7 über eine Alutreppe und Stufen hinauf zum **Aussichtsplateau ❺**, 360 m. Auch hier lädt eine Sitzbank zur Rast ein. Wieder zurück, steigen wir nach rechts über Stufen hinauf (Eingangsmarkierung/Entrée Berdorf) durch die eindrucksvolle Schlucht. Wir passieren mehrere Felsspalten und kommen aufwärts zum **Parkplatz ❻** der Kletterer an einem Teerweg. Dort halten wir uns rechts (Ww. B2 Berdorf Centre Maartbësch 1,0 km), kommen an einem

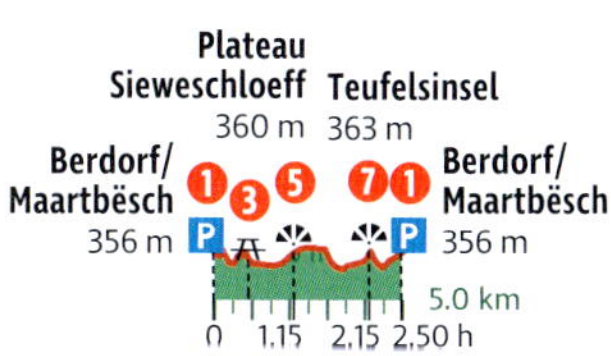

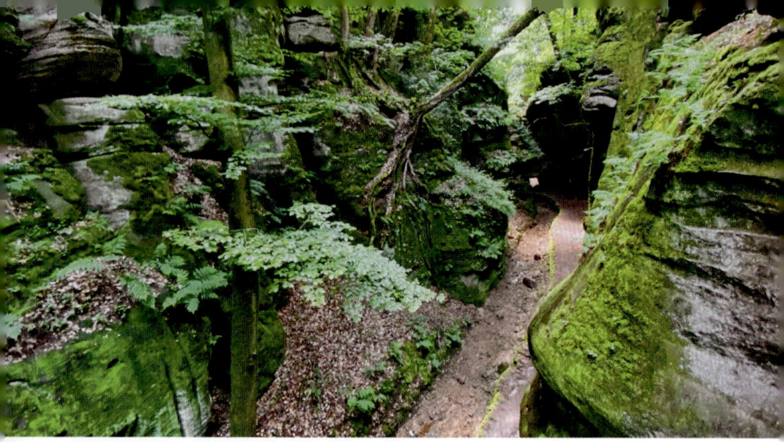

Zu Beginn und Ende der Tour führt der Weg durch die faszinierende Roitzbachschlucht.

großen Picknickplatz vorbei und biegen kurz danach (70 m) rechts ab auf einen Pfad in den Wald (B2). Beim Schild »Berdorf Centre Maartbësch 0,8 km« zweigen wir rechts ab und kommen, an einer Sitzbank vorbei, über Stufen hinab in die beeindruckende moosbesetzte Wanterbaachschlucht. Diese ist eine Kesselschlucht, die im oberen Teil eng ist, dann immer breiter wird und sich am Ausgang wieder verengt. Wieder zurück am **Klettergarten Wanterbaach** ❹ folgen wir nach links dem Logo »NaturWanderPark delux« auf der vom Hinweg bekannten Route bis zum **Herold** ❸ und sehen nun die Felsenlandschaft aus anderer Perspektive.

Hinter dem Herold (Sitzbank) geht es weiter zu den nächsten Highlights: Wir biegen links hinauf, steigen über Steinstufen kräftig bergan (Achtung: bei Nässe rutschig) und gelangen zur **Totenkammer-Höhle** mit Sitzbank. Der Weiterweg führt uns durch eine schmale Felsspalte kurz steil hinauf über Stufen an bemoosten Felsen vorbei und nach rechts zur sogenannten **Teufelsinsel** (Île du Diable) über eine Eisenbrücke zum **Aussichtsplateau** ❼, 363 m. Zurück über die Brücke und nach rechts über Steinstufen hinunter geht es durch die fantastische Felsenschlucht und hinter ihr nach links über Stufen steil hinauf zum **Roitzbach-Aussichtsplateau**, 342 m, mit grandiosem Blick auf Beaufort und das Müllerthal. Von hier kurz zurück (20 m) und über Stufen nach rechts abwärts wandern wir durch die enge Gorges du Roitzbach zum Schluss auf einer Alutreppe hinunter. Wir kommen wieder zum Brückchen, gehen über dieses nach links und folgen dem Ww. »Berdorf Centree Maartbêsch 0,7 km« links aufwärts.

Auf bekanntem Weg kommen wir zum Ende der **Roitzbachschlucht** ❷ (Ruetzbachschleef) und halten uns an einer Verzweigung links (Ww. Berdorf Centree Maartbêsch 0,2 km) und sind in wenigen Minuten wieder zurück in **Berdorf** am **Parkplatz** ❶ beim Kindergarten/Friedhof.

↗ 450 m | ↘ 450 m | 23.1 km

7.40 h

Scheidgen – Berdorf – Müllerthal 66

Auf dem Sentier Fred Welter durch eine außergewöhnliche Landschaft

Eine der längsten und anstrengendsten Rundtouren, aber dafür auch eine der schönsten im Buch: Von Scheidgen führt der Weg zuerst durch das herrliche Kalkesbachtal und hinauf zur Huuscht genannten Anhöhe mit toller Aussicht. Bei Berdorf blicken wir auf den 55 Meter hohen Aquatower mit seiner Aussichtsplattform und Ausstellung über die faszinierende Welt des Wassers. Wir tauchen in den Buchenwald ein, wo bemooste Schluchtfelsen und Farne der Landschaft etwas Mystisches verleihen. Wir passieren die Keltenhiel, eine 1908 entdeckte Höhle, in der Menschenskelette eines Kindes und zweier Erwachsener gefunden wurden. Weiter geht es zu imposanten Felssformationen wie der Rammelay oder der Schelmenlay und hinauf durch ein Felsentor zum Aussichtsplateau Buurgkapp. Als weitere Highlights der Tour zwängen wir uns durch die etwa 10 Meter lange Rittergang-Felsspalte und kommen zur finsteren Höhle Kohlscheuer (Kuelscheier). Im Steebachtal finden wir (prä-)historische Schleifrillen an einem großen Felsüberhang, bevor wir durch weite Flur in ein Sumpfgebiet im Wald Muerbêsch und hinunter in ein schönes Bachtal zur Höhle Mêchelskirsch wandern. Wir passieren die faszinierende Daxelay – der Sage nach sollen Dachse früher ihre Behausungen in den Sandstein gegraben haben. Weiterhin begleitet von vielen tollen Felsformationen schließt sich die Runde in Scheidgen.

Durch eindrucksvolle moosbesetzte Felsenlandschaft bei der Rammelay.

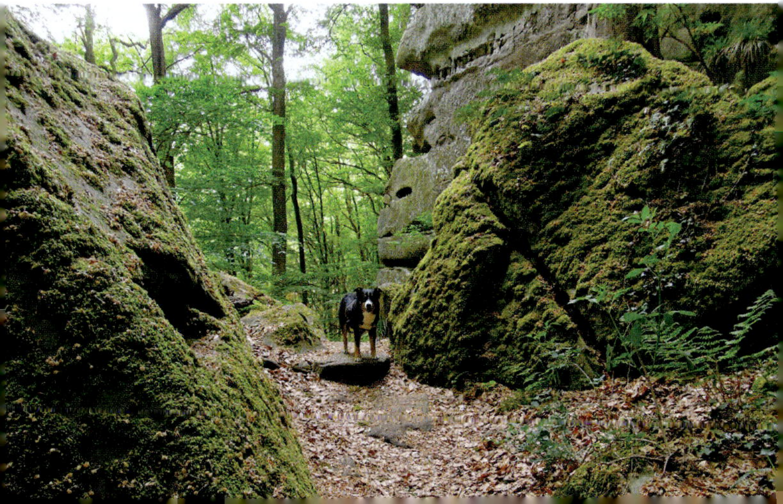

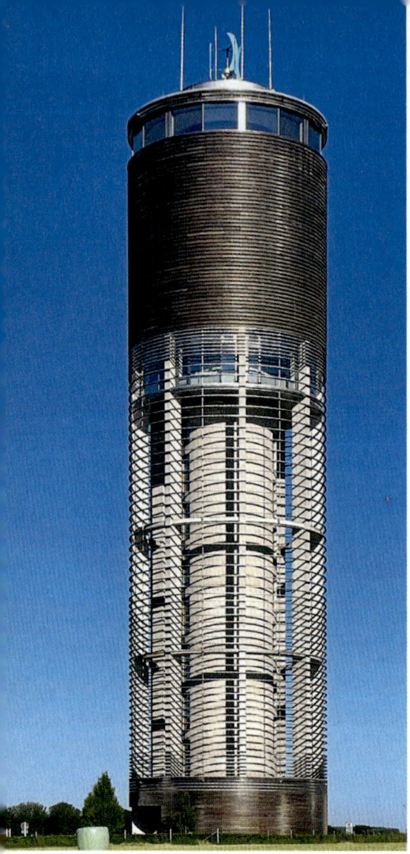

Der 55 Meter hohe Aquatower.

Ausgangspunkt: L-6251 Scheidgen, 350 m, Parkplatz an der Kirche (GPS: N49.781686 E6.359039).
Anfahrt: Mit Pkw: Über die Autobahn A1 bis zum Autobahnende bei Blankenheim. Weiter auf der B 51 über Prüm auf die A 60 Richtung Bitburg. Über die B 257 in Richtung Echternach (Luxemburg). Vor der Grenze nach Echternacherbrück und dort weiter am Kreisel geradeaus nach Echternach, dort rechts und weiter auf der Route de Luxembourg E 29 (N 11), dann rechts ab C.R. 118 nach Scheidgen.
Mit ÖPNV: Vom Hbf. Trier mit dem Zug in Richtung Luxemburg Stadt bis nach Wasserbillig. Von Wasserbillig Gare fährt die Buslinie 271 nach Echternach; von Echternach Gare die Buslinie 261 nach Scheidgen, Haltestelle Verainsbau (Info: mobiliteit.lu).
Höhenunterschied: 450 m.
Anforderungen: Recht anspruchsvolle und schwierige Rundtour mit vielen Auf- und Abstiegen in Felsenlandschaft.
Einkehr: In Berdorf (Abstecher 500 m); Hotel-Bistro Muppentrupp bei Consdorfer Millen (Tel. 00352/26784573, muppentrupp.com, Abstecher 300 m); in Scheidgen.
Hinweise: 1) Aquatower Berdorf: Neben einem tollen Panorama von der Aussichtsplattform informiert eine interaktive Ausstellung rund um das Thema Trinkwasser (aquatower-berdorf.lu). 2) Taschenlampe erforderlich für Kohlscheuer und Déwepëtz.

Unsere Rundtour beginnt in **Scheidgen** ❶ am Parkplatz bei der Kirche bzw. dem Vereinshaus, an der Straße C.R. 118 nach Echternach. Auf dem gesamten Rundweg ist das gelbe X auf Felsen und Bäumen markiert, an Straßenkreuzungen und Gabelungen ist es auf einem blauen Schildchen gekennzeichnet.
Vom Parkplatz überschreiten wir die Straße am Zebrastreifen bei der Bushaltestelle und folgen dem Ww. »Mullerthal Trail Route 2« zunächst auf einem Teerweg abwärts an Felsen entlang, an einem allein stehenden Haus links vorbei in den Wald durch das romantische Kalkesbachtal. Wir überqueren den Kalkesbach über einen Steg und verlassen vorerst den Mullerthal Trail

beim **Ww. »Leiwerdellt 2,2 km«** 2. Weiter am Kalkesbach entlang auf einem Pfad (gelbes X) überqueren wir den Bach mehrmals über Stege und kommen durch die schöne Landschaft bei einem **Rastplatz** zum nationalen **Fahrradweg PC2** 3 (Echternach–Luxemburg), der auf einer alten Bahntrasse verläuft. Diesen querend folgen wir dem Radweg nach Berdorf geradeaus sanft aufwärts, an fabelhaften Felsformationen vorbei, in den Weiler **Kalkesbaach** 4.

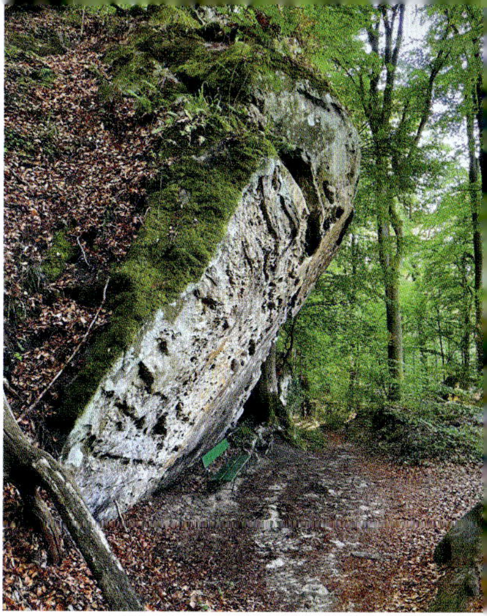

Mächtiger überhängender Felsen auf dem Weg ins Müllerthal.

Hier gehen wir kurz links und weiter auf einem Sträßchen hinauf (Schild: Heisbich) an Flurwiesen und Ackerland entlang zu der Anhöhe **Huuscht** am Waldrand mit Blick auf Berdorf. Wir wandern hinunter weiter an Weiden entlang und links nach **Heisbich.** Die Straße hinauf kommen wir anschließend nach **Berdorf**, am Hotel Le Bisdorff vorbei zur **Consdorfer Straße** 5. An dieser nehmen wir links den Fußweg mit Blick auf den 55 m hohen Aquatower (s. Hinweis). Wir queren die Straße C.R. 137 und folgen am Denkmal »1944–1945« und am Bauhof »Ponts et Chaussées« vorbei dem Weg ins Müllerthal. Wir durchqueren nach rechts den Wald auf Teerweg, verlassen diesen am Waldrand wieder und gehen geradeaus auf Weg (gelbes X), der uns durch freie Felder in einen schönen Buchenwald führt. Nun halten wir uns an einer Gabelung nach links auf einem Pfad hinunter zu den Felsen und gelangen nach ca. 200 m zu einer **Verzweigung** 6; hier gesellt sich das Logo M (Müllerthal Trail Route 2) wieder hinzu. Wir folgen nach links dem Ww. »Keltenhiel 1,7 km« durch das Naturschutzgebiet auf Pfad an Felsen und bemoosten Steinbrocken, gehen durch ein Felsentor und kommen zur Höhle **Keltenhiel** 7. Ein kurzer Abstecher (15 m) führt hier nach links über Stufen hinauf.

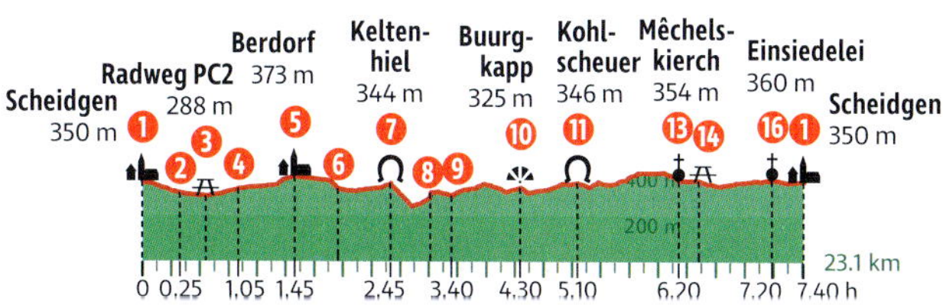

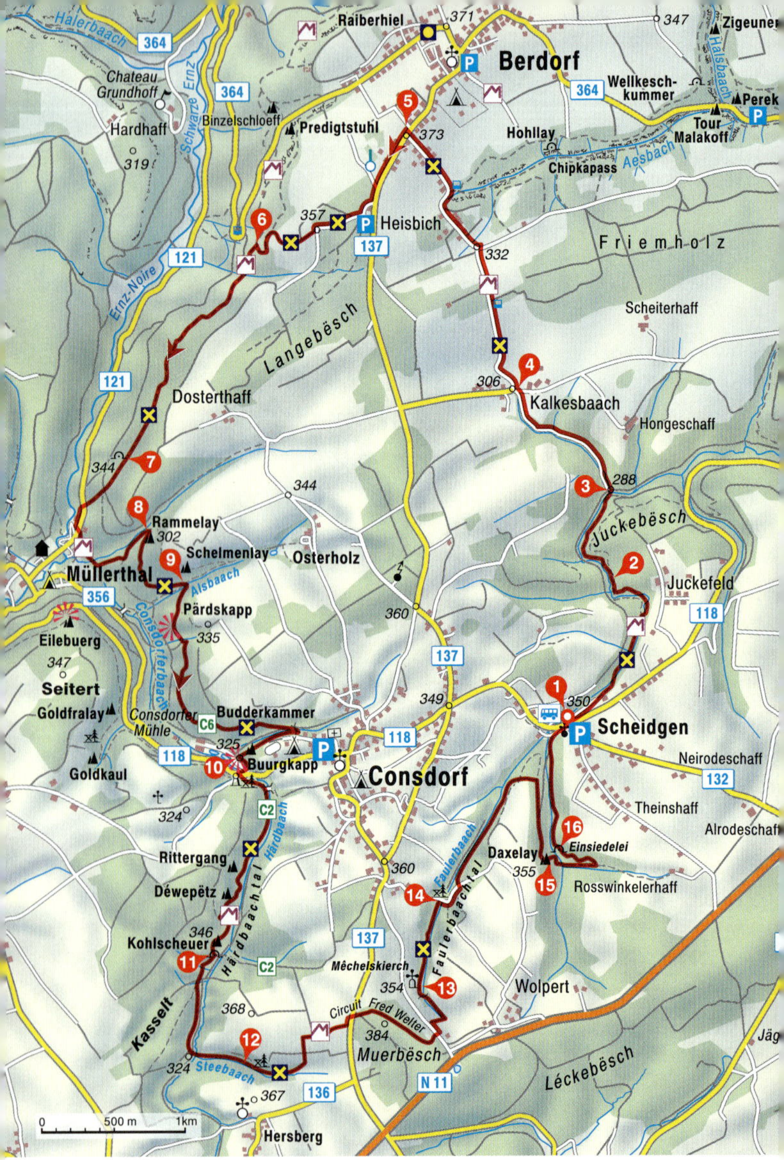
Raiberhiel
371
Berdorf
347
Zigeuner
Halerbaach
364
Chateau
Grundhoff
Hardhaff
319
Schwarze Ernz
Binzelschloeff
Predigtstuhl
373
Wellkesch-
kummer
Perek
Tour
Malakoff
Hohllay
Chipkapass
Aesbach
Halsbaach
357
Heisbich
137
332
Friemholz
121
Ernz-Noire
Scheiterhaff
Langebësch
306
Kalkesbaach
Dosterthaff
Hongeschaff
344
288
Juckebësch
Rammelay
302
Schelmenlay
Osterholz
Müllerthal
Alsbaach
Juckefeld
356
Pärdskapp
335
Eilebuerg
360
118
347
Seitert
Consdorferbaach
349
Goldfralay
Consdorfer
Mühle
Budderkammer
C6
350
Scheidgen
325
Neirodeschaff
Goldkaul
Buurgkapp
Consdorf
132
324
C2
Theinshaff
Alrodeschaff
Rittergang
Härdbaach
Daxelay
Einsiedelei
355
Déwepëtz
360
Rosswinkelerhaff
Faulerbaach
Härdbaachtal
Faulerbaachtal
346
Kohlscheuer
Mêchelskierch
354
Wolpert
368
Circuit Fred Welter
384
Kasselt
Muerbësch
Jäg
324
Steebaach
136
N 11
Léckebësch
367
Hersberg
0
500 m
1km
1
2
3
4
5
6
7
8
9
10
11
12
13
14
15
16

Zurück am Pfad geht es weiter hinab, kurz an der Straße C.R. 121 (Parkplatz) vorbei bis vor den Waldaustritt zu mehreren Wegweisern. Dort verlassen wir erneut den Mullerthal Trail und folgen nach links dem Ww. »Rammelay 0,9 km« weiterhin auf Pfad durch Buchenwald. Wir überqueren den Dosbach und kommen zu einem Querweg, an dem wir nach links 250 m gehen und dann rechts hinauf auf einem Pfad zur Rammelay am Ww. »Consdorf 2,3 km + Consdorfer Buurgkapp 3,1 km«. Dort machen wir einen Abstecher (50 m) nach links hinauf in die imposante Felsenschlucht **Rammelay** 8.

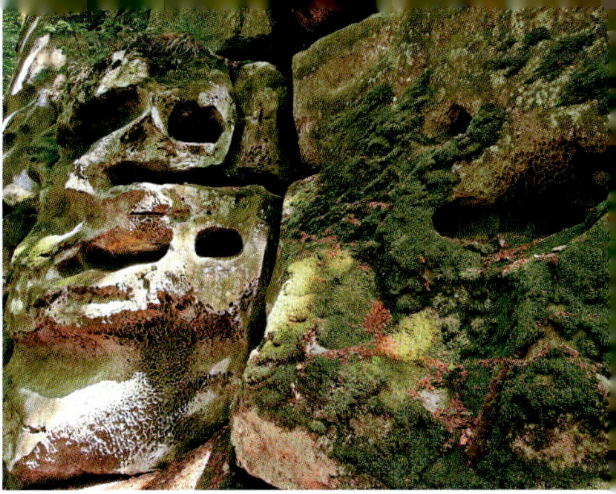

Felsformationen bei der Rammelay.

Wieder zurück, steigen wir aufwärts (Schelmenlay 0,9 km) durch eine fantastische moosbewachsene Felsenlandschaft. Weiter auf dem Pfad gelangen wir zum großen überhängenden Felsen **Schelmenlay** 9. Auf einer Holzbrücke überqueren wir den Alsbaach und steigen weiterhin auf anspruchsvollem Pfad über viele Stufen hinauf. Dann geht es ständig auf und ab, wir passieren ein Felsentor (Ww. Pärdskapp 1,0 km) und einen Abzweig (Ww. Pärdskapp 0,2 km). An einem Querpfad folgen wir dem gelben X nach links und steigen über Holzstufen hinunter. Dort überqueren wir einen Weg und den Consdorfer Bach, steigen über Stufen hinauf und folgen dem Ww. »Consdorfer Millen 0,9 km« an einem Abzweig vorbei. Es geht an faszinierenden Felsen entlang, und am Schild »Belle Vue Buurgkapp« machen wir einen Abstecher (100 m) über Stufen hinauf zum Aussichtsplateau **Buurgkapp** 10, 325 m, mit Blick ins Müllerthal. Wieder zurück am Schild geht es kurz (25 m) nach links, dann rechts hinab zum Parkplatz Consdorfer Millen. Wir queren die Straße C.R. 118 und stoßen wieder auf den Mullerthal Trail; diesem und dem gelben X folgen wir bis nach Scheidgen. Wir gehen nach links an einer Schranke vorbei und am Härdbaach entlang auf einem Weg, bis wir nach 800 m nach rechts auf Pfad hinaufsteigen. An Felsen entlang kommen wir zur 40–45 cm breiten Felsspalte **Rittergang**. Hier müssen wir den Rucksack abnehmen und uns seitlich durch die Spalte zwängen. 50 m danach können wir die spektakuläre, 50 m lange dunkle Felsspalte **Déwepëtz** erkunden. Nach 300 m kommen wir zu einem beschilderten Abzweig. Hier folgen wir dem Ww. »Adventure Kohlscheuer/Circuit Station 1–4 200 m« rechts hinauf zur Markierung 2 an einer Verzweigung (hierher kommen wir später zurück) und steigen nach rechts über Stufen hinauf zu einer Felsenschlucht.

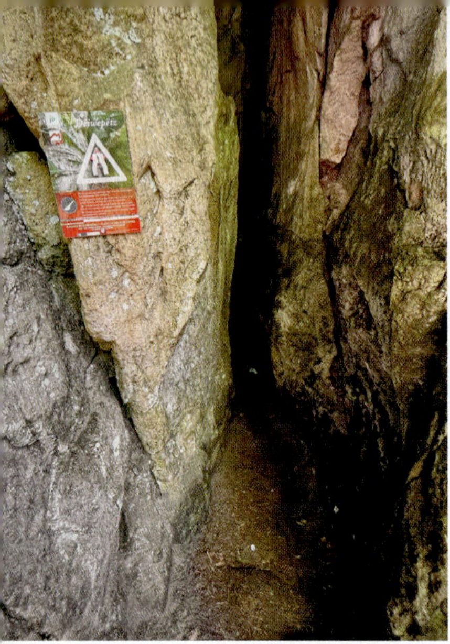

Eingang der schmalen Déwepëtz-Schlucht.

Vor dieser besteht die Möglichkeit zu einem Abstecher (50 m) zum **Aussichtsplateau Belle Vue**. Von diesem wieder zurück, folgen wir der Markierung 2, 3 und 4 durch die Felsenschlucht zum Eingang (Entrée) der stockfinsteren Höhle **Kohlscheuer** ⑪ (Kuelscheier). Ohne Taschenlampe sollte man sie trotz der Einbahnrichtung nicht durchqueren, um ein unliebsames Aufeinandertreffen im dunklen Schacht zu vermeiden. Hinter ihr gelangen wir wieder zum bekannten Schild »Adventure Kohlscheuer«. Dort biegen wir rechts ab, gehen unterhalb an der Kohlscheuer entlang, durchqueren ein Felsentor und folgen dem Ww. »Scheidgen 7,2 km« in ständigem Auf und Ab und durch ein weiteres Felsentor. Weiterhin zwischen tollen Felsformationen entlang folgen wir an mehreren Wegweisern in einem Abstand von 100 m dem Ww. »Scheidgen 6,5 + 6,3 km« ins romantische **Steebachtal** nach links abwärts. Über eine Holzbrücke überschreiten wir den Bach und kommen an Felsen entlang zu einem **Felsüberhang** ⑫ mit eingeritzten Schleifrillen, die etwa 4500 bis 6000 Jahre alt sind.

Wir verlassen das Steebachtal und den Wald, steigen hinauf in offene Landschaft mit Blick nach rechts zurück auf den Ort Altrier und folgen einem Teerweg geradeaus zur Straße C.R. 137. Diese queren wir nach links, wandern durch den moorigen Wald Muerbêsch, überqueren eine schmale Straße und folgen einem Radweg kurz (100 m) nach links. Nun geht es rechts hinunter an Wiesen entlang in ein enges, bewaldetes und felsiges Bachtal hinab. Gleich zu Beginn treffen wir an einem Steg über den Bach die Einsiedlerklause **Mêchelskierch** ⑬, die Ende des 18. Jahrhunderts von einem Eremiten namens Michael bewohnt wurde.

Weiter durch das Tal gelangen wir zum **Picknickplatz Dielchen** ⑭ und zweigen rechts ab auf einen Teerweg, dem wir 200 m folgen (Ww. Scheidgen 3,1 km); dann links auf einem Pfad über Stufen hinunter durch ein Bachtal und über 53 Stufen hinauf zu einem Weg und Pfad. An einer Verzweigung rechts, weiter auf Pfad bzw. Weg und über viele Stufen hinab erreichen wir die Felsformation **Daxelay** ⑮, 355 m. Weiter über Stufen auf

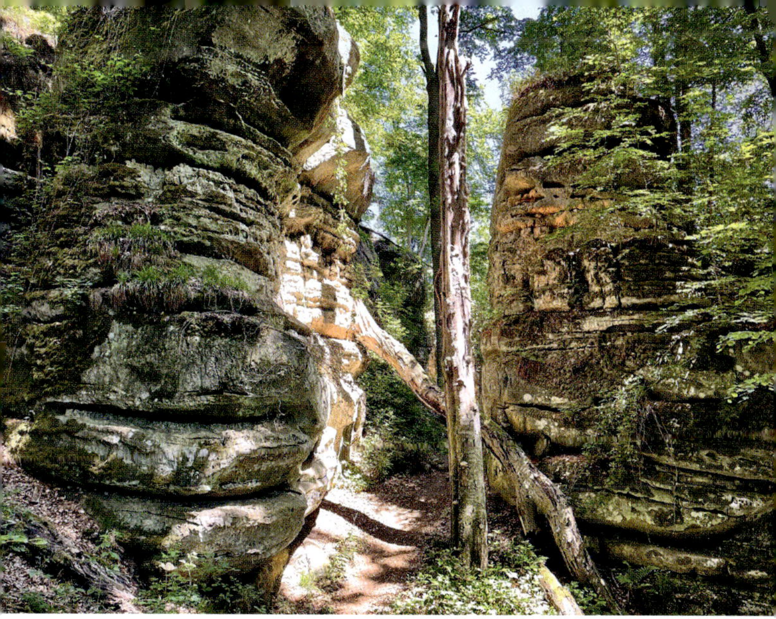

Bilderbuch-Felsenlandschaft auf dem Weg ins Steebachtal.

und ab, überqueren wir einen Bach über eine Holzbrücke, machen einen Rechtsbogen und kommen an Felsen hinauf zur **Einsiedelei** 16, 360 m, mit dem Luxemburger Wappentier, dem roten Löwen.

Weiter an faszinierenden Felsen entlang gelangen wir zum Felsüberhang **Härgottskapp**, den Mönche eines Klosters bis 1967 regelmäßig zur Meditation und zum Gebet besuchten. An weiteren eindrucksvollen Felsen vorbei kommen wir auf einem Weg, bei der ersten Sitzbank (15 m vor einem Teerweg) auf der rechten Seite, an einen Felsen mit der Gedenktafel »Fred Welter«; er war ein besonderer Kenner seiner geliebten Heimat. Wir folgen dem Teerweg zur Straße und kommen nach rechts in wenigen Minuten zum Ausgangspunkt am Parkplatz bei der Kirche bzw. am Vereinshaus in **Scheidgen** 1.

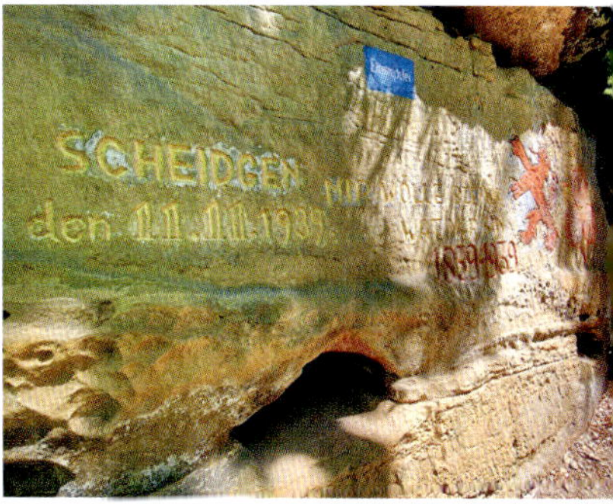

Inschriften an der Einsiedelei mit dem Luxemburger Löwen sowie von Bürgern Scheidgens.

↗ 150 m | ↘ 150 m | 6.3 km

67 Heringer Millen – Schiessentümpel – Kalktuffquelle

2.20 h

Durch das Herz des zauberhaften Müllerthals zu zwei der kleinen Schätze der Luxemburger Schweiz

Diese kurze Wanderung bietet uns unvergessliche Natur inmitten des Mullerthals. Zuerst geht es von der Heringer Millen zum Wahrzeichen der Kleinen Luxemburger Schweiz, dem Schiessentümpel, der das Ziel von jährlich rund 300.000 Besuchern ist – ein romantisches Fleckchen. Kurz darauf erreichen wir einen weiteren Höhepunkt, die neue Treppenanlage. Nach einem schweren Unwetter am 1. Juni 2018 ist ein großes Teilstück des viel beliebten Mullerthal Trail 3 abgerutscht und somit nicht mehr begehbar gewesen. Eine neue Stahlkonstruktion wurde direkt an den Felsen verankert, sodass Hangbewegungen keine Auswirkungen mehr auf die Treppe nehmen. Das für die gesamte Anlage verwendete Holz stammt aus den Wäldern des Mullerthals. Auf dem Weiterweg sind beeindruckende Felsformationen sowie die Schwarze Ernz unsere ständigen Begleiter hin zum Wasserspeicher der Kalktuffquelle. Hier fließt glasklares, kalkhaltiges Wasser über einen Felsvorsprung in ein Auffangbecken mit dem türkis schimmernden Wasser – ein absolutes Highlight in der Region Mullerthal. Auf demselben Weg geht es zurück zur Heringer Millen.

Der Schiessentümpel ist das Aushängeschild des Mullerthals.

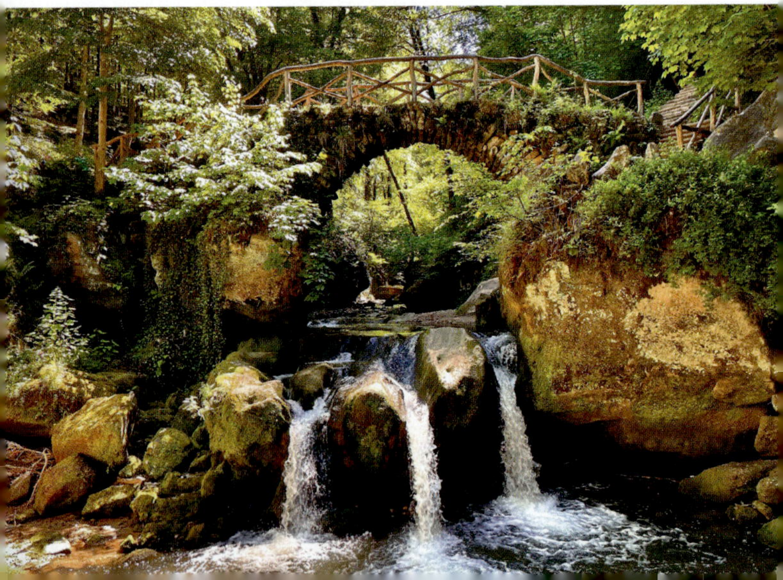

Ausgangspunkt: L-6245 Mullerthal, Rue des Moulins 1, Touristcenter und Restaurant Heringer Millen, 215 m. Parkplatz in der Straße Rue des Moulins. (GPS: N49.789973 E6.305491).
Anfahrt: Eifelautobahn A1 bis zum Autobahnende und weiter B51 über Prüm auf die A60. Vor Bitburg auf der B257 in Richtung Echternach bis zur Ausfahrt nach Echternacherbrück und weiter nach Bollendorf. In Bollendorf überqueren wir die Grenzbrücke »Sauer«, dann weiter nach rechts auf der Straße N10 nach Grundhof. In Grundhof nach links auf die C.R.121 nach Mullerthal. Im Ort vor dem Hotel Cascades du Mullerthal kurz (40 m) nach rechts und nach links in die Straße »Rue des Moulins« zur Heringer Millen.

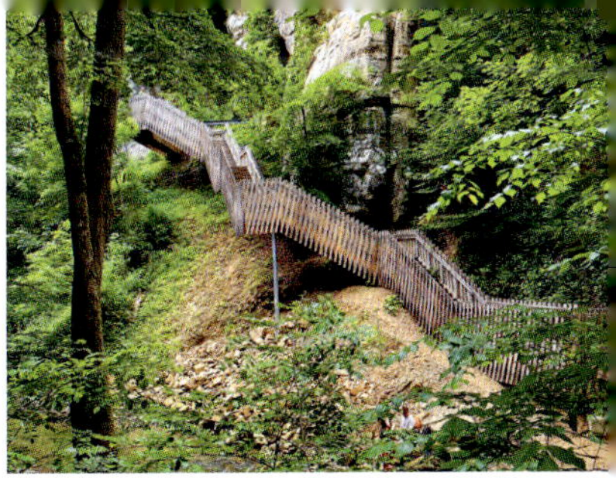

Die große Treppenanlage an der Schwarzen Ernz.

Anforderungen: Einfache Wanderung am Bach Ernz Noire entlang.
Einkehr: Unterwegs keine; am Ausgangspunkt die Brasserie Heringer Millen (heringermillen.lu).

Ausgangspunkt dieser zauberhaften einfachen Streckenwanderung hin und zurück beginnt beim Restaurant und Touristcenter **Heringer Millen** ❶ im Mullerthal. Dort folgen wir an der Straße »Rue des Moulins« bei mehreren Wegweisern dem Ww. »Mullerthal Trail 3 + Kalletuffquell 3,0 km« auf der Straße bis zum Ende, dann vor einem Haus (Campingplatz) nach rechts auf einen Pfad. Über eine Brücke überqueren wir den Belliger Bach, steigen hinauf und folgen nach links dem Weg M durch den Wald, bis wir über eine Brücke den Bach **Ernz Noire** (Schwarze Ernz) überqueren.
Es geht kurz (80 m) auf dem Bürgersteig an der Straße C.R.121 aufwärts und wir blicken auf den romantischen **Schiessentümpel** ❷ und seinen Wasserfall mit drei Kaskaden – ein zauberhaftes Fleckchen Erde. Nun gehen wir über die malerische **Steinbrücke**. Bevor wir aber die Stufen hinaufsteigen, sollten wir unbedingt zuerst nach rechts die Steinstufen hinabsteigen, denn von dort hat man den schönsten Blick auf den Wasserfall. Wieder zurück, steigen wir die Stufen hinauf, folgen nach links dem Pfad (Ww. M3 + Kalletuffquell 2,1 km) an imposanten Felsen entlang und kommen zu einem weiteren Highlight, eine 89 m lange **Treppenanlage** mit 114 Stufen, ein toller Anblick. Über diese, weiterhin an den Felsen entlang, folgen wir der Beschilderung »Kalletuffquell 1,6 km« hinunter zur Straße C.R.121, die wir zum **Parkplatz Schiessentümpel** ❸ überqueren.
Wir wandern kurz auf dem Bürgersteig aufwärts und es geht nach links auf einem schönen Pfad, bis wir über eine **Holzbrücke** die Ernz

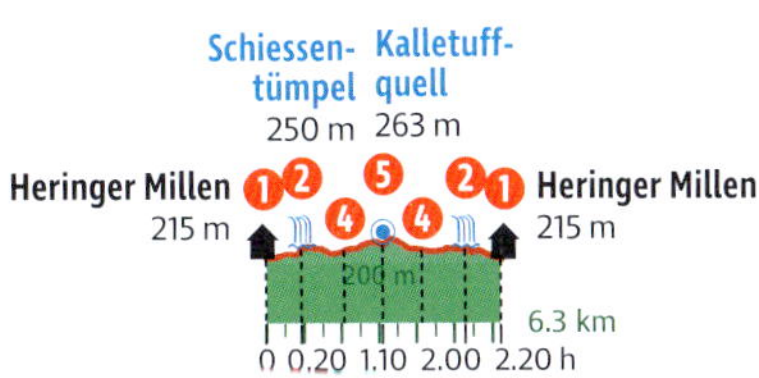

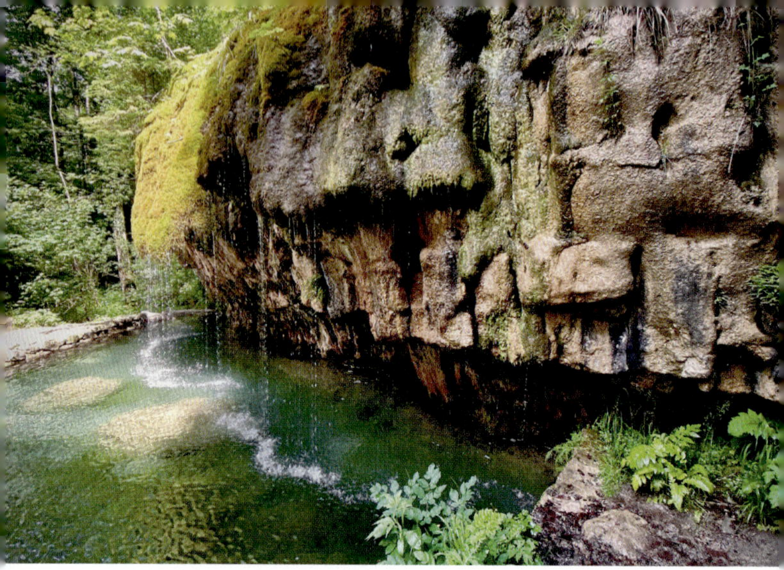

Ein Naturphänomen im Mullerthal: die Kalktuffquelle in ihrer ganzen Farbenpracht.

Noire überqueren. Weiter auf einem Weg, überqueren wir die Nebenstraße **C.R. 118** ❹ bei einer Straßenbrücke, folgen geradeaus dem Weg, einen Parkplatz linker Hand passierend, an der Ernz Noire entlang zu einer Schranke. Dort überqueren wir den **Gluedbaach**, folgen einem Weg (Ww. Kalletuffquell 1,0 km) durch herrlichen Wald, mit Blick rechts unterhalb auf die Ernz Noire und links am Wegesrand die eindrucksvollen Felskulissen. Wir erreichen den Wasserspeicher mit der **Kalktuffquelle** (Kallektuffquell) und steigen die 80 Stufen hinab zum **Becken** ❺, mit einem wunderschönen Naturschauspiel und der Farbenpracht des Wassers und der Felsen. Eine Sitzbank lädt zum Verweilen ein.

Von dort zurück, steigen wir wieder die 80 Stufen hinauf und folgen der Beschilderung »Mullerthal Trail 3 + Heringer Millen» auf demselben Weg zurück zur **Heringer Millen** ❶.

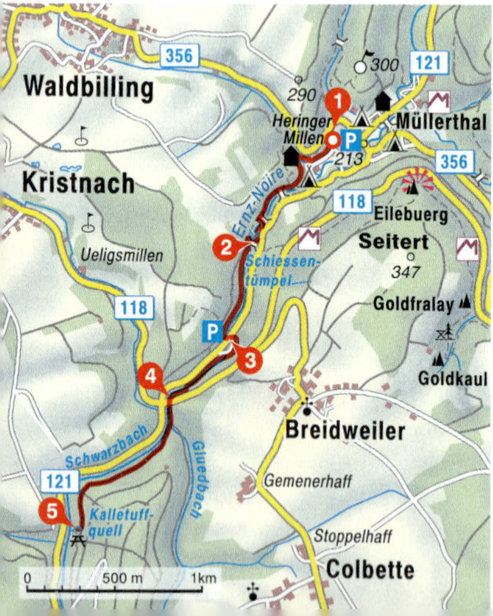

↗ 300 m | ↘ 300 m | 8.0 km

3.20 h

TOP **68**

Teufelsschlucht und Irreler Bachschnellen

Das Wanderkino am Ferschweiler Plateau

Diese Tour bietet beeindruckende Naturschönheiten, angefangen bei der einmaligen Teufelsschlucht und gefolgt von der 110 Meter langen Hängebrücke über die Irreler Wasserfälle (Bachschnellen). Durch das romantische Hällbachtal mit seinen kleinen Wasserfällen steigen wir hinauf, und danach geht es von Highlight zu Highlight. Ein Felsenpfad führt uns durch das »Wanderkino«, durch eine fabelhafte moosbewachsene Landschaft mit Felsentoren, Steilwänden und engen Schluchten, wieder zur Teufelsschlucht, über die das Naturparkzentrum informiert.

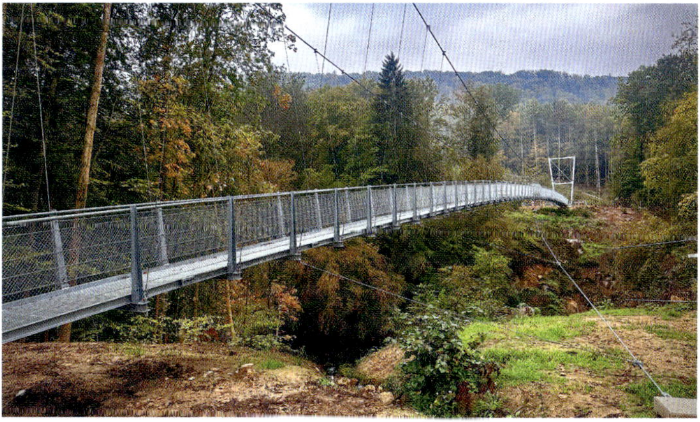

Die spektakuläre, 2023 eröffnete Hängebrücke über den Stromschnellen der Prüm.

Ausgangspunkt: 54668 Ernzen, 324 m, Parkplatz am Naturparkzentrum Teufelsschlucht, 340 m (GPS: N49.843167 E6.434089).
Anfahrt: Mit Pkw: Eifelautobahn A1 bis zum Autobahnende und weiter über die B51 über Prüm auf die A60. Vor Bitburg über die B257 Richtung Echternach bis hinter Irrel. Abfahrt Ernzen-Ferschweiler (Naturparkzentrum Teufelsschlucht), weiter über die K20 vor Ernzen folgen wir dem Hinweisschild »Teufelsschlucht/Dinosaurierpark« rechts abbiegend zum Parkplatz am Naturparkzentrum.
Anforderungen: Ständiger Wechsel von Auf- und Abstiegen in Felsenlandschaft, bei Nässe glitschig.
Einkehr: Bistro Teufelsküche im Naturparkzentrum Teufelsschlucht.
Hinweise: 1) Das Besucherzentrum ist täglich geöffnet von Anf. April bis Ende Oktober 11–18 Uhr, von Ende Oktober bis Anf. Januar 11–17 Uhr, teufelsschlucht.de. 2) Der Dinosaurierpark ist von Ostern bis 1. November täglich 9–18 Uhr geöffnet, dinopark-teufelsschlucht.de.

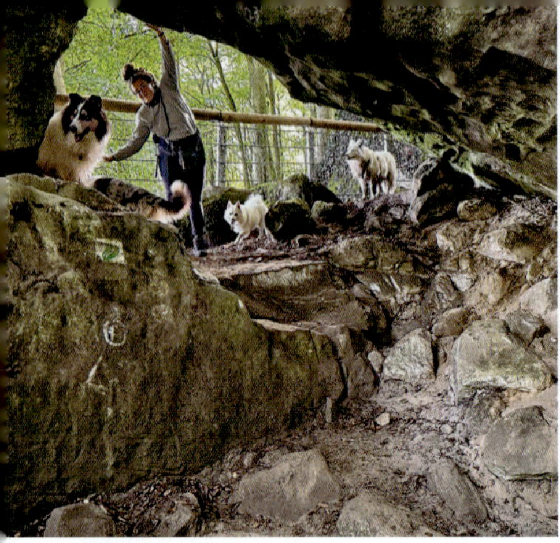

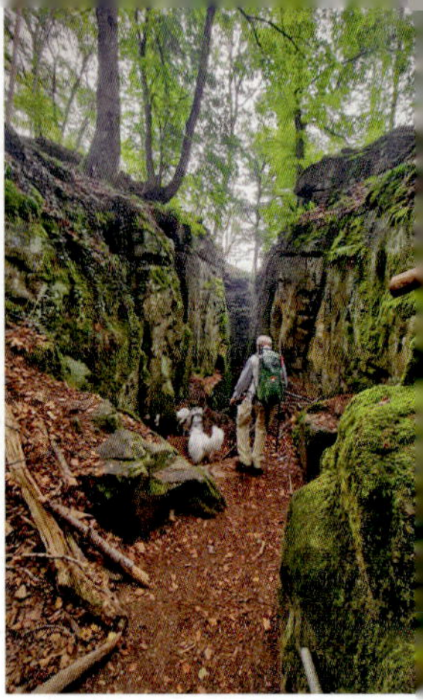

Felsentor auf dem Weg zur Teufelsschlucht (links) und wilde Felsenlandschaft an deren Eingang (rechts).

Wir starten unsere Tour am neuen **Parkplatz Teufelsschlucht ❶** bei Ernzen und gehen, am Eingang des Dinosaurierparks vorbei, knapp 500 m zum **Naturparkzentrum** (s. Hinweise). Dort zweigen wir nach rechts ab und folgen dem Weg 54 (Naturpark Südeifel) zum **Ein-/Ausgang der Teufelsschlucht ❷**. An dieser steigen wir über Stufen hinunter in die 28 m tiefe Schlucht und wandern an tollen Felsformationen entlang (Logo NaturWanderPark delux + A). Es geht durch eine urwüchsige Schlucht – eine traumhafte Kulisse – und durch ein enges Felsentor. Hinter diesem halten wir uns rechts (NaturWanderPark delux + A) und treffen nach ca. 300 m auf eine **Gabelung ❸** mit dem Schild »Hängebrücke Irreler Wasserfälle 1,0 km« (hierher kommen wir wieder zurück).

An der Gabelung verlassen wir vorerst das Logo »NaturWanderPark delux + A« und folgen geradeaus hinab dem Ww. »Hängebrücke 1,0 km« (Markierung Teufelspfad 8 + Eifelverein/Willibrodusweg), zuerst auf Weg, dann an einem Querweg nach links (Weg 54) und auf Pfad an Felsen entlang und nach links (Ww. Irreler Wasserfälle 0,7 km). Anschließend geht es rechts (Ww. Wasserfälle/Hängebrücke 0,4 km) über Stufen steil hinunter zu einem Teerweg. Hier machen wir einen sehr lohnenswerten Abstecher (100 m) kurz nach rechts (35 m) und auf Pfad zur **Hängebrücke ❹**, mit Blick auf die **Irreler Wasserfälle** (Bachschnellen). Wieder zurück am Teerweg, folgen

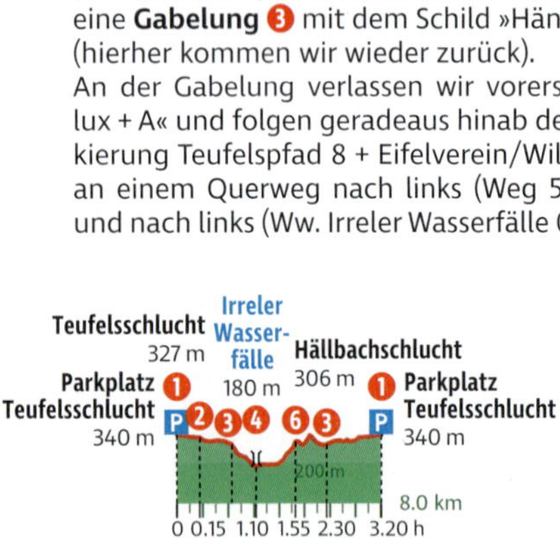

wir diesem nach rechts, passieren eine Schutzhütte und zwei Sinnesliegen und blicken bald darauf auf die aufgestaute Prüm. An einem **Picknickplatz** 5 biegen wir links ab in den Wald, überqueren den **Hällbach** ohne Mühe und steigen steil hinauf auf Pfad durch das schöne Hällbachtal mit seinen kleinen Wasserfällen und bemoosten Steinbrocken (Ww. 54 + 59). Es lohnt sich, einen Augenblick zu verweilen, um das Spiel des Sonnenlichts auf dem Wasser zu genießen.

An einem Querweg kurz rechts (25 m), dann kurz links (25 m) auf einem Pfad hinauf und erneut links steil bergan (Ww. 54) erreichen wir die **Hällbachschlucht** 6, eine tolle bemooste Felsenlandschaft. Wir biegen nach links hinauf zu einem Querpfad, dem wir nach links folgen, wieder mit dem Logo »NaturWanderPark delux + A« (begleitet uns bis zum Ein-/Ausgang der Teufelsschlucht) und kommen an einem Querpfad nach links zum **Mühlensteinbruch** 7. Die nächsten 2,2 km geht es durch das sogenannte Wanderkino ständig auf und ab auf Pfad, an beeindruckenden Felsen vorbei, durch enge Klüfte und Felsentore, eine traumhafte bemooste Felsenlandschaft – man muss immer wieder stehen bleiben und staunen. An einem Querpfad halten wir uns links, gelangen so zu einem Querweg, hier erneut links und gleich wieder nach rechts zur **Gabelung** 3 mit dem Schild »Hängebrücke Irreler Wasserfälle 1,0 km«, an der wir auf dem Hinweg abgezweigt sind.

Wieder auf dem uns bekannten Pfad folgen wir dem Ww. »Teufelsschlucht 1,1 km« und sehen nun die Felsenlandschaft aus einer anderen Perspektive. Einmal über eine Holzbrücke kommen wir zu einer Verzweigung. Hier ignorieren wir den Wegweiser »Naturparkzentrum« nach rechts und gehen stattdessen nach links (NaturWanderPark delux + A + 8) wieder durch die enge Felsspalte in den urwüchsigen Schluchtenverlauf zu einer **Aussichtskanzel** mit Blick auf Irrel. Nach einer Rast auf dem Logenplatz geht es wieder in die wilde **Teufelsschlucht**. An deren **Ein-/Ausgang** 2 folgen wir dem bekannten Weg nach rechts zurück zum **Naturparkzentrum** und zu unserem Ausgangspunkt am **Parkplatz Teufelsschlucht** 1.

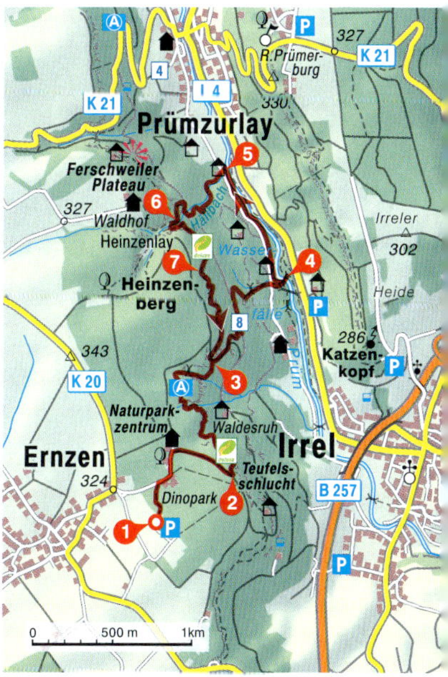

↗ 400 m | ↘ 400 m | 16.0 km

69 Schloss Weilerbach – Teufelsloch – Schweineställe

5.30 h

Durch schönste bemooste Felsenlandschaft für Genießer

Die Tour beginnt beim spätbarocken Schloss Weilerbach, das 1780 Emmanuel Limpach, der letzte Abt von Echternach, errichten ließ, mit großem Gartenpark samt Pavillon und Brunnenhaus. Von der kleinen Eisenhütte, die hier im 18./19. Jahrhundert betrieben wurde, sind heute im Museumscafé Remise noch Relikte wie Öfen oder Takenplatten ausgestellt. Durch prächtigen Buchenwald kommen wir, vorbei am Dianadenkmal aus der zweiten Hälfte des 2. Jahrhunderts n. Chr., zum Teufelsloch, einer imposanten Felsenschlucht. Dort haben wir von einem Aussichtsplateau einen fantastischen Blick auf Bollendorf. Durch eine idyllische Felsenlandschaft geht es über die grottenartige Bildcheslay und die bizarren Felsengebilde der Ossenlay auf aussichtsreichen Höhen zum Ort Ferschweiler. Nächster Höhepunkt sind die sogenannten Schweineställe, eine 300 Meter lange Schlucht mit schmalem Ein- und Ausgang. Ihr seltsamer Name beruht darauf, dass im Mittelalter die Bauern aus Ferschweiler ihre Schweine in die Schlucht trieben, um sie dort mit Eicheln und Bucheckern zu mästen. Die Inschrift »Artioni Biber« ist eine Danksagung des Römers »Biber« an die Bärengöttin »Artio« für die Rettung aus den Fängen eines Bären. Am Türkenkopf und an der imposanten Falkenlay, einem allein stehenden Felsen, vorbei schließt sich die vielfältige Runde.

Ausgangspunkt: D-54669 Bollendorf, Schloss Weilerbach, 200 m, an der K19 (GPS: N49.834338 E6.391515).
Anfahrt: Mit Pkw: Über die Autobahn A1 bis zum Autobahnende bei Blankenheim. Weiter auf der B51 über Prüm auf die A60 Richtung Bitburg. Über die B257 in Richtung Echternach (Luxemburg). Vor der Grenze nach Echternacherbrück und dort rechts ab in Richtung Bollendorf. Auf etwa halber Strecke folgen wir nach rechts der Beschilderung »Schloss Weilerbach« auf der K19 zum Parkplatz am Schloss.
Anforderungen: Ständiges Auf und Ab in Felsenlandschaft, bei Nässe rutschig.
Einkehr: Eifeler Hof in Ferschweiler (Abstecher knapp 400 m vom Wanderparkplatz Ferschweiler); Museumscafé Remise Schloss Weilerbach.
Hinweis: Wenn der Weg nach der Bildcheslay noch wegen Geländererneuerung gesperrt ist, folgen wir dem Pfad 56 nach rechts hinauf zur Fahnenstange auf der Aussichtskanzel, 371 m, oberhalb der Ossenlay, mit Blick ins Sauertal. Von dort gehen wir weiter auf Pfad 56 an einer Schutzhütte und Sendemast vorbei zu einem Wegetreff, an diesem kurz nach rechts aufwärts (25 m) und weiter wie in der Beschreibung.

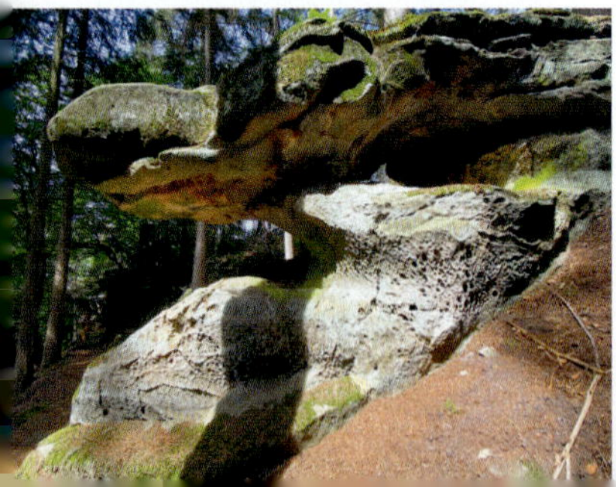

Bizarre Felsen auf dem Weg zu den Schweineställen.

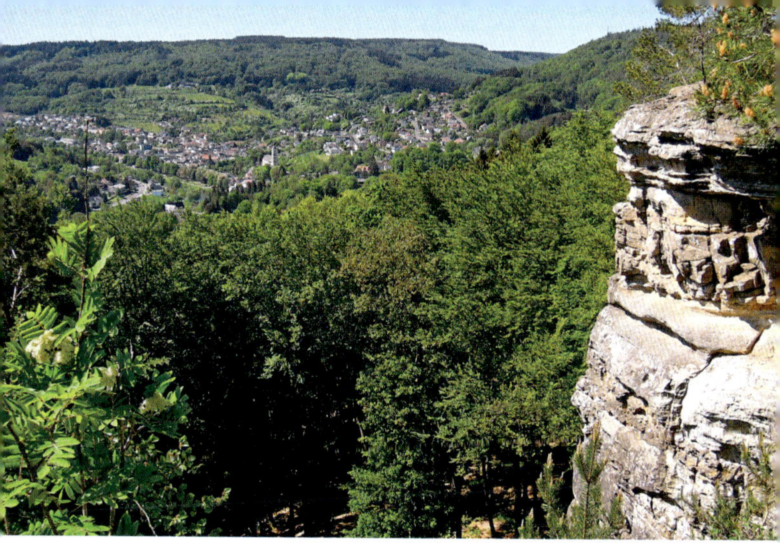

Weitblick vom Aussichtsplateau Teufelsloch auf Bollendorf.

Vom Parkplatz vor dem **Schloss Weilerbach** ❶ gehen wir an der Schranke vorbei zum **Museumscafé Remise**. Dort machen wir einen Abstecher (120 m) zum Schlossgarten und wandern rechts am Schloss vorbei. Wieder zurück am Café kommen wir dahinter links hinauf über eine Treppe zu einem Weg. Diesem folgen wir erneut nach links und folgen dann nach rechts Pfad Nr. 57 durch den Wald zu einem befestigen Weg. Auf diesem aufwärts (Ww. Dianadenkmal) und an einer Verzweigung links abwärts (Ww. Eifelverein/Matthiasweg) erreichen wir das **Dianadenkmal** ❷. Die römische Göttin Diana war für den Schutz des Waldes und der Jagd zuständig.
Gleich hinter dem Denkmal und einem Picknickplatz geht es rechts hinauf auf Pfad mit Blick auf das Wohngebiet Laufenwehr. Wir überschreiten einen Weg nach links und steigen weiter hinauf (32 + 57). An einer Gabelung, weiter rechts hinauf (32 + 57), gehen wir bald an moosbesetzten Felsbrocken und Felsen entlang. Wir steigen über mit einem Eisenhandlauf gesicherte Stufen durch eine schmale Felsspalte und zweigen direkt dahinter vor einer Sitzbank rechts hinauf in die mächtige Felsenschlucht **Teufelsloch**. Dort machen wir einen kurzen Abstecher (50 m) nach rechts über Stufen im Fels und eine Eisenleiter steil hinauf zum kleinen **Aussichtsplateau** ❸, 330 m.
Vom Plateau wieder zurück in die Schlucht und kurz rechts zwängen wir uns seitlich durch die schmale **Teufelsloch-Felsspalte**; hier müssen wir den Rucksack abnehmen (Markierung weißer Pfeil). So gelangen wir unterhalb der Felsen zu einem Querpfad. Auf diesem wandern wir rechts an weiteren moosbewachsenen Felsen und Steinbrocken entlang (32 + 57)

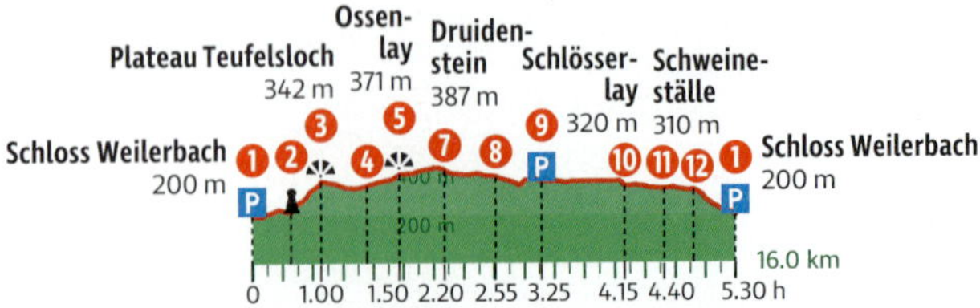

und passieren einen Abzweig. An einer Verzweigung verlassen wir Pfad 57, folgen links dem Pfad (Nr. 32 + 56) hinunter und gehen an einer weiteren Verzweigung (südlich Artistenplatz) rechts aufwärts. Dort folgen wir dem Logo »NaturWanderPark delux + A+ 33 + 56«. An prächtigen Buchen und moosbesetzten Felsen vorbei kommen wir zum Schild »Bauchbütt«. Hier haben wir die Möglichkeit, in einer Schleife von etwa 150 m an bemoosten Steinbrocken entlangzuwandern.

Bald darauf erreichen wir den Picknickplatz am **Artistenplatz** und nach weiteren 5 Minuten folgen wir am blauen Schild mit weißer Schrift dem Pfad in einem kurzen Abstecher (25 m) zum Felsblock **Bildcheslay** 4, einer grottenartigen Nische mit Madonna und Kreuz – ein beeindruckender Anblick. Zurück am Pfad wandern wir aufwärts, überqueren einen Weg nach links und halten uns nach kurzer Zeit an einer Verzweigung links (NaturWanderPark delux + 33 + 56; siehe Hinweis: Umleitung). Bald danach geht es auf dem ausgesetzten Pfad mit einem Holzgeländer gesichert an den beeindruckenden Felsformationen der Ossenlay entlang zu einem Wegetreff am Schild »Ossenlay 0,2 km«. Dort machen wir einen lohnenswerten Abstecher (170 m) scharf nach rechts hinauf zu einer Schutzhütte und nach weiteren 20 m zur **Aussichtskanzel** 5, 371 m, auf der **Ossenlay** mit großartigem Blick ins Sauertal.

Zurück am Wegetreff folgen wir dem Weg kurz nach rechts aufwärts (25 m), biegen links ab auf Pfad 56 + 33 und gehen an Felsen ent-

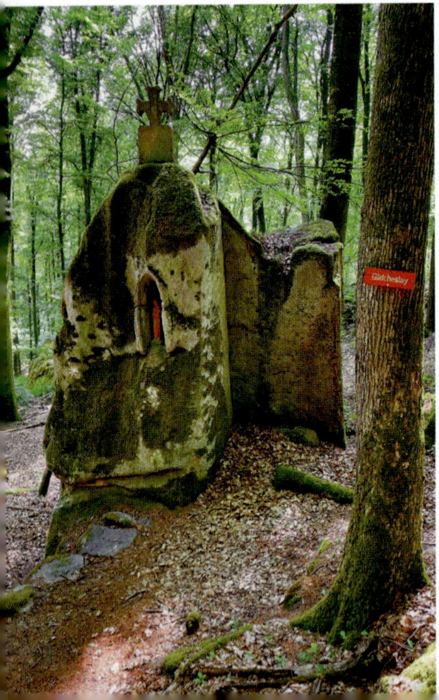

Bildcheslay mit Madonna in der Nische.

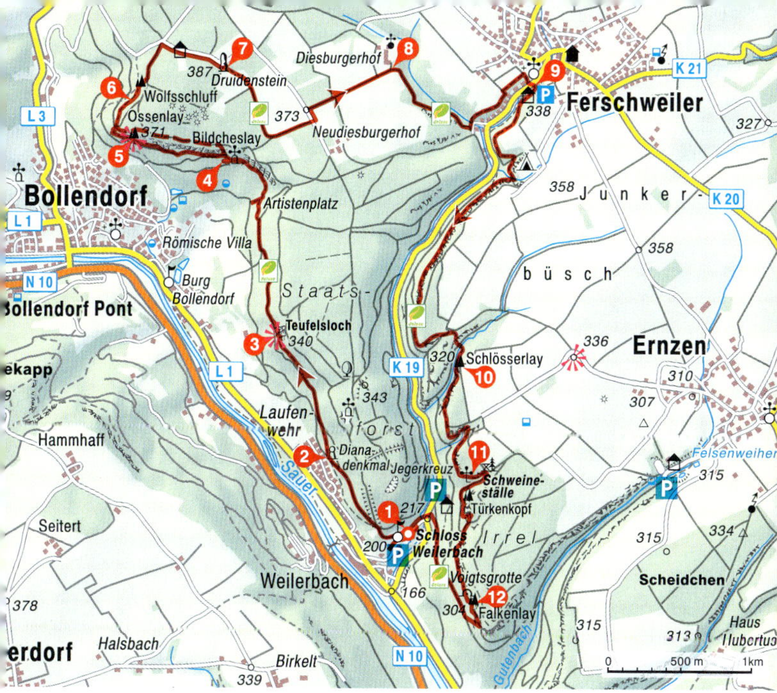

lang durch die **Wolfsschluff** ❻. An einer Wegekreuzung an Felsen steigen wir rechts hinauf (Holzschild Ritschlay) zu einem Querweg, dem wir nach links bis zu einer Kreuzung folgen. Wir steigen nun auf einem Teerweg an, passieren eine **Schutzhütte** beim Wanderparkplatz und Waldsportplatz. Hinter einem Feld verlassen wir den Teerweg und gehen geradeaus durch einen kleinen Wald zum **Druidenstein** ❼, 387 m. Dort folgen wir wieder dem Logo »NaturWanderPark delux« auf dem Weg an Wiesen und Feldern entlang zu einem Querweg; hier kurz links und am Wasserschutzgebiet-Schild nach rechts an Flur entlang bis vor den **Diesburgerhof** ❽.

Hier leitet uns der Ww. »Ferschweiler 1,4 km« nach rechts durch den Wald hinunter zu einem befestigten Weg an einem Wasserschutzgebiet (Bornstraße/Scholtesdell) bei zwei Häusern. Dort kurz links (40 m), dann auf dem Pfad (Ww. Ferschweiler 0,7 m) steil hinauf in den Wald zu einem Felsen und weiter mit Blick auf die Kirche von Ferschweiler kommen wir zum Friedhof. Vor diesem steigen wir die Steintreppe hinunter und queren die Bornstraße zum großen **Wanderparkplatz** ❾ am Ortsrand von **Ferschweiler**. An einer Infotafel »Wanderwege im Naturpark Südeifel« können wir uns über das Wegenetz informieren.

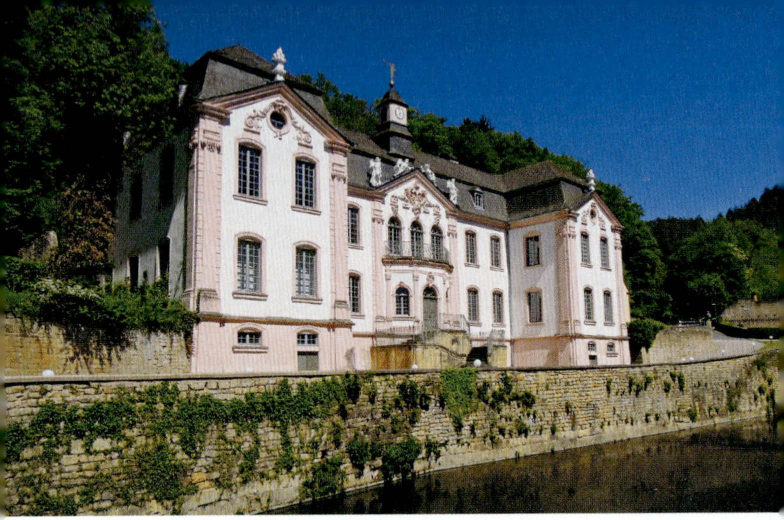

Das spätbarocke Schloss Weilerbach ist ein kulturelles Kleinod der Südeifel.

Uns rechts haltend überqueren wir den Parkplatz, passieren dann die Felsen der Brechkaul und kommen durch den Wald, an vielen weiteren Felsen entlang, nach ca. 2,7 km zum Ww. »Schlösserlay 0,1 km«; diese erreichen wir schon nach 30 m. Die **Schlösserlay** ⑩ ist ein großer Überhang, unter dem schon zu vorgeschichtlichen Zeiten Menschen gewohnt haben. Weiter geht es an fabelhaften bemoosten und bizarren Felsen entlang und am Jegerkreuz vorbei, das links etwa 5 m abseits des Weges steht. Es heißt, dass ein gewisser Friedrich Anton Jeger im 18. Jh. bei Steinbrucharbeiten einen tödlichen Unfall erlitt und ihm ein Freund diese Gedenkstätte geschaffen hat. Direkt dahinter kommen wir bei mehreren Schildern zum Eingang der sogenannten **Schweineställe** ⑪. Hier machen wir nach links einen Abstecher (100 m) in die umrandetete Felsenschlucht, vorbei am Picknickplatz zur gut erhaltenen römischen **Felseninschrift »Artioni Biber«** auf der rechten Seite.

Wieder zurück bei den Schildern folgen wir dem Logo »NaturWanderPark delux« auf dem Felsenweg 1 (Ww. Falkenlay 1,0 km + Eifelverein/Matthiasweg) nach links aufwärts, auf dem Pfad am Türkenkopf vorbei und an moosüberzogenen Felsen entlang zur **Falkenlay** ⑫. Bald verlassen wir an einer Kreuzung den Weg mit der Markierung »NaturWanderPark delux«, biegen rechts auf einen Weg abwärts, dem wir geradeaus, an Abzweigen vorbei, folgen (ohne Markierung), und stoßen auf einen Wanderparkplatz mit den Infotafeln zum NaturWanderPark delux/Felsenweg 1 + 3. Dahinter kurz die Straße abwärts und nach rechts kommen wir zurück zum Parkplatz am **Schloss Weilerbach** ①.

↗ 400 m | ↘ 400 m | 20.1 km

6.50 h

Liboriuskapelle – Felsenweiher – Teufelsschlucht

70

Auf dem Felsenweg 6 durch bizarre Felsentore und Schluchten

Was für eine Rundtour: Zuerst wandern wir in Richtung Teufelsschlucht und weiter zur Liboriuskapelle mit fantastischem Blick auf das Sauertal und Echternach. An den skurrilen Felsformationen der Stubenlay entlang geht es zum spektakulär angelegten Felsenweiher. Pastor Phillipp Meyer entdeckte Mitte des 19. Jahrhundert eine Grube in der Felsenzone Lias, links am Weg von Ernzen zum Sauertal. Er erfasste eine Quelle, legte 300 Meter Wasserleitung und baute, größtenteils eigenhändig und mit eigenen Mitteln, Treppen und Umgänge ein, mit dem Ziel, dort eine Karpfenzucht anzulegen. Das Werk gelang, aber der wirtschaftliche Erfolg blieb aus. Nächster Höhepunkt sind die sogenannten Schweineställe, eine 300 Meter lange Schlucht mit schmalem Ein- und Ausgang. Ihr seltsamer Name beruht darauf, dass im Mittelalter die Bauern aus Ferschweiler ihre Schweine in die Schlucht trieben, um sie dort mit Eicheln und Bucheckern zu mästen. Die Inschrift »Artioni Biber« ist eine Danksagung des Römers »Biber« an die Bärengöttin »Artio« für die Rettung aus den Fängen eines Bären. Ein Felsenpfad begeistert uns dann ab der Hällbachsschlucht mit einzigartigen Naturschönheiten zwischen Felsentoren und Felswänden auf dem Weg zur Teufelsschlucht.

Blick von der Liboriuskapelle auf Echternach mit der Basilika.

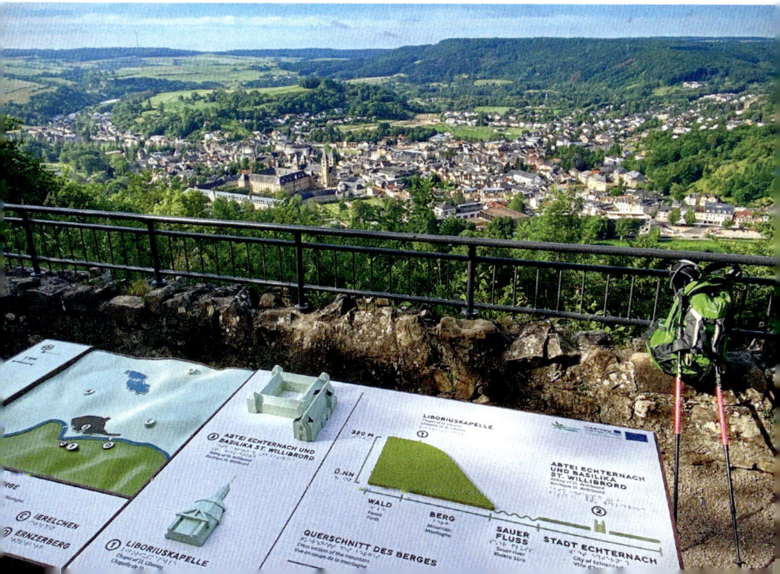

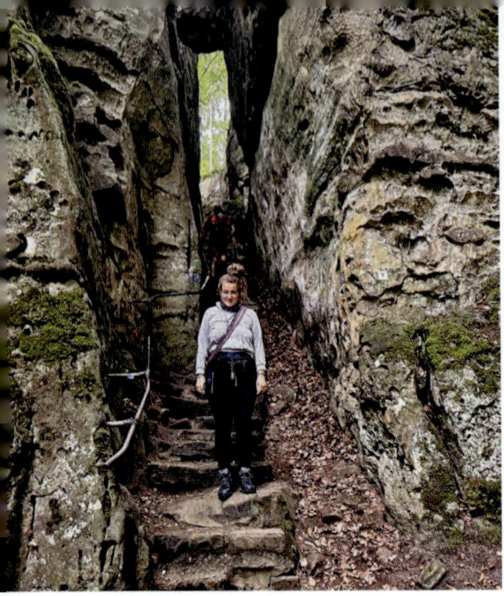

Treppe am Eingang der Teufelsschlucht.

Ausgangspunkt: 54668 Ernzen, 324 m, Parkplatz am Naturparkzentrum Teufelsschlucht, 340 m (GPS: N49.843167 E6.434089).

Anfahrt: Mit Pkw: Eifelautobahn A1 bis zum Autobahnende und weiter über die B51 über Prüm auf die A60. Vor Bitburg über die B257 Richtung Echternach bis hinter Irrel. Abfahrt Ernzen-Ferschweiler (Naturparkzentrum Teufelsschlucht), weiter über die K20. Vor Ernzen folgen wir dem Hinweisschild »Teufelsschlucht/ Dinosaurierpark« und rechts ab zum Parkplatz.
Anforderungen: Relativ lange und anstrengende Rundtour, ständig Wechsel von Auf- und Abstiegen in Felsenlandschaft. Bei Nässe auf den Pfaden und Stufen rutschig.
Einkehr: Bistro Teufelsküche im Naturparkzentrum Teufelsschlucht; Ernzerhof als Abstecher (400 m).
Hinweise: 1) Das Besucherzentrum ist täglich geöffnet von Anf. April bis Ende Oktober 11–18 Uhr, von Ende Oktober bis Anf. Januar 11–17 Uhr, teufelsschlucht.de. 2) Der Dinosaurierpark ist von Ostern bis 1. November täglich 9–18 Uhr geöffnet, dinopark-teufelsschlucht.de.

Wir starten unsere Tour am neuen **Parkplatz Teufelsschlucht** ❶ bei Ernzen und gehen, am Eingang des Dinosaurierparks vorbei, knapp 500 m zum **Naturparkzentrum** (s. Hinweise). Dort zweigen wir nach rechts ab und folgen dem Weg 54 (Naturpark Südeifel) zum **Ein-/Ausgang der Teufelsschlucht** ❷. Wir nehmen dann aber den Pfad oberhalb der Teufelsschlucht und folgen dem Logo »NaturWanderPark delux« (Felsenweg 6) auf dem gesamten Rundweg (Ww. Langenberg 1,4 km). An einer Gabelung steigen wir rechts hinauf, an Felsen und einer Schutzhütte vorbei. Über eine Wegekreuzung hinweg (Logo NaturWanderPark delux + Eifelverein/Willibrordusweg) geht es im Auf und Ab an Felsen und einer Hangkante entlang durch Buchenwald und über Betonstufen hinauf zum kleinen **Parkplatz Langenberg** ❸ an der Kreisstraße 20. Vor der K20 halten wir uns links auf einem schmalen Pfad hinter der Leitplanke etwa 600 m entlang bis zu

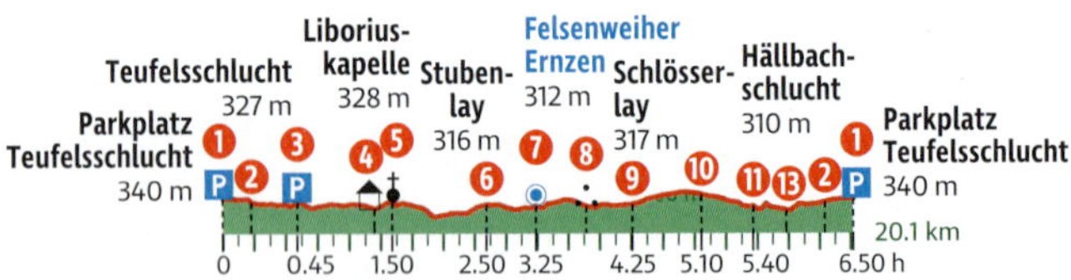

deren Ende und queren dann die Straße zu einem Schotterweg hinauf. Wir folgen einem Abzweig nach links abwärts auf einem Waldweg, dann auf dem Pfad rechts hinauf (Ww. Liboriuskapelle 2,2 km) und durch einen Hang im Wald zu einer **Schutzhütte** ❹ an einem Teerweg.

Dort verlassen wir das Logo »Eifelverein/Willibrordusweg« und folgen dem Pfad geradeaus; nach knapp 300 m stößt der »Felsenweg 1« hinzu. Hier nach rechts, passieren wir in kurzen Abständen zwei Gedenksteine und Aussichtsstellen auf Echternach und kommen zur **Liboriuskapelle** ❺. Kurz

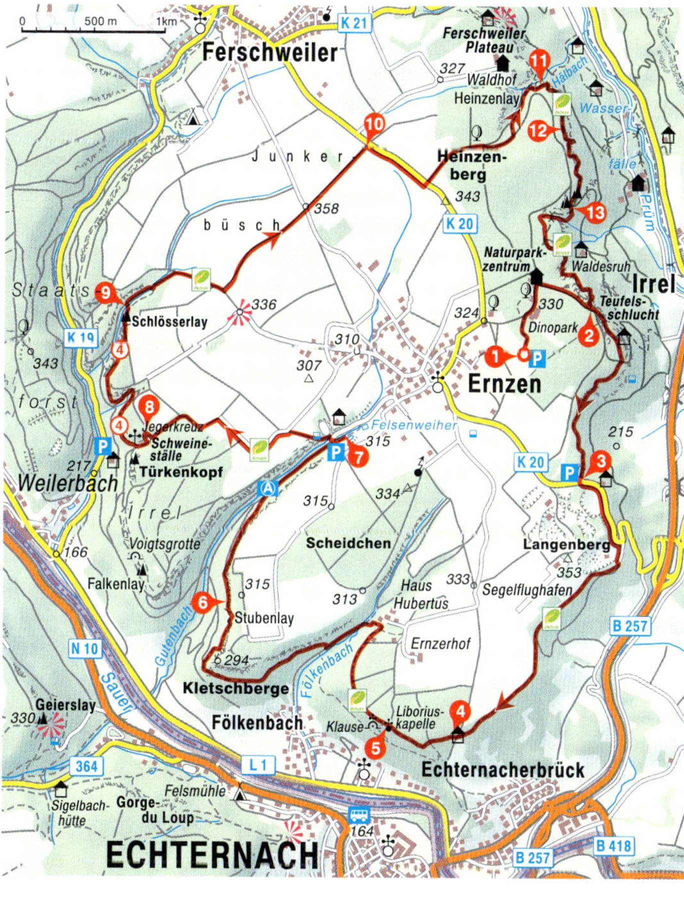

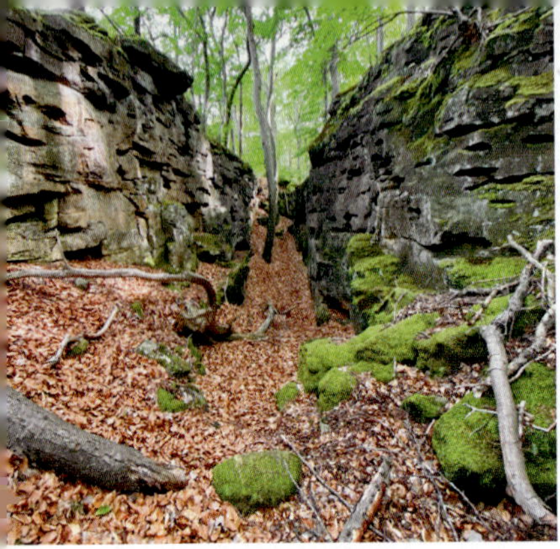

In der märchenhaften Stubelay.

weiter auf dem Weg, machen wir am Schild »Einsiedlerklause 0,1 km« einen lohnenswerten Abstecher über Stufen hinunter zur beeindruckenden **Einsiedelei** mit tollem Ausblick von einer Sitzbank am Felsen auf Echternach. Wieder die 78 Stufen hinauf zurück, folgen wir dem Pfad nach links mit mehreren Ausblicken aufs Sauertal. Nach ca. 150 m machen wir nach links den nächsten lohnenden Abstecher (40 m) zu einer **Aussichtskanzel** mit einem Metallgeländer, von wo wir erneut einen grandiosen Blick auf Echternach und Fölkenbach haben. Wieder retour bleiben wir weiterhin auf dem Pfad hinab, passieren den Abzweig »Ernzer Hof 0,4 km« (Einkehr) und folgen weiter dem Felsenweg 1 + 6 über Stufen hinunter zu einem Weg. Auf diesem wandern wir abwärts am **Fölkenbach** entlang, passieren ein Rückhaltebecken und steigen nach rechts auf einem Pfad hinauf.

Am »Ww. Falkenlay 1,4 km« verlassen wir den Felsenweg 1, folgen dem Ww. »Stubenlay 0,3 km« nach rechts hinauf zu zahlreichen schönen Felsformationen und erreichen durch eine Felsenschlucht das Hinweisschild zur **Stubenlay** 6. Der Weiterweg führt uns abermals an beeindruckenden Felsen entlang zu einem Weg, dem wir hinauf folgen durch das **Gutenbachtal**. Am Schild »Felsenweiher 0,1 km« machen wir nach rechts über den Gutenbach einen sehr lohnenswerten Abstecher (120 m) zum **Felsenweiher** 7. Wieder zurück am Schild folgen wir dem Felsenweg 6 hinter dem Sportplatz nach rechts, kurz an Felsen vorbei in Flurwiesen. An einem Teerweg halten wir uns links, folgen diesem an einem Abzweig vorbei, der zum Wald führt, und halten uns an einer Verzweigung links zum Waldrand.

Kurz vor dessen Ende zweigen wir links in den Wald hinein ab in die wildromantische Felsenschlucht der **Schweineställe** und achten linker Hand auf die sagenumwobene, tief eingemeißelte **Felseninschrift »Artioni Biber«** 8. Noch gut 100 m geht es durch die Schweineställe an einem Picknickplatz vorbei (schöner Platz für eine Rast) zu mehreren Wegweisern. Hier gesellt sich der Felsenweg 3 hinzu, wir folgen dem Ww. »Schlösserley 1,4 km« nach rechts (NaturWanderPark delux + 53) über ein Brückchen, etwa 5 m abseits des Pfades steht das **Jegerkreuz**. Weiter auf dem Pfad geht es an bizarren Felsen entlang zum Überhang der **Schlösserlay** 9, unter der schon zu vorgeschichtlichen Zeiten Menschen gewohnt haben. Wir überqueren einen Bach (im Sommer evtl. ausgetrocknet), verlassen den Felsenweg 3 und folgen dem Ww. »Hällbach 3,6 km« (Felsenweg 6) auf Pfad

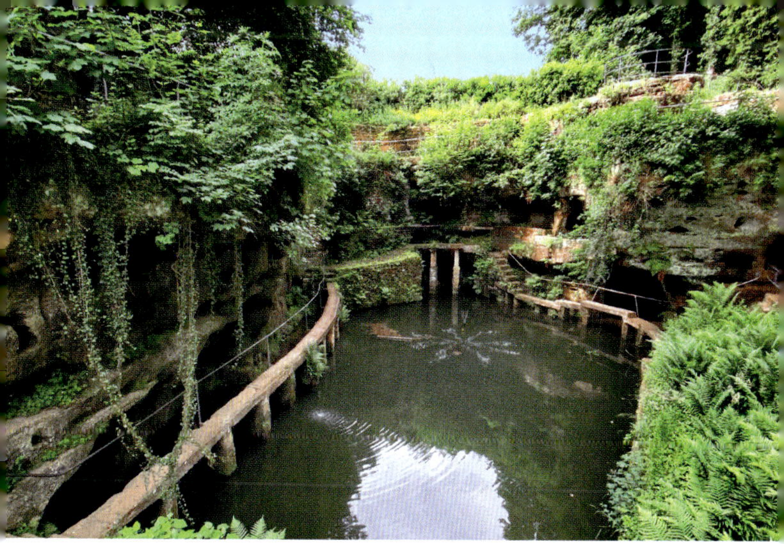

Der schön angelegte Felsenweiher bei Ernzen.

nach rechts aus dem Wald in Flur hinaus zu einem befestigten Weg. Auf diesem halten wir uns rechts mit Blick auf Ernzen und biegen an einem Querweg (Teerweg) links ab. Der Teerweg geht in einen Schotterweg über, auf dem wir gut 1,4 km gehen, über einen Teerweg hinweg mit Blick auf den Ort Ferschweiler und zur **Kreisstraße 20** ⑩. Diese querend folgen wir ihr auf einem Seitenstreifen gut 470 m nach rechts, dann geht ein Weg links ab in den Wald. Dort zweigen wir links ab auf einen Pfad hinunter in die malerische **Hällbachschlucht** ⑪ unterhalb des Heinzenbergs.
Nach 500 m kommen wir an vielen imposanten Felsen entlang in ständigem Auf und Ab und an einem Querpfad nach links zum **Mühlensteinbruch** ⑫. Die nächsten 2 km geht es auf dem Pfad auf und ab. Dieser toppt das vorangegangene Erlebnis sogar noch! Wir passieren bizarre moosbewachsene Felsen, enge Klüfte und Felsentore und kommen nach 700 m zu einem Querweg. Auf diesem gehen wir nach links und gleich an der nächsten **Gabelung** ⑬ wieder rechts (Ww. Teufelsschlucht 1,1 km). Einmal nach links überschreiten wir eine Holzbrücke und gelangen zu einer Gabelung. Hier ignorieren wir den Wegweiser »Naturparkzentrum« nach rechts und gehen nach links (Logo NaturWanderPark delux) durch eine enge Felsspalte in der urwüchsigen Schlucht zu einer **Aussichtskanzel** mit Blick auf Irrel. Nach einer Rast auf dem Logenplatz wandern wir durch die wilde **Teufelsschlucht**. An deren **Ein-/Ausgang** ❷ folgen wir dem bekannten Weg nach rechts zum **Naturparkzentrum** (0,4 km) und zum **Parkplatz Teufelsschlucht** ❶ (0,5 km) zurück.

STICHWORTVERZEICHNIS

HEIMAT**MOMENTE**

50 MIKROABENTEUER

ZUM ENTDECKEN
UND GENIESSEN

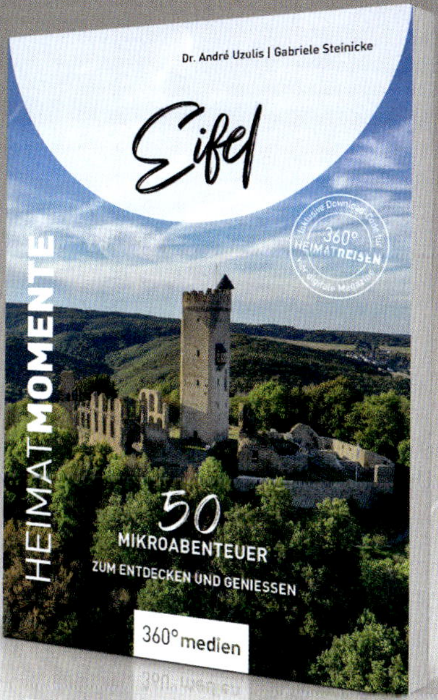

Dr. André Uzulis und
Gabriele Steinicke
Format: 11,5 x 16,5 cm
ISBN 978-3-96855-506-5

16,95 €

HEIMAT**MOMENTE** legt den Fokus auf unvergessliche Momente und spannende Mikroabenteuer. Freuen Sie sich auf Tipps zu ausgefallenen und erlebnisreichen Ausflügen, kulinarischen Highlights sowie einzigartigen Kultstätten und anderen Kuriositäten.

Weitere Infos unter:
360grad-medienshop.de/hm-eifel

Versandkostenfreie Lieferung innerhalb Deutschlands

Telefon: +49 2104 / 50631 00
Telefax: +49 2104 / 50631 56

360° medien

info@360grad-medien.de
www.360grad-medien.de

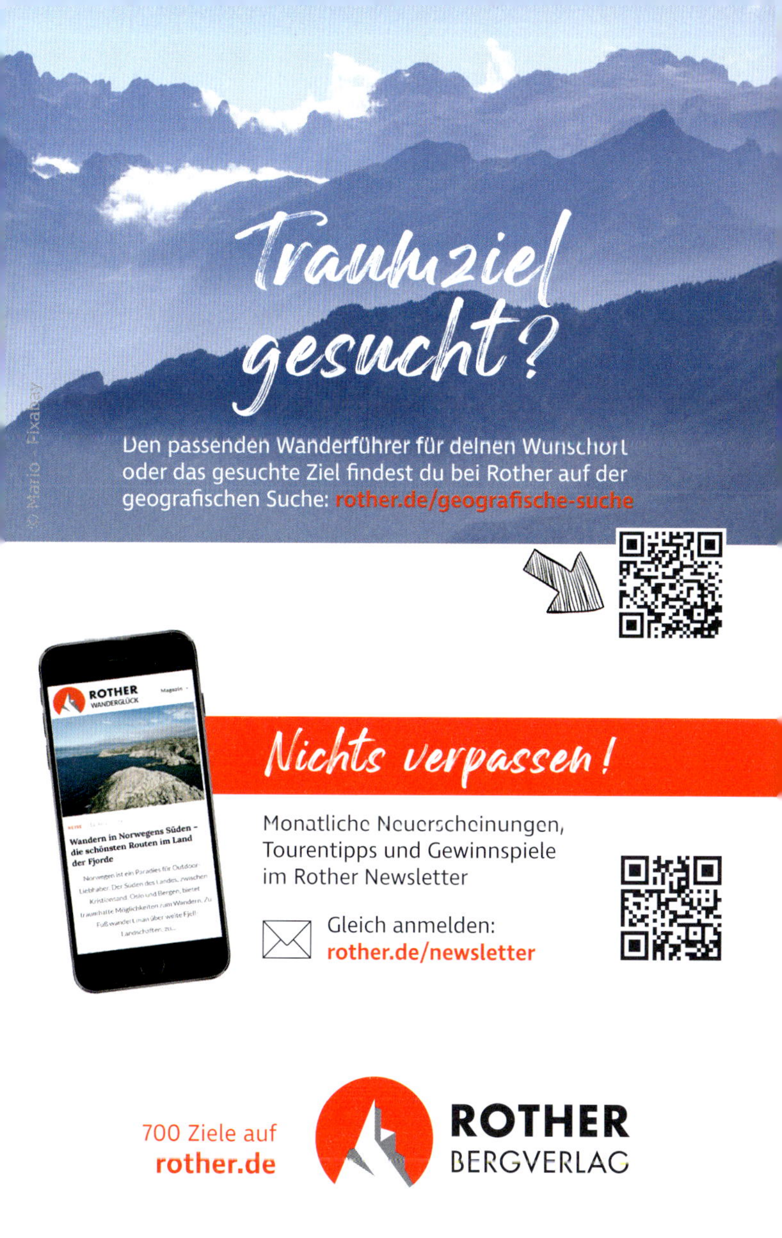
Traumziel gesucht?
Den passenden Wanderführer für deinen Wunschort oder das gesuchte Ziel findest du bei Rother auf der geografischen Suche: rother.de/geografische-suche
© Mario - Pixabay
ROTHER WANDERGLÜCK
Magazin
Wandern in Norwegens Süden – die schönsten Routen im Land der Fjorde
Nichts verpassen!
Monatliche Neuerscheinungen, Tourentipps und Gewinnspiele im Rother Newsletter
Gleich anmelden:
rother.de/newsletter
700 Ziele auf
rother.de
ROTHER
BERGVERLAG

Umschlagbild: Das Weinfelder Maar (Totenmaar) mit der Weinfelder Kirche (Tour 37).

Bild im Innentitel: Aussicht vom Eifel-Blick Luna über das Staubecken Heimbach und Bereiche des Nationalparks Eifel (Tour 4).

Bild Seite 6: Der Dreimühlenwasserfall ist ein imposantes Naturdenkmal in der Kalkeifel (Tour 30).

Bild Seite 26/27: Goldener Oktober in den Weinbergen beim Aufstieg zur Conder Wetterfahne mit Blick über die Mosel nach Cochem (Tour 50).

Alle Fotos stammen von den Autoren, außer auf den Seiten 54 und 262 rechts (Sabine Ekelik).

Kartografie: 64 Wanderkärtchen im Maßstab 1:50.000, 6 im Maßstab 1:25.000 (Touren 18, 42, 50, 51, 57 und 65) © Bergverlag Rother GmbH, München (gezeichnet von Gerhard Tourneau, Haar)
sowie 2 Übersichtskärtchen im Maßstab 1:500.000 und 1:775.000
© Freytag & Berndt, Wien

Werk-Nr.: 4223

12., vollständig überarbeitete Auflage 2024

ISBN 978-3-7633-4782-7

FSC
www.fsc.org
MIX
Papier | Fördert gute Waldnutzung
FSC® C147178

Wir freuen uns über jeden Korrekturhinweis zu diesem Wanderführer!
Bitte per E-Mail an: leserzuschrift@rother.de

ROTHER BERGVERLAG · Keltenring 17 · D-82041 Oberhaching
Tel. +49 89 608669-0 · rother.de